国家文化产业资金支持媒体融合重大项目

省级精品资源共享课程
高等职业教育财务会计类专业规划教材

金蝶K/3应用实训教程

第三版

郝美丽 贺茉莉 主编

Application Training Course for Kingdee K/3

东北财经大学出版社
Dongbei University of Finance & Economics Press
大连

图书在版编目（CIP）数据

金蝶K/3应用实训教程 / 郝美丽，贺茉莉主编．—3版．—大连：东北财经大学出版社，2022.2（2024.2重印）

（高等职业教育财务会计类专业规划教材）

ISBN 978-7-5654-4434-0

Ⅰ．金…　Ⅱ．①郝…②贺…　Ⅲ．财务软件-高等职业教育-教材　Ⅳ．F232

中国版本图书馆CIP数据核字（2022）第017668号

东北财经大学出版社出版

（大连市黑石礁尖山街217号　邮政编码　116025）

网　　址：http://www.dufep.cn

读者信箱：dufep@dufe.edu.cn

大连天骄彩色印刷有限公司印刷　东北财经大学出版社发行

幅面尺寸：185mm×260mm　字数：394千字　印张：16.5　插页：1

2022年2月第3版　2024年2月第2次印刷

责任编辑：包利华　责任校对：张晓鹏

封面设计：冀贵收　版式设计：原　皓

定价：42.00元

教学支持　售后服务　联系电话：（0411）84710309

如有印装质量问题，请联系营销部：（0411）84710711

第三版前言

习近平总书记在党的二十大报告中明确指出："教育是国之大计、党之大计。培养什么人、怎样培养人、为谁培养人是教育的根本问题。育人的根本在于立德。全面贯彻党的教育方针，落实立德树人根本任务，培养德智体美劳全面发展的社会主义建设者和接班人。坚持以人民为中心发展教育，加快建设高质量教育体系，发展素质教育，促进教育公平。"这为广大的教育工作者指明了前行的方向，我们要将此精神贯穿在教材编写过程中。

在我国产业转型升级和高等教育大众化甚至普及化的今天，高技能应用型人才的培养，已成为高等教育的主流。因此，为会计学、财务管理、审计等经济管理类专业学生编写一本适合其基本素质、符合会计工作基本流程和岗位设置分工的实际情况，并贴近实际工作的《金蝶K/3应用实训教程》，使学生更好地掌握企业财务链、供应链的基本理论、实操基本方法和基本技能，提高学生对实际财务工作的感性认识和动手能力，达到"有效教学"之目的，是我们编写此教程的出发点和最终归宿。

本教程是广东省级精品资源共享课程"财务软件应用"的配套实训教材，以提升学生的职业能力为目标，依据企业财务及业务工作岗位的需要来设计教材内容，包括了七大项目模块：主管岗位、采购岗位、销售岗位、仓存核算岗位、固定资产管理岗位、会计岗位、报表岗位。在教学过程中，学生扮演不同岗位角色，完成各个岗位的实训任务，以"工学结合、寓学于工"的模式组织教学，实现教学内容"项目化"、教学过程"任务化"、实践实训"实战化"。第三版中，编者依据最新企业会计准则及其解释、《企业会计信息化工作规范》等对采购核算、销售核算、固定资产核算等内容进行了修订，融入思政内容并且更新了实训任务，同时增加了重难点的操作视频，以二维码形式置于相应知识点，处力求与时俱进，为广大高等职业院校财会专业学生学习之用、企业金蝶软件的培训教学及财务人员自学之用提供更好的参考依据。

本教程由郝美丽（广州城市职业学院）、贺茉莉（东莞职业技术学院）担任主编，孙伟力（广州城市职业学院）、邱群霞（广州城市职业学院）、梁舒静（山东外贸职业学院）担任副主编。在编写过程中，广州穗润苏杨企业管理咨询有限公司吴灿雨、劳观德和金蝶软件（中国）有限公司广州分公司庞伟三位企业专家提供了大量的原始材料并参与了部分初稿的编写工作，广州城市职业学院吴勇教授提出了很多修改建议和意见，在此一并表示衷心的感谢！

教材编写是一项非常具体和细致的工作，尤其是实训教材涉及大量的、前后连贯并具有钩稽关系的数据，其中的艰辛和工作量之大是可想而知的。尽管我们付出了极大努力，但书中难免仍有不妥之处，恳请广大读者批评指正。

郝美丽

2024年2月

目　录

实训总体介绍

一 实训总体目标

通过实践性教学，使学生熟悉和掌握金蝶K/3系统的建账、系统初始化，能够熟练地运用财务软件进行凭证、账簿、报表、固定资产等企业日常业务的处理，熟悉业务流程，能进行供应链采购、销售、仓存管理系统日常业务处理。

二 实训内容设计

（一）实训任务

1.在金蝶K/3系统中间层建立一个账套，并对其进行系统设置，启用账套。

2.完成供应链系统基础资料的维护及总账初始数据录入并结束初始化工作。

3.进行采购管理系统各种业务单据制作、审核，采购发票钩稽，并查看各种账表。

4.进行销售管理系统各种业务单据制作、审核，销售发票钩稽，并查看各种账表。

5.进行仓存管理系统各种出入库业务单据制作，对仓存进行期末库存盘点，并查看各种账表。

6.进行存货核算系统各种出入库核算，制作各种业务的凭证模板，生成各种业务凭证，并进行期末结账，查看各种账表。

7.进行固定资产管理系统日常业务处理，生成业务凭证，查看账表。

8.能够熟练进行凭证、账簿、报表等企业日常业务的处理。

9.能利用模板准确编制资产负债表和利润表。

（二）实训岗位

实训时对学生进行分组。每个小组按岗位责任制由5位学生组成，模拟一个会计机构，分别担任主管位、采购、销售、仓存核算、固定资产管理、会计、报表等七个岗位，协同工作，相互合作完成一个企业一定时期内的供应链核算全过程。实训过程中应对各个会计岗位进行轮换，让学生轮流履行不同的会计职责，使学生熟悉各个岗位的会计工作。

三　实训组织与安排

（一）实训操作流程图

实训操作流程图如图1所示。

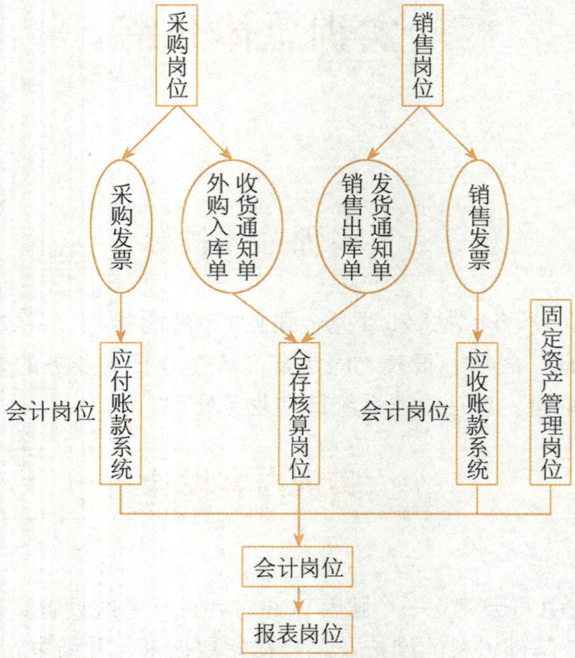

图1　实训操作流程图

（二）实训操作步骤

1. 建账。在金蝶K/3系统中间层建立一个账套，并对其进行系统设置，启用账套。

2. 系统初始化。完成总账及供应链系统基础资料的维护及初始数据录入并结束初始化工作。

3 采购管理系统核算。进行采购管理系统各种业务单据制作、审核，采购发票钩稽，并查看各种账表。

4. 销售管理系统核算。进行销售管理系统各种业务单据制作、审核，销售发票钩稽，并查看各种账表。

5. 仓存管理系统核算。进行仓存管理系统各种出入库业务单据制作，对仓存进行期末库存盘点，并查看各种账表。

6. 存货核算系统核算。进行存货核算系统各种出入库核算，制作各种业务的凭证模板，生成各种业务凭证，并进行期末结账，查看各种账表。

7. 固定资产管理系统核算。进行固定资产管理系统核算，制作折旧的凭证模板，生成凭证，查看各种账表。

8. 利用企业的实例填制基本的原始凭证，并对填制好的原始凭证进行审核、记账及总账期末处理。

9. 利用模板生成资产负债表和利润表。

四 背景介绍

（一）公司基本信息

广州尚质电源有限公司是一家销售公司，以销售电子产品为主，公司资产逾500万元。由于企业规模迅速扩张，企业领导者感觉靠以前的手工管理模式很难掌握企业的发展动态。摆在管理层面前的最大难题不是技术问题，也不是资金问题，而是要面对越来越多的竞争对手对市场、客户的争夺，防止客户流失、争取更多的新客户、开拓并占领新的市场，同时也要理顺企业内部采购、销售方面的混乱状况，避免滋生腐败等事件。

为了从根本上解决供应链业务及财务收付款方面等存在的诸多问题，企业领导者意识到必须建立一套高度集成的信息化系统，实现对全国销售、采购、收付款等环节统一监控和管理，于是该公司于2020年11月份购买金蝶K/3 V13.1版本软件；购买的模块有财务会计、供应链。账套启用时间为2021年1月1日。

（二）公司组织架构

广州尚质电源有限公司的组织结构图如图2所示。

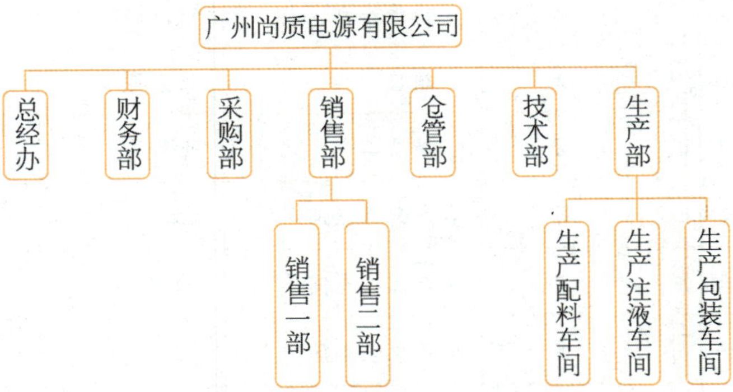

图2　广州尚质电源有限公司组织结构图

（三）职员职能

广州尚质电源有限公司的职员职能见表1。

表1　**职员职能表**

代码	职员姓名	性别	部门	备注	职能
01	周建	男	总经办	总经理	主管岗位
02	黎彬燕	女	财务部	主管会计	主管岗位 报表岗位
03	武继周	男	财务部	会计	固定资产管理岗位
04	学生本人	男/女	财务部	会计 （录入自己的姓名）	会计岗位
05	卓臣新	男	财务部	出纳	出纳岗位
06	范丽丽	女	仓管部	部门经理	仓存核算岗位
07	张宣华	男	仓管部	业务员	仓存核算岗位
08	郭勇	男	采购部	部门经理	采购岗位
09	田其忠	男	采购部	业务员	采购岗位
10	杨军	男	销售一部	部门经理	销售岗位
11	邹怡	女	销售一部	业务员	销售岗位
12	袁双	男	销售二部	业务员	销售岗位
13	黄钦龙	男	生产配料车间	工人	
14	余超	男	生产注液车间	工人	
15	张军	男	生产包装车间	工人	
16	熊春林	男	技术部	技术员	

项目一 主管岗位

干一行爱一行，爱岗敬业

财务人员用恭敬严肃的态度认真对待自己的职业，将身心与职业工作融为一体，干一行爱一行，刻苦钻研会计业务技能，努力学习会计业务知识，创造性地开展工作。爱岗敬业，自觉自愿地执行职业准则，不断改进自己的工作，在平凡的岗位上做出不平凡的业绩。

任务1 建立账套

账套在整个金蝶K/3系统中是非常重要的，它是存放各种数据的载体，各种财务数据、业务数据、一些辅助信息等都存放在账套中。账套本身就是一个数据库文件。账套管理系统为系统管理员维护和管理各种不同类型的金蝶K/3系统账套提供了一个方便的操作平台。进入账套管理系统后，需完成以下任务：

（1）新建组织机构：组织机构在系统中不是必需的，也可以不新建组织机构，直接新建账套。

（2）新建账套：新建账套时，需根据实际情况，选择合适的账套类型。目前常用的账套类型大致分为：

①标准供应链解决方案（适用于工业、工商一体化的企业供应链、生产制造、人力资源和标准财务管理）；

②商业企业通用解决方案（适用于商业企业供应链、人力资源和标准财务管理）；

③标准财务解决方案（适用于除合并账务系统、合并报表系统之外的纯财务业务）。

（3）属性设置与启用账套：在设置属性时，需小心，因为账套一旦启用，这些属性就不能更改了。

（4）用户管理：为确保数据的安全性，对不同的数据应该进行不同的权限设置。

（5）远程组件配置：该功能不是账套管理中的功能，它是金蝶K/3系统客户端的一个系统工具。在登录金蝶K/3系统客户端之前，必须先选择好中间层，进行组件配置后才可以登录。

训练营

新建组织机构及账套资料

▶ 实训资料

（1）机构代码：01

（2）机构名称：广州尚质电源

（3）账套号：01.01

（4）账套名：广州尚质电源

（5）账套类型：标准供应链解决方案

（6）数据库实体：系统会自动给出，不需客户命名

（7）数据库文件路径：C：\DATA\或D：\DATA\（新建一个文件夹DATA）

视频

新建账套并启用账套

▶ 实训操作过程

（1）登录账套管理

在金蝶K/3系统中，单击【开始】→【程序】→【金蝶K/3 WISE】→【金蝶K/3服务器配置工具】→【账套管理】，打开账套管理模块，然后进行账套建立操作，如图1-1、图1-2所示。

图1-1　打开账套管理模块

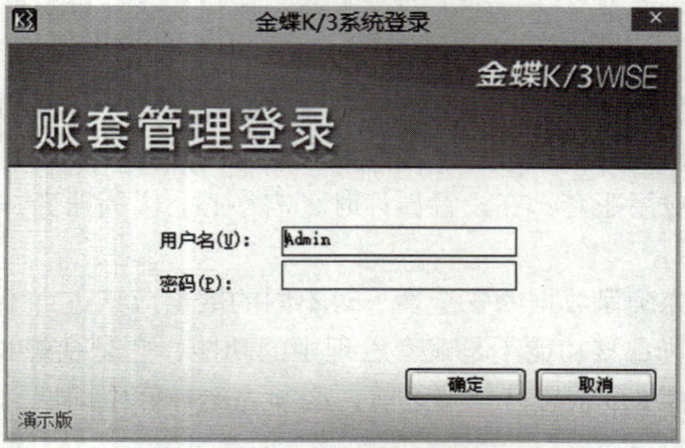

图1-2　账套管理登录界面

第一次进入账套管理登录界面时默认系统用户名为Admin，密码为空。单击【确定】进入账套管理界面，如图1-3所示。

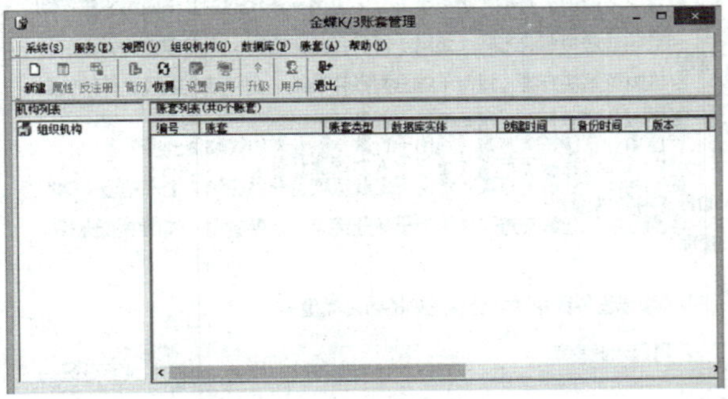

图1-3　账套管理界面

（2）新建组织机构

点击【组织机构】→【添加机构】，录入机构代码及机构名称，点击【确定】，如图1-4所示。

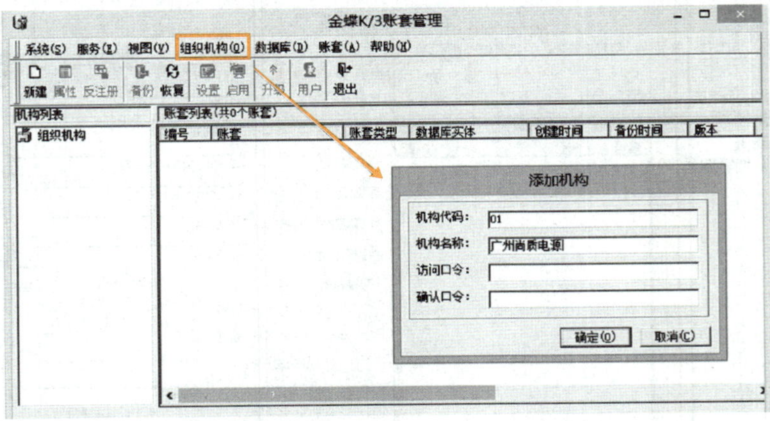

图1-4　添加组织机构

（3）新建账套

选中【组织机构】→【广州尚质电源】，点击【数据库】，选择【新建账套】，系统弹出提示框，如图1-5、图1-6所示。

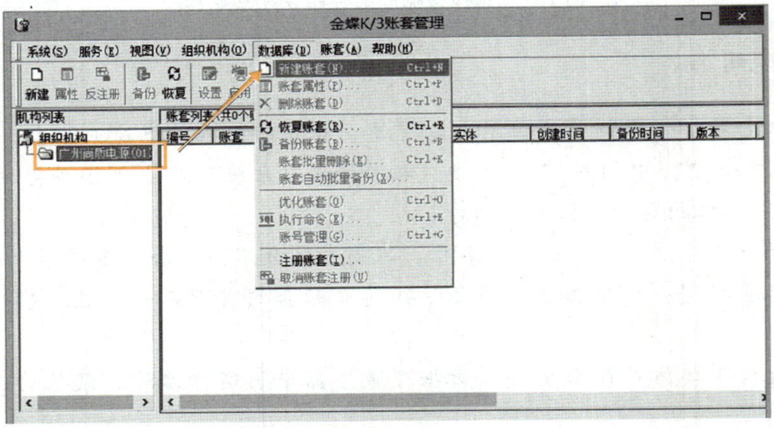

图1-5　选择组织机构新建账套

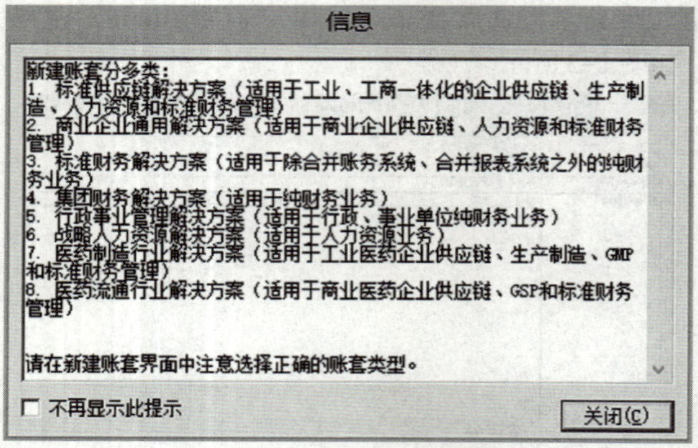

图 1-6　账套类型选择

单击【关闭】提示信息框，系统弹出新建账套界面，录完信息后如图 1-7 所示，点击【确定】。

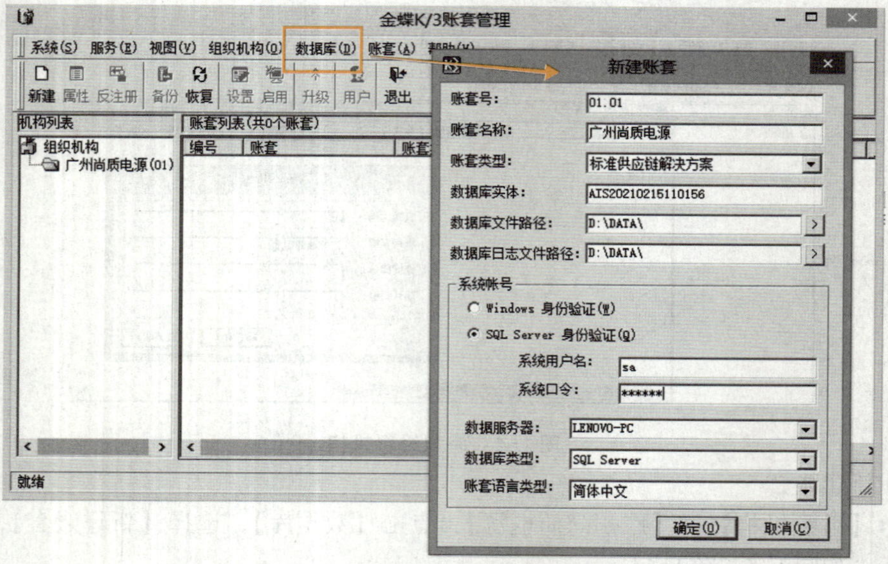

图 1-7　选择数据库文件路径建立账套

栏目说明

（1）账套号：不限制长度但不可以重复，如在组织机构下建立账套，则编号为：机构编码+账套号，中间用“.”连接（在金蝶 K/3 系统中，上下级关系都用“.”连接），如无组织机构则直接输入账套号；

（2）账套名称：一般使用单位名称，以用来区分不同账套，名称不可以重复；

（3）账套类型：要根据企业实际选择建立账套的类型，一般选择标准供应链解决方案；

（4）数据库实体：账套文件在数据库服务器中的实体名称，默认为系统时间标识，可更改；

（5）数据库文件路径：账套文件（数据库实体）保存路径；
（6）数据库日志文件路径：账套文件（数据库实体）日志文件保存路径；
（7）数据服务器：保持与数据库服务器安装时一致；
（8）数据库类型：SQL Server；
（9）账套语言类型：简体中文。

任务2　启用账套

账套新建之后，必须经过启用后，才能够在客户端使用。启用一个账套包含设置账套参数和启用账套两个步骤。

训练营

设置账套参数，并启用账套

▶ 实训资料

（1）机构名称：广州尚质电源有限公司
（2）公司地址：广州市海珠区新港东路431号
（3）联系电话：020-86778599
（4）记账本位币：人民币；货币代码：RMB
（5）账套启用期间：2021年1月1日

▶ 实训操作过程

（1）账套文件生成之后，选中生成的账套，单击【设置】，打开账套属性设置界面，如图1-8所示。录入公司基本信息、记账本位币设置、会计期间设置，如图1-9、图1-10、图1-11所示。

（2）会计期间设置完成，点击【确认】，再点击【确认】，会弹出【确认启用当前账套吗?】提示框，如图1-12所示。点击【是】，当前账套启用完毕。

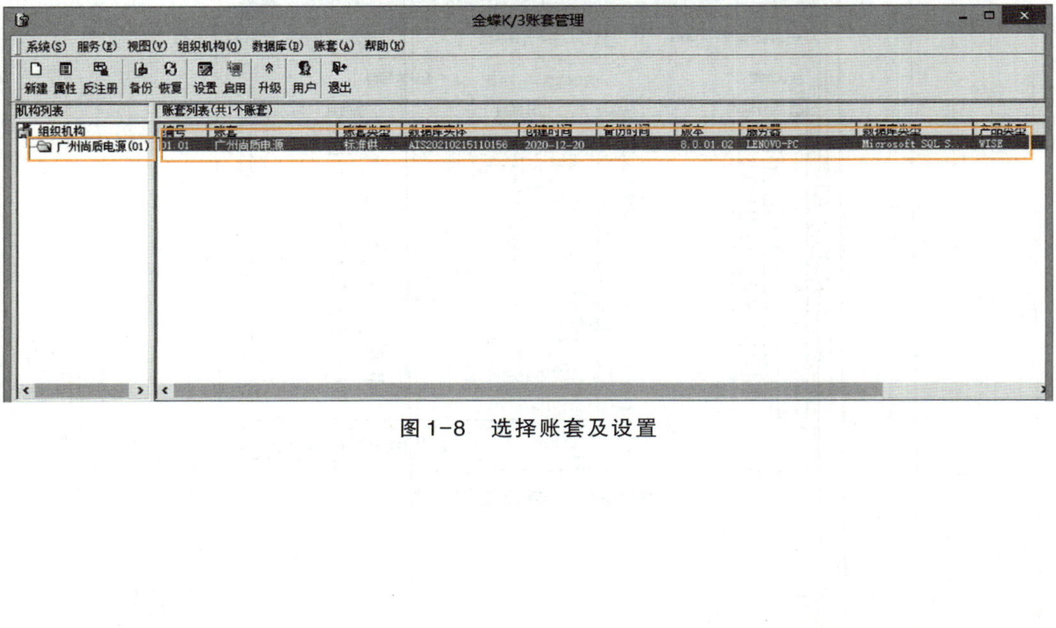

图1-8　选择账套及设置

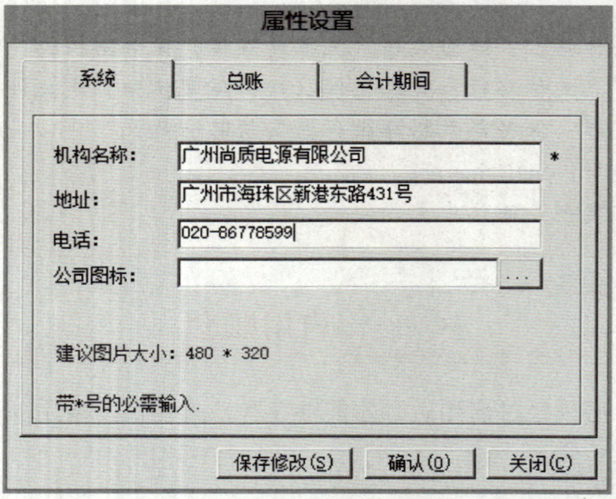

图 1-9　公司基本信息录入

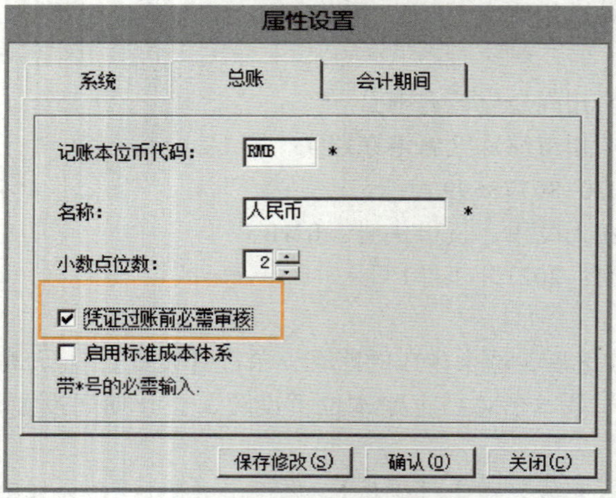

图 1-10　记账本位币设置

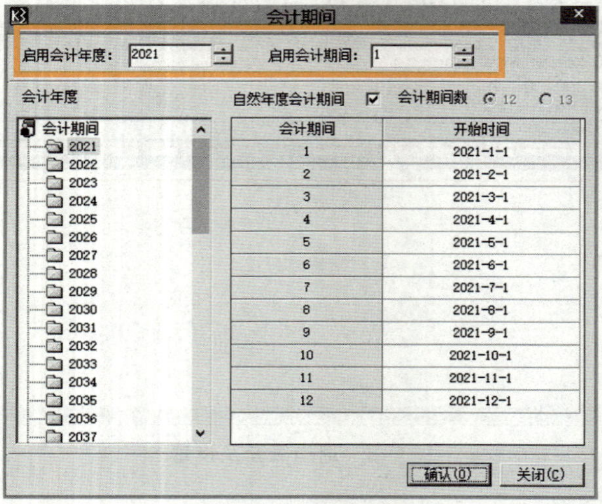

图 1-11　会计期间设置

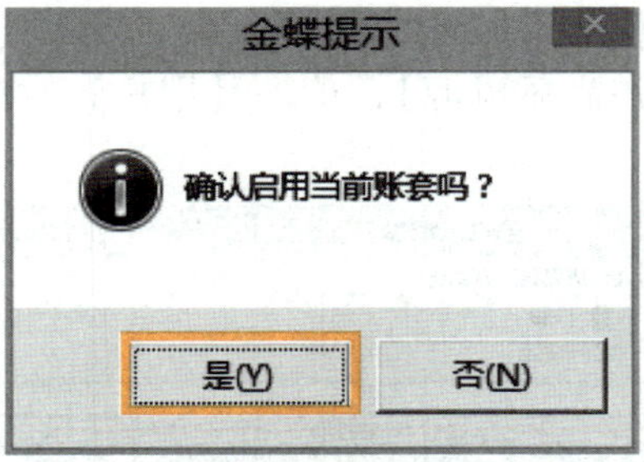

图 1-12　启用账套

任务 3　用户管理

用户管理，是对具体账套进行的管理，即对使用某一个具体账套的权限进行控制，它可以控制哪些用户可以登录到指定的账套，对账套中的哪些子系统或者哪些模块有使用或者管理的权限等。选择【账套】→【管理】，就可以进入“管理”界面。

打开用户管理，可以看到一些已经存在的用户和用户组，如 Guest、Administrator 等。这些都是系统预设的用户和用户组，可以直接使用。下面对这些预设的信息的作用进行说明：系统中有了用户，为什么还要有用户组？用户组的作用主要是方便对多个用户进行集中授权。举例来说，如果有多个用户存在相同的权限，对其一个一个地授权比较烦琐和耗费时间，但是如果有一个用户组，只要对组进行一次授权，就可以继承组下的所有信息。这样操作起来，就简单快捷多了。

子任务 3.1　新建用户组

训练营

新建用户组

▶ 实训资料

详见表 1-1。

表 1-1　广州尚质电源有限公司用户组信息表

组名	权限
主管岗位组(Administrators 组)	所有权限
Morningstar(系统管理员组)	所有权限
出纳岗位组(Cashiers 收银组)	基础资料、现金管理、应收账、应付账
会计岗位组(一般组)	基础资料、总账、应收账、应付账、采购管理、销售管理、仓存管理、存货核算、供应链系统公用设置
固定资产管理岗位组(一般组)	基础资料、总账、固定资产、资产购置、在建工程、低值易耗品
仓存管理岗位组(一般组)	基础资料、供应链系统公用设置、采购管理、销售管理、仓存管理、存货核算
采购岗位组(一般组)	基础资料、供应链系统公用设置、采购管理、销售管理、仓存管理、存货核算
销售岗位组(一般组)	基础资料、供应链系统公用设置、采购管理、销售管理、仓存管理、存货核算

实训操作过程

视频

新建用户组及用户

（1）主管选中账套【广州尚质电源】，单击【用户】，打开用户管理界面，如图1-13、图1-14所示。

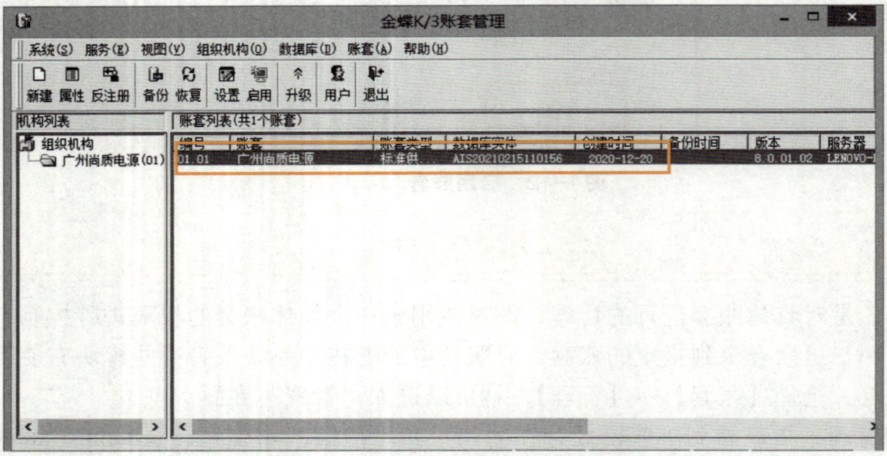

图1-13　选择账套进行用户管理

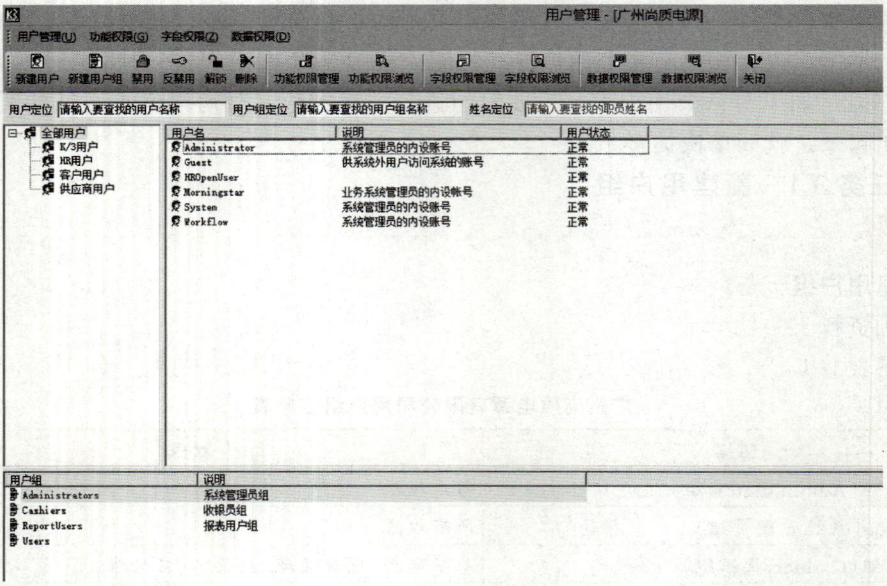

图1-14　用户管理

知识拓展

系统中预设了4个用户组：“Administrators”“Cashiers”“Report Users”“Users”，其中“Administrators”是系统管理员组，无需授权，拥有金蝶K/3系统的所有权限，其他组为一般组，需要经过授权才能使用金蝶K/3系统。

（2）点击【新建用户组】，根据资料进行设置，如图1-15、图1-16所示。

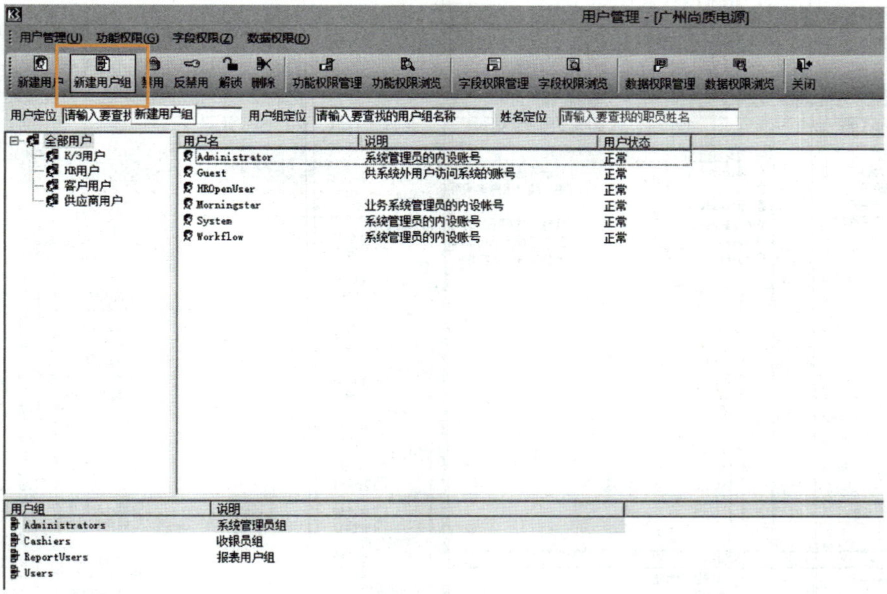

图1-15　选择新建用户组

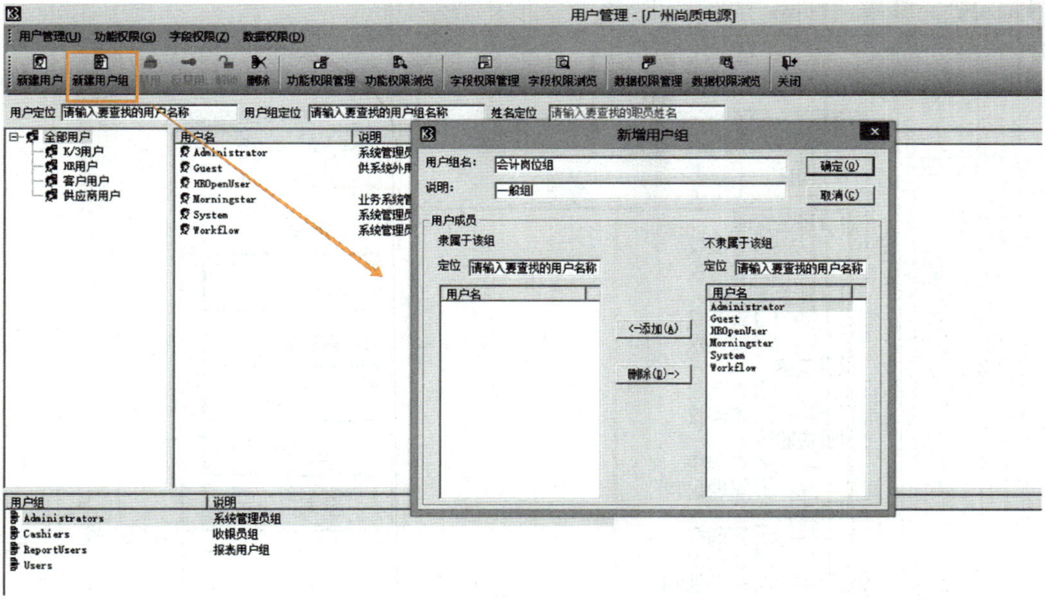

图1-16　新增用户组

（3）对新增用户组进行授权，如图1-17、图1-18所示。

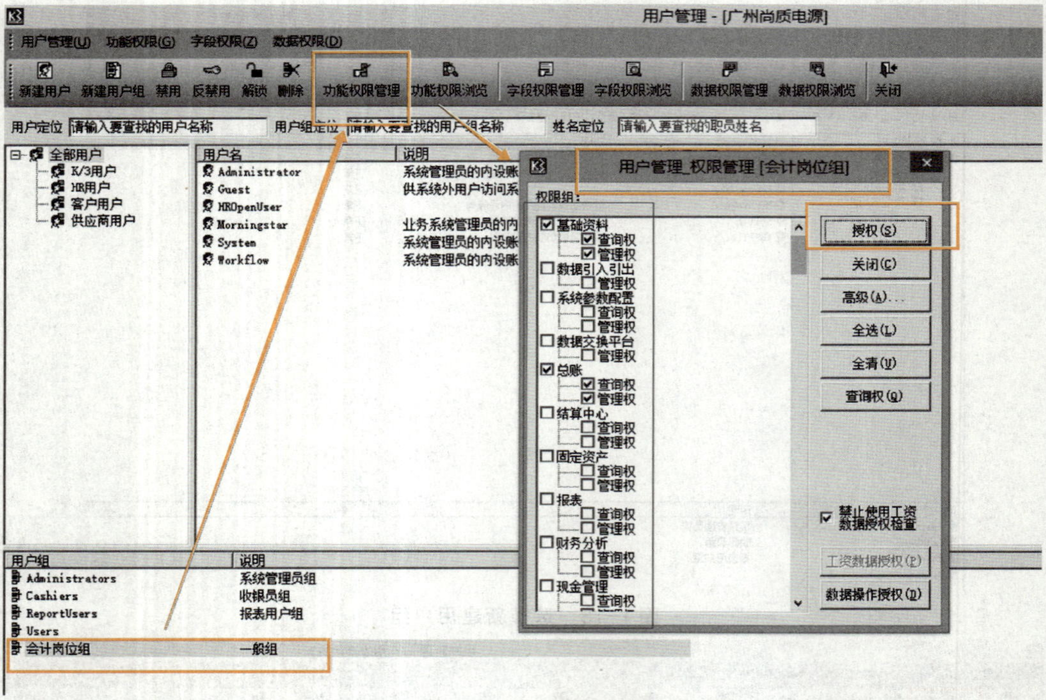

图 1-17　用户组功能权限管理

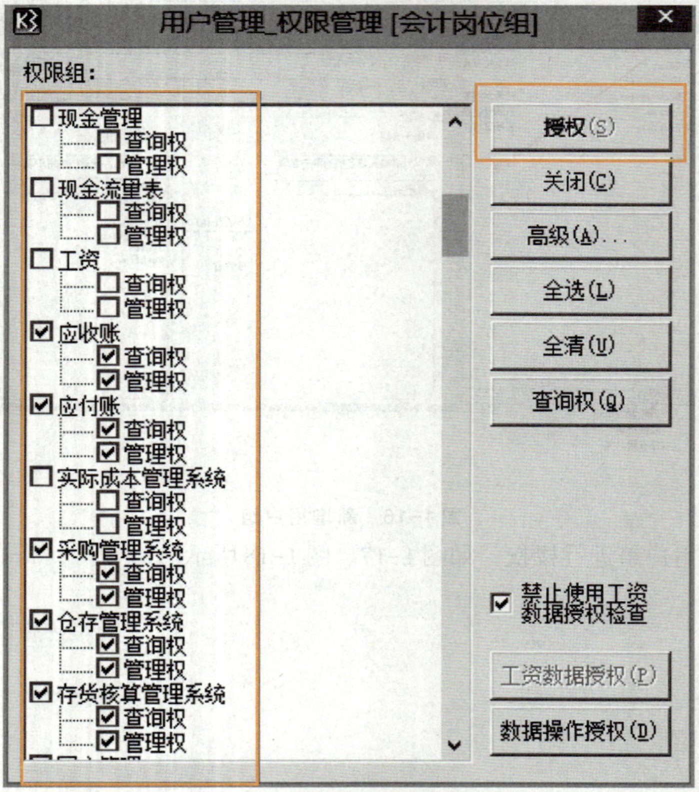

图 1-18　用户组授权

（4）其他用户组的操作同上，在此不再演示。

子任务3.2 新建用户

除了系统预设的用户组外，企业还可以根据情况新建自己的用户。

信息主要包含以下内容：用户名称、用户类别、对应门户用户、用户有效日期和密码有效日期，以及认证方式。

用户名称：登录账套时所用的名称，它控制有哪些用户可以使用这个账套。名称在同一个账套中应该是唯一的，也就是说，不允许存在相同名称。

用户类别：指定用户所属的类别。

对应门户用户：指定所关联门户的名称，实现与门户的关联操作。当关联门户后，可以在主控台登录界面采用单点登录方式登录该账套。

用户有效日期和密码有效日期：①用户有效日期：当到达有效日期时，无法登录金蝶K/3主控台；②密码有效日期：采用传统密码认证，当前登录日期与前次修改密码日期之间超过密码有效期（天）时，系统提示登录必须修改密码。

认证方式：认证方式主要记录与密码有关的信息。金蝶K/3系统采用了两种认证方式，即NT安全认证和密码认证。说明：当选择NT安全认证时，需要填写完整的域账号，具体方法为：域名+名。如：Test+李想，此时，Test即为域名，而李想为名。

训练营

新建用户

▶ 实训资料

详见表1-2。

表1-2 广州尚质电源有限公司职员用户信息表

名	认证方式	权限属性	组
周建	密码认证(不设密码)	可以进行业务操作，具有管理权限	主管岗位组(Administrators组)
黎彬燕	密码认证(不设密码)	可以进行业务操作，具有管理权限	主管岗位组(Administrators组)
武继周	密码认证(不设密码)	可以进行业务操作	固定资产管理岗位组
学生本人	密码认证(不设密码)	可以进行业务操作	会计岗位组
卓臣新	密码认证(不设密码)	可以进行业务操作	出纳岗位组
范丽丽	密码认证(不设密码)	可以进行业务操作	仓存管理岗位组
张宣华	密码认证(不设密码)	可以进行业务操作	仓存管理岗位组
郭勇	密码认证(不设密码)	可以进行业务操作	采购管理岗位组
田其忠	密码认证(不设密码)	可以进行业务操作	采购管理岗位组
邹怡	密码认证(不设密码)	可以进行业务操作	销售管理岗位组
袁双	密码认证(不设密码)	可以进行业务操作	销售管理岗位组
杨军	密码认证(不设密码)	可以进行业务操作	销售管理岗位组
余超	密码认证(不设密码)	可以进行业务操作	仓存管理岗位组

实训操作过程

添加时，可以在【用户管理】中点击【新建用户】，如图1-19至图1-23所示。

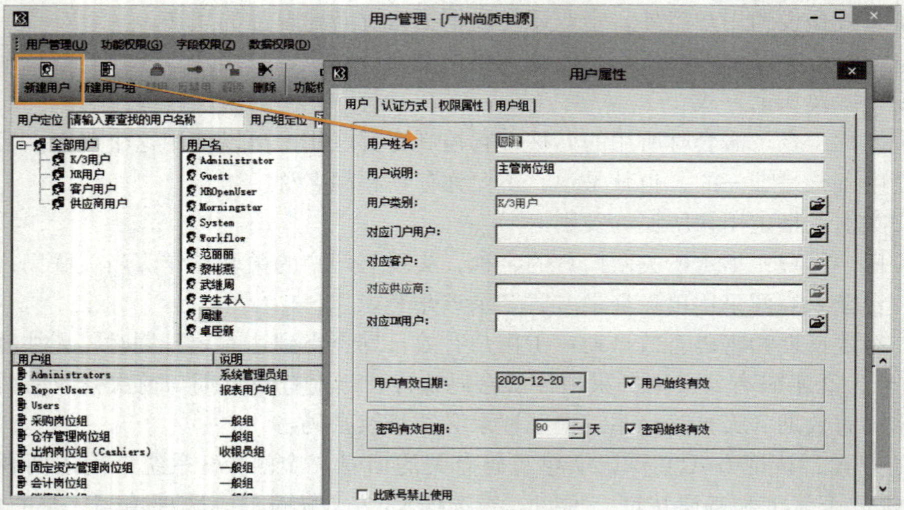

图1-19 新建用户

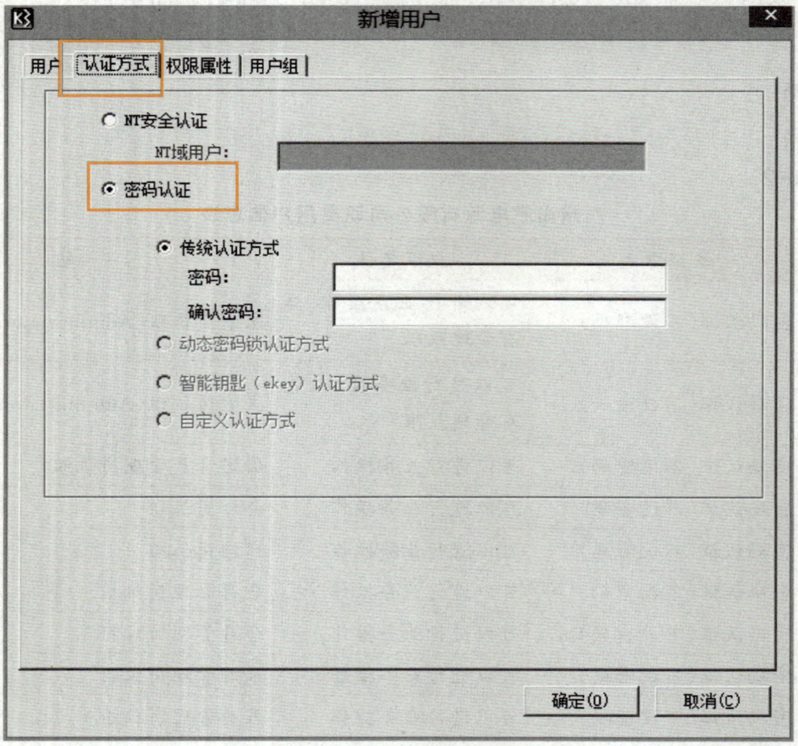

图1-20 选择用户认证方式

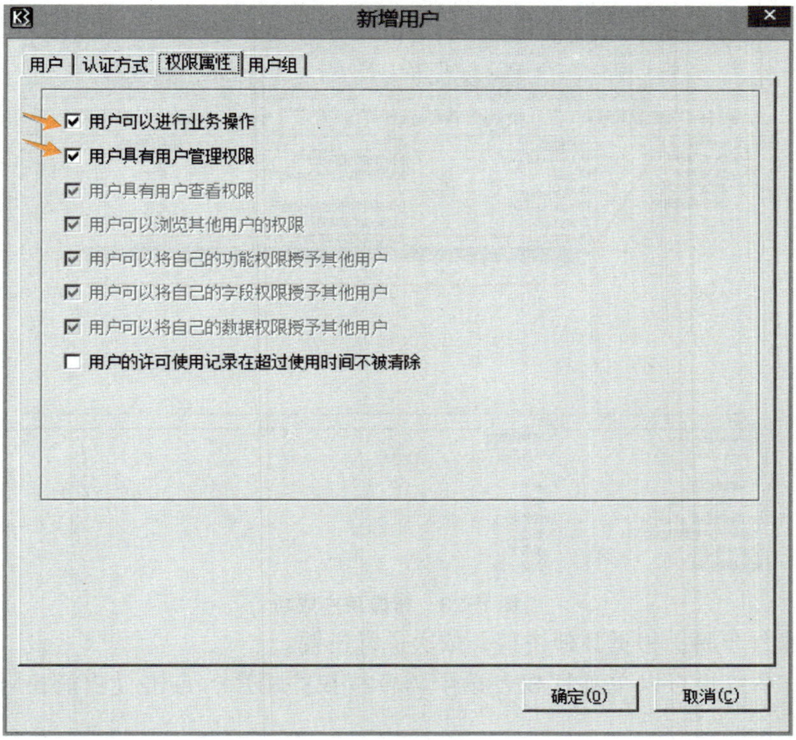

图 1-21　权限属性设置

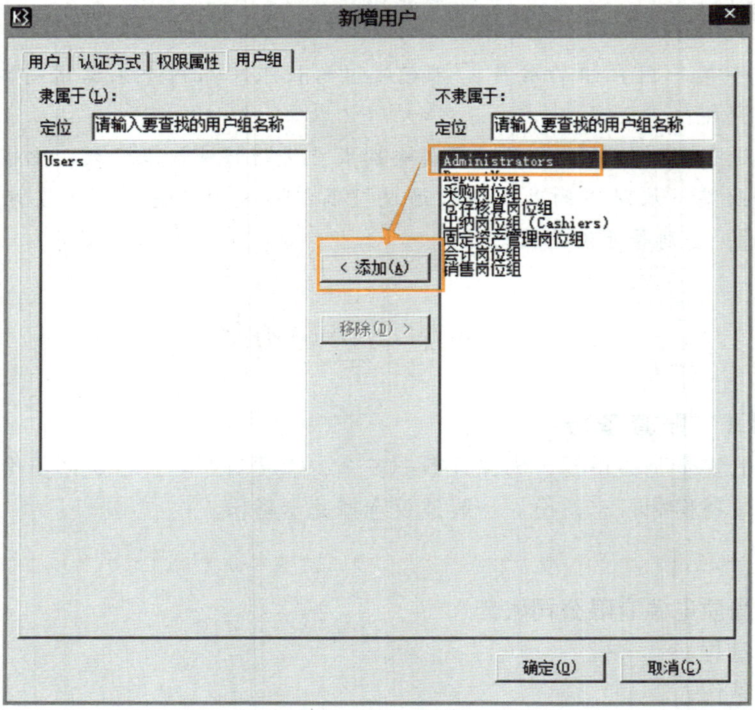

图 1-22　选择用户组

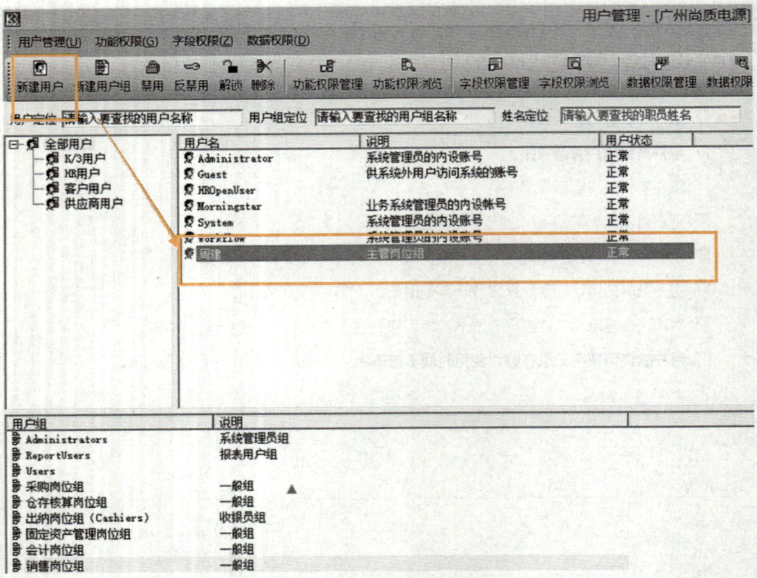

图 1-23　新建用户成功

按以上操作步骤，根据其他资料，依次进行设置。

金蝶 K/3 系统也可以单独授权，选中需要授权的用户，点击【功能权限管理】进行授权。

知识拓展

（1）属于某一用户组的成员，拥有该组的权限。组内个别需进行特定授权的，可以通过用户授权完成。

（2）先进行用户组授权，再对所属个别成员进行特殊权限授权，比较节省时间。

（3）修改某一权限下的具体一项通过“高级”选项来完成，并在修改后一定要点击【授权】，否则等于没有修改。

任务 4　账套备份与恢复

子任务 4.1　账套备份

账套数据的安全至关重要，为保证数据安全，需要对账套进行定期备份。备份方式有完全备份、增量备份和日志备份。一般建议选择完全备份。

训练营

备份广州尚质电源有限公司账套

▶ 实训操作过程

（1）手工备份

视频

账套完全备份

在账套管理中选择需要备份的账套，单击【备份】，打开备份账套界面，选择备份路径，单击【确定】可进行账套数据备份，如图 1-24、图 1-25 所示。

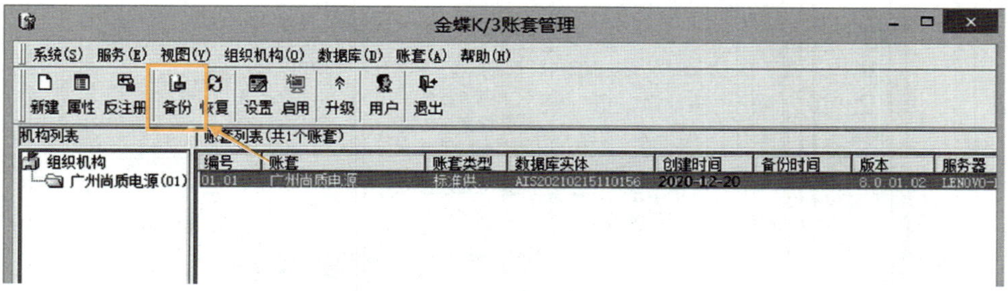

图 1-24　选择备份账套

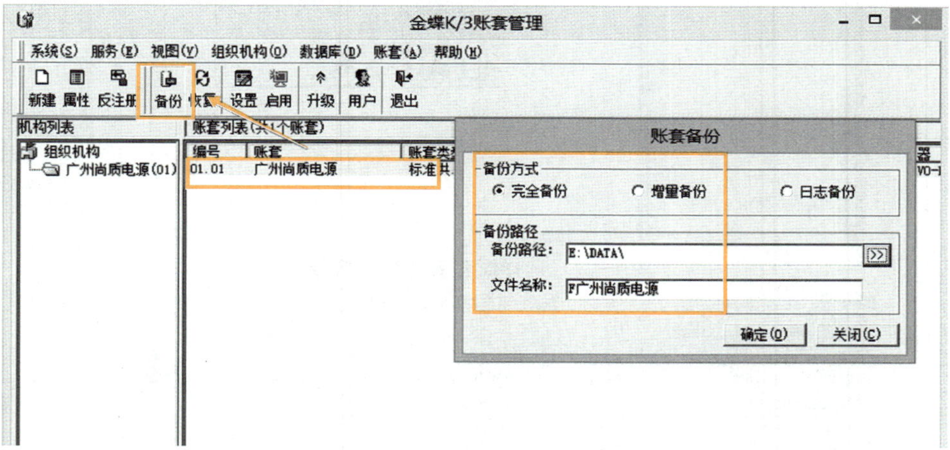

图 1-25　开始账套备份

备份生成后缀名为bak和dbb的两个文件，如图1-26所示，需要妥善保存。建议将两个备份文件拷贝到外部存储设备进行保存。

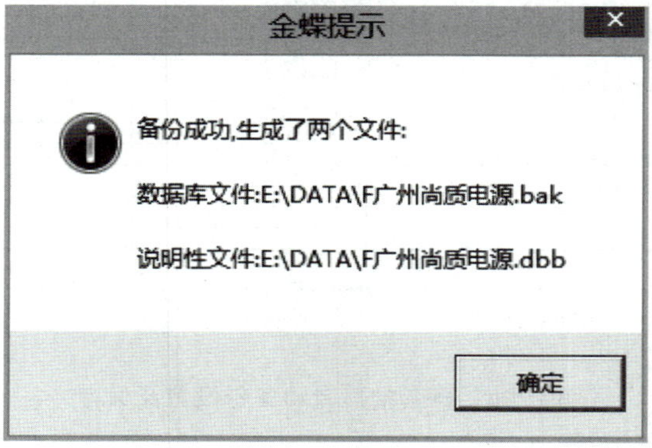

图 1-26　生成备份文件

（2）自动备份

视频
账套自动批量备份

在账套管理界面，单击【数据库】→【账套自动批量备份】，打开自动备份工具。在工具中设置备份开始时间、需要备份账套的时间间隔及备份路径后，单击【保存方案】，将自动备份方案保存，如图1-27、图1-28所示。

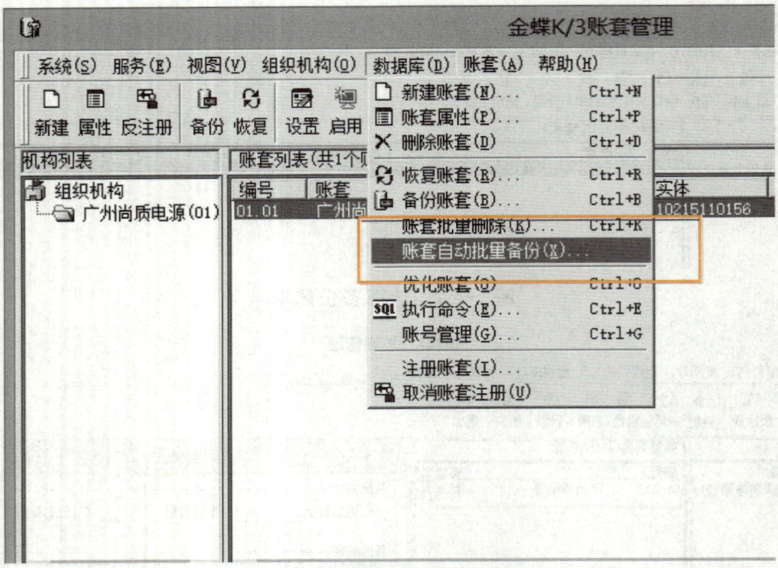

图1-27　选择账套自动批量备份

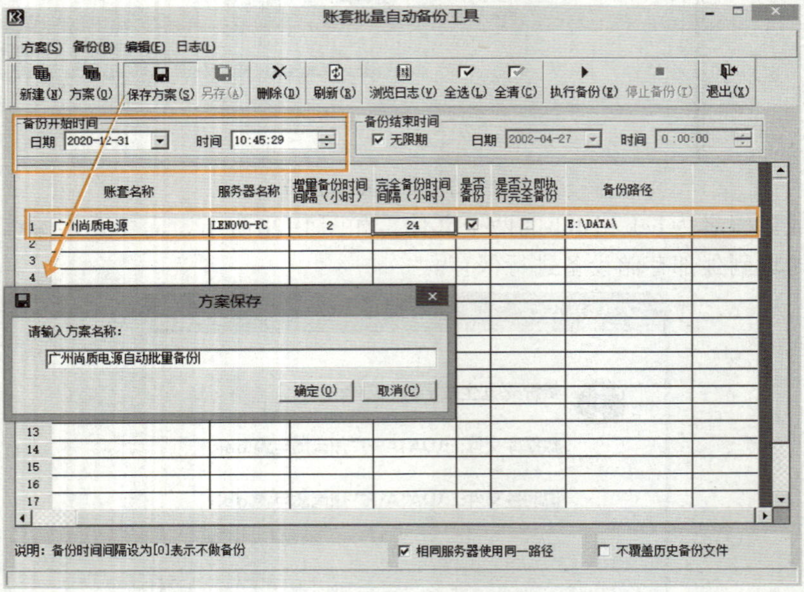

图1-28　账套批量自动备份设置及保存

子任务4.2　账套恢复

该功能可以将备份的账套恢复成一个新的金蝶K/3系统账套。

训练营

恢复广州尚质电源有限公司账套

▶ 实训操作过程

视频　账套恢复

（1）在账套管理中，选择菜单【数据库】→【恢复】，打开“选择数据库服务器”界面。

（2）选择数据服务器的验证方式。如果采用SQL Server身份验证方式，则必须输入该数据服务器的名称和密码，如图1-29所示。

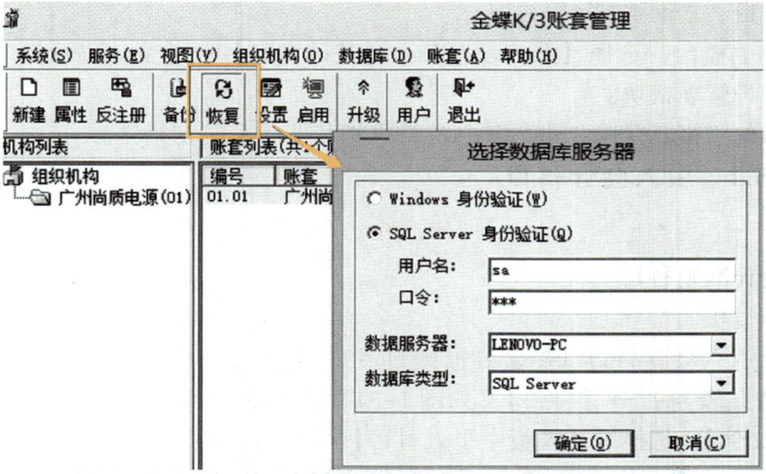

图1-29　登录数据库

（3）完成后，单击【确定】，打开“恢复账套”界面。

（4）选择要恢复的账套完全备份文件，输入账套号及账套名（账套号及账套名不可以与已存在的账套号及账套名重复），选择数据库文件路径，单击【确定】，如图1-30所示。

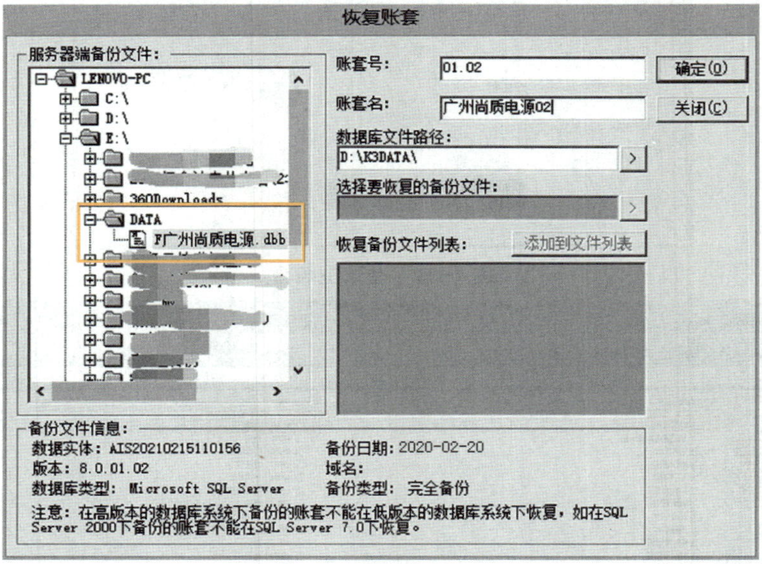

图1-30　账套恢复

任务5　基础资料维护

基础资料，就是在系统中使用的各种基础数据的总称。在录入凭证或者录入单据时，都毫无例外地需要输入一些业务资料信息，如科目、币别、商品、客户、金额等。可以这么说，所有的凭证、单据都是由一些基础资料信息和具体的数量信息构成的。

基础资料又细分为两大部分：公共资料和各个系统中的基础数据。在这里，先对公共资料的内容进行说明。公共资料主要包括：科目、币别、凭证字、计量单位、结算方式、仓位、核算项目、辅助资料。

登录系统主控台，选择【系统设置】→【基础资料】→【公共资料】，进入基础资料的公共资料维护管理模块。

由主管岗位黎彬燕登录，进行基础资料维护和业务系统初始化。

子任务5.1　引入会计科目

训练营

引入新会计准则科目

视频　会计科目引入

▶ 实训操作过程

从模板中引入会计科目（新会计准则科目）：选择【系统设置】→【基础资料】→【公共资料】→【科目】，如图1-31、图1-32所示。双击打开“科目”，点击【文件】，选择【从模板中引入科目】，如图1-33所示。

图1-31　登录主控台

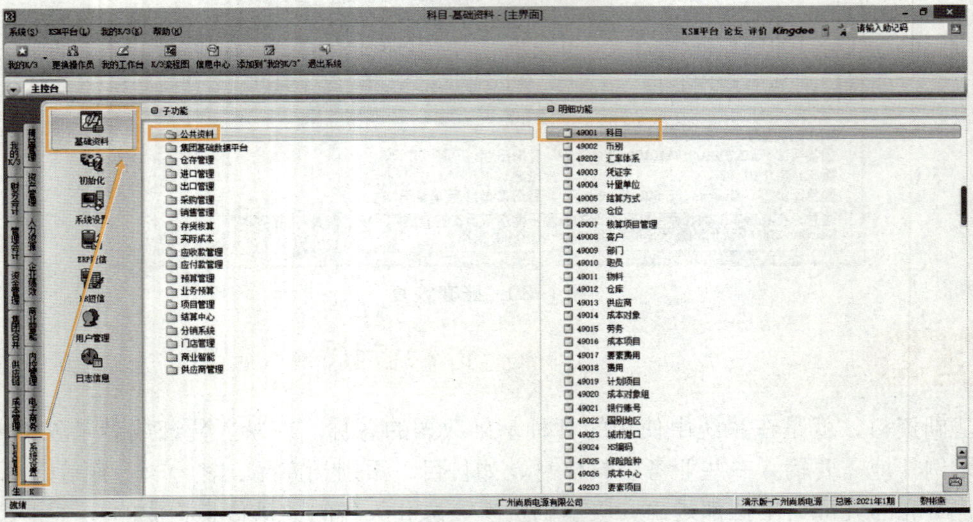

图1-32　选择科目

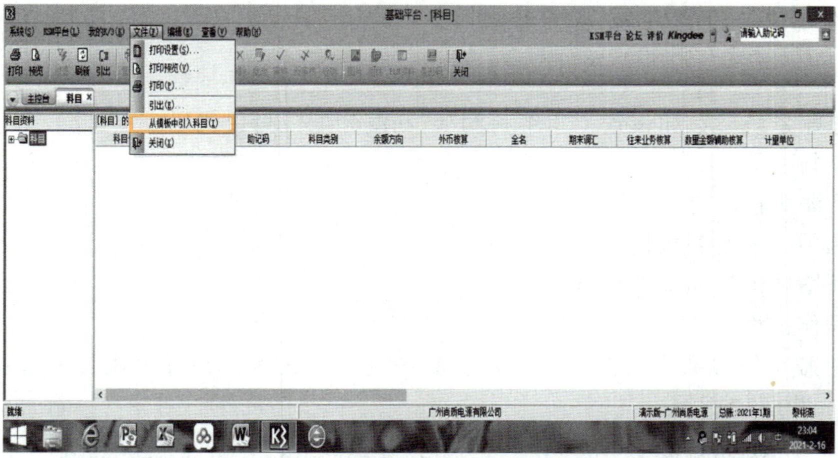

图 1-33　从模板中引入会计科目

选择【新会计准则科目】→【引入】，全选会计科目后点击【确定】，如图 1-34、图 1-35 所示。

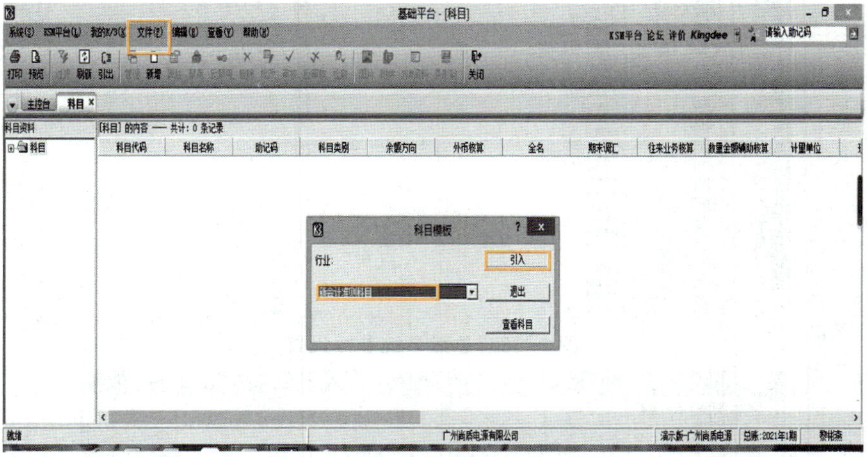

图 1-34　选择新会计准则科目

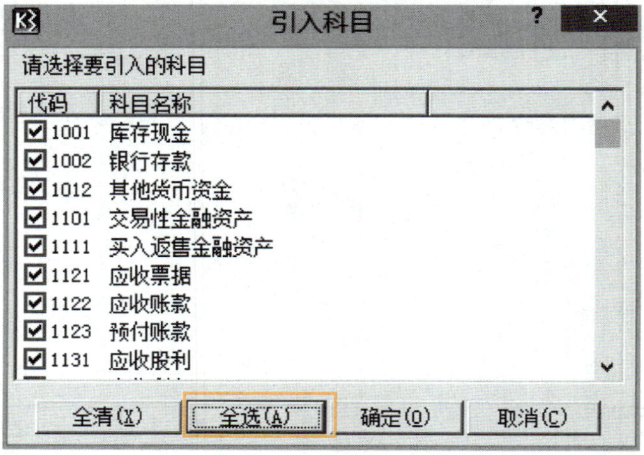

图 1-35　全选引入科目

子任务5.2　设置总账系统参数

训练营

设置总账系统参数和设置“本年利润”“利润分配”科目代码

视频

总账系统参数设置

▶ 实训资料

对以下账套选项打“√”：

（1）启用往来业务核销；

（2）新增凭证自动填补断号。

▶ 实训操作过程

设置总账系统参数：选择【系统设置】→【系统设置】→【总账】→【系统参数】，如图1-36、图1-37所示。

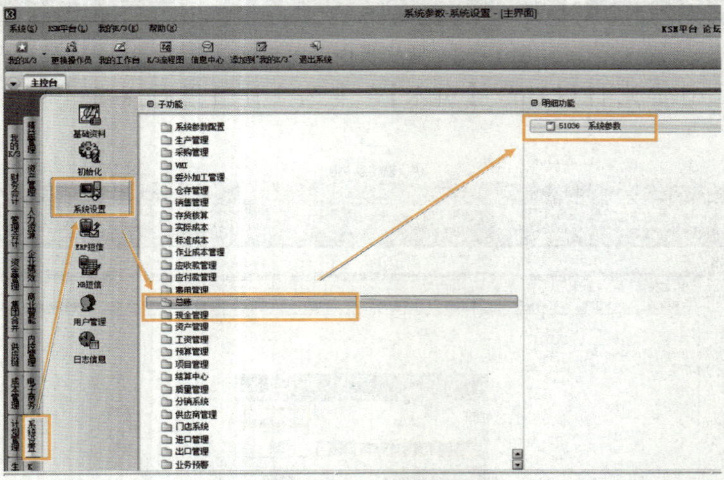

图1-36　总账系统参数设置

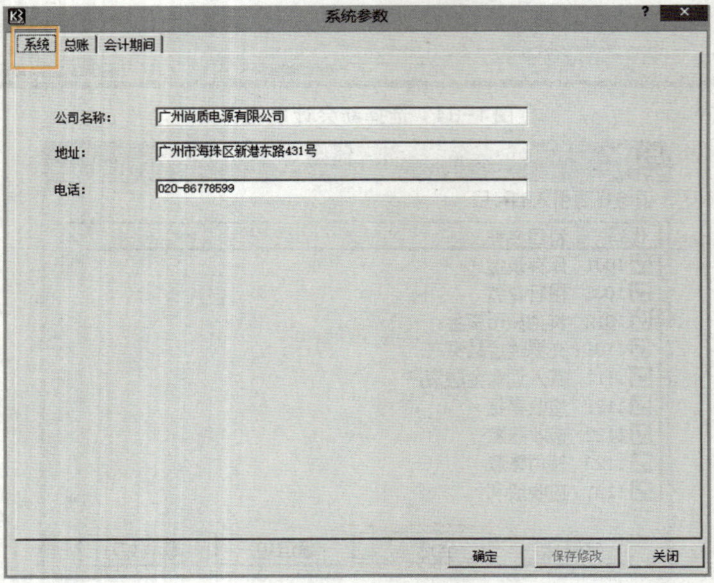

图1-37　系统参数

设置“本年利润”“利润分配”科目及启用往来业务核销，设置新增凭证自动填补断号，如图1-38至图1-40所示。

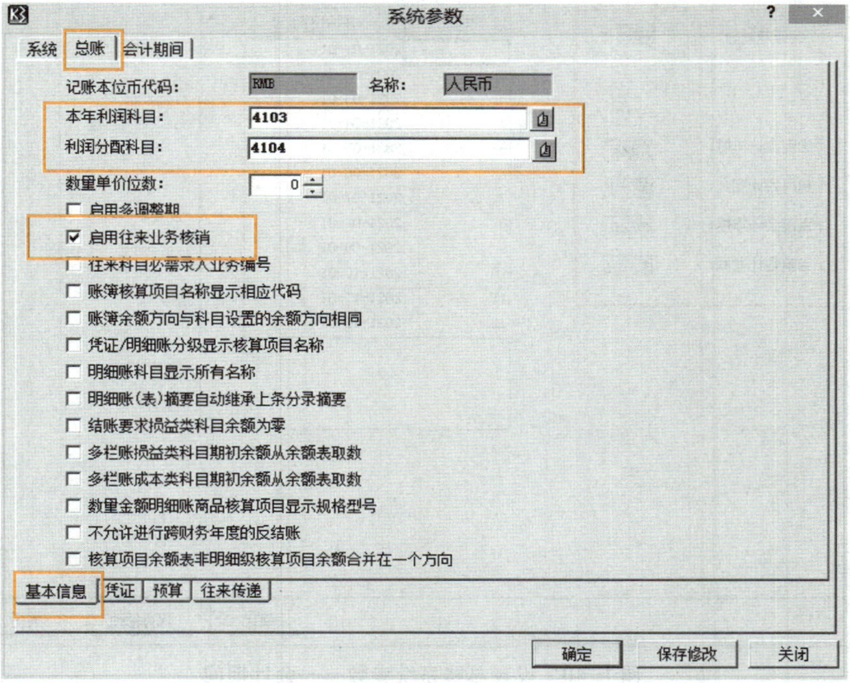

图1-38　设置总账系统参数——基本信息

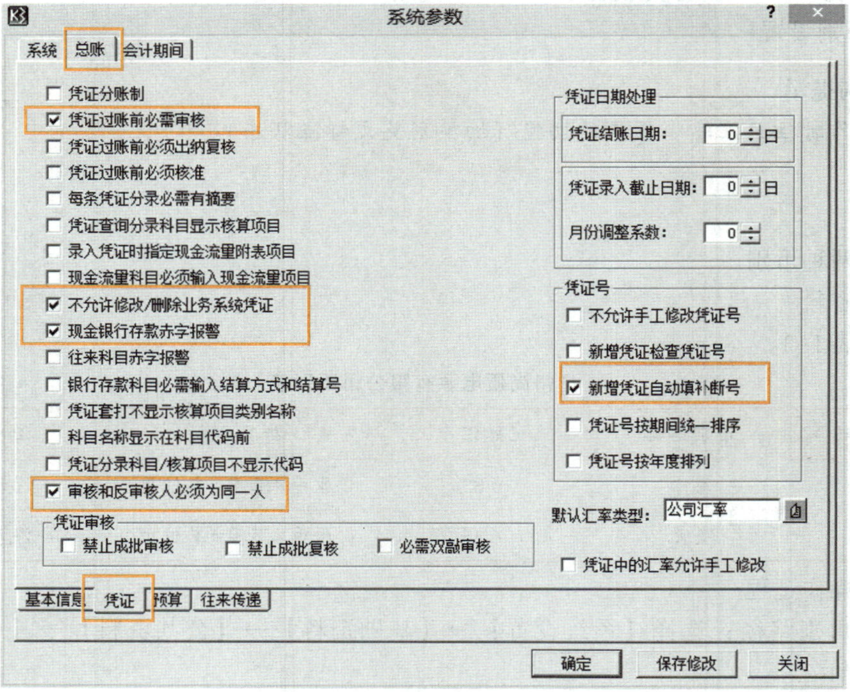

图1-39　设置总账系统参数——凭证

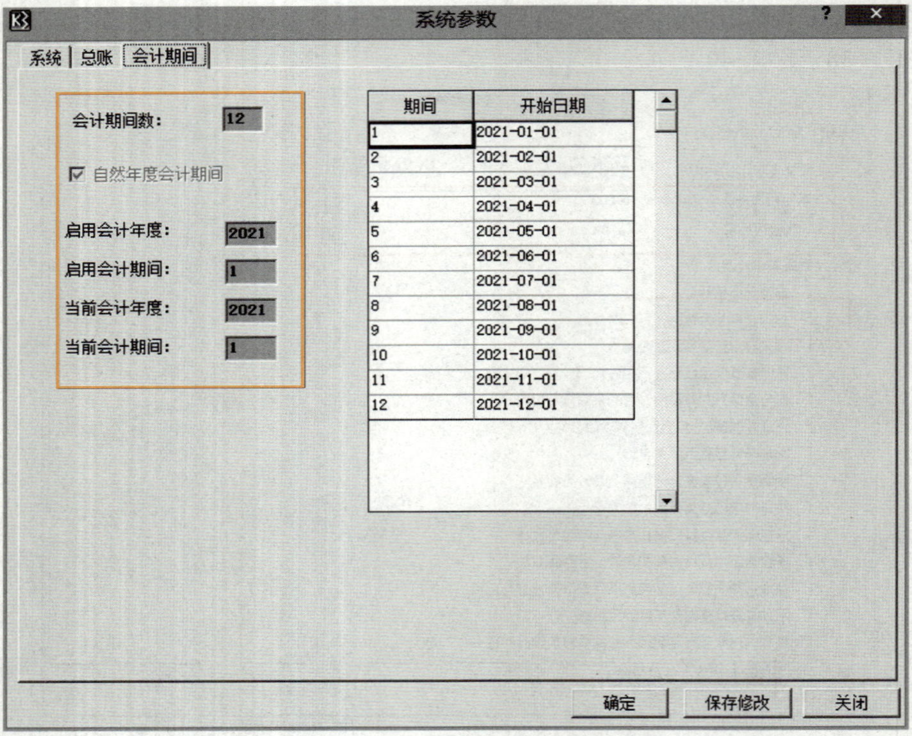

图1-40　设置总账系统参数——会计期间

子任务5.3　系统资料维护

1）币别设置

特别提示

操作时注意汇率小数点的切换（切换到英文标点状态）。

训练营

增加两种币别

▶ 实训资料

详见表1-3。

视频 币别新增

表1-3　广州尚质电源有限公司币别表

币别代码	币别名称	记账汇率	折算方式	汇率类型
HKD	港币	0.83	原币×汇率=本位币	浮动汇率
USD	美元	6.45	原币×汇率=本位币	浮动汇率

▶ 实训操作过程

增加币别路径：选择【系统设置】→【基础资料】→【公共资料】→【币别】，如图1-41所示。

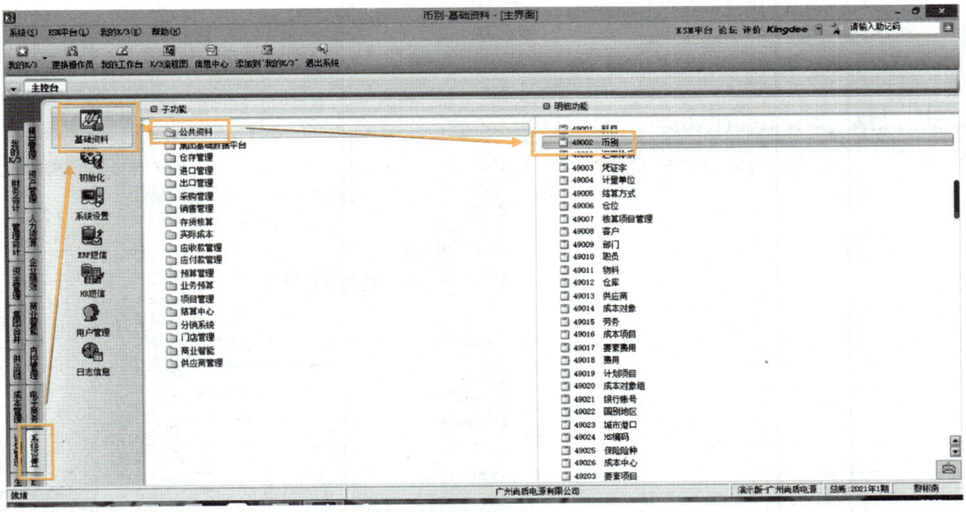

图 1-41　选择币别

打开币别界面，点击【新增】，录入币别资料，如图 1-42所示。

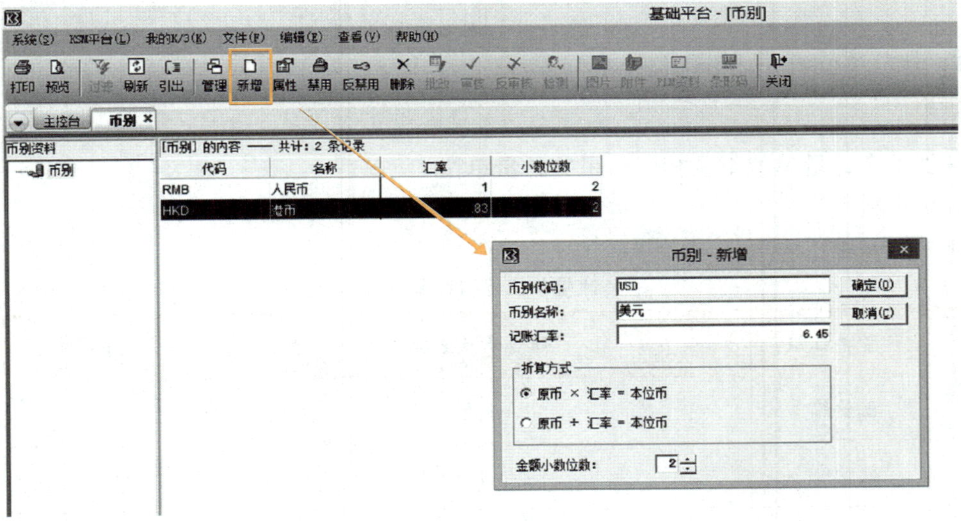

图 1-42　录入币别

特别提示

增加其他基础资料的路径一样，都在公共资料里面。

2）凭证字维护

训练营

增加凭证字为“记”字

▶ 实训操作过程

选择【系统设置】→【基础资料】→【公共资料】→【凭证字】，点击【新增】，录入“凭证字”为“记”，点击【确定】，如图 1-43所示。

视频　凭证字新增

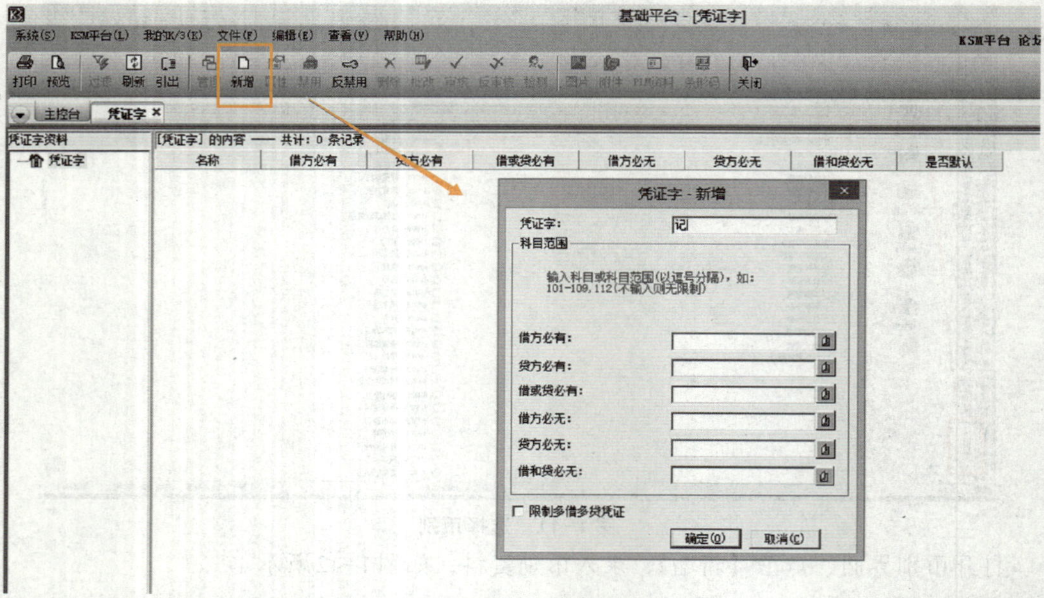

图 1-43　增加凭证字

3）计量单位组和计量单位维护

训练营

增加两个计量单位组及相应组里的计量单位

▶ 实训资料

详见表1-4。

表 1-4　　计量单位组和计量单位

计量单位组	计量单位名称	系数
重量组	千克	1
数量组	个	1
面积组	平方米	1
固定资产组	台	1
	幢	1

▶ 实训操作过程

选择【系统设置】→【基础资料】→【公共资料】→【计量单位】，先增加“计量单位组”，如图1-44所示。再在“计量单位组”上增加“计量单位”，如图1-45所示。

视频
计量单位组和计量单位新增

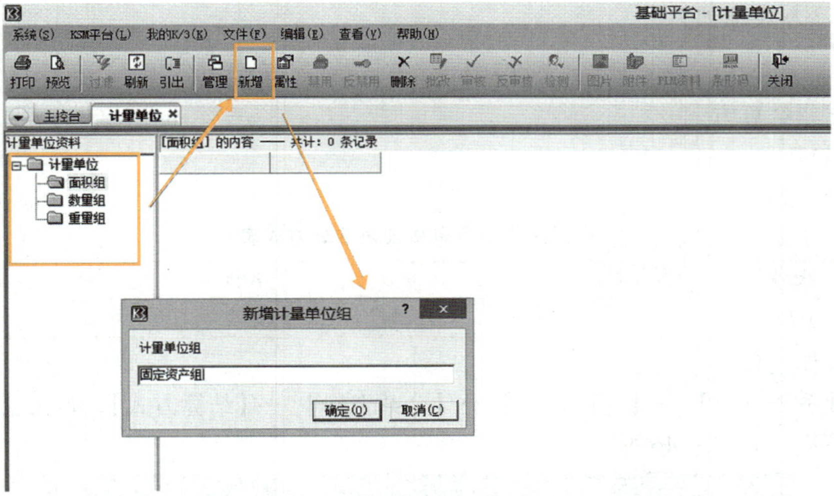

图 1-44　增加计量单位组

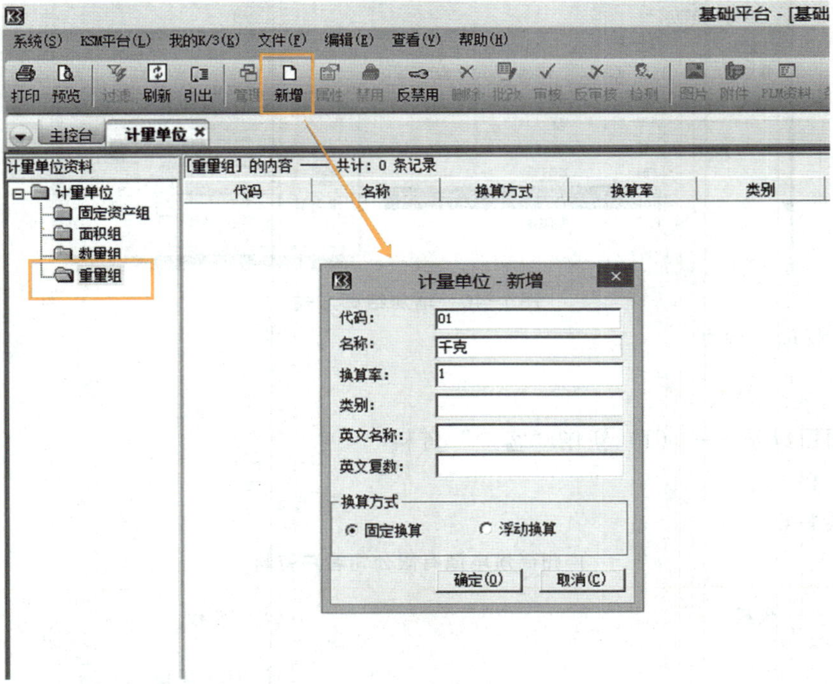

图 1-45　增加计量单位

特别提示

①先选中【计量单位组】，再在右框空白地方单击鼠标，最后才点击【新增】。

②对于一个计量单位组，系统只默认一个计量单位，默认计量单位的系数为 1。该计量单位组中，其他计量单位都为辅助计量单位，辅助计量单位的系数是多少，则其为默认计量单位的多少倍。在设置物料信息时，物料只能获取到默认的计量单位，所以有多少必用的计量单位，就需设置多少个计量单位组。

4）结算方式维护

训练营

增加支票结算方式

▶ 实训资料

详见表1-5。

表1-5 广州尚质电源有限公司结算方式表

代码	名称
JF06	支票

▶ 实训操作过程

选择【系统设置】→【基础资料】→【公共资料】→【结算方式】，点击【新增】，录入代码及名称，如图1-46所示。

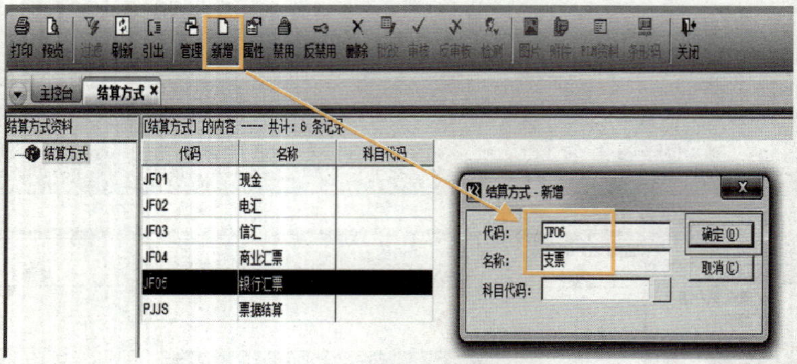

图1-46 增加结算方式

5）核算项目维护

训练营

核算项目维护——（1）新增“客户”资料

▶ 实训资料

详见表1-6。

表1-6 广州尚质电源有限公司客户资料

代码	名称
01	市内(上级组)
01.01	长城电器公司
01.02	天音贸易公司
02	市外(上级组)
02.01	韶关原野电器公司
02.02	阳江华能公司

实训操作过程

打开金蝶K/3主控台，选择【系统设置】→【基础资料】→【公共资料】→【客户】，先增加客户上级组，例：增加“市内”上级组，选择【新增】→【上级组】，再录入上级组资料，如图1-47所示。然后，新增明细客户：选中“上级组”，本例为“市内”，单击右框空白处，再点击【新增】，录入客户代码及名称，如图1-48所示。

视频　客户新增

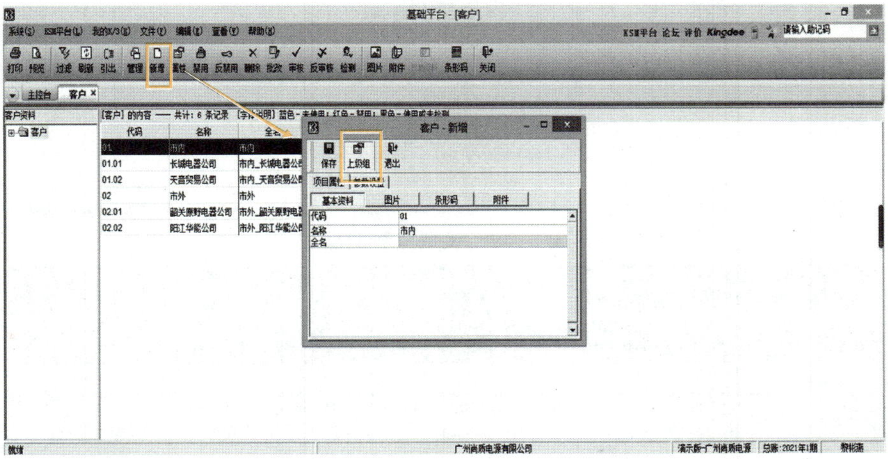

图1-47　新增上级组

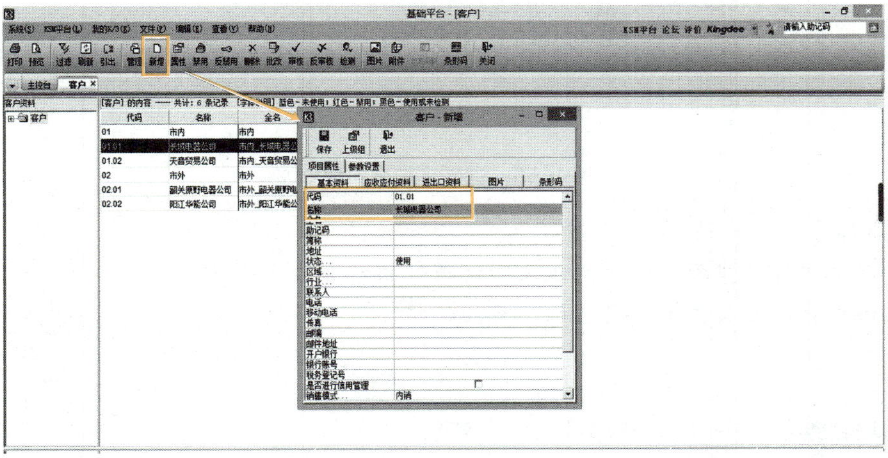

图1-48　新增明细客户

栏目说明

代码及名称是必录项，不用录入全名，保存后根据上级组及明细客户自动生成，其他资料可根据需要录入。注：在金蝶K/3系统中，所有的级别都是用“.”表示的。例：代码01.01，中间的“.”就表示级别，长城电器公司的上级代码是01（市内）。

用同样的方法增加其他客户，增加完成后可以点击【查看】→【选项】→【显示所有明细】，查看所有客户，如图1-49、图1-50所示。

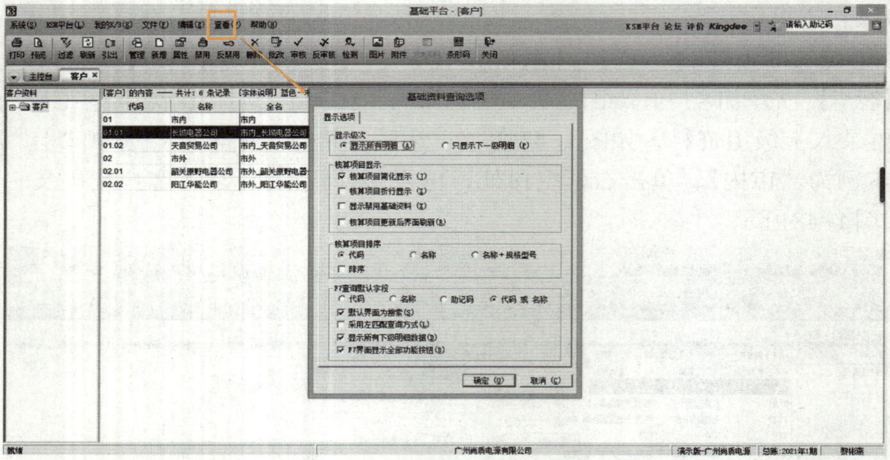

图 1-49　设置查看选项

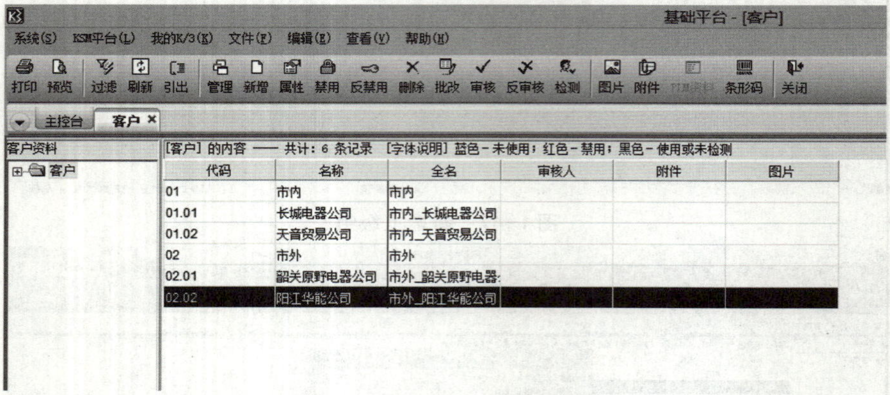

图 1-50　查看客户资料明细

特别提示

①其他核算项目资料的上级组及明细项目的增加方法一样。

②其他核算项目查看所有明细项目的操作方法一样。

训练营

核算项目维护——（2）新增“部门”资料

▶ 实训资料

部门资料见表 1-7。

表 1-7　　　　　　**广州尚质电源有限公司部门资料**

代码	名称	部门属性	成本核算类型
01	总经办	非车间	期间费用部门
02	财务部	非车间	期间费用部门
03	采购部	非车间	期间费用部门
04	技术部	非车间	期间费用部门
05	销售部		

续表

代码	名称	部门属性	成本核算类型
05.01	销售一部	非车间	期间费用部门
05.02	销售二部	非车间	期间费用部门
06	生产部		
06.01	生产配料车间	车间	基本生产部门
06.02	生产注液车间	车间	基本生产部门
06.03	生产包装车间	车间	基本生产部门
07	仓管部	非车间	期间费用部门

▶ 实训操作过程

选择【系统设置】→【基础资料】→【公共资料】→【部门】，点击【新增】，然后选择各部门属性及成本核算类型，如图1-51所示。

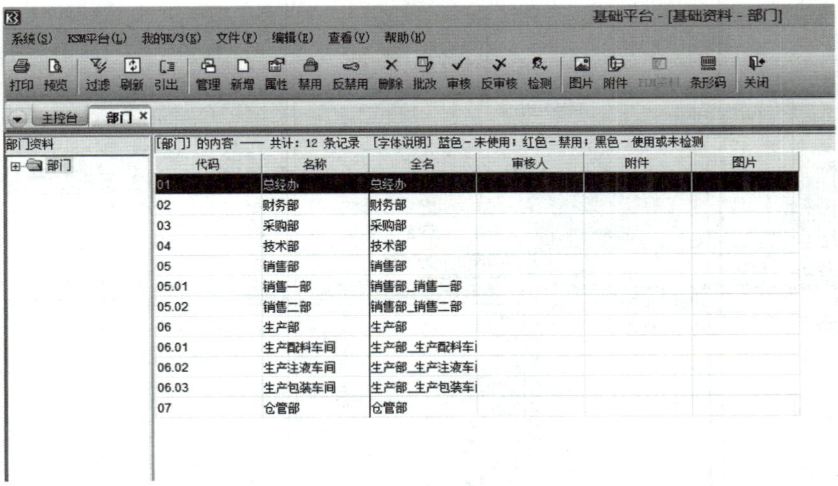

图1-51　新增部门

训练营

核算项目维护——（3）新增“职员”资料

▶ 实训资料

职员资料见表1-8。

表1-8　**广州尚质电源有限公司职员资料**

代码	职员姓名	性别	部门	备注
01	周建	男	总经办	总经理
02	黎彬燕	女	财务部	主管会计
03	武继周	男	财务部	会计(固定资产管理)
04	学生本人	男/女	财务部	会计(录入自己的姓名)
05	卓臣新	男	财务部	出纳
06	范丽丽	女	仓管部	部门经理
07	张宣华	男	仓管部	业务员
08	郭勇	男	采购部	部门经理

续表

代码	职员姓名	性别	部门	备注
09	田其忠	男	采购部	业务员
10	杨军	男	销售一部	部门经理
11	邹怡	女	销售一部	业务员
12	袁双	男	销售二部	业务员
13	黄钦龙	男	生产配料车间	工人
14	余超	男	生产注液车间	工人
15	张军	男	生产包装车间	工人
16	熊春林	男	技术部	技术员

▶ 实训操作过程

选择【系统设置】→【基础资料】→【公共资料】→【职员】，点击【新增】，录入资料后保存，如图1-52所示。

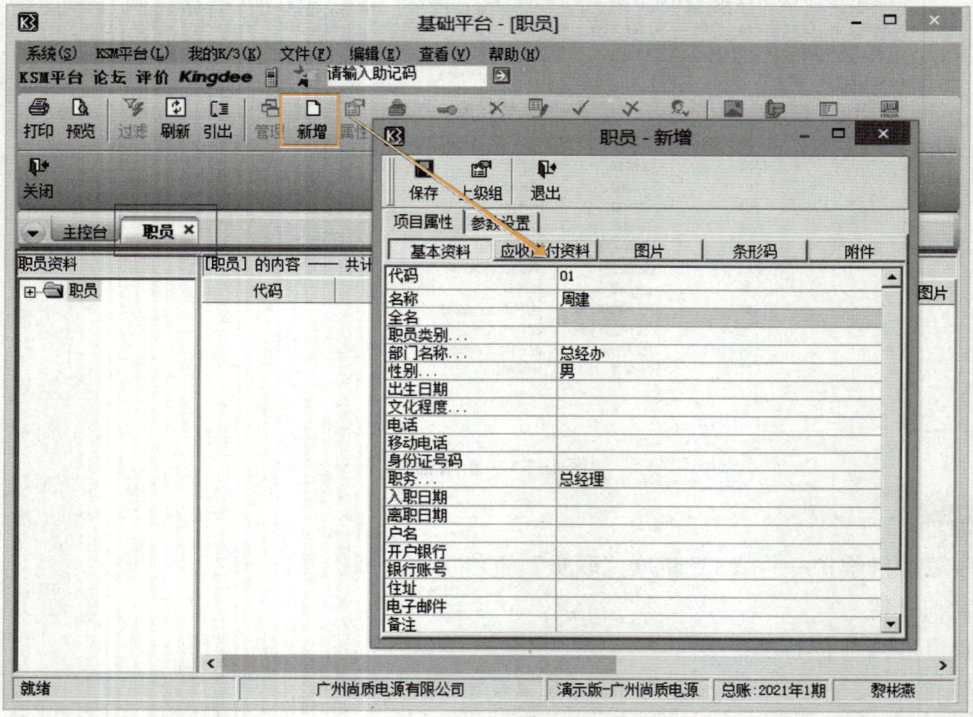

图1-52　新增职员

特别提示

录入职员时，应录入职员所在部门。

训练营

核算项目维护——（4）新增“供应商”资料

▶ 实训资料

供应商资料见表1-9。

表 1-9　　广州尚质电源有限公司供应商资料

代码	名称
01	华南区(上级组)
01.01	恒星电子公司
01.02	南方化工公司
02	华中区(上级组)
02.01	武汉电极公司
03	华北区(上级组)
03.01	强发公司
03.02	华北膜料公司

▶ 实训操作过程

新增“供应商”资料的方式与新增“客户”资料相同，演示略。

训练营

核算项目维护——（5）新增“仓库”资料

▶ 实训资料

仓库资料见表1-10。

表 1-10　　广州尚质电源有限公司仓库资料

代码	名称	仓库管理员	仓库属性	仓库类型
01	成品仓	张宣华	良品	普通仓
02	委外加工成品仓	张宣华	良品	普通仓
03	原材料仓	张宣华	良品	普通仓
04	待检仓	张宣华	良品	待检仓
05	代管仓	张宣华	良品	代管仓
06	赠品仓	张宣华	良品	赠品仓

▶ 实训操作过程

选择【系统设置】→【基础资料】→【公共资料】→【仓库】，点击【新增】，录入资料后保存，如图1-53、图1-54所示。

视频
仓库资料维护

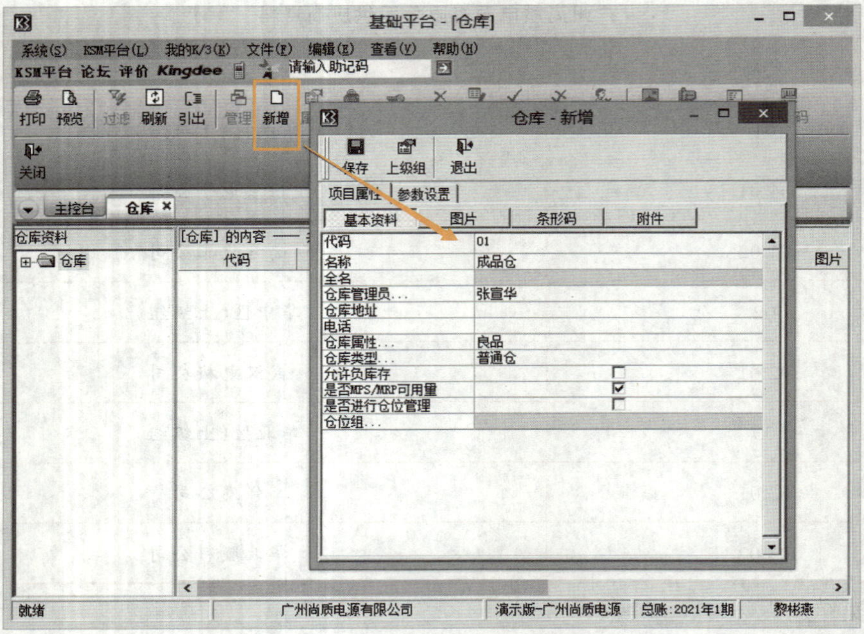

图 1-53　新增成品仓库

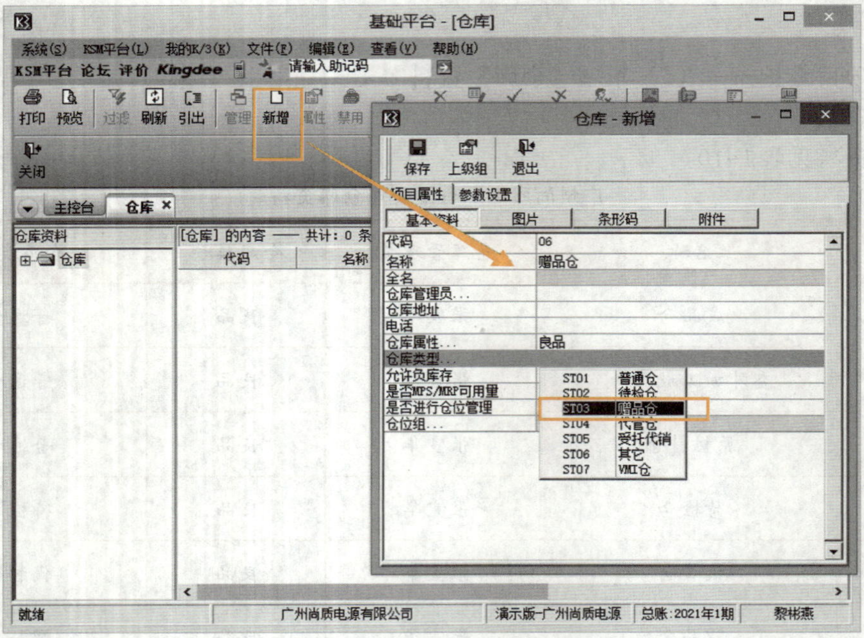

图 1-54　新增赠品仓库

6）会计科目维护

训练营

会计科目维护

▶ 实训资料

会计科目信息见表 1-11。

表 1-11　**广州尚质电源有限公司会计科目信息**

科目代码	科目名称	外币核算	期末调汇	数量金额辅助核算	现金科目	银行科目	核算项目
1001	库存现金				√		
1002	银行存款		√			√	
1002.01	建设银行	人民币				√	
1002.02	中国银行	美元	√			√	
1002.03	工商银行	港元	√			√	
1121	应收票据						客户（受控应收应付系统）
1122	应收账款						客户（受控应收应付系统）
1123	预付账款						供应商（受控应收应付系统）
1221	其他应收款						职员
1403	原材料						
1403.01	电解液			√（千克）			
1403.02	铝塑膜			√（平方米）			
1405	库存商品						物料
1801	长期待摊费用						
1801.01	开办费用						
1801.02	检测费用						
1801.03	其他						
2201	应付票据						供应商（受控应收应付系统）
2202	应付账款						供应商（受控应收应付系统）
2203	预收账款						客户（受控应收应付系统）
2221	应交税费						
2221.01	应交增值税						
2221.01.01	进项税额						
2221.01.02	销项税额						
2221.02	其他						
5001	生产成本						
5001.01	材料						
5001.02	人工						
5001.03	制造费用						
5101	制造费用						
5101.01	办公费						部门

续表

科目代码	科目名称	外币核算	期末调汇	数量金额辅助核算	现金科目	银行科目	核算项目
5101.02	招待费						部门
5101.03	差旅费						部门、职员
5101.04	通信费						部门、职员
5101.05	薪酬						部门
5101.06	折旧费						
5101.07	其他						
6001	主营业务收入						部门、职员、物料
6051	其他业务收入						部门、职员、物料
6601	销售费用						
6601.01	办公费						部门
6601.02	招待费						部门
6601.03	差旅费						部门、职员
6601.04	通信费						部门、职员
6601.05	薪酬						部门
6601.06	提成佣金						
6601.07	折旧费						
6601.08	其他						
6602	管理费用						
6602.01	办公费						部门
6602.02	招待费						部门
6602.03	差旅费						部门、职员
6602.04	通信费						部门、职员
6602.05	薪酬						部门
6602.06	折旧费						
6602.07	其他						
6603	财务费用						
6603.01	汇兑损益						
6603.02	利息收支						
6603.03	手续费						

实训操作过程

视频

选择【系统设置】→【基础资料】→【公共资料】→【科目】→【新增】/【属性】。

银行存款科目维护

特别提示

【新增】是增加明细科目（包括二级、三级科目）；【属性】是修改当前选中科目。

（1）例：新增银行存款二级科目“建设银行”，如图1-55所示。

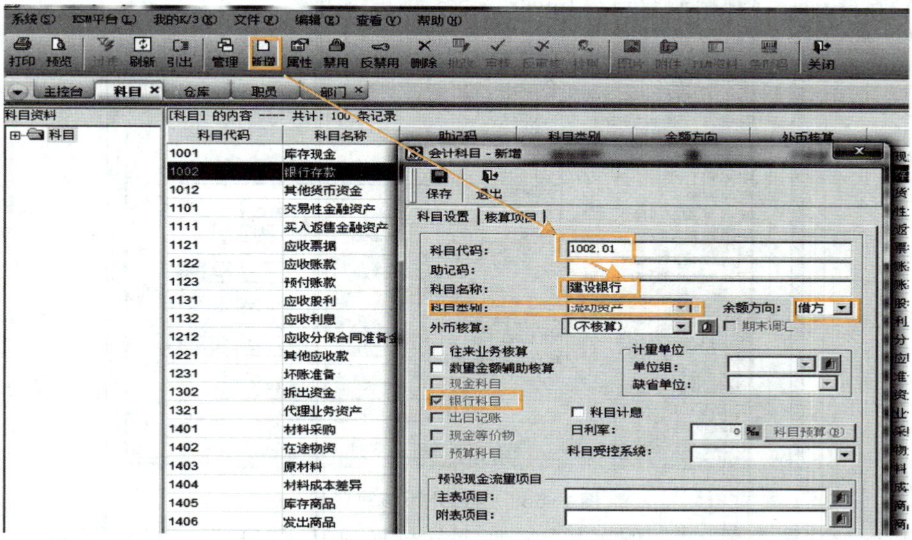

图 1-55　新增二级科目

栏目说明

①科目类别：系统分资产类、负债类、共同类、所有者权益类、成本类、损益类、表外科目七大类，其中，损益类科目在后面设置取数公式可以取其实际发生额；新增二级或多级科目时，系统会自带上级科目类别等信息。

②余额方向：该科目的默认余额方向。注意资产备抵类科目余额设置，如坏账准备等应设置为贷方。

③外币核算：该科目如果涉及外币核算则需要设置，可以设置为核算单一外币或核算所有币别，如果已经发生业务则只能设置为核算所有币别。

④期末调汇：只有选择了此项，在期末进行调汇时系统才能对该科目进行调汇，否则系统不进行调汇。

⑤往来业务核算：如查没有启用应收应付系统，并需要进行往来简单核销管理，则可以设置该科目为往来核算科目。

⑥数量金额辅助核算：选择此项后，相关科目同时核算金额和数量。

⑦计量单位：选择数量金额辅助核算后，必选计量单位。

⑧现金科目：选中此项则系统指定为现金科目。影响日记账和现金流量表，同时在现金管理中会对此科目进行管理。

⑨银行科目：选中此项则系统指定为银行科目。影响日记账和现金流量表，同时在现金管理中会对此科目进行管理。

⑩出日记账：选中则是在明细账中自动结出合计。

⑪现金等价物：供现金流量表取数时使用。

⑫核算项目：金蝶K/3系统核算项目可以起到明细科目的作用，同时比明细科目更直观、更简洁、处理速度更快，一个科目可以设置多个核算项目。

（2）例：增加“外币”科目，如图1-56所示。

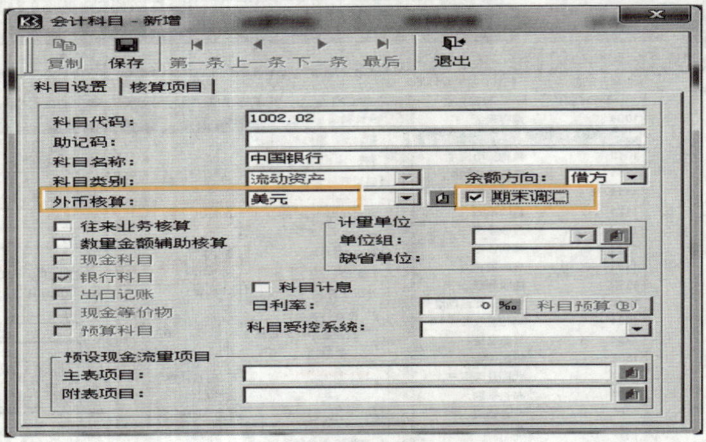

图1-56　增加外币核算科目

（3）增加“核算项目”，例：增加应收账款核算项目“客户”，选择【应收账款】→【属性】→【核算项目】→【增加核算项目类别】，然后点击【客户】项目，如图1-57所示。

视频

往来科目维护

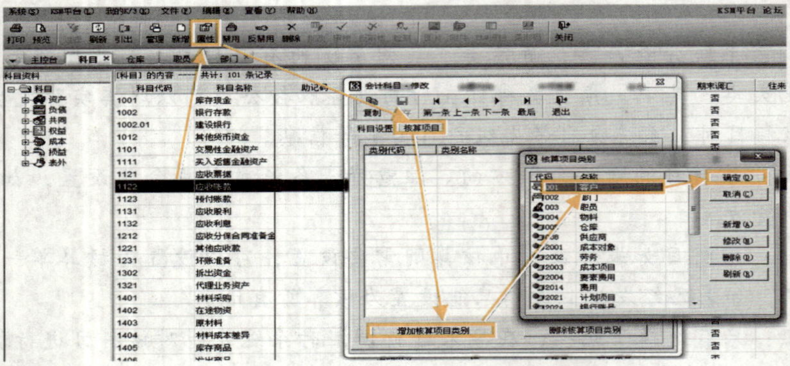

图1-57　增加核算项目“客户”

如果增加多个就再次点击【增加核算项目类别】，选择项目后保存即可。

（4）增加科目“数量金额辅助核算”，如图1-58、图1-59所示。

视频

数量金额辅助核算设置

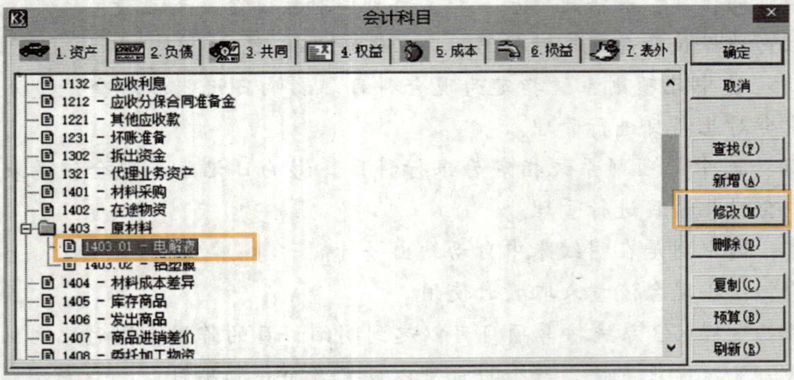

图1-58　选择原材料科目

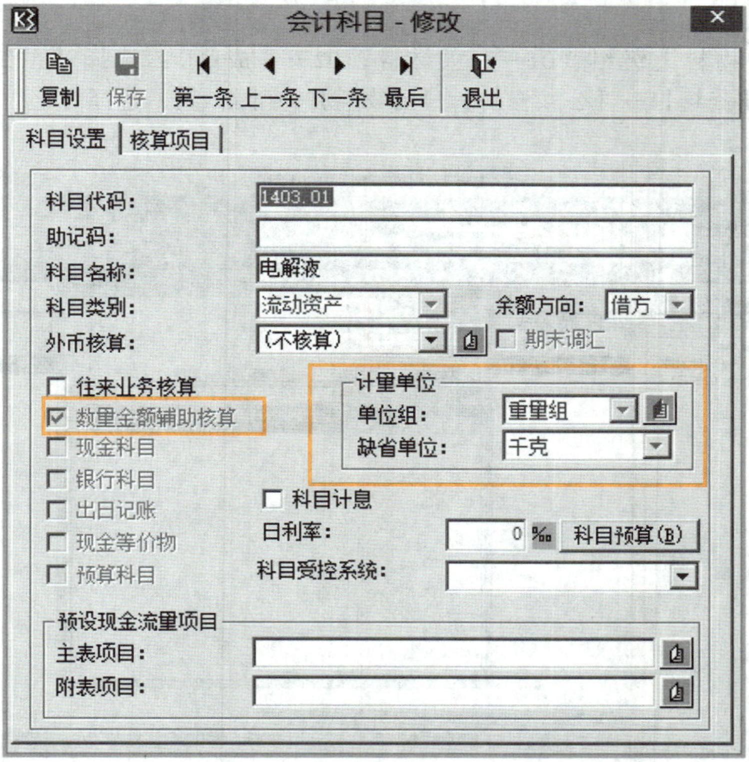

图 1-59　科目增加数量金额辅助核算

视频　明细科目复制

（5）其他科目按以上方法增加完成。

7）物料维护

训练营

新增物料信息

▶ 实训资料

物料信息详见表 1-12。

表 1-12　**广州尚质电源有限公司物料信息**

代码	物料名称	物料属性	计量单位组	基本计量单位	计价方法	存货科目	销售收入	销售成本	仓库
01	主材料								
01.01	电解液	外购	重量组	千克	加权平均法	1403.01	6051	6402	原材料仓
01.02	铝塑膜	外购	面积组	平方米	加权平均法	1403.02	6051	6402	原材料仓
02	成品								
02.01	电芯 380MAH	自制	数量组	个	加权平均法	1405	6001	6401	成品仓
02.02	电芯 10MAH	自制	数量组	个	加权平均法	1405	6001	6401	成品仓

实训操作过程

视频 物料录入

（1）新增物料上级组（01——主材料；02——成品）：选择【系统设置】→【基础资料】→【公共资料】→【物料】→【新增】，选择【上级组】如图1-60所示。

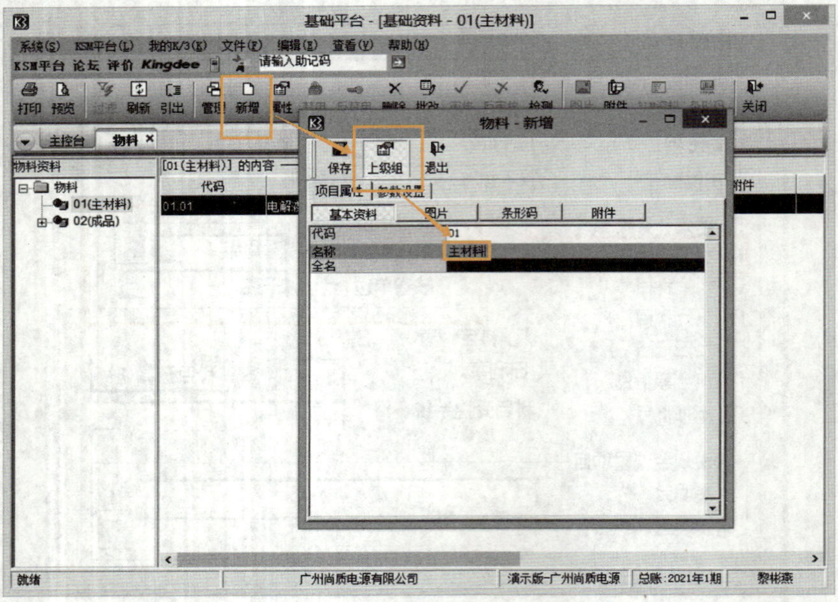

图1-60　新增物料上级组

（2）新增明细物料，需要在【物料】的【基本资料】及【物流资料】页签进行设置，如图1-61、图1-62所示。

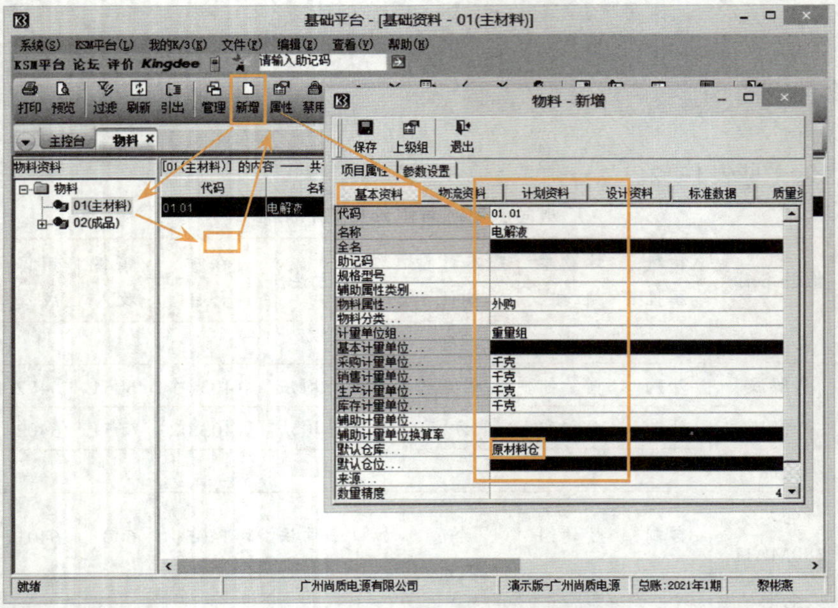

图1-61　物料【基本资料】设置

特别提示

物料必须选择默认仓库。

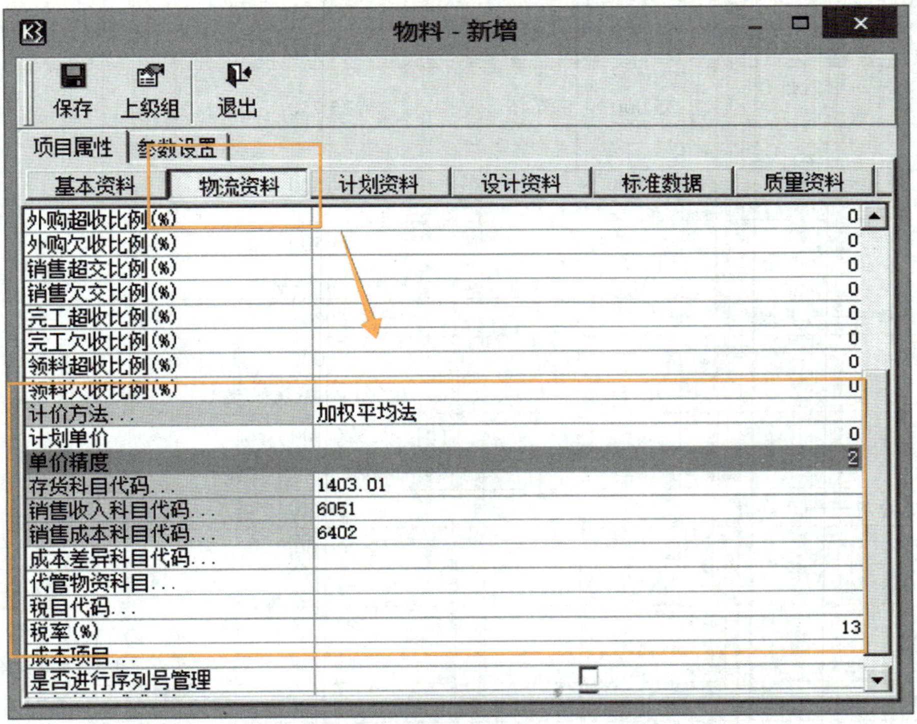

图1-62　物料【物流资料】设置

任务6　账套初始化

子任务6.1　总账科目录入初始余额

当各项资料输入完毕后，接下来就可以开始初始数据的录入工作了。除非是无初始余额及累计发生额，否则都要进行初始余额设置。初始余额的录入分两种情况进行：一是账套的启用时间是会计年度的第一个会计期间，只需录入各个会计科目的初始余额；二是账套的启用时间非会计年度的第一个会计期间，此时需录入截止到账套启用期间的各个会计科目的本年累计借贷方发生额、损益的实际发生额、各科目的初始余额。根据以上情况，在初始数据录入中要输入全部本位币、外币、数量金额账及辅助账、各核算项目的本年累计发生额及期初余额。

训练营

录入总账科目初始余额

▶ 实训资料

详见表1-13。

表1-13　　**广州尚质电源有限公司总账科目初始余额表**　　金额单位：元

科目名称	外币/数量	汇率	借方金额	贷方金额
库存现金			110 520	
银行存款			1 209 130	
银行存款——建设银行			858 880	
银行存款——中国银行 USD	35 000	6.45	225 750	
银行存款——工商银行 HKD	150 000	0.83	124 500	
应收账款			175 500 （由应收系统传递）	
其他应收款——田其忠			5 000	
原材料			120 000 （由存货核算系统传递）	
库存商品			320 000 （由存货核算系统传递）	
长期待摊费用——开办费			12 000	
固定资产			2 000 000	
累计折旧				668 400
应付账款				300 000 （由应付系统传递）
短期借款				15 780
长期借款				325 500
实收资本				2 642 470
合　计			3 952 150	3 952 150

实训操作过程

在"金蝶K/3主控台"界面，选择【系统设置】→【初始化】→【总账】→【科目初始数据录入】，如图1-63所示，进入"初始余额录入"窗口进行录入操作。

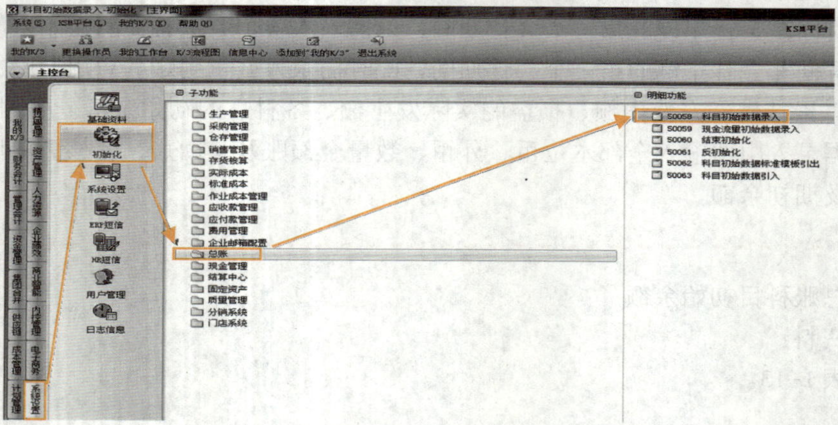

图1-63　选择科目初始数据录入

（1）录入没有设置核算项目且币别为人民币的科目余额，如图1-64所示。

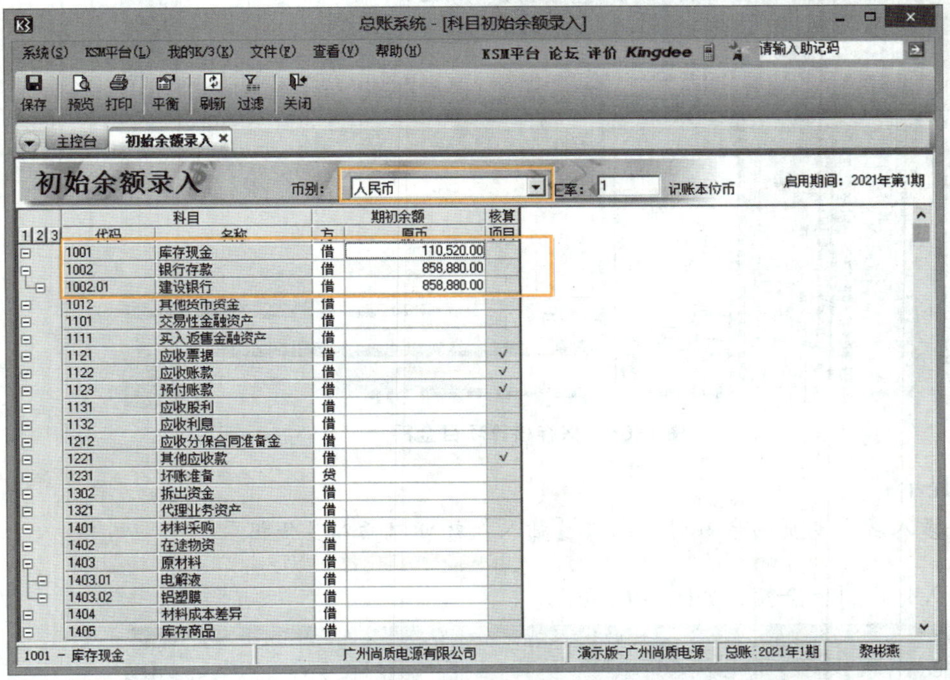

图1-64　录入科目余额

特别提示

只需录入明细科目，上级组科目余额根据明细科目自动计算生成。

（2）录入带核算项目的科目余额，如图1-65、图1-66所示。

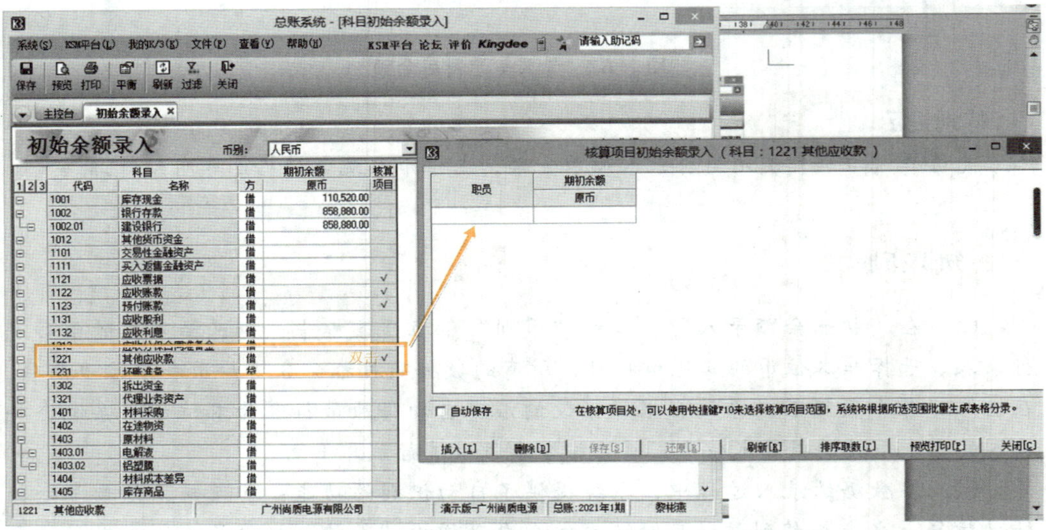

图1-65　录入带核算项目的科目余额

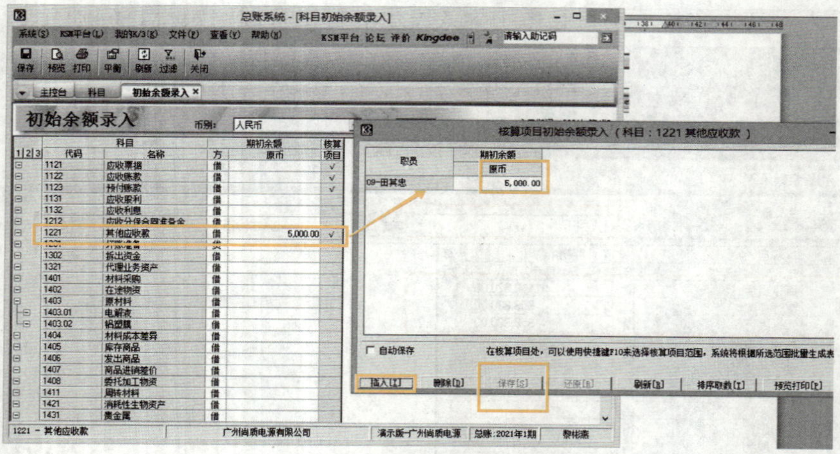

图1-66　保存核算项目金额

特别提示

需要录入多个职员的余额时，点击【插入】就可以插入多条记录。

（3）录入外币科目余额，如图1-67所示。

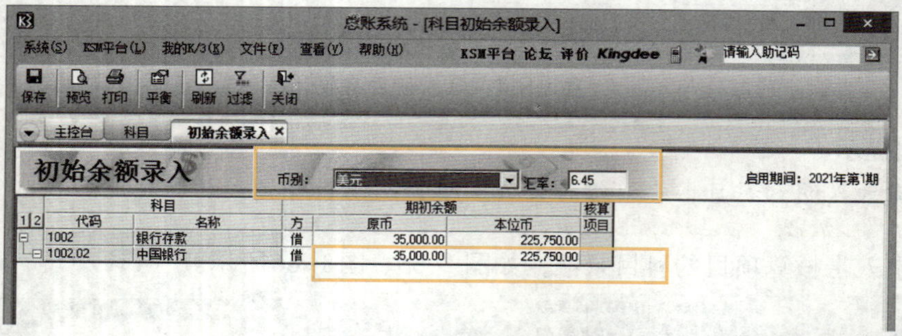

图1-67　录入美元科目余额

特别提示

先选择【币别】美元，再录入原币金额，本位币系统会根据汇率自动计算。

知识拓展

（1）在"初始余额录入"窗口的"币别"下拉列表框中，可选择不同的币种进行录入。选择非本位币的其他币种时，所有的数据项目都会分为原币和本位币两项，在输入完原币数额后，系统会根据预设的汇率自动将原币折算为本位币，系统会将输入的各个币种的折算本位币汇总为综合本位币进行试算平衡。

（2）在数据的录入过程中，系统提供了自动识别的功能：如果科目是数量金额辅助核算，当光标移到该科目时，系统会自动弹出"数量"栏供录入；如果科目是损益类科目，当光标移到该科目时，系统会自动弹出"损益类本年实际发生额"栏供录入；余额可分为借贷方两栏显示。当然，所有这些操作，应该在【过滤】工具栏中做出相应的选择。

(3) 如果科目设置了核算项目，系统在初始数据录入时，会在科目的核算项目栏中做一标记"√"，单击"√"，系统自动切换到核算的初始余额录入界面，每录完一笔，系统会自动新增一行，当然，也可以单击鼠标右键增加新的一行来录入数据。

(4) 如果科目设置了核算项目辅助核算，核算项目初始明细数据录入时，可以按F10键批量选择需要录入的核算项目明细范围，系统将根据所选的核算项目范围生成表格分录，便于直接录入初始明细数据。

(5) 在"初始数据录入"界面中，系统以不同的颜色来标识不同的数据。白色区域：表示可以直接录入的账务数据资料，它们是最明细级普通科目的账务数据；黄色区域：表示为非最明细科目的账务数据，这里的数据是系统根据最明细级科目的账务数据或核算项目数据自动汇总计算出来的；绿色区域：系统预设或文本状态，此处的数据不能直接输入。

(6) 在"初始数据录入"界面中，所能录入的内容主要包括：期初余额、累计借方、累计贷方以及本年累计损益实际发生额四项。期初余额，是指在进行初始化当期的期初科目余额；累计借方，指某一科目自年初至初始设置时止借方累计发生额；累计贷方，指某一科目自年初至初始设置时止贷方累计发生额。

系统中账套数据的年初余额将根据以下公式自动计算得出：

借方年初余额=期初余额+本年累计贷方发生额-本年累计借方发生额

贷方年初余额=期初余额+本年累计借方发生额-本年累计贷方发生额

只需输入最明细级科目的有关期初余额、累计借方数据和累计贷方数据。对于上级科目数据，系统会自动进行汇总计算。

(7) 试算平衡：上述数据输入无误后，单击【平衡】或选择【查看】→【试算平衡】，系统会弹出"试算平衡表"界面对数据进行试算平衡。

系统进行试算平衡时是将所有的账务数据合计在一起进行的，因此只有将所有的本位币、外币、核算项目账、数量金额账等全部数据录入完毕之后才能够进行总账数据的试算平衡。试算平衡表中会显示出所有一级科目的年初借方、年初贷方、累计借方、累计贷方、期初借方、期初贷方各项数值。在币别处选择某一币别时，单击【平衡】或选择【查看】→【试算平衡】，显示的试算平衡表是该币别的试算平衡；选择"币别"为"综合本位币"，显示的试算平衡表是所有币别折算为综合本位币后的试算平衡，只有在综合本位币状态下试算平衡，系统才允许结束初始化，否则就不能结束初始化。

(8) 初始数据录入工作可以和日常单据录入工作同时进行，只要在期末处理前关闭初始化即可。系统提供了反初始化的功能，如果系统已经进行了期末处理，必须先反期末处理到账套启用期间后才能进行反初始化操作。反初始化操作，只有系统管理员才有权限。

子任务6.2　应收与应付初始化

1）应收款管理系统参数设置

应收款管理系统（应收系统，下同）参数设置主要包括：

（1）公司信息。公司信息内容包括：公司名称、地址、电话、税号（纳税人识别号，下同）、开户银行和账号。系统可以根据此处录入的开户银行和账号，在新增收款单、退款单、预收单时自动填充。公司名称、地址和电话默认取账套设置中对应的内容，允许修改，但是修改后不回填账套设置中对应的内容。开户银行、账号、税号默认取【系统设置】→【销售管理】→【系统参数】→【账套选项】中对应的内容，允许修改，并且修改后同步更新销售系统、采购系统以及应付系统的对应内容，也就是说应付系统、应收系统、采购系统以及销售系统的系统参数关于开户银行、账号、税号的内容是一致的。如果没有启用物流系统，则为空，需要手工录入。在此处录入后，对发票进行套打设置时，开户银行、账号、税号均取此处内容，如果为空则不显示。

（2）会计期间。会计期间内容包括：启用年份、启用会计期间、当前年份和当前会计期间。启用年份、启用会计期间指初次启用应收系统的时间。它决定了初始化数据录入时应录入哪一个会计期间的期初余额。启用年份、启用会计期间在初始化结束后不能修改。当前年份、当前会计期间指当前应收系统所在的年度与期间。初次使用，启用年份=当前年份，启用会计期间=当前会计期间。初始化结束后，每进行一次期末处理，当前会计期间自动加1，如果经历一个会计年度，则当前年份自动加1。当前年份、当前会计期间由系统自动更新，不能修改。

（3）坏账计提方法。选择“坏账计提方法”，确定坏账计提的方法。坏账计提可以一年一次，也可以随时计提。坏账计提的方法也可以随时更改。系统根据设置的方法计提坏账准备，并产生相应的凭证。涉及坏账相关的凭证在进行坏账的业务处理时即时生成，不在【凭证处理】中生成。产生坏账损失或坏账收回时根据“坏账损失科目代码”生成凭证，计提坏账时根据“坏账准备科目代码”生成凭证。

系统提供直接转销法、备抵法两种坏账计提方法供选择。如果选择直接转销法，则坏账计提模块不能使用。如果选择备抵法，则可以选择销货百分比法、账龄分析法、账龄分析法+个别认定法及应收账款百分比法中的任何一种方法计提坏账准备。

（4）科目设置。需要设置单据类型科目，包括其他应收单、销售发票、收款单、预收单、退款单。需要设置应收票据科目代码和应交税费科目代码，并选择核算项目类别。

训练营

应收款管理系统参数设置

▶ 实训资料

（1）坏账计提方法：备抵法中的“应收账款百分比法”

（2）坏账损失科目：信用减值损失

（3）坏账准备科目：坏账准备

（4）计提坏账科目：应收账款（计提比例：0.5%）

（5）科目代码：应收票据科目代码：1121，应交税费——应交增值税（销项税额）科

目代码：2221.01.02，其他科目代码都是：1122

（6）科目受控：设置应收账款科目受控应收应付系统

（7）其他参数：单据审核人与制单人可同为一人

（8）期末处理：结账与总账期间同步

视频 应收款管理参数设置

实训操作过程

选择【系统设置】→【系统设置】→【应收款管理】→【系统参数】，进行设置如图1-68、图1-69、图1-70所示（期末处理操作此处略）。

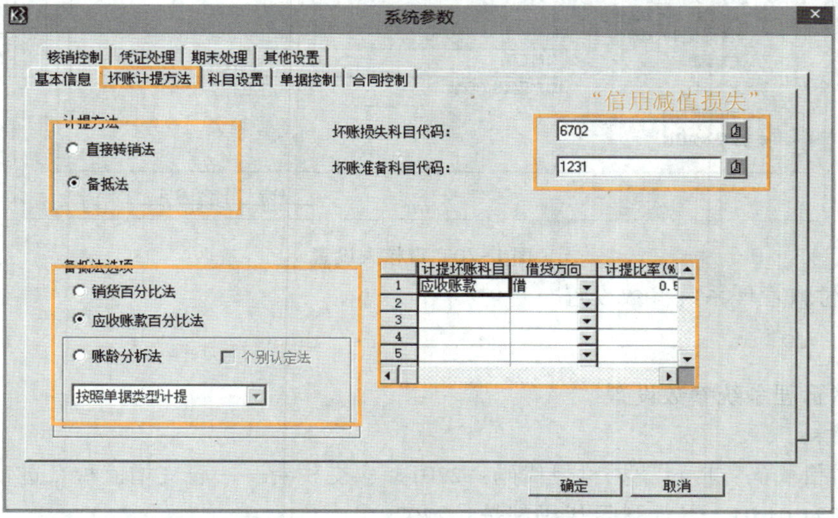

图1-68　坏账计提方法设置

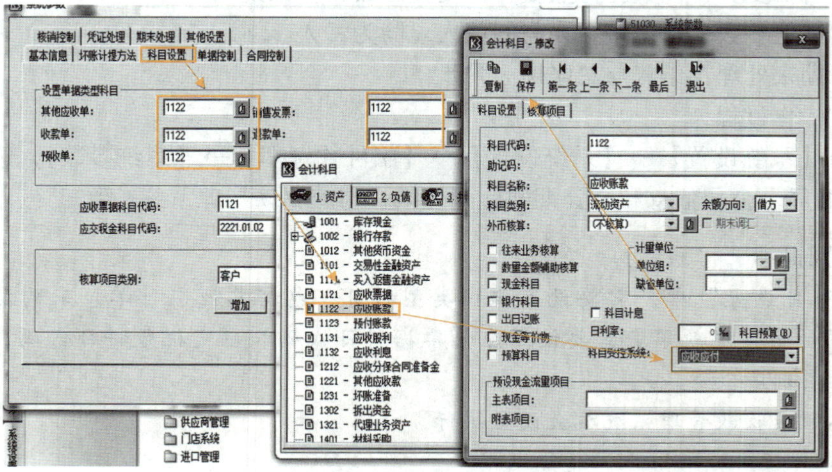

图1-69　科目受控应收应付系统设置

特别提示

先设置单据类型科目，再设置科目受控，可以直接去【科目】里打开要受控的科目，科目受控系统为“应收应付”。

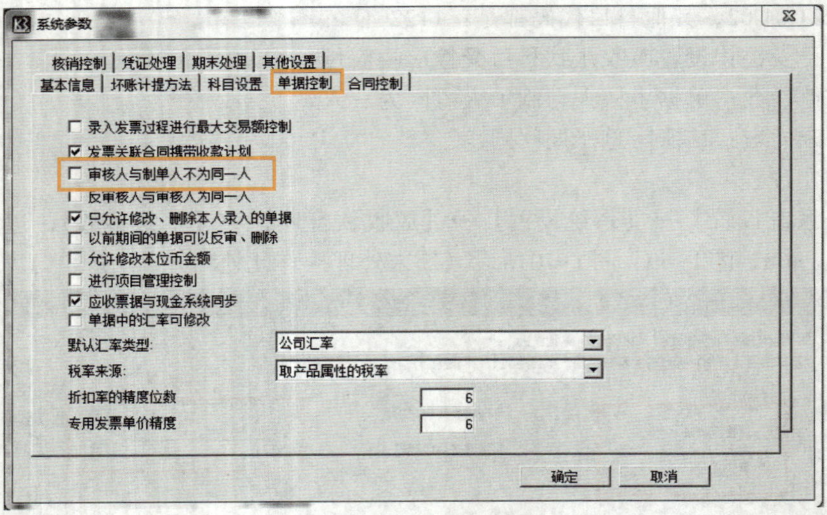

图 1-70　审核人设置

2）应付款管理系统参数设置

训练营

应付款管理系统参数设置

▶ 实训资料

（1）科目代码：应付票据科目代码：2201，应交税费——应交增值税（进项税额）科目代码：2221.01.01，其他科目代码都是：2202

（2）科目受控：设置应付账款科目受控应收应付系统

（3）其他参数：单据审核人与制单人可同为一人

（4）期末处理：结账与总账期间同步

▶ 实训操作过程

选择【系统设置】→【系统设置】→【应付款管理】→【系统参数】，选择“基本信息”，界面显示公司信息和会计期间。此处操作与应收款管理系统一致。

特别提示

“科目设置”中，需要设置单据类型科目，包括其他应付单、采购发票、付款单、预付单、退款单。需要设置应付票据科目代码和应交税费科目代码，并选择核算项目类别。

参照应收款管理系统参数设置执行。

3）应收、应付系统初始数据录入

应收款管理系统初始数据的录入要做好几项准备工作，包括选择正确的启用期间、准备应收款期初数据资料、准备预收款期初数据资料、准备应收票据期初数据资料、准备期初坏账数据资料。

①选择正确的启用期间。由于销售系统、应收系统启用后，销售系统的发票才会自动传递到应收系统，故必须正确处理好销售系统与应收系统的启用期间问题，否则可能会造

成数据错误。目前销售系统只在应收系统结束初始化之后提供销售发票的单向传递，而且是强制传递，即只要应收系统结束初始化，销售系统新增的销售发票都会自动传递到应收系统。而应收系统新增的销售发票不能传递到销售系统。在应收系统结束初始化之前，两系统之间不进行销售发票的传递。

②准备应收款期初数据资料，主要指涉及货款核算的应收账款科目的期初余额、本年借方累计发生数、本年贷方累计发生数。建议其他应收款等个人借款在总账系统进行核算。

③准备预收款期初数据资料，主要指涉及货款核算的预收账款科目的期初贷方余额、本年贷方累计发生数。如果预收账款的期初余额为借方余额，建议进行调账处理，把预收账款调入应收账款科目中。

④准备应收票据期初数据资料，主要指还没有进行票据处理的应收票据，不包括已经背书、贴现、转出或已收款的应收票据。

⑤准备期初坏账数据资料，主要指以后有可能收回的坏账。

资料准备齐全后，就可以开始进行初始化的数据录入。

（1）应收账款初始数据录入

选择【系统设置】→【初始化】→【应收款管理】→【初始化数据-应收账款】，进入“过滤条件”界面。过滤框中默认核算项目类别为客户，默认币别为人民币，如果录入单据初始余额后，表中没有新增相应记录，则应查看是否因为输入的是非客户类别或是否为外币单据。

【初始化数据-应收账款】显示的是初始化数据的汇总表，按核算项目显示汇总数据，单击【明细】，可以查看每一笔单据的发生额、余额等资料，否则只能查看每一往来单位本年应收汇总数、本年实收汇总数以及期初余额汇总金额。初始化时必须录入往来单位的期初余额资料、本年累计发生额等。为减少初始化录入时的工作量，初始化时的收款单（预收除外）不单独录入，销售发票、其他应收单录入中的本年收款额则反映了收款单的本年累计发生数。

为快速完成初始化，可以把每个往来单位的所有单据资料汇总成一张单据录入，这样减少了单据录入的工作量，但缺点是初始化时的所有单据只能在一张单据中进行处理，不利于对初始化的单据进行管理。如果单据资料不是很多，可以按明细单据逐笔录入，缺点是工作量大，但结束初始化后便于对初始化单据进行跟踪处理。

初始化的单据分为：初始销售增值税发票、初始销售普通发票、初始其他应收单、初始预收单、初始应收票据、初始应收合同六种类型。

①初始销售增值税发票。

选择【系统设置】→【初始化】→【应收款管理】→【初始销售增值税发票-新增】，系统调出发票新增界面：

A.部门：录入相应的部门。可以直接录入部门代码，也可单击【资料】或按F7键查询获取。

B.业务员：录入相应的业务员。如果业务员为空，在关联单据时可将被关联单据上的业务员回填。

C.发生额：指单据的发生数，即应收款金额。可以按客户汇总输入所有销售发票的汇总金额，也可以按单据进行明细录入。如果是本年发生额，则选择本年。如果同一个单位的往来款既有去年金额又有今年发生额，则汇总录入时去年与今年的数据应分开录入。

D.本年收款额：指当前会计年度的收款金额，以前会计年度收款的金额不包括在内，包括实际收款额（如库存现金，银行存款）及应收票据金额，一般反映的是应收账款科目的本年累计贷方发生数。

E.应收款余额：扣除已收款金额后的实际应收数，即收款计划的收款金额合计。一般反映的是应收账款科目的期初余额。

F.往来科目：如果不需要将初始化数据传入总账，则此处不用录入，建议填入往来科目。否则必须录入对应的往来会计科目，如应收账款，必须是最明细科目，如果该科目下挂核算项目，则不用录入相应核算项目代码，系统会根据该发票的核算项目名称、部门、职员等自动填充。如果核算项目属性中指定了应收账款科目代码，则填入核算项目后，自动带出应收账款科目代码中指定的科目，如果勾选了“启动调汇与对账”，则往来科目只能选择受控科目。系统通过“科目+科目方向”把相应的应收款初始资料传递至总账系统，避免了总账系统初始化往来资料的重复录入。

②初始销售普通发票。

初始销售普通发票的录入类似于销售增值税发票，不同之处在于销售普通发票中的单价为含税单价，而销售增值税发票中的单价为不含税单价。

③初始其他应收单。

初始其他应收单的录入也类似于初始销售增值税发票，区别之处在于：应收单的核算项目类别可以选择客户、供应商、部门、职员等多种。如果选择客户或供应商，则下面的部门、业务员表示该业务经手的部门与职员；如果类别选择为部门，则表示部门借款，下面的部门不可选。如果选择职员，则表示职员借款，下面的业务员不可选。另外，应收单不包括存货的信息资料，如要录入存货的信息，则可以采用发票的形式。如果核算项目属性中指定了其他应收款科目代码，则填入核算项目后，自动带出其他应收款科目代码中指定的科目；如果勾选了“启动调汇与对账”，则往来科目只能选择受控科目。

初始化时，当选择“本年”选项后，系统控制“发生额=本年收款额+应收款余额”；如不选择“本年”选项，则“发生额≥本年收款额+应收款余额”。

④初始预收单。

初始预收单的内容类似于前述几类单据。具体指标解释如下：

A.发生额：指预收单金额。可以按往来单位汇总输入所有预收单的汇总数，也可以按单据进行明细录入。如果是本年发生额，则选择本年。一般反映的是预收账款科目的贷方发生数。

B.余额：反映未核销的预收款余额。一般反映的是“预收账款”科目的期初余额数。

C.本年发票额：反映已经收到销售发票的预收金额。一般反映的是预收账款科目的借方发生额。

初始化时，当选择“本年”选项后，系统控制“发生额=本年发票额+余额”；如不选择“本年”选项，则“发生额≥本年发票额+余额”。如果核算项目属性中指定了预收账款科目代码，则填入核算项目后，自动带出预收账款科目代码中指定的科目；如果勾选了“启动调汇与对账”，则往来科目只能选择受控科目。

（2）应收票据录入

应收票据，作为一种特殊的收款进行处理，应收票据与应收账款核销后还可能进行背书、贴现、转出、收款等许多处理。因此如果应收票据与应收账款直接核销，那么势必造成单据无法修改，而不能进行以上操作。所以，在系统中，应收票据并不直接冲销应收账款，而是在收到应收票据后，进行审核处理时，系统自动产生一张收款单（或预收单），通过该张收款单（或预收单）与应收账款核销。票据进行背书、转出、贴现及真正收款时直接冲减应收票据，不再冲销应收账款。此种处理方式也与凭证处理相对应，有助于总账系统与应收系统进行核对。

初始化时，应收账款的金额应是与应收票据核销后的余额，即不包括应收票据的金额。应收票据录入的是已收到票据并已核销了应收账款的没进行背书、转出、贴现、收款处理的票据。已收到票据但没有核销应收账款的应收票据应在初始化结束后录入。

选择【系统设置】→【初始化】→【应收款管理】→【初始应收票据-维护】，进入“票据序时簿”界面。在此界面可以进行新增、修改、删除、打印、预览、引出应收票据等操作。

选择【系统设置】→【初始化】→【应收款管理】→【初始应收票据-新增】，系统调出票据新增界面，录入时：

①票面金额：录入应收票据的票据金额。

②票面利率：录入应收票据的票据利率。

③到期面值、到期利率：票据到期时的面值、利率。

④签发日期、到期日期、付款期限：录入票据签发日期、到期日期后，系统能自动计算出付款期限，付款期限以天表示。

⑤财务日期：指收到票据的日期，要求大于等于签发日期、小于等于到期日期。据此确认票据的入账期间。

⑥出票人：录入出票人的名称，可直接录入，也可单击【代码】或按**F7**键查询获取。按**F7**键查询获取时，根据核算类别调出对应的项目。如果出票人为无关第三方，则可以手工录入。

⑦承兑人：一般是针对银行承兑汇票，录入承兑银行名称。

结束初始化后，可以在票据备查簿中查看初始化录入的应收票据，此类应收票据的期间显示为初始化，初始化的应收票据自动为审核状态，不能进行反审操作，如要修改初始化的应收票据内容，必须进行反初始化操作。可以对初始化的应收票据进行背书、贴现、转出、收款等操作。

（3）期初坏账录入

为了对期初坏账在以后期间又收回的往来账款进行管理，可以在此处录入期初坏账。选择【系统设置】→【初始化】→【应收款管理】→【初始数据录入-期初坏账】，进入“过滤条件”界面。单击【确定】，进入“坏账备查簿”界面，可以进行新增、修改、删除、打印、预览、引出期初坏账的操作。

期初坏账录入完毕，如果确信数据录入正确，可以回到“初始单据序时簿”界面，单击【转余额】，可以把相应的期初往来数据资料传递至总账系统，但如果总账系统已经结束了初始化，则不允许转入。

特别提示

转余额时，要求所有的初始化单据录入往来科目内容及其方向，否则会造成数据不一致。

（4）应付款初始数据录入

录入应付款初始数据，首先要选择正确的启用期间，准备应付款期初数据资料、预付款期初数据资料、应付票据期初数据资料。

选择启用期间时，由于采购系统、应付系统启用后，采购系统的发票才会自动传递到应付系统，故必须正确处理好采购系统与应付系统的启用期间问题，否则可能会造成数据错误。目前采购系统只在应付系统结束初始化之后才提供采购发票的单向传递，而且是强制传递，即只要应付系统结束初始化后，采购系统新增的采购发票都会自动传递到应付系统。

应付款期初数据，主要指涉及货款核算的“应付账款”科目的期初余额、本年借方累计发生额、本年贷方累计发生额。建议其他应付款等个人借款在总账系统进行核算。

预付款期初数据，主要指涉及货款核算的“预付账款”科目的期初借方余额、本年借方累计发生额。如果预付账款的期初余额为贷方余额，建议进行调账处理，把这部分预付账款调入“应付账款”科目中。

应付票据期初数据，主要指还没有进行付款结算的应付票据，不包括已经付款的应付票据。

应付账款初始化的单据分为：初始采购增值税发票、初始采购普通发票、初始其他应付单、初始预付单、初始应付票据等。具体录入方法请参考应收账款初始化录入方法，这里不再赘述。同样，应付票据的录入方法，也请参照应收票据的录入方法。

训练营

应收（应付）款初始数据录入

视频

应收款初始数据录入

▶ 实训资料

应收款初始数据详见表1-14，应付款初始数据见表1-15。

表1-14　　**广州尚质电源有限公司应收款初始数据**

客户	单据类型	日期	部门	业务员	事由	往来科目	发生额（含税）	商品	数量	单价	应收日期
长城电器公司	增值税发票	2020.12.06	销售一部	邹怡	销售	应收账款	90 400	电芯380MAH	500	160	2021.01.10
天音贸易公司	增值税发票	2020.11.25	销售二部	袁双	赊销	应收账款	85 100	电芯10MAH	500	150.62	2021.02.15

特别提示

其他应收款个人部分建议不要放在应收款管理系统管理。

表 1-15　　广州尚质电源有限公司应付款初始数据

供应商	单据类型	日期	部门	业务员	事由	往来科目	发生额（含税）	商品	数量	单价	应付日期
恒星电子公司	增值税发票	2020.12.06	采购部	田其忠	购料	应付账款	120 000				2021.01.20
武汉电极公司	增值税发票	2020.09.12	采购部	田其忠	购料	应付账款	180 000				2021.02.15

实训操作过程

（1）应收账款初始数据录入：选择【系统设置】→【初始化】→【应收款管理】→【初始销售增值税发票-新增】，录入相关资料，如图 1-71、图 1-72 所示。

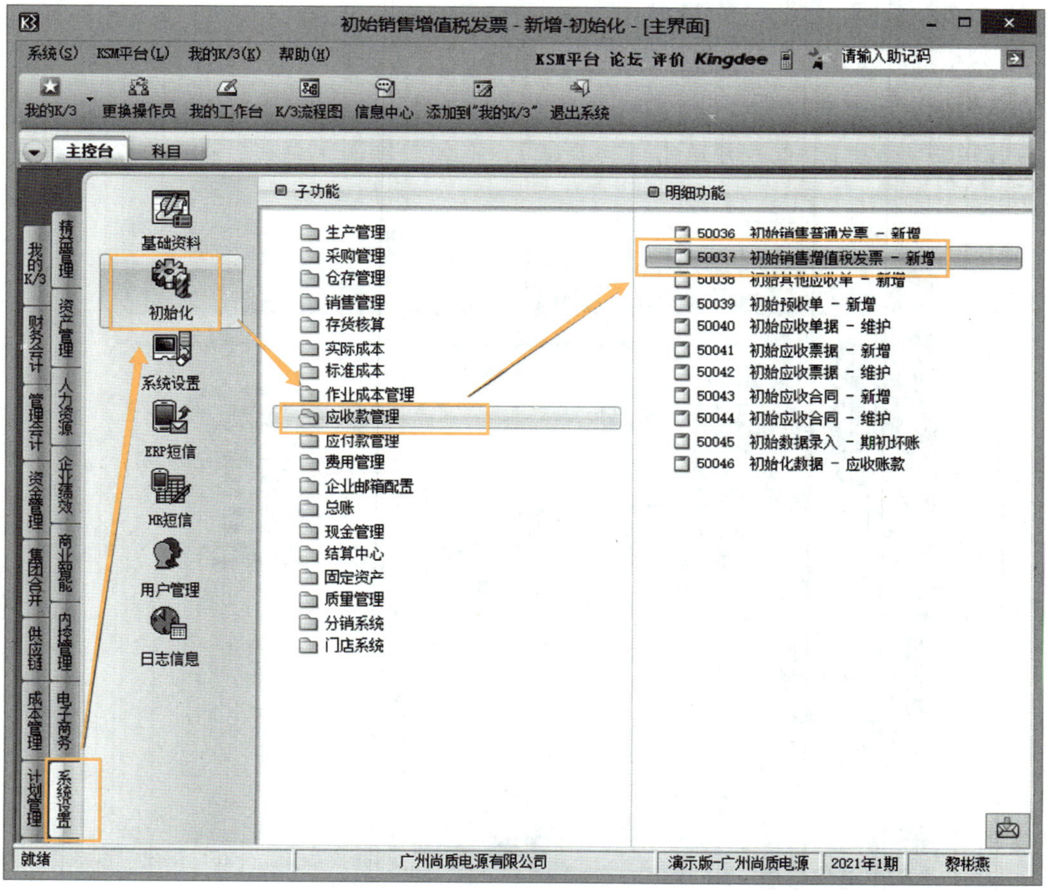

图 1-71　选择应收款管理初始化

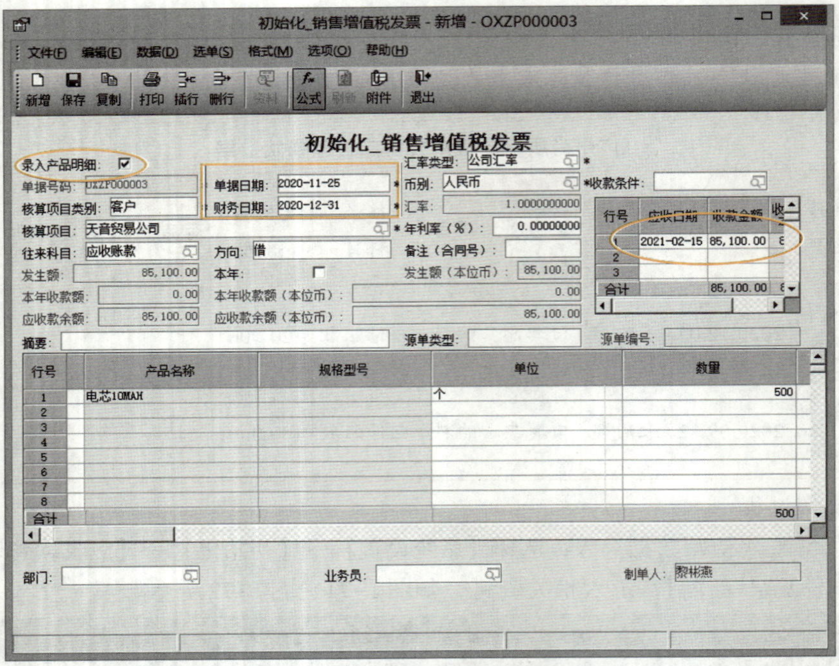

图 1-72　录入初始销售增值税发票

销售增值税发票录完后，选择【系统设置】→【初始化】→【应收款管理】→【初始应收单据-维护】，查看并单击【转余额】，把余额传递到总账，如图 1-73、图 1-74 所示。

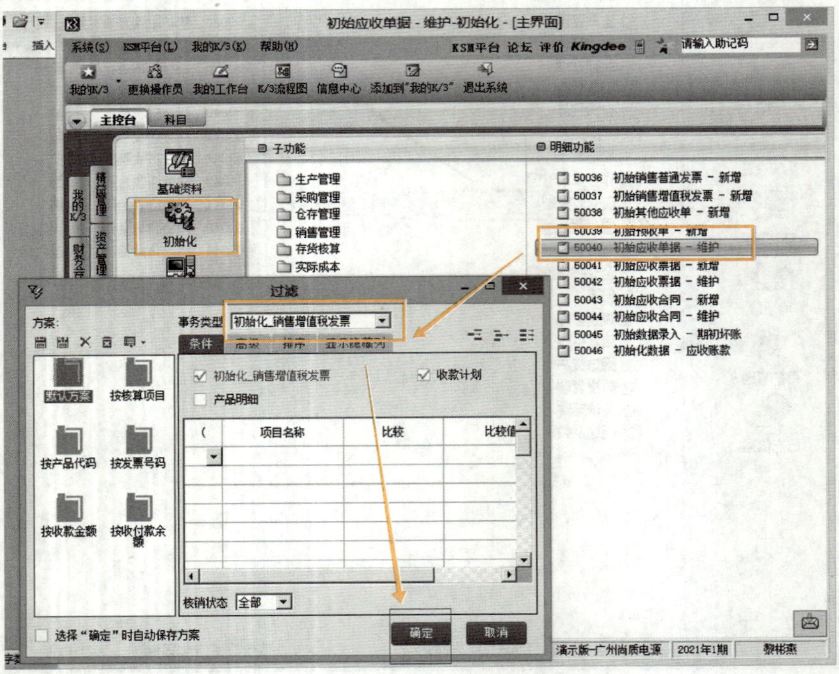

图 1-73　过滤已录入应收单据

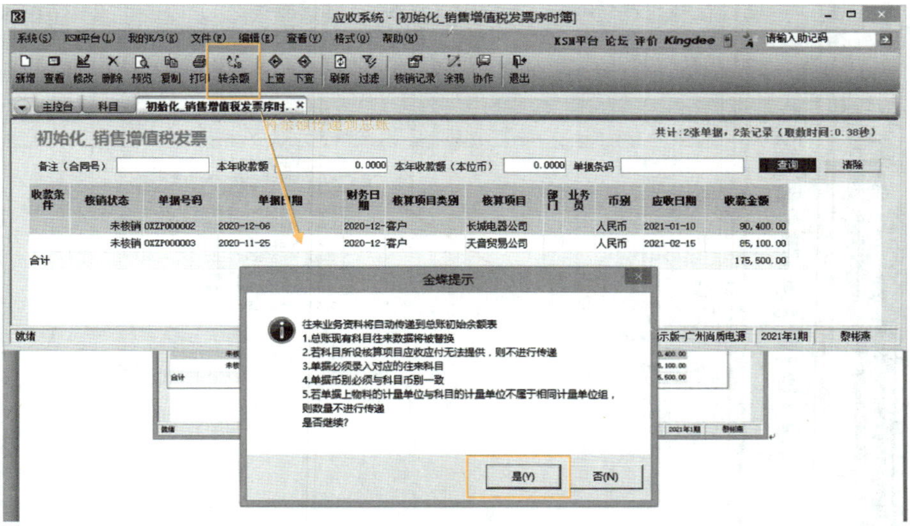

图1-74　应收账款余额传递到总账

特别提示

①要填好应收款余额的明细框，它提供了余额的分段录入，在统计账龄时，系统将按录入的应收日期来统计应收款金额的账龄，使账龄计算更精确。

②通过发票录入初始数据时，可通过单击“商品”按钮选择调出销售商品明细表录入销售时详细的商品信息。

③发生额后面的“本年”复选框选择与否，将影响对本年发生额统计的正确性。

④录入初始数据时，要注意设定往来科目的借贷方向，否则在应收款数据传递到总账时数据会不正确。

⑤初始数据录入时，可以根据需要将多张发票汇总录入，也可按每一张发票进行明细录入。汇总录入时，相同收款时间的金额可汇总反映在收款明细中，这样可以减少初始数据录入的工作量，但以后将不能按照单据进行初始化业务跟踪管理。

⑥如果录入初始数据时，出现发生额小于应收款余额时，可通过拆分数据的方式，把此数据拆分为两笔业务分别录入。拆分方法是首先把上年余额拆分出来，当作一笔业务录入，录入时，发生额的“本年”选项不要选择，然后把拆分出来的余额输入发生额和应收款余额项目中；其次，再把本年的发生额部分当作另一笔业务输入，不同的是此笔业务必须把发生额中的“本年”选项选中，以此反映出本年发生额数。

（2）应付账款初始数据录入：选择【系统设置】→【初始化】→【应付款管理】→【初始采购增值税发票-新增】，根据资料进行录入，如图1-75、图1-76所示。

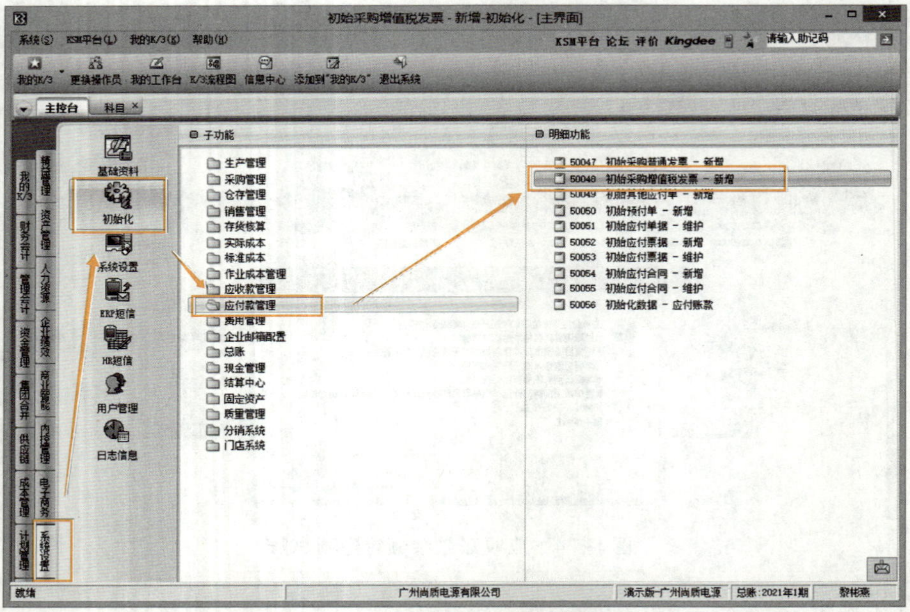

图1-75　选择应付款管理初始化

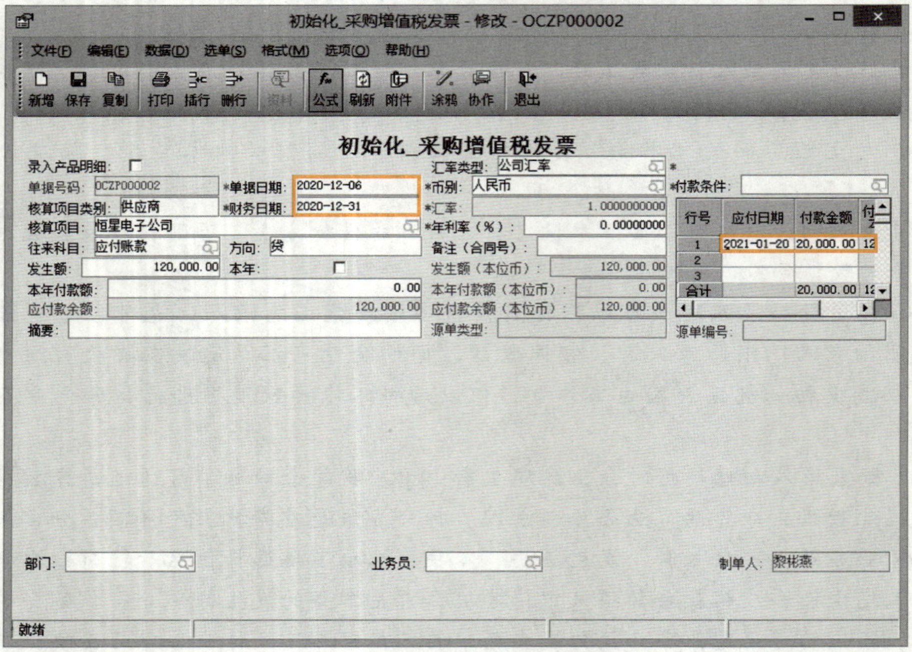

图1-76　录入采购增值税发票

采购增值税发票录完后，可选择【系统设置】→【初始化】→【应付款管理】→【初始应付单据-维护】进行查看，选择【转余额】，把余额传递到总账，如图1-77所示。

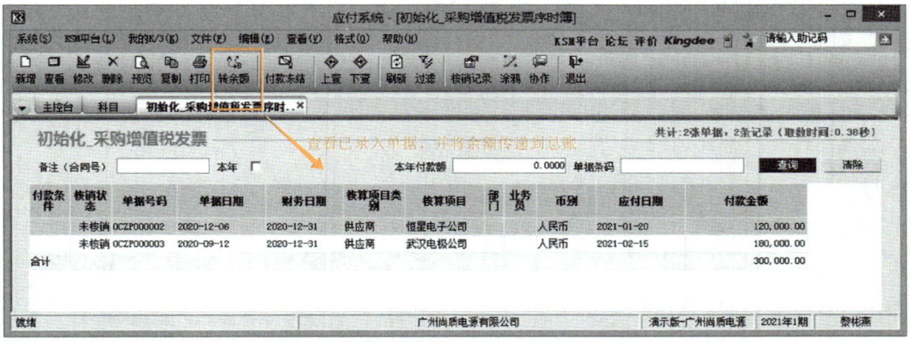

图 1-77　应付账款余额传递到总账

（3）应收应付系统初始化对账路径：选择【财务会计】→【应收款管理】→【初始化】→【初始化对账】，如图 1-78、图 1-79 和图 1-80 所示。

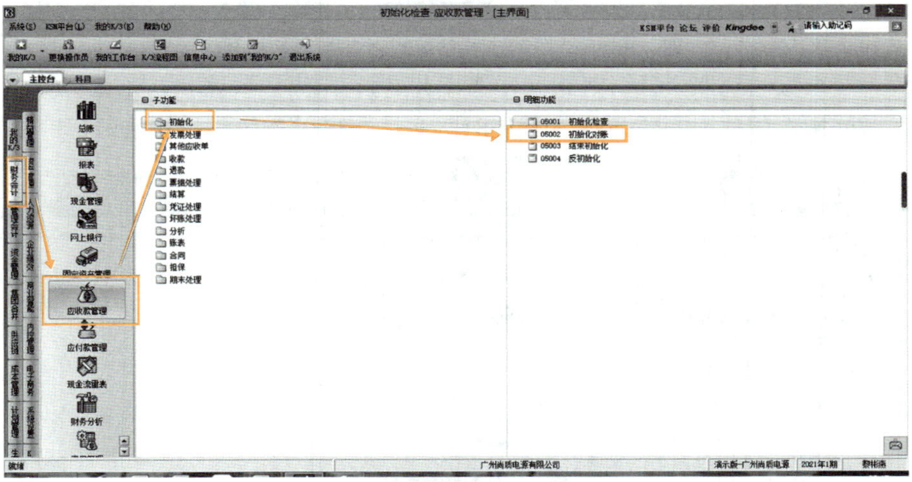

图 1-78　选择应收款管理初始化对账

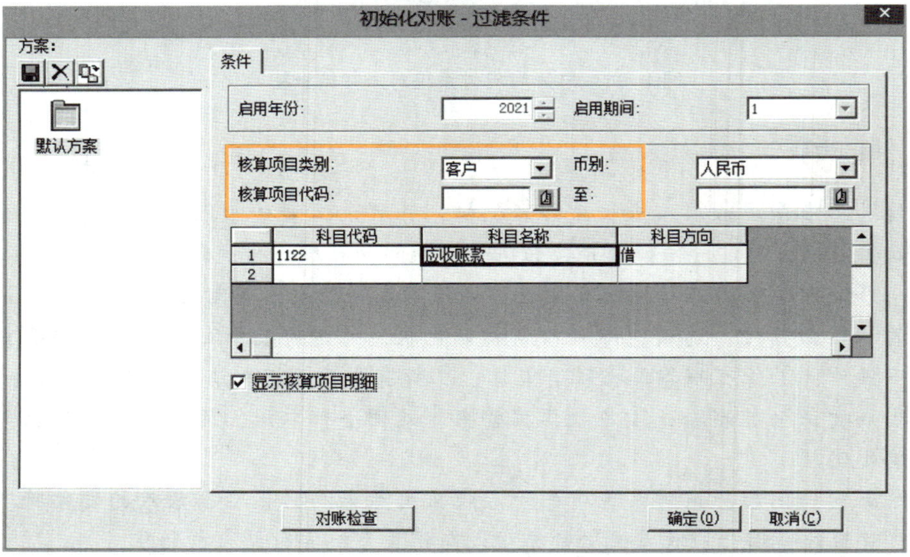

图 1-79　选择对账科目“应收账款”

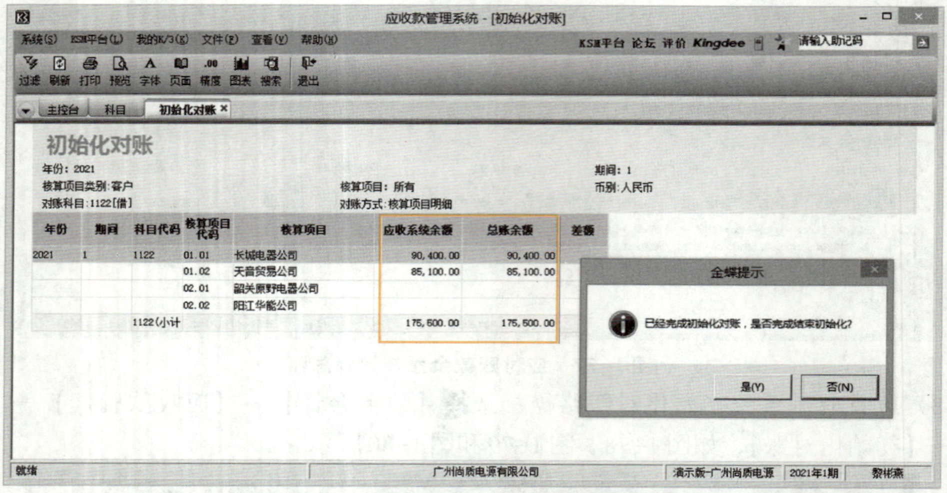

图1-80　总账和应收系统对账并结束初始化

应收系统余额同总账余额对账正确，选择【是】，结束应收账款初始化。

应付账款操作相同，不再演示，图1-81为总账和应付系统对账并结束初始化界面。

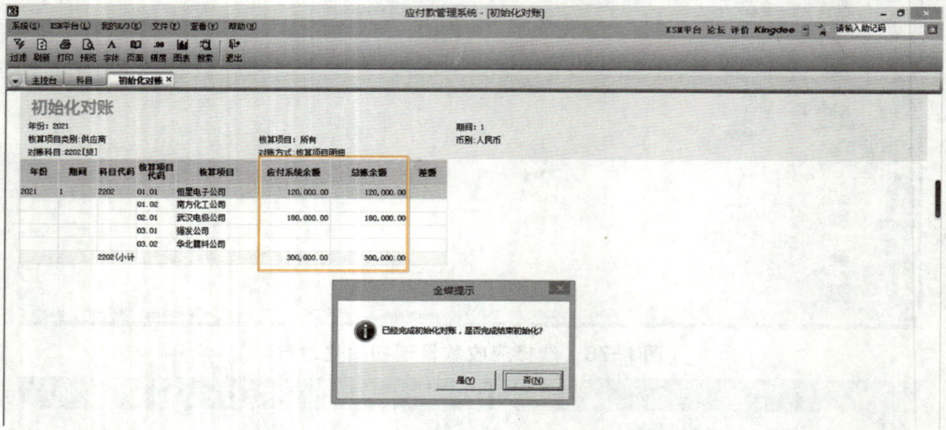

图1-81　总账和应付系统对账并结束初始化

知识拓展

如果总账系统未录入应收款初始数据，并且未结束初始化的，可在应收系统结束初始化之前，通过【转余额】按钮将应收款的初始数据传递过去。

一旦结束初始化工作，所有初始数据将不能再修改，确需修改的，单击“工具”菜单的“反初始化”选项，即可回到初始化状态。进行反初始化时，系统会自动进行以下操作：①所有业务单据取消审核；②所有业务单据取消核销及取消坏账处理；③所生成凭证全部删除；④应收票据背书等处理全部取消。因此在进行反初始化时应谨慎处理。

结束初始化后，销售系统中先于应收系统结束初始化之前录入的发票将不能传递到应收系统，因此应收系统必须先于或与销售系统同时结束初始化。

子任务6.3　供应链系统初始化

1）核算参数设置

在系统的主界面下，单击【系统设置】→【初始化】→【采购管理】→【系统参数设置】，系统弹出“核算参数设置向导”界面。在设置向导的带领下，一步步进行基本信息设置。每实现完一步，单击【下一步】，根据提示继续完成下一步操作，全部设置完毕，单击【完成】，完成核算参数设置。

系统需要设置的核算参数包括以下内容：

（1）启用年度和启用期间：系统默认为系统年度和日期，也可以自动更改，选择业务实际的启用年度和期间。

（2）核算方式：有“数量核算”和“数量、金额核算”两种方式。如选择了“数量核算”，系统以后只核算数量，不核算金额，所以显示的核算金额不会正确；而“数量、金额核算”对材料的数量和成本都进行核算。如果该账套是与财务各系统相互联系的，则应选择“数量、金额核算”。

（3）库存更新控制：主要是针对即时库存更新的处理。系统有两种选择：单据审核后才更新和单据保存后立即更新。如果选择“单据审核后才更新”，则系统将在库存类单据进行业务审核后才将该单据的库存数量计算到即时库存中，并在反审核该库存单据后进行库存调整；如果选择“单据保存后立即更新”，则系统将在库存类单据保存成功后就将该单据的库存数量计算到即时库存中，并在修改、复制、删除、作废、反作废该库存单据时进行库存调整。

（4）是否启用门店管理：启用门店管理之后，系统把门店管理系统和系统设置涉及门店管理之外的菜单屏蔽。

训练营

设置核算参数

▶ 实训资料

广州尚质电源有限公司的供应链系统参数如下：

（1）系统参数设置：启用年度2021年，启用期间1期

（2）核算方式：数量、金额核算

（3）库存更新控制：单据审核后才更新

（4）暂估冲回凭证生成方式：单到冲回

（5）外购入库生成暂估冲回凭证：是

▶ 实训操作过程

（1）选择【系统设置】→【初始化】→【采购管理】→【系统参数设置】，设置启用期间及库存更新控制，如图1-82、图1-83所示。

视频
供应链参数设置

（2）选择【系统设置】→【系统设置】→【采购管理】→【系统设置】→【核算系统选项】，设置暂估冲回生成凭证方式及外购入库生成暂估冲回凭证方式，如图1-84所示。

视频
供应链系统设置

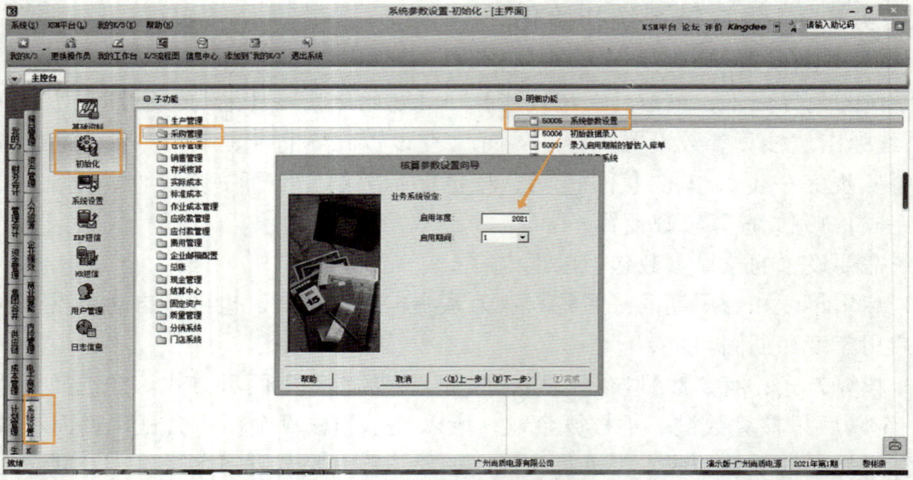

图 1-82　设置启用期间

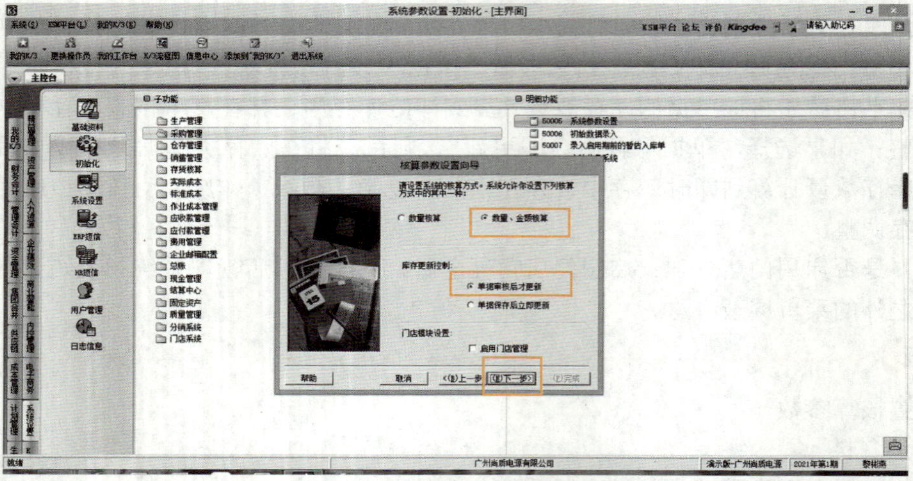

图 1-83　设置核算方式、库存控制

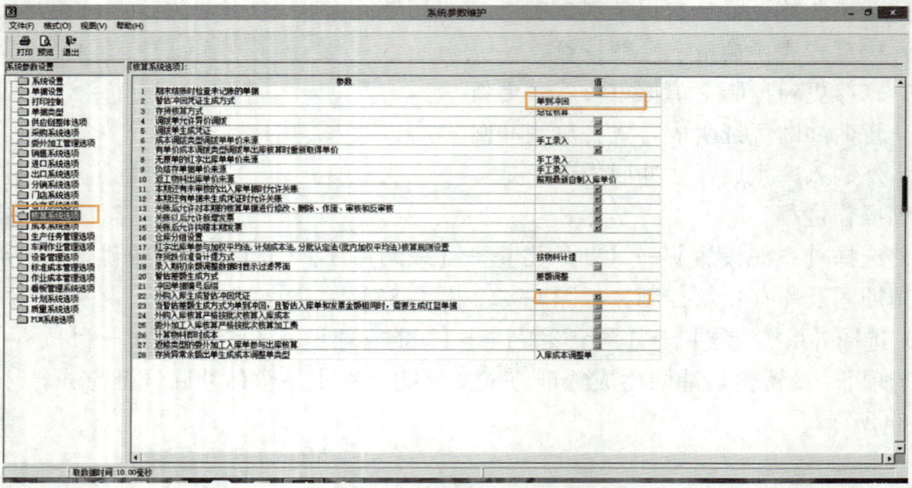

图 1-84　存货系统选项设置

2）初始数据录入

（1）手动录入

供应链系统处于初始化阶段时，在系统的主界面下，选择【系统设置】→【初始化】→【采购管理】→【初始数据录入】，在调出的“初始数据录入”界面中可以进行数据的录入。

在该操作界面左边是按现有仓库及下设仓位分级列表显示。界面右边显示的是针对全部仓库、某一确定仓库或下设的某一确定仓位的所有物料的初始数据信息，为方便录入，系统显示的是所有默认仓库、仓位为当前仓库、仓位的物料。在这个界面，就可以进行物料初始余额的录入了，即在界面左边选中某个确定仓库或仓位，然后在界面右边录入物料或在已默认存在的物料上录入初始数据。

录入功能主要包括录入信息、录入规则和录入方法的处理，采用不同计价方法、不同管理方法的物料，其录入的信息和录入的方法均不相同。

初始数据是本系统启用时仓库物料的结存情况的记录，主要的录入信息包括：

①物料代码：可以分长代码和短代码显示，选择【系统维护】→【系统设置】→【系统选项】→【供应链整体选项】，如果选择“基础资料录入与显示采用短代码”，则系统以物料短代码显示在当前字段，否则以长代码显示在当前字段。在初始化阶段，暂不提供配置类物料的初始化数据录入和虚仓物料库存的录入。

②批次/顺序号：物料采用的计价方法中的分批计价法、先进先出法、后进先出法要使用到该字段；物料进行业务批次管理时要使用到该字段。当物料不进行批次管理但采用保质期管理时，仍可调出批次录入的小界面，录入时，注意批次不允许录入，保质期允许录入；保质期的录入规则和原有一致，不进行更改。

③年初数量：启用期所在年度的年初存货数量余额，不必录入，由系统根据平衡公式算出。平衡公式是：年初数量=期初数量-本年累计收入数量+本年累计发出数量。

④年初金额：在启用期所在年度的年初存货金额余额，如果物料采用实际成本法，则该余额是实际成本余额。如果物料采用计划成本法，则该余额是计划成本余额。该字段不必录入，由系统根据平衡公式算出。平衡公式是：年初金额=期初金额-本年累计收入金额+本年累计发出金额。

⑤年初差异：就是采用计划成本法计价的物料在启用期所在年度的年初存货计划成本和实际成本的差异，不必录入，由系统根据平衡公式算出。平衡公式是：年初差异=期初差异-本年累计收入差异+本年累计发出差异。

⑥本年累计收入数量：启用期所在年度至启用期前的期间为止的时间段中，企业累计的存货收入数量，根据实际情况录入。

⑦本年累计收入金额：启用期所在年度至启用期前的期间为止的时间段中，企业累计的存货收入金额。如果物料采用实际成本法，则该累计金额是实际成本，根据实际情况录入；如果物料采用计划成本法，则该累计金额是计划成本，由系统自动根据物料基础资料中的“计划单价”和录入的数量数据算出，不能录入。

⑧本年累计收入差异：采用计划成本法计价的物料在启用期所在年度至启用期前的期间为止的时间段中，累计收入中存货计划成本和实际成本的差异，根据实际情况录入。

⑨本年累计发出数量：启用期所在年度至启用期前的期间为止的时间段中，企业累计

的存货发出数量，根据实际情况录入。

⑩本年累计发出金额：启用期所在年度至启用期前的期间为止的时间段中，企业累计的存货发出金额。如果物料采用实际成本法，则该累计金额是实际成本，根据实际情况录入；如果物料采用计划成本法，则该累计金额是计划成本，由系统自动根据物料基础资料中的“计划单价”和录入的数量数据算出，不能录入。

⑪期初数量：在启用期当期的期初存货数量余额，根据实际情况录入。

⑫期初金额：在启用期当期的期初存货金额余额。如果物料采用实际成本法，则该金额是实际成本，根据实际情况录入；如果物料采用计划成本法，则该金额是计划成本，由系统自动根据物料基础资料中的“计划单价”算出，不能录入。

录入规则：

对于不同属性的物料，处理方式是不同的，其中，属于规划类、特征类和虚拟件的物料不能录入初始余额。

对于年初、本年累计收入、本年累计发出、期初等四组数据（包括数量、金额、差异），作为组来说，每组都不是必录内容。保存录入数据时，系统会自动按公式检验是否平衡，如不平衡会给予提示，并在修改前不予保存。也可以在数据录入过程使用【平衡】按钮来自行检测。

不允许负单价的存在，系统会按“单价=金额÷数量”公式自动检验，如出现负单价会给予提示，并在修改前不予保存。采用批次管理时，在不同仓库或仓位中可以录入相同批次的物料。

只有采用计划成本法的物料才能录入差异类字段。如果在【系统维护】→【核算参数】→【核算方式】中选择“数量、金额核算”，则金额类字段不能为零。

录入方法：

采用不同计价方法、不同管理方法的物料，其录入的信息和录入的方法是不相同的。

①不采用批次管理：采用不同的计价方法，其处理方式不同。采用加权平均法、移动平均法计价的物料，直接在“初始数据录入”界面的右边录入数据；采用计划成本法计价的物料，直接在“初始数据录入”界面的右边录入数据，其中，金额类数据由系统根据物料基础资料中的“计划单价”和录入的数量数据算出，差异类数据由自己录入。采用先进先出法计价的物料，需要通过单击物料的“批次/顺序号”对应的空白按钮调出顺序录入数据的界面。按先进先出的顺序进行初始余额录入。录入保存后，退回到“初始数据录入”界面，可以看到当前物料所有顺序的初始余额合计数。

②采用批次管理：采用批次管理的物料，在不同仓库或仓位中可以录入相同批次的物料。不同仓库、仓位录入物料时，也显示其他仓库或仓位录入的初始余额，但在当前仓库或仓位不能修改其他仓库、仓位的初始余额。

③如果物料采用辅助属性但不采用批次管理，物料的没有显示辅助属性的行的数量不能录入，但可以录入金额，其数量为分辅助属性显示的行录入数量的汇总；分辅助属性显示的行可以录入数量，但不能录入金额，可以修改计量单位；如果物料采用辅助属性同时采用批次管理，物料的没有显示辅助属性的行不能录入，在分辅助属性显示的行使用“批次”按钮进入批次录入的小界面进行数据录入，该界面不提供辅助属性的录入；物料的没有显示辅助属性的行的数据由分辅助属性的行的数据汇总得到。

（2）系统引入

系统还可以通过从其他账套引出初始数据，再引入本账套的方式，来完成初始数据的录入。

①引出：执行初始数据引出功能需要账套处于初始化状态中。在“初始数据录入”界面选择所要引出的仓库数据后，选择【文件】→【引出数据】，系统即弹出“引出数据类型选择”界面，选择数据文件格式引出后，系统再次提供文件名称确定界面，确定引出文件以何种文字标识，然后引出成功，导出初始业务数据，形成excel、txt、xml等文件。

②引入：供应链系统提供“追加”和“覆盖”两种引入方式。在“追加”方式下，只引入系统中没有的物料的信息（包括没有的批次），对系统中原有的数据不进行改变；而在“覆盖”方式下，将数据包中的数据全部重新引入，覆盖系统中已有的数据。执行初始数据引入功能需要账套处于初始化状态中。执行该功能的路径为：在“初始数据录入”界面，选择【文件】→【引入数据】；或者使用金蝶K/3系统工具，即在WINDOWS操作界面选择【开始】→【程序】→【K/3系统】→【工具】→【数据引入引出】，在“数据引入引出”界面中选择“引入初始数据”，系统弹出“初始数据引入向导”界面。在向导的带领下，一步步进行引入信息设置。每实现完一步，单击【下一步】，根据提示继续完成下一步操作，全部设置完毕，单击【完成】，完成引入。

（3）初始数据对账和传递

在供应链系统初始化设置阶段，系统将业务初始数据自动转化为财务初始数据，同时可以自动传递到总账系统。将业务初始数据自动转化为财务初始数据，减轻了总账系统的负担，同时避免了手工录入容易造成的谬误。

①初始数据对账。

初始业务数据转化为财务数据的原理是：按照物料基础资料中的“存货科目代码”和“成本差异科目代码”的会计科目直接将当前录入或引入的初始业务数据转成会计科目余额。

在“初始数据录入”界面，用鼠标单击【对账】，或者选择【查看】→【对账/录入】，都可以将当前界面显示为对账界面，该窗口显示的数据是系统自动生成的、按会计科目重新排列组合的财务数据信息，其目的是便于与财务系统对账。

在该操作界面左边按所有物料选中的存货科目和成本差异科目分级列示。界面右边显示的是针对全部科目、某一确定科目的所有物料的初始账务余额信息。可以在界面的左边选中全部会计科目查询整体的年初金额、本年累计收入金额、本年累计发出金额和期初金额，也可以选中某个会计科目或明细科目来查询其所包含的所有物料的对应账户余额。可以用该数据与总账系统的初始余额进行对账。

在当前界面，用鼠标单击【录入】，或者选择【查看】→【对账/录入】，系统又转为业务数据录入的窗口。

②初始数据传递到总账。

供应链系统除了提供初始数据对账的功能之外，还可以将对账后的科目余额传递到总账系统中。这是初始化设置的必要步骤，更符合实际的业务处理。

在对账界面，系统自动将业务数据转为财务数据并按公式进行平衡检测。使用【传递】按钮，系统将进行传递。这种传递将会覆盖总账系统对应的会计科目，因此要确认后系统才执行传递功能。

执行传递，系统会按以下情形分别处理：

A.所传递的部分或全部会计科目不下挂核算项目，则系统将对账后的科目余额传递到总账的相关会计科目中。

B.所传递的会计科目下挂一个核算项目。核算项目为物料、仓库两者之一，则系统按物料、仓库或仓位对会计科目余额进行汇总后传递到总账相关科目的相关核算项目下。

C.所传递的会计科目下挂一个核算项目，核算项目不在物料、仓库两者范围中，则系统提示“××科目所属核算项目无法对应，传递不成功！是否继续传递其他会计科目余额?”，如果确认选择【是】，则部分传递。

D.所传递的会计科目下挂两个核算项目，核算项目正好为物料、仓库，则系统按物料、仓库两个核算项目进行一一对应，将会计科目余额进行汇总后传递到总账相关科目的相关核算项目下。

因此，供应链系统与总账系统的传递流程包括以下两条线路：一是初始财务数据（初始数据录入）传递到总账系统（初始数据录入）；二是日常财务数据（记账凭证）传递到总账系统（记账凭证）。

（4）数据汇总

为了方便随时核对数据的正确性，系统提供显示或取消数据汇总的功能。针对全部仓库或下设仓位的仓库，系统已默认提供初始数据合计栏。如果需要对某一仓库或仓位进行数据汇总，则在“初始数据录入”界面，首先选中界面左边某一最明细仓库或最明细仓位，用鼠标单击【汇总】按钮，或者选择【编辑】→【汇总】，或者直接使用快捷键F2，都可以在右边初始数据最下方显示或取消显示当前仓库或仓位的汇总数据，方便随时核对数据录入或引入的正确性。

（5）试算平衡

物料初始数据包括年初、本年累计收入、本年累计发出、期初等共四组数据（包括数量、金额、差异）。录入数据保存时，系统会自动按公式检验是否平衡，如不平衡会给予提示，并在修改前不予保存。也可以在数据录入过程中随时自行检测。在“初始数据录入”界面，首先选中界面左边某一最明细仓库或最明细仓位，用鼠标单击【平衡】，或者选择【查看】→【试算平衡】，系统就可以按平衡公式随时检测当前录入数据以及全部数据是否平衡。

训练营

初始数据录入

▶ 实训资料

存货初始数据见表1-16。

表1-16　　广州尚质电源有限公司存货初始数据

代码	物料名称	数量	计量单位	金额(元)	仓库
01.01	电解液	500	千克	70 000	原材料仓
01.02	铝塑膜	2 000	平方米	50 000	原材料仓
02.01	电芯380MAH	1 000	个	220 000	成品仓
02.02	电芯10MAH	1 000	个	100 000	成品仓

▶ 实训操作过程

视频

存货初始数据录入

存货初始数据录入：【系统设置】→【初始化】→【采购管理】→【初始数据录入】，如图1-85所示。

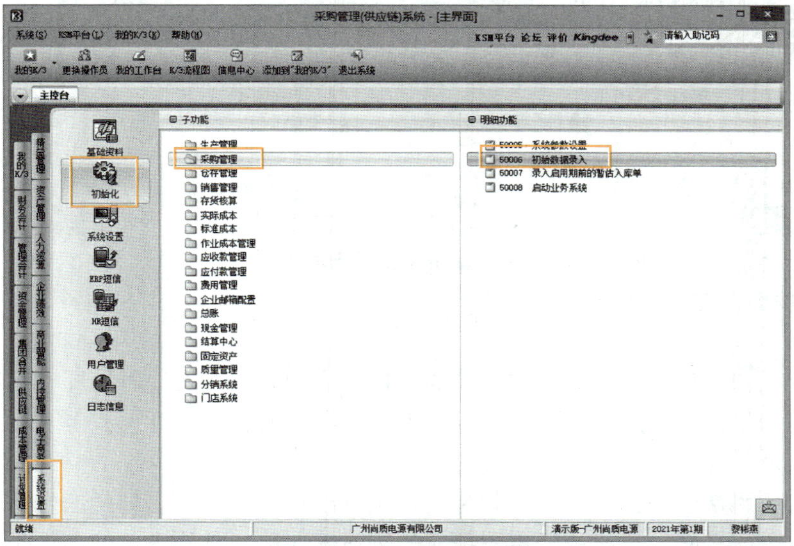

图1-85　选择“初始数据录入”

选择材料所在的仓库，把光标点入“物料代码”框，按F7键选择物料，录入期初数量及期初金额，如图1-86所示。

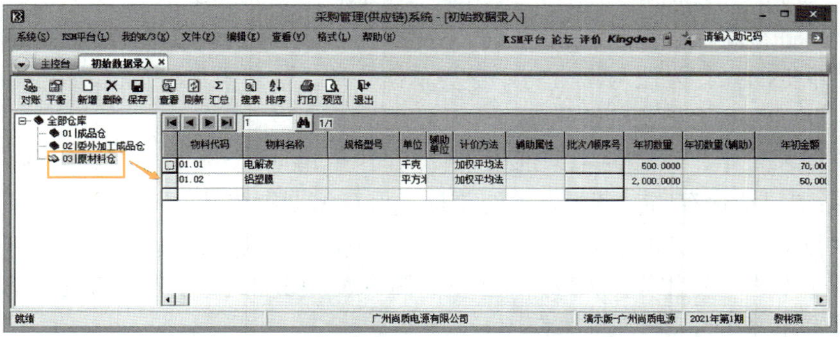

图1-86　手动录入存货初始数据

其他物料按此方法录入完毕后，传递到总账，如图1-87、图1-88所示。

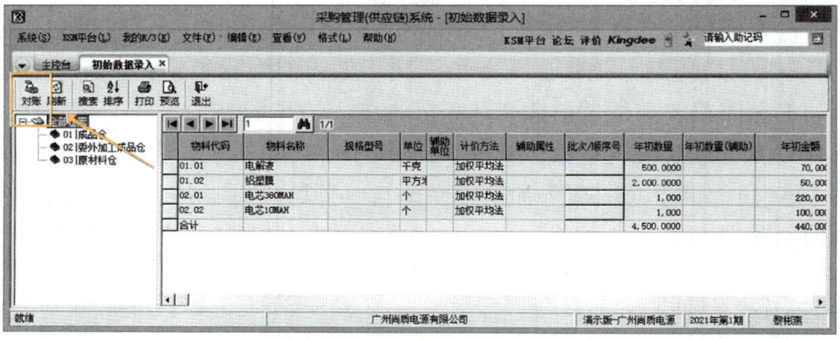

图1-87　存货录入完毕

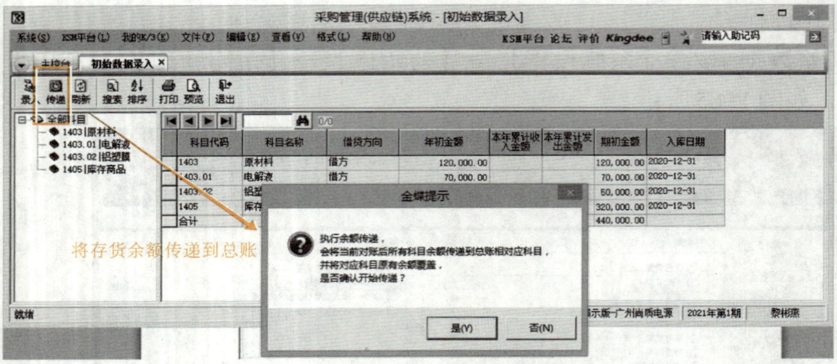

图 1-88　存货相关资料传递到总账

3）录入启用期前单据

（1）单据新增

供应链系统处于初始化阶段时，启用期前的单据新增的方法只有一种。即在系统的主界面下，选择【初始化】→【采购管理】→【录入启用期前的暂估入库单】等。以启用期前的暂估入库单的录入为例。

当选择【录入启用期前的暂估入库单】时，系统调出启用期前的未核销的暂估入库单的条件查询界面。在该界面中只能选择启用期前的暂估入库单，默认进入的条件是：期间小于启用期间。

确定筛选条件后，系统显示“启用期前的暂估入库单序时簿”界面。该界面与正常的外购入库单界面大致相同，唯一的区别是不显示启用期后的单据。可以在该序时簿上调出销售出库单进行新增、修改、删除等一系列操作。

上述单据的操作方法与正常的库存类单据一致，这里不再赘述。请参照本教程的业务处理及单据序时簿的相关章节描述。

在单据录入中，该界面中只能录入“期间<启用期间>”的单据，否则，系统会给予如下提示：“只能保存当前期间以前的单据，保存单据出错。”

对于选择【录入启用期前的未核销销售出库单】【录入启用期前的未核销委外加工出库单】【录入启用期前的暂估委外加工入库单】的使用方法与【录入启用期前的暂估入库单】相似，请参照操作。

（2）单据查询

在初始化阶段，启用期前的四类单据有两种查询方法：

①在供应链系统的主界面下选择【初始化】→【采购管理】→【录入启用期前的暂估入库单】，可以查询启用期前的暂估入库单。启用期前的未核销销售出库单、启用期前的未核销委外加工出库单、启用期前的暂估委外加工入库单的查询参照上述操作。

②选择【仓存管理】→【验收入库】→【外购入库单】，或者选择【仓存管理】→【领料发货】→【销售出库单】或【委外加工出库单】，可以查询启用期前的暂估入库单、启用期前的未核销销售出库单、启用期前的未核销委外加工出库单、启用期前的暂估委外加工出库单。

（3）单据审核

金蝶K/3供应链系统规定，在日常处理的期间内，是不可以对以前期间的库存单据进行处理，只能对已审核的暂估入库单进行冲回处理，以及对已审核但尚未核销的销售出库单进行拆单操作。故在初始化设置中，必须对启用期前的单据进行审核操作。

启用期前的单据的审核可以在三个位置进行，即：

①在启用期前的单据新增界面，保存后直接审核。

②在系统的主界面下选择【系统设置】→【初始化】→【采购管理】→【录入启用期前的暂估入库单】（或在其他相应业务系统选择【录入启用期前的未核销销售出库单】或【录入启用期前的未核销委外加工出库单】等），在显示的序时簿上可以分别审核启用期前的暂估入库单、启用期前的未核销销售出库单、启用期前的未核销委外加工出库单等。

③选择【仓存管理】→【验收入库】→【外购入库单】，或者选择【仓存管理】→【领料发货】→【销售出库单】（或【委外加工出库单】等），在显示的序时簿上可以分别审核启用期前的暂估入库单、启用期前的未核销销售出库单或者启用期前的未核销委外加工出库单等。

训练营

录入启用期前的暂估入库单及未核销的销售出库单并进行单据审核

▶ 实训资料

（1）2020年12月14日，收到强发公司发来的电解液2 000千克，暂估价为65元/千克（原材料仓）。

（2）2020年12月31日，向长城电器公司发出电芯380MAH100个，单价为155元/个（从成品仓发出）。

▶ 实训操作过程

选择【系统设置】→【初始化】→【采购管理】→【录入启用期前的暂估入库单】→【新增】，保存及审核启用期前的暂估入库单，如图1-89、图1-90、图1-91所示。

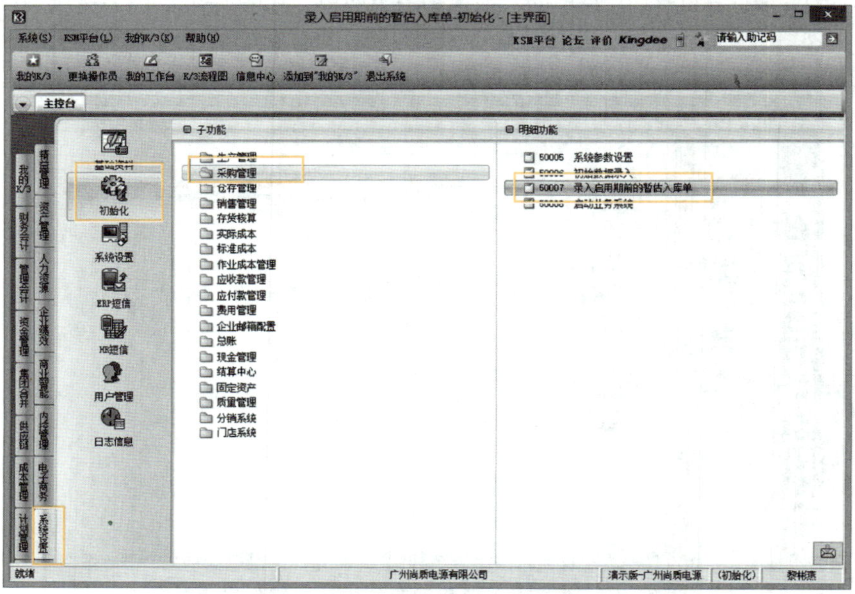

图1-89　选择录入启用期前的暂估入库单

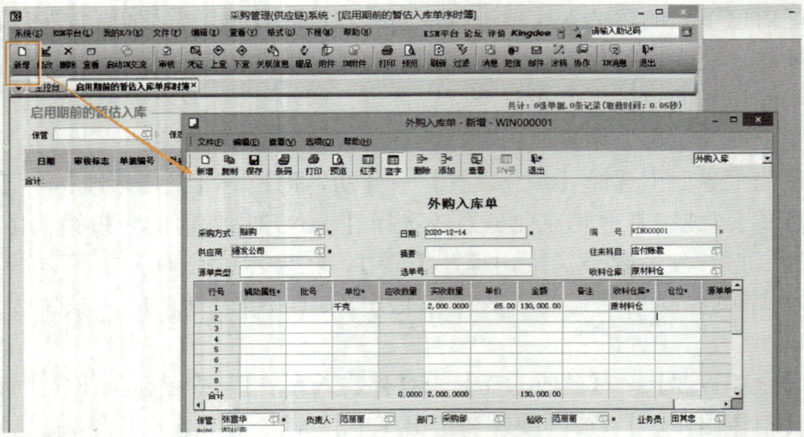

图 1-90　录入启用期前的暂估入库单

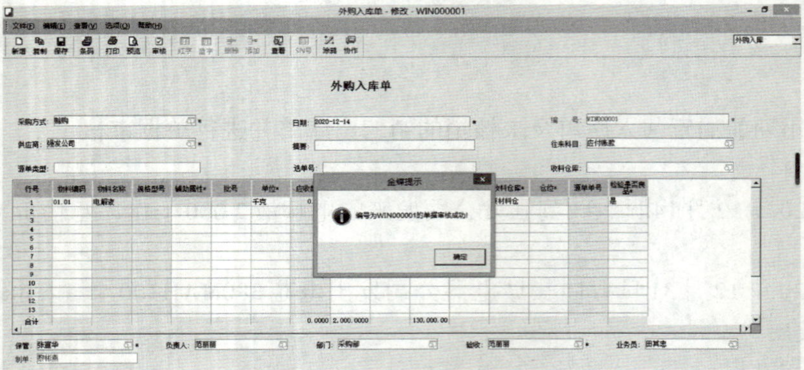

图 1-91　审核启用期前的暂估入库单

选择【系统设置】→【初始化】→【销售管理】→【录入启用期前的未核销销售出库单】→【新增】，保存并审核启用期前的未核销销售出库单，如图1-92、图1-93、图1-94所示。

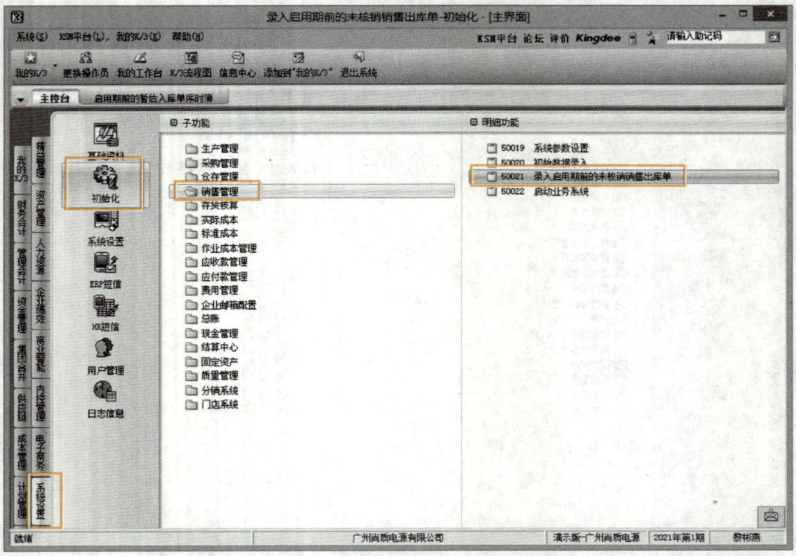

图 1-92　选择录入启用期前的未核销销售出库单

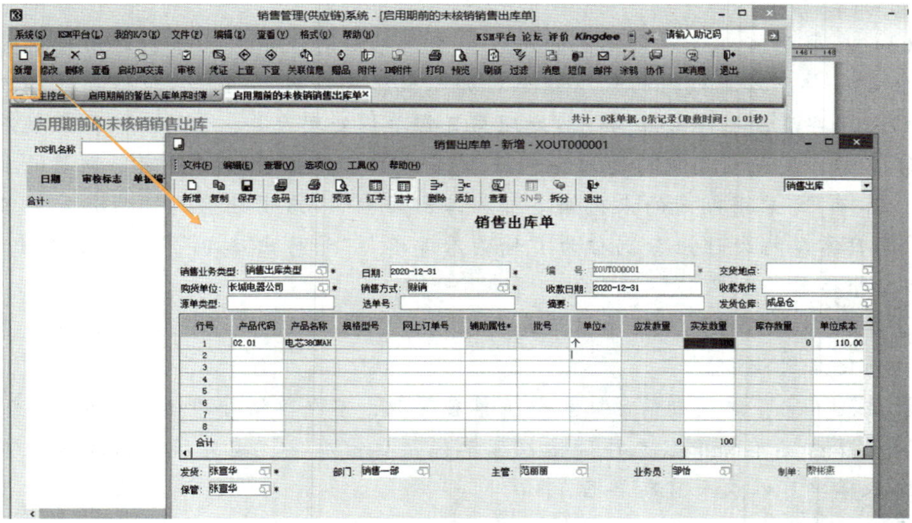

图1-93　启用期前的未核销销售出库单录入

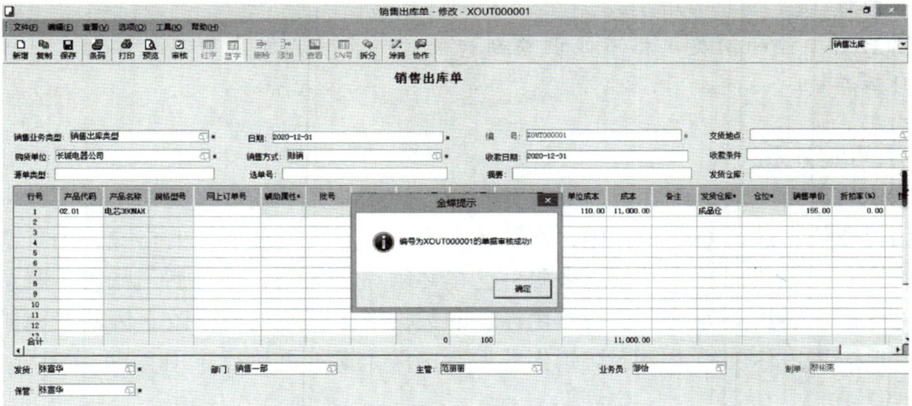

图1-94　审核启用期前的未核销销售出库单

知识拓展

（1）启用期前的单据与启用期后的单据在审核处理时有本质不同：启用期前的单据是为了处理在初始化时期尚未完成的业务而增加录入的功能，所以在正式启用时，这些单据必须已经完成审核；启用期后的单据是为了方便在进行初始化设置时提前录入业务单据而增加的功能，在正式启用时，这些单据不能被审核。

（2）在执行启用业务系统操作时，系统要对上述启用期前的暂估入库单、启用期前的未核销销售出库单、启用期前的未核销委外加工出库单、启用期前的暂估委外加工入库单这四种单据的状态进行检测，以保证单据已审核；如果未审核，系统会提示“还存在启用期前出入库单据未审核，不能启用”，并停止启用业务系统的操作。待其完成这些单据的审核后，再进行启用业务系统的操作。

（3）启用期前、后单据处理的比较：启用期前的暂估入库单、启用期前的未核销销售出库单、启用期前的未核销委外加工出库单、启用期前的暂估委外加工入库单这四种库存类单据序时簿的一般处理与日常单据处理无异，但有以下几点区别：

①名称不同，启用期前的四种单据分别称为“暂估入库单”“启用期前的未核销销售出库单”“启用期前的未核销委外加工出库单”“启用期前的暂估委外加工入库单”，而日常单据处理应分别称为“外购入库单”“销售出库单”“委外加工出库单”“暂估委外加工入库单”。

②单据状态不同：其他单据只允许录入，不能审核，而启用期前的四类单据必须在初始化启用前审核。

③位置不同：启用期前的四类单据单独管理，不在单据管理模块中处理。

④在库存类单据中只允许暂估入库单、销售出库单、委外加工出库单、暂估委外加工入库单可以录入前期单据。

⑤启用期前的四类单据序时簿中不允许其他不符合条件的单据录入或进行审核、查看等操作。

⑥启用期前的四类单据不能调整期初余额，而且其发生额不计算到本期报表以及即时库存中。

4）启用业务系统

初始化的最后一项工作就是启用业务系统。启用业务系统就是将初始化工作中所输入的业务和管理信息进行处理和转化，将其转变为业务日常处理所需的格式，为日常处理提供基础信息、初始数据及管理信息来源。这里必须注意的是，一旦启用账套，就意味着关闭初始化界面。启用业务系统后初始化设置的数据很多都不能再修改，因此在完成初始化工作之后，应该再仔细检查一下初始化数据，确保无误后再执行启用。

训练营

启动广州尚质电源有限公司各个业务系统

▶ 实训操作过程

初始化业务启用功能的权限只赋予系统管理员，由黎彬燕来启动。

特别提示

由于结束初始化是账套基础资料设置完毕、开始日常业务的标志，具有承前启后的作用，所以对启用新账套的权限要慎重处理。在启用业务系统之前，最好在【账套管理】中将该账套进行备份，以防由于种种原因造成贸然启用，从而给业务处理带来不便。

选择【系统设置】→【初始化】→【销售管理】→【启动业务系统】，弹出确认提示，如图1-95所示。

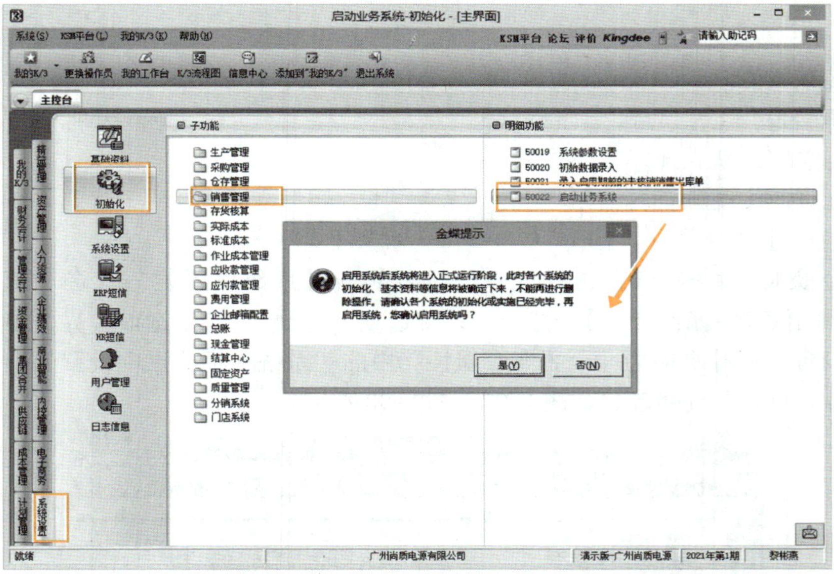

图1-95 启用销售管理业务系统

其他系统启用的操作同上，不再演示。

成功启用后，系统将显示系统登录界面。重新登录后，就会发现系统已转为日常操作状态了。在采购、仓存、销售、核算任一系统执行启用之后，可以通过反初始化功能反启用系统，如图1-96所示。

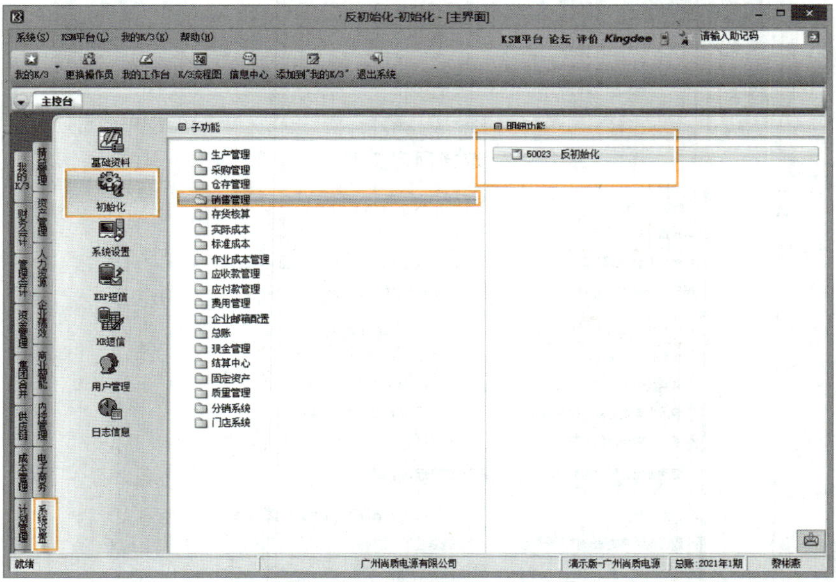

图1-96 销售管理业务系统反初始化

子任务6.4 固定资产管理系统初始化

1）参数设置

系统参数反映了企业管理固定资产的个性化需要，它的设置关系到以后系统的业务和流程的处理，在设置前要根据企业的管理制度和要求慎重考虑。

训练营

系统参数设置

实训资料

（1）与总账系统相连

（2）允许改变基础资料编码

实训操作过程

在“金蝶K/3主控台”，选择【系统设置】→【系统设置】→【资产管理】→【固定资产-系统参数】，打开“系统选项”界面。“系统选项”界面中的“基本设置”标签页即为“设置账套属性”中的“系统”标签页中设置的企业基本信息，可在此处修改，如图1-97、图1-98所示。

视频

固定资产系统参数设置

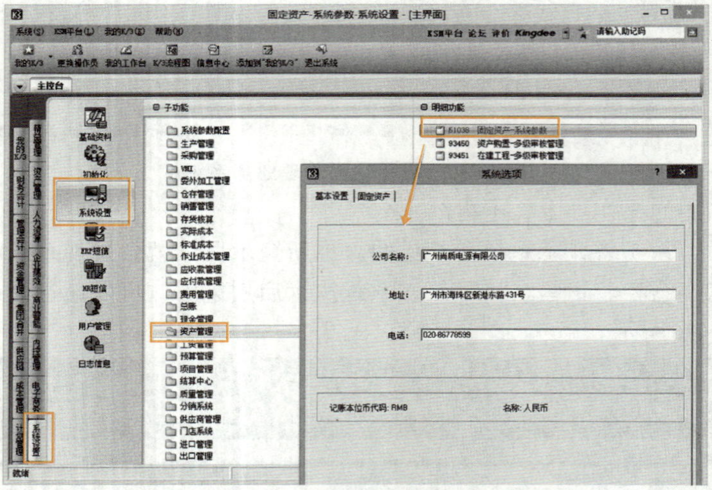

图1-97　选择固定资产系统参数

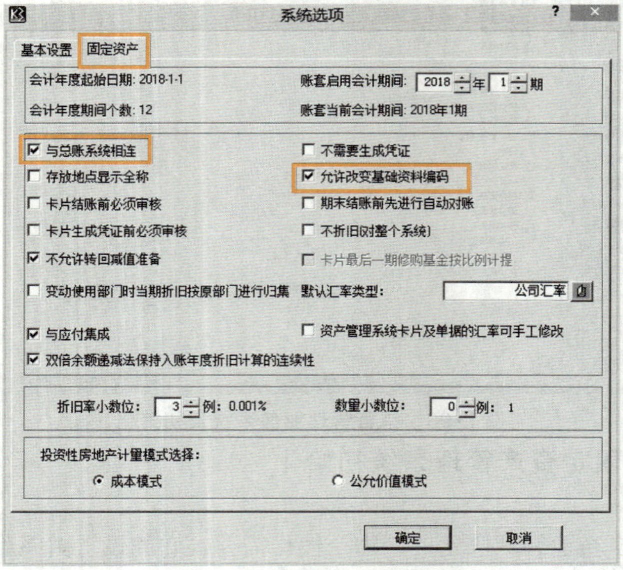

图1-98　固定资产系统参数设置

栏目说明

（1）不需要生成凭证：如果企业只是单独使用固定资产管理系统，不需要生成固定资产业务相关的核算凭证，可以选择此选项，则所有业务都不需生成凭证。否则如存在生成凭证的业务，则系统将控制不允许结账。固定资产管理系统可与总账相连使用，也可独立作为设备管理使用。因此，如果固定资产管理系统与总账系统相连使用时，一般建议不要选“不需要生成凭证”“不折旧（对整个系统）”这两个选项。

（2）不折旧（对整个系统）：为了保证固定资产管理系统的业务数据与总账系统的财务数据的一致性，应该在期末结账前进行自动对账。为了加强这方面的管理和控制，可以选择此参数，这样在期末结账时，系统会检查是否进行了自动对账、对账时两系统数据是否一致。如果没有设置对账方案或对账不平，则系统会给予提示并不允许结账。

（3）不允许转回减值准备：如果选择该选项，则执行减值准备计提操作，点击“确认”按钮生成对应的计提减值准备卡片记录时，若减值准备记录表中的“本期计提减值准备”栏中的数据存在小于零的记录，系统提示“当前系统参数已设置为不允许转回减值准备，但在当前计提减值准备记录中已发现需转回减值准备的卡片记录，系统将不会对这些卡片计提减值准备，请确认是否继续?”，若选择“是”，则将本期计提减值准备金额大于零的记录生成减值准备记录。若选择“否”，则系统不生成任何计提减值准备的卡片记录。

（4）期末结账前先进行自动对账：为了保证固定资产管理系统的业务数据与总账系统的财务数据的一致性，应该在期末结账前进行自动对账。为了加强这方面的管理和控制，可以选择此参数，这样在期末结账时，系统会检查是否进行了自动对账、对账时两系统数据是否一致。如果没有设置对账方案或对账不平，则系统会给予提示并不允许结账。

（5）双倍余额递减法保持入账年度折旧计算的连续性：当勾选该参数时，折旧额算法如下：折旧额=（原值-整年折旧额）×2÷预计使用期间数，不考虑累计折旧额，重新计算非整年的折旧额，此算法仅为计算折旧额，不影响累计折旧的数据；当不勾选该参数时，折旧额算法如下：折旧额=（原值-累计折旧额）×2÷预计使用期间数。即勾选参数时，计算的折旧额与本年之前期间保持一致，不勾选则相当于重新作为按年计算的起始点来计算。

（6）投资性房地产计量模式选择：提供两种模式选择，即成本模式和公允价值模式。系统默认选择成本模式。当选择成本模式时，对于投资性房地产的业务处理与其他类别的固定资产一致，并且允许计量模式转为公允价值模式；当选择公允价值模式时，不允许对投资性房地产计提折旧和减值准备，并且不允许将计量模式转为成本模式。

2）固定资产基础资料维护

在金蝶K/3系统中基础资料根据系统归属，分为公用基础资料和系统特有基础资料两类。公用基础资料是由金蝶K/3多个业务系统共用的；固定资产特有的基础资料则包括固定资产的变动方式、使用状态、折旧方法、卡片类别、存放地点等，这些特有的基础资料反映了企业根据会计制度并结合自身具体情况，对固定资产的划分标准和管理要求。

（1）变动方式类别

变动方式指固定资产发生新增、变动或减少的方式，是固定资产卡片上的属性资料，需要结合企业固定资产管理的需要事先进行设置，这样在进行固定资产业务处理时，可直接从已有的变动方式中选择。

同时，系统已设置了增加、减少、投资性房地产转换、其他等四大默认类别。增加类中包括购入、接受捐赠、融资租入、接受投资、自建、盘盈、其他增加等方式；减少类包括出售、盘亏、其他减少等形式；投资性房地产转换包括固定资产转换为投资性房地产和投资性房地产转换为固定资产两种方式；其他类是与固定资产要素增减无关的变动，如部门、地点、类别、使用状态、附属设备等的变动。各类别中的子类可以通过修改代码的方式，改变其所属类别（投资性房地产转换不允许修改代码）。

训练营

维护和增加变动方式类别

▶ 实训资料

相关资料详见表1-17、表1-18。

表1-17　　广州尚质电源公司固定资产变动方式类别维护资料

序号	变动方式类别	凭证字	摘要	对方科目
1	001.001 购入	记	购入固定资产	1002.01
2	001.002 接受投资	记	接受固定资产投资	4001
3	001.003 接受捐赠	记	接受固定资产捐赠	6301
4	001.004 融资租入	记	融资租入固定资产	2701
5	001.005 自建	记	自建固定资产	1604
6	001.006 盘盈	记	盘盈固定资产	1901
7	001.007 在建工程转入	记	在建工程转入	1604
8	002.001 出售	记	出售固定资产	1606
9	002.002 盘亏	记	盘亏固定资产	1901

表1-18　　广州尚质电源公司固定资产变动方式类别增加资料

代码	变动方式类别	凭证字	摘要	对方科目
002.004	报废	记	报废固定资产	1606 固定资产清理

实训操作过程

选择【财务会计】→【固定资产管理】→【基础资料】→【变动方式类别】→【修改】，如图1-99所示。根据表1-7资料完成固定资产变动方式类别维护。

视频
固定资产变动方式类别维护

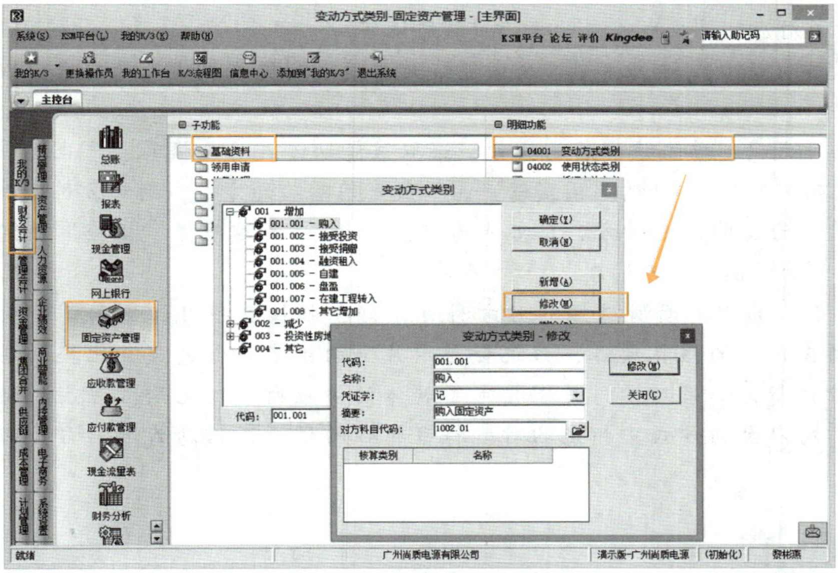

图 1-99　维护固定资产变动方式类别

实训操作过程

选择【财务会计】→【固定资产管理】→【基础资料】→【变动方式类别】→【新增】，根据资料进行录入，如图1-100所示。

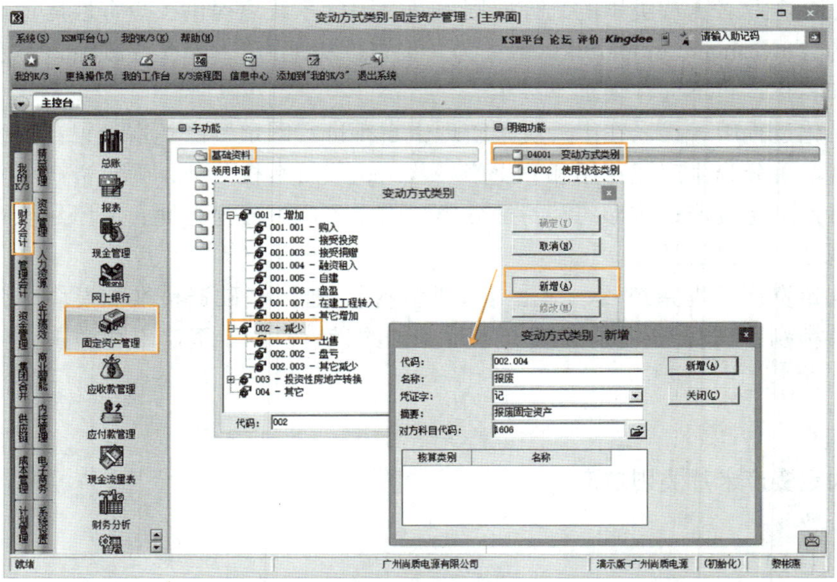

图 1-100　新增固定资产变动方式类别

栏目说明

①凭证字：此下拉列表显示所有在基础资料中设置的凭证字。可从下拉列表中选择该变动方式对应核算生成凭证时应使用的凭证字。

②摘要：该变动方式对应核算、生成凭证时应填写到凭证摘要处的内容，以简单描述业务。

③对方科目代码：单击该栏后的按钮，选取该变动方式对应核算、产生凭证时的对方科目代码，例如，“外购”固定资产，一般采用赊购的方式，则对方科目则为“应付账款”，如为现购，则对方科目可能为“银行存款”。这里是“报废”固定资产，则对方科目为“固定资产清理”。

④核算类别：如果前面所选择的对方科目正好携带核算项目，例如“应付账款”携带“供应商”的核算项目，系统会与卡片上的供应商信息进行比较，在生成凭证时进行判断，如果对方科目下指定了具体的供应商，则无论卡片上的供应商信息如何，均以变动方式中指定的对方科目携带的供应商信息为准，自动回填到凭证中。

（2）卡片类别

企业的固定资产可能会非常多，如果仅仅是按卡片一张一张地进行管理，这些数据将非常庞杂零乱，因此系统提供固定资产卡片按类别的多级管理，可自定义分类规则，并将同一类别的相同属性在卡片类别上一次录入，在卡片录入时就可以自动携带出来，避免了大量重复工作。同时，可按卡片类别进行分级汇总查询。

由于每个企业对卡片类别的划分原则不同，因此系统只提供了投资性房地产的预设类别，代码为“investment property”，名称为“投资性房地产”，不允许删除该类别，不允许修改代码和名称，也不允许增加下级组。

在初始化过程中，可以在卡片类别管理中自行进行固定资产类别设置：按经济用途分类，固定资产可分为生产经营用和非生产经营用；按所有权分类，固定资产可分为自有固定资产和租入固定资产；按形态和特征分类，固定资产可分为土地、房屋建筑物、机械设备、办公用品、运输工具等。

进入固定资产管理系统后，单击【基础资料】，进入基础资料维护模块，在该模块中单击【卡片类别管理】，进行固定资产卡片类别的设置。固定资产卡片类别可新增、修改或删除。

训练营

增加固定资产卡片类别信息

▶ 实训资料

详见表1-19。

表 1-19　**广州尚质电源有限公司固定资产卡片类别信息**

代码	名称	使用年限	净残值率	计量单位	预设折旧方法	固定资产科目	累计折旧科目	减值准备科目	卡片编码规则	是否计提折旧
001	房屋建筑物	50	5%	幢	平均年限法	1601	1602	1603	FW-	不管使用状态如何一定提折旧
002	交通工具	10	3%	辆	工作量法	1601	1602	1603	JT-	由使用状态决定是否提折旧
003	生产设备	10	3%	台	双倍余额递减法	1601	1602	1603	SC-	由使用状态决定是否提折旧
004	办公设备	5	5%	台	平均年限法	1601	1602	1603	BG-	由使用状态决定是否提折旧

实训操作过程

选择【财务会计】→【固定资产管理】→【基础资料】→【卡片类别管理】→【固定资产类别】→【新增】，进入“固定资产类别-新增”界面，输入固定资产类别的代码、名称，添加资产账簿，输入使用年限、净残值率、计量单位、预设折旧方法、固定资产科目、累计折旧科目、减值准备科目、卡片编码规则，选择同步主账簿卡片信息选项等（本例不选），单击【新增】，系统将保存当前资料并恢复到新增前的状态，便于连续新增卡片类别，增加完成后单击【关闭】即可退出操作界面，如图 1-101、图 1-102 和图 1-103 所示。

视频 固定资产卡片类别维护

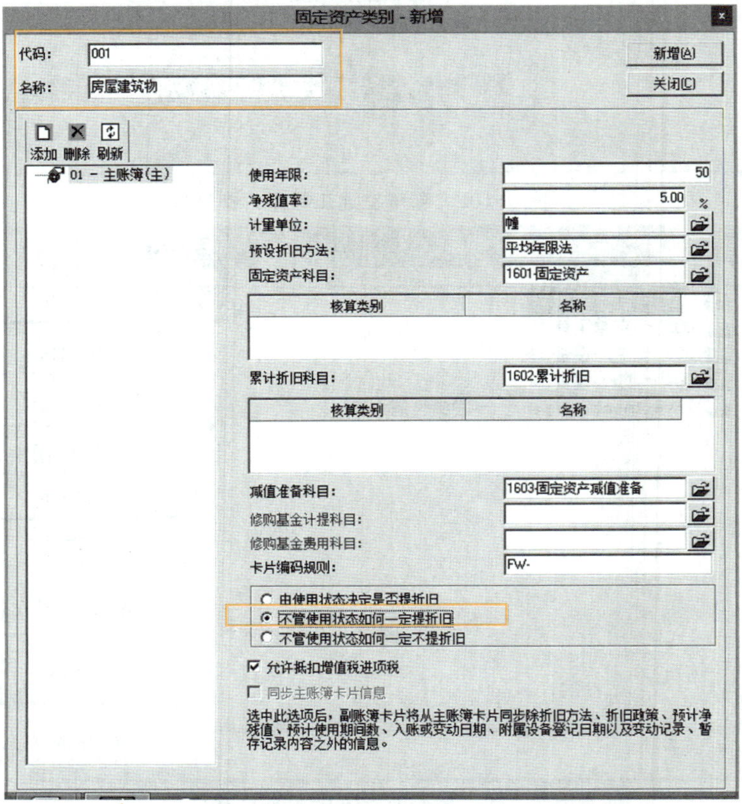

图 1-101　新增房屋建筑物卡片类别

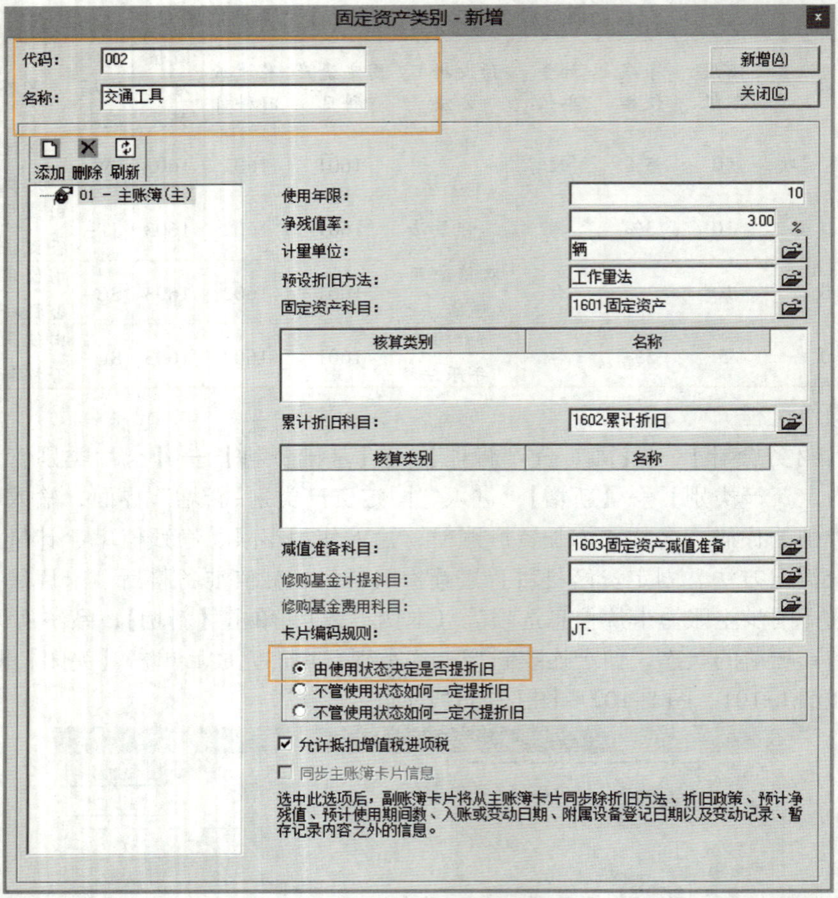

图 1-102　新增交通工具卡片类别

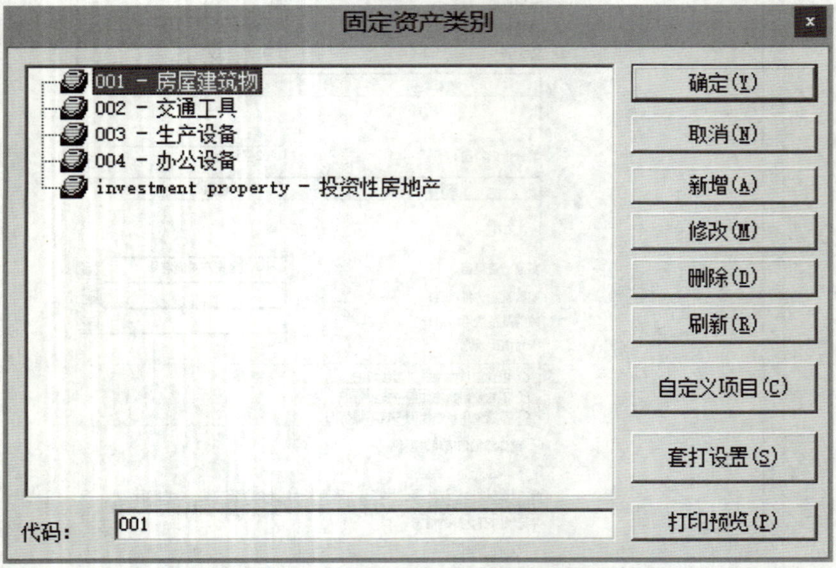

图 1-103　固定资产卡片类别新增完成

特别提示

可以把所有固定资产的计量单位放在固定资产计量单位组，以此方法增加其他类别。

栏目说明

①使用年限：录入使用年限时，如果该类固定资产的使用年限基本相同，则可在此录入该类固定资产的使用年限，例如，一般土地的使用年限为70年，则可在此录入“70”。这样在卡片录入时可以自动携带出来，避免了大量重复工作。如果该类固定资产的使用年限大不相同，或事先无法确知，也可以不录入。

②净残值率：与“使用年限”一样，如果该类固定资产的净残值率基本相同，则可在此录入该类固定资产的净残值率，也可以不录入。

③计量单位：如果该类固定资产的计量单位基本相同，则可在此录入该类固定资产的计量单位，也可以不录入。此处可手工录入数据，也可单击空格后的按钮或按F7键，从已有的计量单位基础资料中选择。

④预设折旧方法：如果该类固定资产的折旧方法基本相同，则可在此选择该类固定资产的折旧方法，也可以不选择。

⑤卡片编码规则：在固定资产类别中，关于折旧有三个互斥的选项：选择“由使用状态决定是否提折旧”时，卡片上的固定资产完全由使用状态类别的属性决定是否提取折旧；当固定资产类别是房屋建筑物时，按会计制度规定不管使用状态如何，必须计提折旧，可以选择“不管使用状态如何一定提折旧”，此时，使用状态类别中关于折旧的设置是不起作用的；第三个选项“不管使用状态如何一定不提折旧”主要用于土地，以及不是固定资产，又视同固定资产管理的器具等，当然，使用状态类别中关于折旧的设置同样是不起作用的。

⑥固定资产科目：设置该类固定资产对应的核算科目时，此处一定要按固定资产科目下设的明细科目逐一对应。在新增资产及计提折旧时，会按该科目设置生成凭证，例如，机器设备类别应该选择对应的固定资产明细科目为“机器设备”。

⑦累计折旧科目：设置该类固定资产计提折旧时，累计折旧对应的核算科目。此处也一定要按累计折旧科目下设的明细科目逐一对应。

⑧减值准备科目：设置该类固定资产计提减值准备时，减值准备对应的核算科目。此处也一定要按减值准备科目下设的明细科目逐一对应。

⑨允许抵扣增值税进项税：选中该复选框后，此类别的资产卡片允许抵扣增值税进项税。

（3）存放地点

固定资产实物都有存放的地点，系统对存放地点进行了一系列的管理，辅助加强固定资产管理。进入固定资产系统后，单击【基础资料】，进入基础资料维护模块，在该模块中单击【存放地点维护】，就可以进行存放地点的设置。

训练营

存放地点设置

实训资料

固定资产存放地点信息见表1-20。

表1-20 广州尚质电源有限公司固定资产存放地点信息

代码	名称
01	车间
02	办公室
03	车库

实训操作过程

选择【财务会计】→【固定资产管理】→【基础资料】→【存放地点维护】→【存放地点】→【新增】，弹出"存放地点-新增"界面，在其中分别输入存放地点的代码和名称信息，单击【新增】，系统将保存当前资料并恢复到新增前的状态，便于连续新增；增加完成后单击【关闭】即可退出操作界面，如图1-104至图1-106所示。

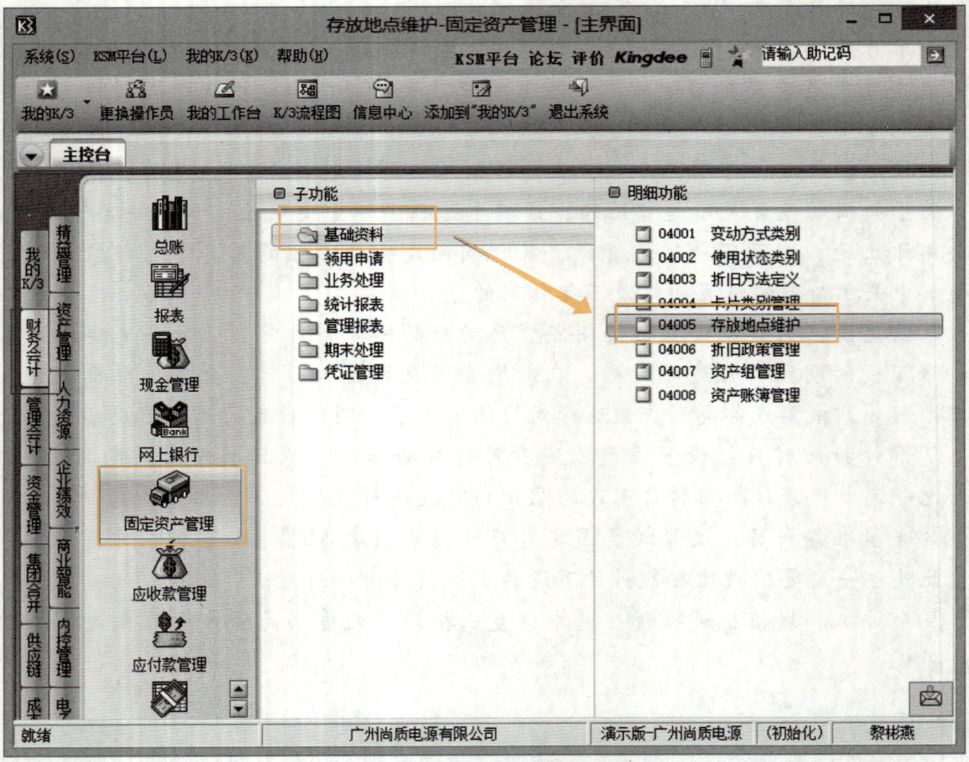

图1-104 选择固定资产存放地点维护

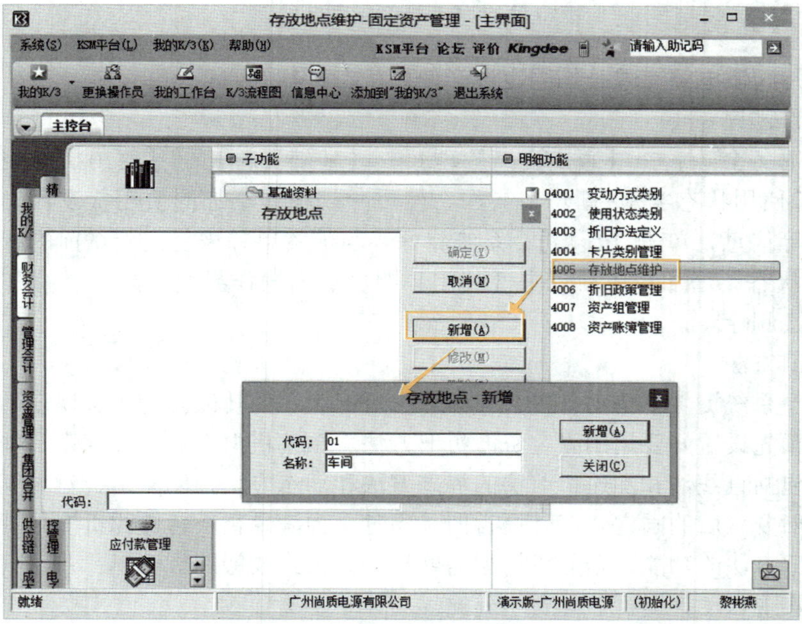

图 1-105　新增固定资产存放地点

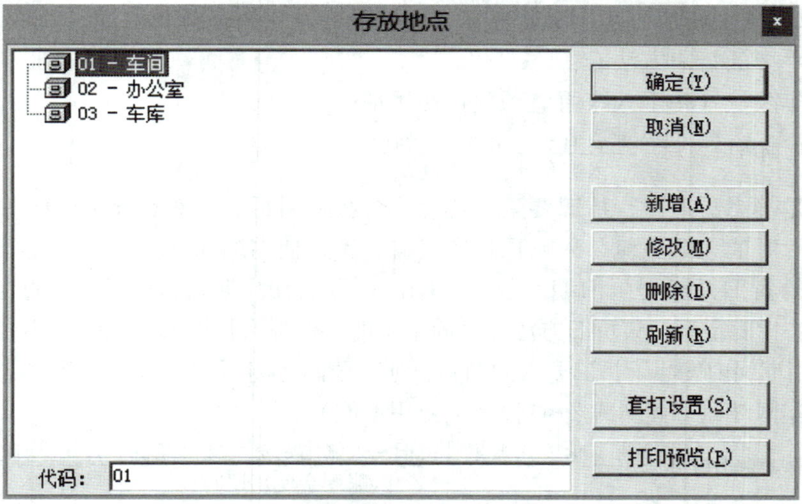

图 1-106　存放地点维护完成

特别提示

已使用的存放地点不能被删除。

（4）使用状态类别

固定资产的使用状态是指固定资产当前的使用情况，如使用中、未使用、不需用等。固定资产的使用状态将可能决定固定资产是否计提折旧。一般在用的固定资产要计提折旧，未使用的固定资产不提折旧。也有特殊的，比如房屋及建筑物，无论是否使用均要提取折旧，土地则一定不提折旧。系统预设了使用中、未使用、不需用三类使用状态，企业也可以根据实际情况定义自己的固定资产使用状态。

训练营

维护广州尚质电源有限公司固定资产使用状态

▶ 实训操作过程

选择【财务会计】→【固定资产管理】→【基础资料】→【使用状态类别】→【新增】，弹出“使用状态类别-新增”界面，然后分别输入增加的使用状态代码、名称及是否提取折旧等信息，单击【新增】，系统将保存当前资料并恢复到新增前的状态，便于连续新增使用状态，增加完成后单击【关闭】即可退出操作界面。还可进行“使用状态类别”的修改、删除。

（5）折旧方法

固定资产系统提供了自动计提折旧和分摊折旧费用的功能。为了实现自动计提折旧的功能，必须预先设置好要用的固定资产折旧方法。系统根据企业会计准则，共预设了六种折旧方法，包括直线法和加速折旧法的静态方法和动态方法，能分别针对无变动的固定资产和变动折旧要素后的固定资产计提折旧。同时，为满足企业特殊的折旧处理要求，提供了自定义折旧方法的功能，企业可根据需要自定义公式或每期折旧率，系统同样可根据这些折旧方法实现自动计提折旧和费用分摊。

操作方法：选择【财务会计】→【固定资产管理】→【基础资料】→【折旧方法定义】，就可以进入“折旧方法定义”界面，进行折旧方法的查看和设置。

系统里主要的折旧方法有：

①平均年限法（基于入账原值和预计使用期间）。

公式：$\text{每期折旧额}=\dfrac{\text{入账原值}-\text{入账预计净残值}}{\text{入账预计使用期间}}$

该方法是静态折旧法，折旧要素的变动不会影响月折旧金额。固定资产每期折旧额是根据建立卡片时的入账原值、入账预计净残值、预计使用期间计算的。公式计算没有考虑入账前的累计折旧及已提折旧期间数的影响。在以后使用期间，折旧要素的变动也不会影响各月计提的折旧金额。该折旧方法计算简单，能够保证月折旧额一直保持不变，但如果在固定资产使用期间内发生了折旧要素的调整，则需要同时将折旧公式调整为动态平均法。

②平均年限法（基于入账净值和剩余使用期间）。

公式：$\text{每期折旧额}=\dfrac{\text{入账原值}-\text{入账累计折旧}-\text{入账固定资产减值准备}-\text{入账预计净残值}}{\text{入账剩余使用期间}}$

与平均年限法（基于入账原值和预计使用期间）公式的区别在于，该公式计算折旧时是基于入账净值和剩余使用期间考虑的。

③动态平均法。

公式：$\text{月折旧额}=\dfrac{\text{调整后原值}-\text{调整后累计折旧}-\text{调整后减值准备}-\text{调整后净残值}}{\text{调整后剩余使用期间}}$

在计算中，调整值是以最近一次折旧要素变动后的期末余额作为折旧公式计算的依据，计算以后期间的各期折旧金额，其公式仍遵循平均年限法（基于入账净值和剩余使用期间）的原理。

④工作量法。

公式：$\text{月折旧额}=\dfrac{\text{入账原值}-\text{入账预计净残值}}{\text{入账工作总量}}\times\text{本月工作量}$

工作量法是根据固定资产每期实际完成的工作量来计算各期折旧额的。每期提折旧前必须录入当期工作量。另外，自定义的工作量法公式必须选择“按工作量法折旧”。如果在使用过程中发生了原值等折旧要素的调整，并且希望相应地调整以后各月折旧额，请在变动的同时选择动态工作量法。

⑤年数总和法。

年数总和法的折旧计算是要先计算各年折旧率/额，再计算年内各个会计期间的折旧率/额。

其折旧计算公式为：

折旧率（年）=（预计使用年限-已使用年限）÷［预计使用年限×（预计使用年限+1）÷2］×100%

折旧率（月）=折旧率（年）÷12

某年折旧额=该年折旧率×（固定资产入账原值-入账预计净残值）

月折旧额=该年折旧额÷12

这是一种加速折旧法，注意使用该方法时一定要选择“以年为计算基础”。如果在使用过程中发生了原值等折旧要素的调整，并且希望相应地调整以后各月折旧额，请在变动的同时选择动态年数总和法。

⑥双倍余额递减法。

这也是一种加速折旧法，注意使用该法时一定要选择“以年为计算基础”。如果在使用过程中发生了原值等折旧要素的调整，并且希望相应地调整以后各月折旧额，请在变动的同时选择动态双倍余额递减法。

特别提示

在选择固定资产折旧方法时，如果不能预见以后期间该固定资产是否会进行原值、使用期限或累计折旧的调整时，建议选择动态的折旧方法，保证固定资产始终按照调整后的折旧要素计提折旧。

（6）折旧政策

利用基础资料中的“折旧政策管理”功能进行固定资产卡片业务处理时，可以选择折旧政策方案，通过所选折旧政策方案中的折旧计提政策参数控制当期新增、变动、清理的固定资产折旧计算及归集。折旧计提政策参数可控制当期新增固定资产，当期是否计提折旧；当期清理的固定资产在清理的当期是否计提折旧；当期变动的固定资产，变动当期折旧是按变动前数据计算还是按变动后数据计算。

折旧政策方案中的折旧计提政策参数对固定资产折旧的影响适用于未来适用法，不需追溯调整。固定资产在计提折旧时，只有当期新增、清理的固定资产及当期有变动的固定资产在当期是否计提折旧及折旧金额的计算才会受此系统参数影响。

训练营

选择广州尚质电源有限公司的固定资产折旧政策

▶ 实训操作过程

选择【财务会计】→【固定资产管理】→【基础资料】→【折旧政策管理】，进入“折旧政策方案”界面，进行折旧政策方案的设置。

系统已预设“01常用折旧政策”，该政策下，三项折旧政策参数均是选中状态。

“当期新增固定资产，当期不提折旧，从下期开始计提折旧”参数：当期新增的固定资产在新增当期不计提折旧。若没有选择这个参数，则此固定资产新增当期需列入计提折旧资产范围并计提折旧。

"当期清理的固定资产，当期仍提折旧，从下期起停止计提折旧"参数：当期清理的固定资产在清理当期需列入计提折旧资产范围并计提折旧。若没有选择这个参数，则此固定资产清理当期不计提折旧。

"当期变动的固定资产，从变动的下一期开始影响折旧"参数：本期折旧按变动以前的数据计提折旧，从下一期开始才按变动以后的数据计提折旧。若没有选择这个参数，本期的折旧从变动的当期开始按变动后的数据计提折旧。

3）历史卡片录入

广州尚质电源有限公司启用金蝶K/3固定资产管理系统前，有的固定资产已经使用了若干期，已经有了手工的固定资产台账，因此为了保证数据的完整性，在正式启用系统前，需要将这些固定资产的历史数据在初始化时录入系统中。

选择【财务会计】→【固定资产管理】→【业务处理】→【新增卡片】，第一次进入时，会提示"当前启用年期是：×年第×期，录入卡片后，将不再可以改变启用年期。继续吗?"，此提示仅在第一次录入卡片时出现，以提醒确定初始化期间。如果初始化期间需要调整，可以在"系统维护"功能的"系统参数"中进行设置；如确定初始化期间无误，可直接在弹出的"卡片及变动-新增"界面，根据已有的固定资产台账数据，开始固定资产卡片数据的录入和编辑。

训练营

录入固定资产初始数据

▶ 实训资料

固定资产初始数据见表1-21。

表1-21　　**广州尚质电源有限公司固定资产初始数据**

资产编码	FW-001	JT-001	SC-001
名称	办公楼	小汽车	车床
类别	房屋建筑物	交通工具	生产设备
计量单位	幢	辆	台
数量	1	1	2
入账日期	2014.3.31	2016.5.7	2016.5.31
存放地点		车库	车间
经济用途	经营用	经营用	经营用
使用状态	正常使用	正常使用	正常使用
变动方式	自建	购入	购入
使用部门	总经办	销售一部、销售二部（费用比例各占50%）	生产配料车间
折旧费用科目	6602.06	6601.06	5101.06
币别	人民币	人民币	人民币
原币金额	1 200 000元	200 000元	600 000元
购进累计折旧	无	无	无
预计使用期间数	600个月	30万千米	120个月
开始使用日期	2014.4.1	2016.6.1	2016.6.1
已使用期间数	80个月	工作总量：30万千米 已使用：18万千米	54个月
累计折旧金额	152 000元	116 400元	400 000元
折旧方法	平均年限法	工作量法（计量单位：千米）	双倍余额递减法

实训操作过程

视频

固定资产初始数据录入

固定资产初始数据录入：选择【财务会计】→【固定资产管理】→【业务处理】→【新增卡片】，如图1-107至图1-110所示。

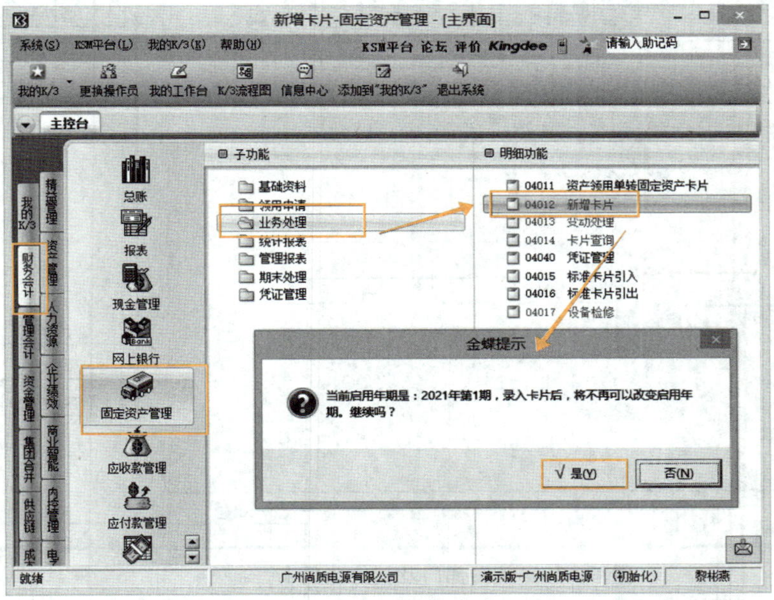

图1-107　选择固定资产卡片新增

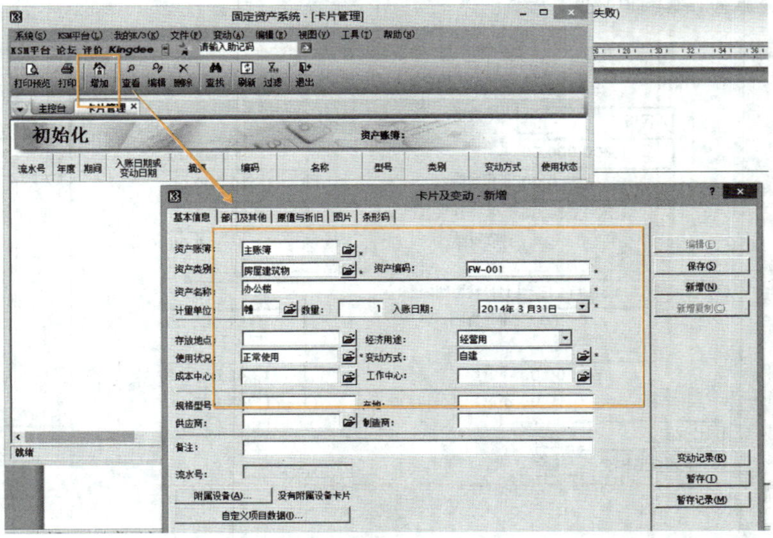

图1-108　填写固定资产基本信息选项卡

特别提示

“基本信息”部分的数据主要记录固定资产静态的基础属性，反映出固定资产从哪里来、何时入账、在哪里、作何用以及使用情况等，如图1-108所示，其他信息包括规格型号、产地、制造商、经济用途等可根据固定资产的实际情况和企业的管理需要，有选择性地录入。

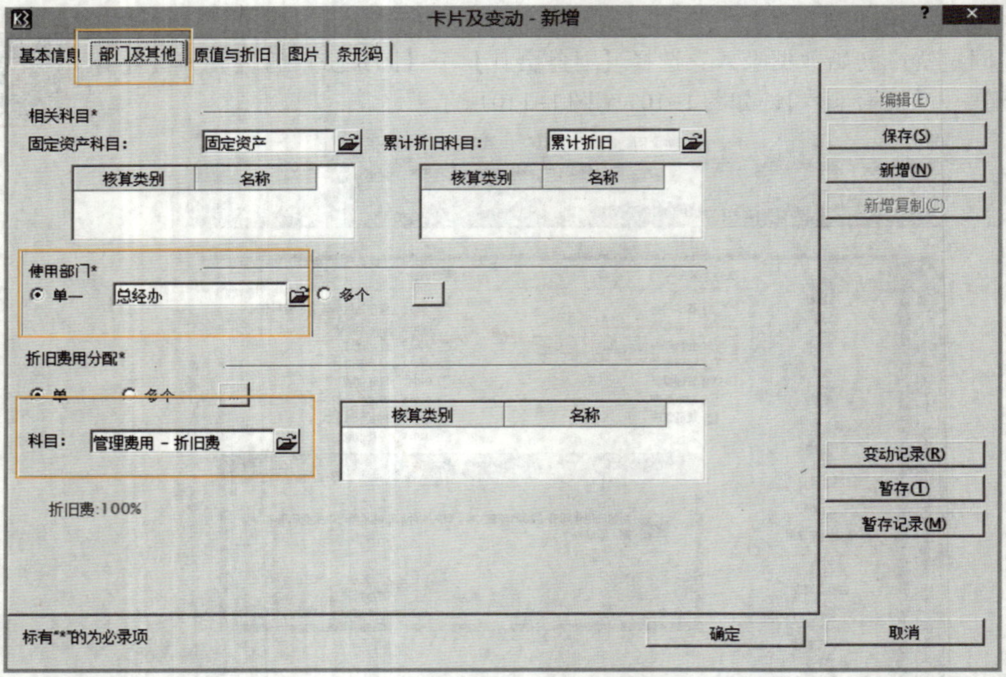

图1-109　填写部门及其他选项卡

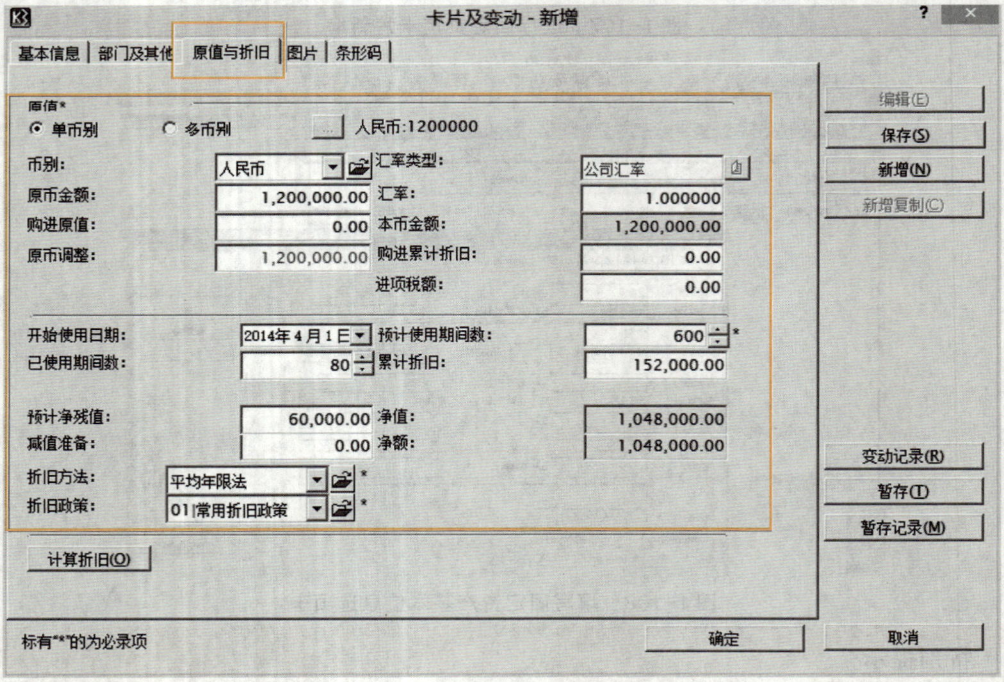

图1-110　填写原值与折旧选项卡

如果同一项固定资产是多个部门共同使用时，设置如图1-111所示。折旧方法如果采用工作量法，填写卡片如图1-112所示。

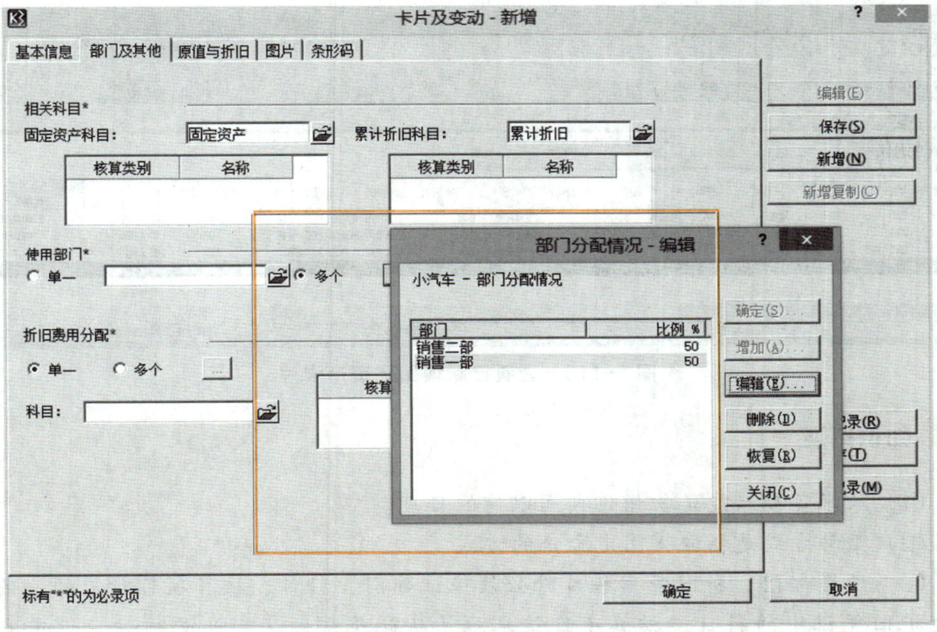

图 1-111　多个部门使用同一项固定资产设置

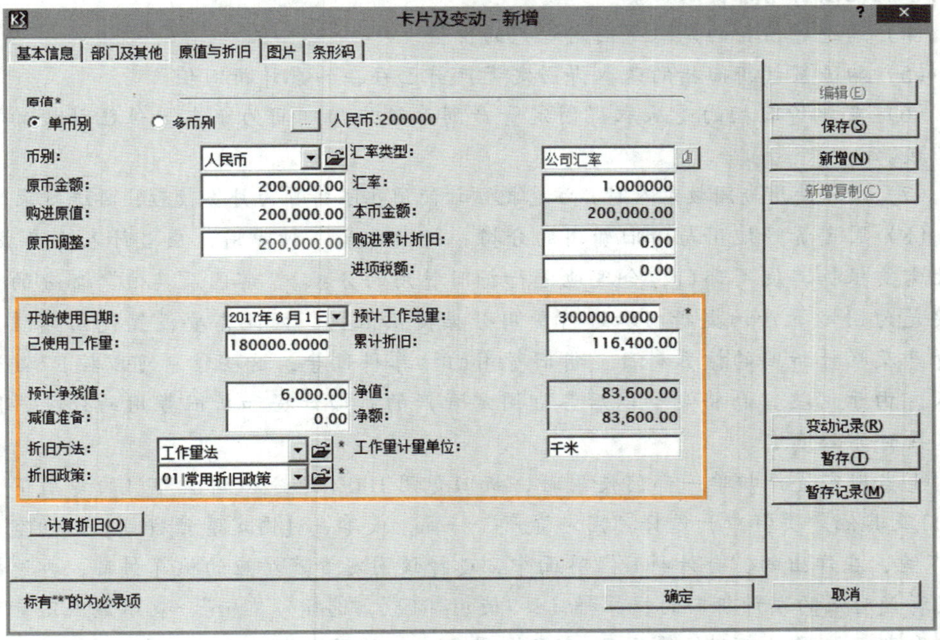

图 1-112　工作量法折旧的固定资产设置

特别提示

增加其他基础资料的路径一样，都在公共资料里面。

其他卡片按以上方法录入完成，如图 1-113 所示。

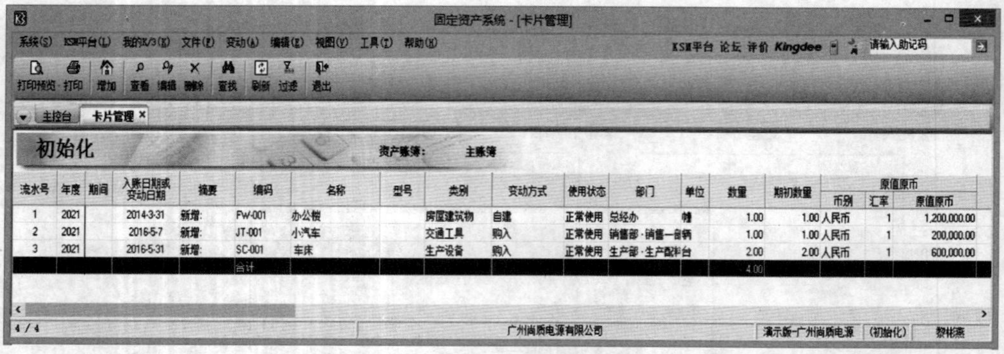

图 1-113 查看已新增固定资产卡片

知识拓展

（1）入账日期只能是初始化期间以前的日期。

（2）变动方式是指取得固定资产的方式。

（3）设置部门、折旧费用科目时必须保证部门、科目、核算项目对应的一致性，因为折旧凭证中的科目、核算项目信息就是从此获得的，因此必须对应设定完整，否则系统无法自动计提折旧。

（4）购进原值指的是取得固定资产的价值。

（5）购进累计折旧指的是取得固定资产前已存在的累计折旧值。

（6）累计折旧指的是从取得固定资产到系统启用期间为止本单位已计提的累计折旧额。

（7）预计使用期间数录入时，注意把预计使用年限折算为月份数后，再进行录入。

（8）固定资产使用与折旧费用的分摊：折旧作为一种费用，应当计入生产成本，因此需要根据其使用部门，合理地进行折旧费用的分摊。“部门及其他”部分的信息主要是为固定资产计提折旧和进行费用分摊提供依据，因此需要设置使用部门、固定资产及累计折旧的核算科目、折旧费用的核算科目等，这些信息可以按F7键选择录入。由于这些信息将影响以后各期固定资产的折旧计提和折旧费用的分配，因此在选择时务必慎重。

①当固定资产归单一部门使用时，折旧费用100%地分摊到该部门的费用下，在“部门及其他”页签中，选择“固定资产”科目，或单击【固定资产科目】后的空白处按F7键，在弹出的“会计科目”界面中，选择该固定资产对应的核算科目，再选择该固定资产对应的累计折旧的核算科目；“使用部门”，选择“单一”，表示该固定资产仅被一个部门使用。在“核算项目-部门”界面中，该固定资产的使用部门。

如果折旧费用的分配也是分配到单一的费用科目中，则在“折旧费用分配”下，选择“单一”。“科目”界面中，选择该固定资产折旧费用对应的核算科目。单击“核算项目-名称”下的按钮，可以选择明细的核算项目。

如果折旧费用需分配到多个费用科目中，例如，生产部门的折旧费用一部分分配到管理费用中，一部分分配到制造费用中，则在“折旧费用分配”下，选择“多个”，弹出“折旧费用分配情况-编辑”界面，单击【新增】，即可在弹出的界面中，按F7键选择录入固定资产的使用部门、折旧费用科目，手工录入分配比例。数据录入完成后单击【保存】，保存当前录入的数据；再单击【新增】，则可进行下一使用部门、折旧费用科目的设置。注意：最终的分配比例之和必须为100%，否则系统不允许关闭“折旧费用分配情况-编辑”界面。

②当固定资产归多个部门使用时，设置的操作说明如下：在“使用部门”下，选择“多个”，弹出“部门分配情况-编辑”界面，单击【增加】，在“部门分配情况-新增”界面中录入部门、分配比例，单击【保存】即可。继续单击【增加】，可连续新增多个部门，系统将自动给出剩余分配比例的数据，可以进行修改，注意最终的分配比例之和必须为100%。报表中的部门统计信息就是按卡片中的分配比例确定的，其中部门分配比率可以精确到4位小数，有利于进行更为精确的折旧费用分配。

4）固定资产系统结束初始化

（1）结束初始化

核对原值、累计折旧、减值准备的余额与账务相符后，在“系统设置”界面，选择【初始化】→【固定资产】→【初始化】→【结束初始化】，可以结束初始化设置，进入正常固定资产管理的业务处理中，如图1-114所示。

视频

固定资产结束初始化

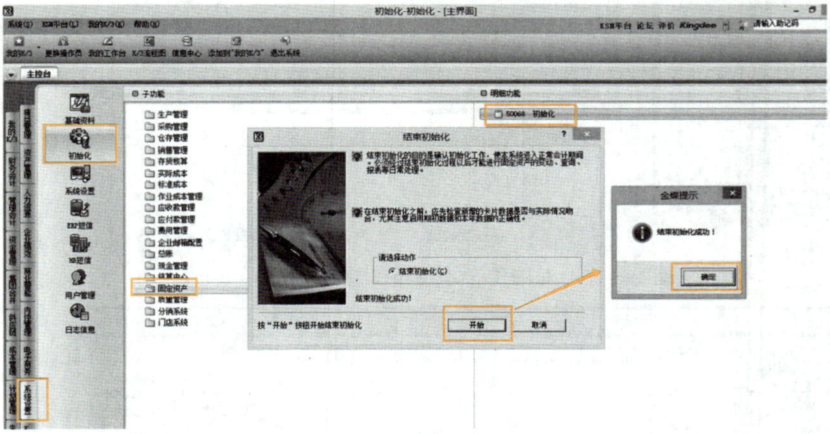

图1-114　结束固定资产初始化

如果需要进行反初始化，按住Shift键，并选择【反初始化】即可。

（2）将初始数据传递到总账

在固定资产管理系统初始化时，选择固定资产对应的固定资产、累计折旧、减值准备科目，在结束初始化之前，可以将固定资产、累计折旧、减值准备科目的数据传递到总账，允许重复传递，数据以最后一次传递为准。

按照以下的对应关系传递数据：

①账套的启用时间是会计年度的第一个会计期间：进行固定资产初始化时，“新增卡片”中的“原值与折旧”，∑原值金额传递到总账“固定资产”科目，∑累计折旧传递到

总账“累计折旧”科目，Σ减值准备传递到总账“固定资产减值准备”科目。

②账套的启用期间不是会计年度的第一个会计期间：进行固定资产管理系统初始化时，“新增卡片”中“初始化数据”中，Σ（年初原值+本年原值调增-本年原值调减）传递到总账“固定资产”科目，Σ（年初累计折旧+本年已提折旧+本年累计折旧调增-本年累计折旧调减）传递到总账“累计折旧”科目，Σ（年初减值准备+本年减值准备调增-本年减值准备调减）传递到总账“固定资产减值准备”科目。

以上两种情况都是将固定资产中的数据按本位币传递到总账的对应的本位币科目。

视频

总账结束初始化

子任务6.5　总账结束初始化

其他子模块结束初始化后，再去结束总账初始化。总账必须在综合本位币试算平衡下才能结束初始化，如图1-115、图1-116所示。

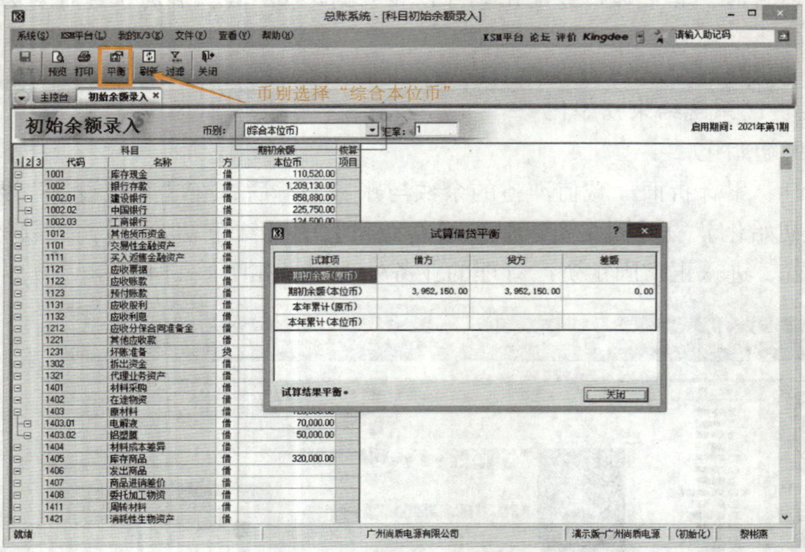

图1-115　总账综合本位币试算平衡

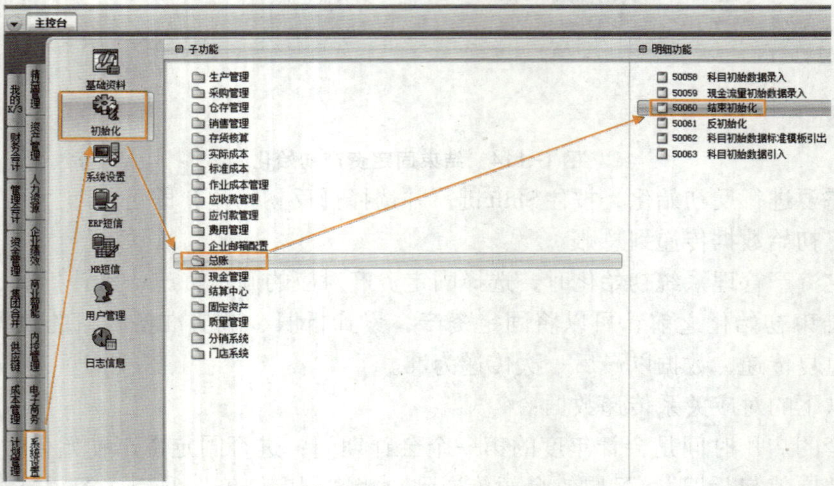

图1-116　总账结束初始化

项目二

采购岗位

实事求是，诚实守信

财务人员真实正确地记录、如实反映单位经济业务活动情况，是实现会计核算、监督的真正内涵。严格按照会计准则、会计制度进行核算，并做到手续完备、数字准确；既不为他人所左右，也不因个人好恶而取舍，更不为谋取个人或小集团私利而弄虚作假。诚实守信，保证财务信息的真实和完整，为管理决策服务。

采购岗位，负责采购申请、采购订货、进料检验、仓库收料、采购退货、购货发票处理、供应商管理、价格及供货信息管理、订单管理、质量检验管理等工作，对采购物流和资金流的全过程进行有效的双向控制和跟踪，实现完善的企业物资供应信息管理。

采购岗位与其他岗位的关系如图2-1所示。

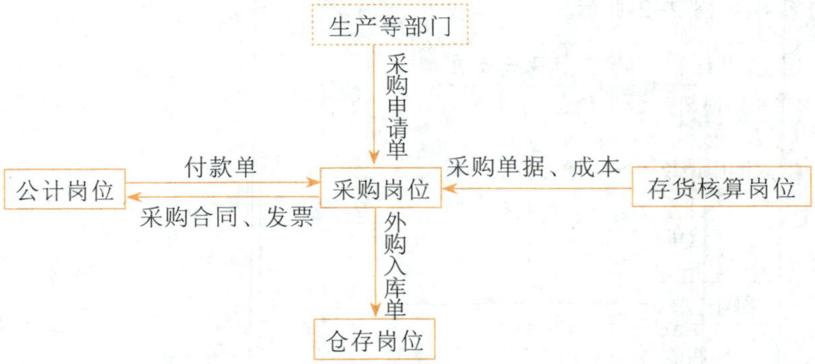

图2-1　采购岗位关系图

采购岗位与销售岗位的接口是采购系统的采购订单。采购订单可以根据销售订单生成从而处理以销定购业务，采购发票可以根据销售发票生成从而处理直运销售（采购）业务。

采购岗位与仓存岗位：采购中的外购入库单是仓存岗位中的一种重要库存交易单据，它会更新相应物料的即时库存。同时，采购中的外购入库单还是进行入库核算的原始依据之一，入库核算之后的入库成本将反填到外购入库单的单价中，核算完成的外购入库单将根据凭证模板生成相应的凭证；采购发票也将作为确认应付款项的原始依据之一，可以按照凭证模板生成相应的应付凭证。

采购岗位与会计岗位：采购中的采购发票可以直接传递到应付款管理系统作为确认应

付款项的依据，费用发票在保存时会传递到应付款管理系统形成其他应付单。

采购岗位业务员是田其忠，经理是郭勇。

任务1 供应商档案管理

供应商管理，是通过供应商档案、供应商资质申请表、样品试制申请单、供应商评估方案、供应商评分表、询报价管理、品质异常报告、采购订单变更通知单、采购/委外对账单等功能综合运用的管理系统，以建立和维护供应商伙伴关系为导向，涉及供应商整个生命周期的管理。该系统可以独立执行供应商管理操作；与供应链其他子系统、应付款管理系统等其他系统结合运用，将能提供更完整、全面的企业物流业务流程管理和财务管理信息。

供应商档案从多个维度记录供应商信息，包括供应商基本资料、业务资料、财务资料、联系人资料、质量事故、评估记录等信息，是供应商管理的基础。

在供应商档案中，可以经过资格认证流程将潜在供应商转换为交易供应商，可以实现对供应商的动态管理，包括有效期管理、评估管理、业务审查与业务冻结。

供应商档案的功能在【供应商档案-新增】和【供应商档案-维护】明细功能中都可以实现：在业务处理中是对供应商档案进行业务操作；在单据序时簿中，除了能够实现在业务处理中的操作之外，更重要的是对供应商档案进行批量处理和管理功能。

任务2 采购业务流程认知

采购业务流程如图2-2所示。

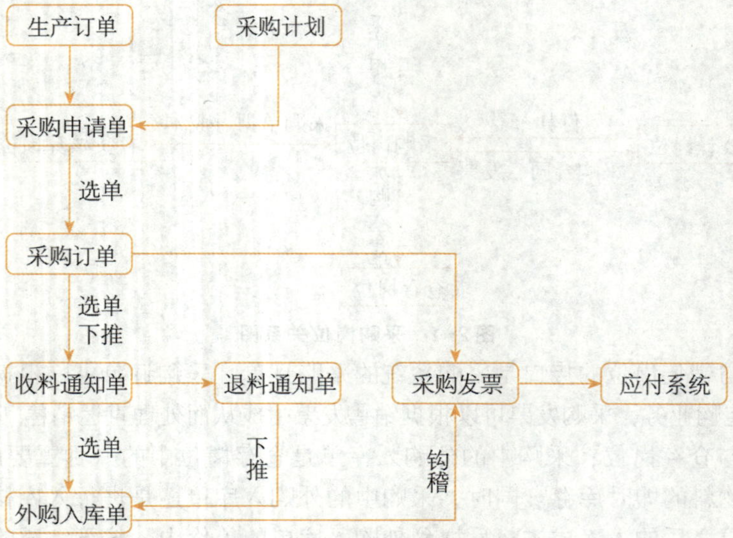

图2-2 采购业务流程图

说明：在图2-2中，选单是选择上游单据生成本单据；下推是选择本单据下推生成下游单据，所得到的结果一样。所有单据都可以手工录入，手工录入与由单据生成的区别在于能不能查源头单据。一般建议由源头单据生成下游单据。所有单据必须审核后才能被其他单据引用。

1）采购申请单

采购申请单是各业务部门或计划部门根据生产计划、物料需求计划、库存管理需要、销售订货或零星需求等实际情况，向采购部门提出购货申请，并可批准采购的业务单据。

采购申请的功能在【采购申请单-新增】和【采购申请单-维护】模块中都可以实现：在业务处理中是对购货申请进行业务操作；在单据序时簿中，除了能够实现在业务处理中的操作外，更重要的是能对采购申请单进行批量处理和管理。

2）采购订单

采购订单是购销双方共同签署的、确认采购活动的标志，在金蝶K/3系统中处于采购管理的核心地位。

采购订单的重要性不仅表现在其所反映的业务资料是企业正式确认的、具有经济合法地位的，而且通过它可以直接向供应商订货并可查询采购订单的收料情况和订单执行状况，是订货业务工作中非常重要的管理方式，更在于其是物资在采购业务中流动的起点，是详细记录企业物资的循环流动轨迹、累积企业管理决策所需要的经营运作信息的关键。采购订单还是供应链的重要信息中心之一。采购订单不仅能显示采购业务自身信息，还能通过采购申请获取来自生产、销售等系统的信息，将供应链整体的信息有机地联系起来。采购订单是联系应付款管理系统和采购系统的纽带。

3）外购入库单

外购入库单，又称收货单、验收入库单等，是确认货物入库的书面证明。外购入库单在金蝶K/3供应链系统中具有非常重要的意义：

①它是体现库存业务的重要单据。供应链系统的最大特色是以独立于企业物流的有形的单据流转代替业务中无形的存货流转轨迹，从而将整个物流业务流程统一为一个有机整体。外购入库单不仅表现了货物转移，同时也是所有权实际转移的重要标志。

②外购入库单是货币资金转为储备资金的标志。外购入库单一方面表现了实物的流入，形成储备资金；另一方面也预示着货币资金的流出或债务的产生，因此，相关的采购发票处理与其关系非常密切。

③外购入库单也是财务人员据以记账、核算成本的重要原始凭证。在金蝶K/3供应链系统中，外购入库单确认后，需要继续处理采购发票与外购入库单的核销或外购入库单的暂估、自动生成记账凭证、原材料成本核算，从而为正确进行成本核算和结账打下基础。这一连串的连续业务处理说明外购入库单是重要的核算单据。

外购入库单实际上是库存类单据，但在金蝶K/3供应链系统中，将采购入库单、销售出库单等库存单据归入采购、销售等相应子系统处理。这是因为采购、销售等系统作为独立的系统，其订单、采购（或销售）、收货（或发货）等阶段是一个紧密联系、不可分割的整体。采购入库单、销售出库单等库存单据与相应的采购、销售子系统关系密切，要进行统一处理。另外，在版本不断更新的情况下，会根据需求自定义流程设计，使操作简单到可以弱化收料和发货通知单，同时加大订单、发票、入（出）库单的联系，进一步简化操作；而一些业务流程又可以各自完善采购、销售系统的整体管理。

系统将采购、销售的出入库单据分别归入相应的采购、销售系统处理，以使流程清晰，方便处理，可以在相应的模块直接操作。库存子系统主要集中处理其他的各种出入库形式，如调拨、盘盈、盘亏等，但仍然保存采购入库、销售出库等单据的处理，以达到业务、库存对极其重要的出入库单据进行双重处理、共同控制的目的。

4）采购发票

采购发票是供应商开给购货单位据以付款、记账、纳税的依据。采购发票具有业务和财务双重性质，是金蝶K/3供应链系统的核心单据之一。发票处理是企业采购业务中的一个重要环节，发票以有形的单据流代替企业生产经营活动中无形的资金流动轨迹，并与反映物流的外购入库单一起相互钩稽，实现资金流和业务流的双轨并行，从而将整个物流业务流程统一为一个有机整体。采购发票是供应链的重要信息中心之一，是联系财务、业务系统的重要桥梁。采购发票在采购系统中联系的单据最多，采购发票与采购订单、收（退）料通知单、外购入库单等全部业务单据都有联系；同时与应付系统实现发票共享，并与采购合同、付款单、预付单等联系紧密。这种联系既包括单据与单据关联的直接联系，还包括通过直接关联的单据与第三方单据间接关联。在供应链系统中，两种三方关联的模式中发票都是基本的关联因素。这样，业务和财务信息之间紧密结合、平滑连接，形成了一个信息丰富的整体。采购发票包括采购专用发票和采购普通发票。其中，专用发票是指增值税专用发票，是一般纳税人销售货物或者提供应税劳务、服务所开具的发票，发票上记载了销售货物等的售价、税率以及税额等，购货方以增值税专用发票上记载的购入货物已支付的税额作为扣税和记账的依据。普通发票是指除了专用发票之外的发票或其他购买凭证。

任务3 单货同到业务处理

业务处理流程：

采购申请单→采购订单→收料通知单→外购入库单→采购发票

（注：采购申请单可以省略不做）

训练营

单货同到业务处理

▶ 实训资料

采购部田其忠于2021年1月3日向华北膜料公司订购铝塑膜600平方米，单价110元/平方米（不含税）。2021年1月10日到货，当日采购部门通知仓库入库，经仓库管理员张宣华检验合格后入库（原材料仓），范丽丽审核。2021年1月10日，华北膜料公司开出增值税发票。

▶ 实训操作过程

（1）2021年1月3日，新增采购订单。

选择【供应链】→【采购管理】→【采购订单】→【采购订单-新增】，在采购订单界面，供应商选择“华北膜料公司”，日期选择2021年1月3日、在物料代码中选择“铝塑膜”的代码、分别录入数量600平方米、单价110元/平方米（不含税）、交货日期2021年1月10日、业务员“田其忠”、部门“采购部”，选择【保存】和【审核】。采购订单录入完毕。如图2-3、图2-4所示。

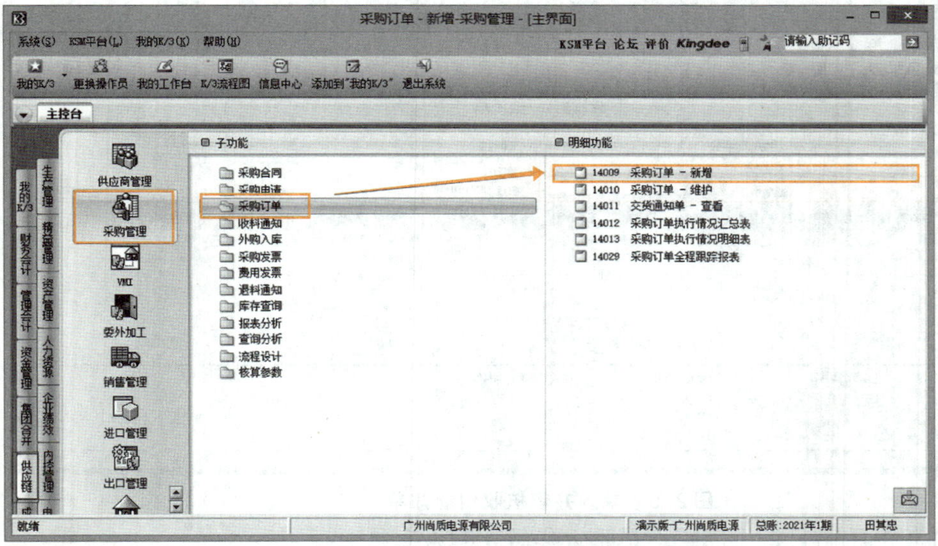

图 2-3 选择采购管理

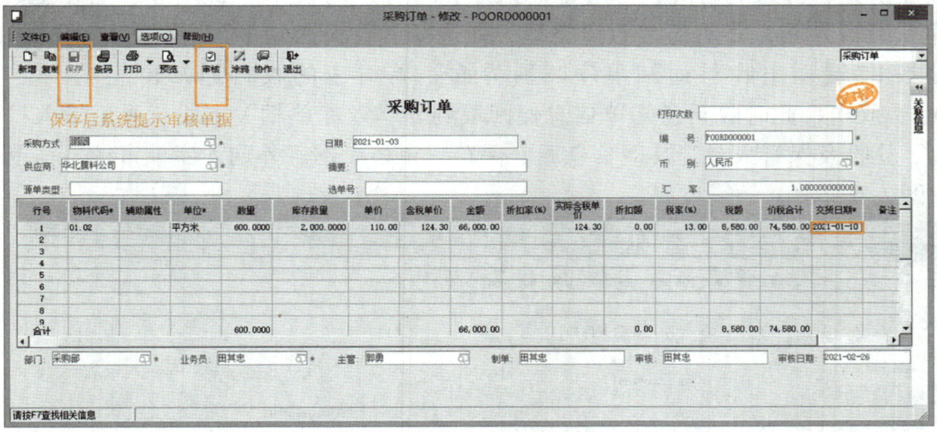

图 2-4 录入采购订单

选择【供应链】→【采购管理】→【采购订单】→【采购订单-维护】，可以对新增的采购订单进行查询、反审核、修改、删除等操作，但注意，一旦采购订单被其他单据关联，则需要取消关联才可以进行反审核操作。

其他单据的查询、反审核、修改、删除等工作都是在对应单据的维护界面进行，操作方法相同。

（2）2021年1月10日，通知仓库入库做收料通知单。

选择【供应链】→【采购管理】→【收料通知】→【收料通知单-新增】，进入收料通知单编辑界面，表头的“源单类型”选择“采购订单”，再在“选单号”处按F7键调出订单界面，将对应的订单POORD000001选中双击，此时订单信息便回填收料通知单相关字段，手工录入日期等其他信息后，保存、审核单据，如图2-5所示。

视频 采购申请单的新增

视频 采购申请单的审核

视频 采购订单的新增与审核

视频 收料通知单的新增与审核

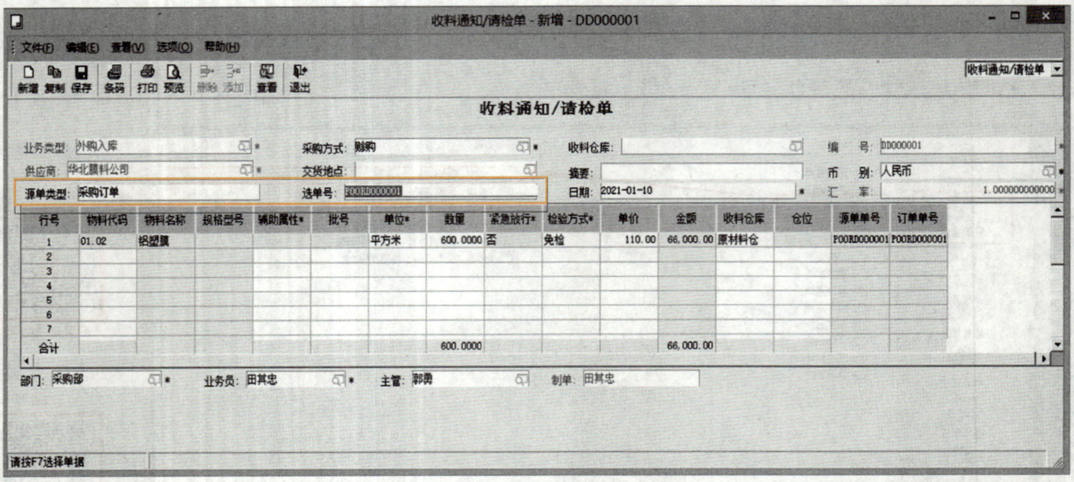

图2-5　录入并审核收料通知单

（3）2021年1月10日，仓库管理员张宣华做外购入库单。

视频

外购入库单的新增与审核

选择【供应链】→【采购管理】→【外购入库】→【外购入库单-新增】，进入外购入库单编辑界面，表头的“源单类型”处选择“收料通知单”，再在“选单号”处按F7键调出收料通知单序时簿界面，将对应的收料通知单DD000001选中，双击，此时收料通知单信息便回填到外购入库单相关字段，手工录入日期、收料仓库、验收及保管人员等其他信息后，保存、审核单据。外购入库单审核后马上更新库存，如图2-6所示。

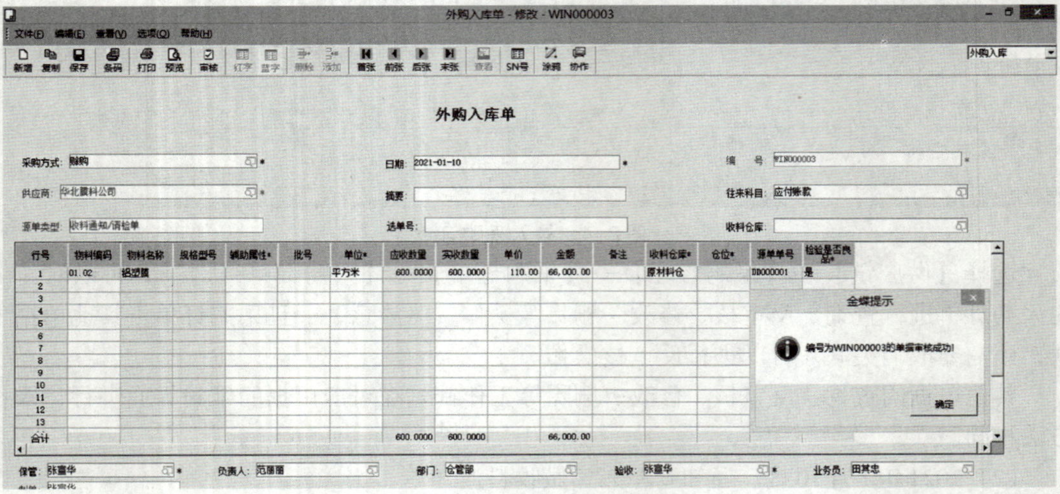

图2-6　录入外购入库单并审核

（4）2021年1月10日，收到华北膜料公司开出的增值税发票，做购货发票。

学生本人登录，选择【供应链】→【采购管理】→【采购发票】→【采购发票-新增】，进入采购发票编辑界面，表头的“源单类型”选择“外购入库单”，再在“选单号”处按F7键，调出外购入库单序时簿界面，将对应的外购入库单WIN000003选中，双击，此时外购入库单信息便回填采购发票相关字段，手工录入日期、单价等其他信息后，保存、审核单据，如图2-7所示。

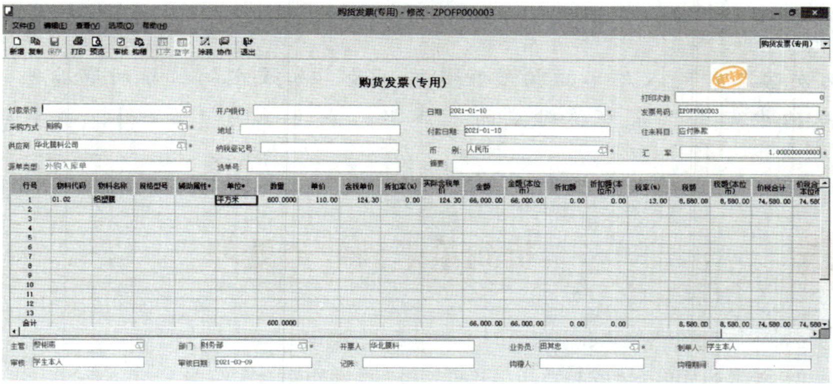

图2-7　完成采购发票

特别提示

采购发票一定要注意选择往来科目，关联到生成采购凭证。

（5）将外购入库单和采购发票进行钩稽。

视频

采购发票的审核与钩稽

选择【供应链】→【采购管理】→【采购发票】→【采购发票-维护】，进入“采购发票序时簿”界面，点击【钩稽】，如图2-8所示，查看钩稽日志，如图2-9所示。

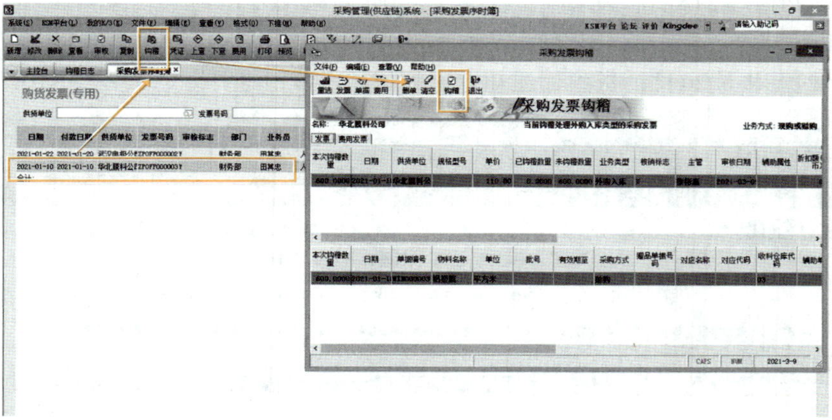

图2-8　采购发票与外购入库单的钩稽

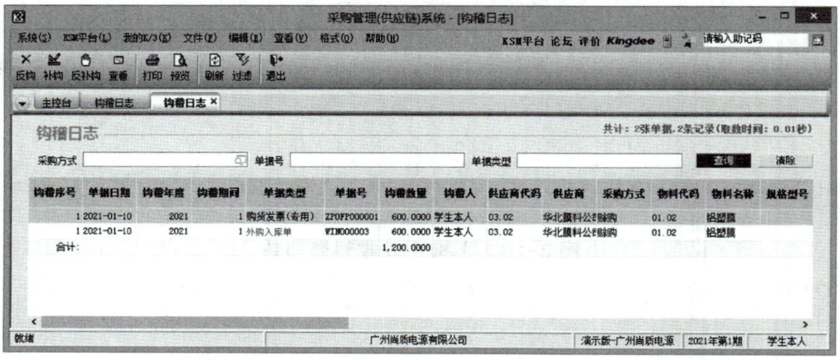

图2-9　查看采购管理系统钩稽日志

特别提示

采购发票与外购入库单的钩稽数量要一致。如果在钩稽界面有其他的外购入库单，先选中不是这张发票对应的入库单，点上面的【删单】，删单后再进行钩稽。

任务4　货到单未到业务处理

业务处理流程：

采购申请单⟶采购订单⟶收料通知单（可省略）⟶外购入库单

训练营

货到单未到业务处理

▶ 实训资料

采购部田其忠于2021年1月18日向武汉电极公司订购电解液1 000千克，单价80元/千克（不含税）。2021年1月20日货到，当日通知仓库入库，仓管人员张宣华入原材料仓。

▶ 实训操作过程

（1）2021年1月18日，新增采购订单，单据的新增方法与上一案例相同，因此这里不再具体描述。

（2）2021年1月20日，货到，通知仓库收货，做收料通知单，如图2-10所示。

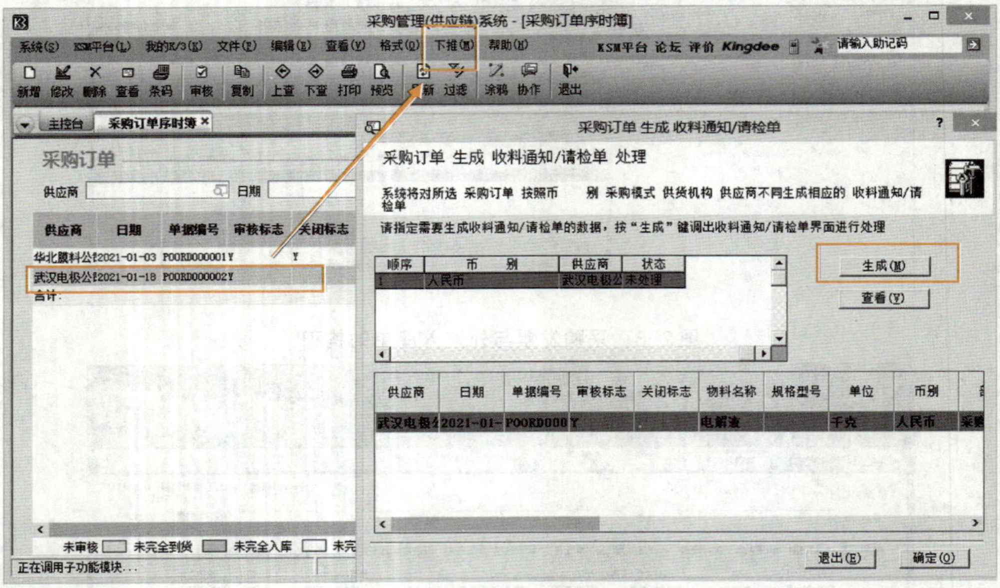

图2-10　下推生成收料通知单

（3）2021年1月20日仓库张宣华收货，完成外购入库单，如图2-11所示。

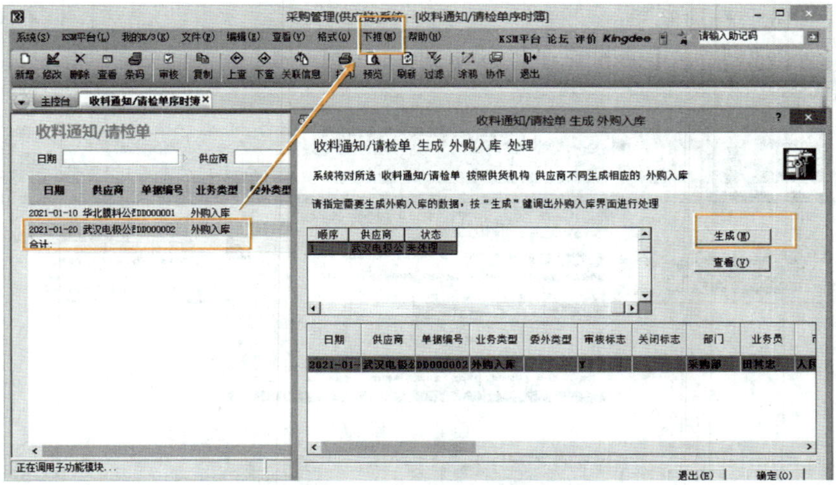

图 2-11　录入外购入库单

任务 5　退货业务处理

退料通知单是处理由于质量不合格、价格不正确等因素，或与采购订单或合同的相关条款不相符等，需要退回给供货单位做退货处理的业务单据，是收料通知单的反向操作单据。退料通知单的反向作用主要表现在：

（1）作为收料通知单的反向执行单据，可以作为红字外购入库单的源单据，执行退货操作。

（2）退料通知单是采购质量管理中的不合格品退库单。在收货质量检验过程中，不合格品不能入库，要退回给供应商。

（3）作为受托加工物料加工完毕、交还委托单位的业务处理单据。

（4）在涉及集团内部的分销业务处理中，与退料通知单一起作为处理集团内部退货业务的重要单据，并在集团企业账套间相互传递，以完成业务流程、相互沟通业务信息。

一般来说，退料通知单可以通过手工录入、收料通知单关联、销货分支机构的退料通知单转换等方式生成。

业务处理流程：

退料通知单——>红字外购入库单——>红字采购发票

训练营

退货业务处理

▶ 实训资料

2021 年 1 月 22 日，收到武汉电极公司开出的发票。仓管人员张宣华发现 2021 年 1 月 18 日向武汉电极公司购入的电解液有质量问题，决定于 2021 年 1 月 29 日从原材料仓退货。2021 年 1 月 30 日，武汉电极公司开出红字增值税发票。

▶ 实训操作过程

（1）仓管人员张宣华发现 2021 年 1 月 18 日向武汉电极公司购入的电解液有质量问题，

采购员田其忠做退料通知单。

选择【供应链】→【采购管理】→【退料通知】→【退料通知单-新增】，如图2-12和图2-13所示。

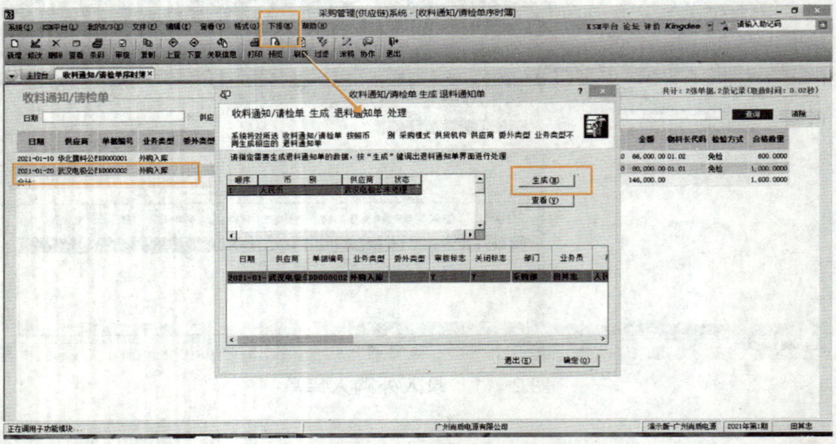

图2-12　下推退料通知

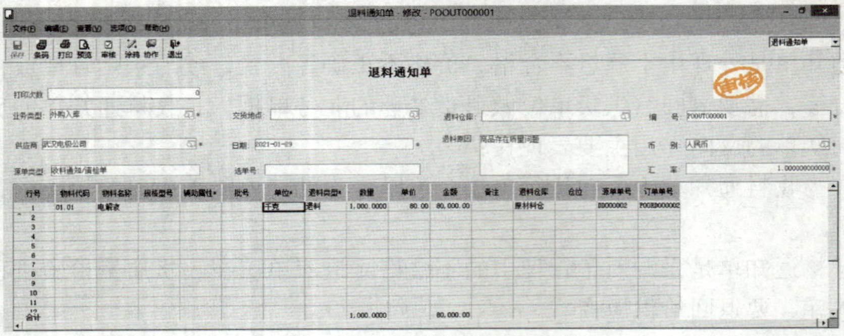

图2-13　新增退料通知单

退料通知单可以通过源单"收料通知单"生成，把光标移到"选单号"选择框，按F7键，选择要退货的收料通知单，按返回。

（2）2021年1月29日，从原材料仓退货，如图2-14至图2-16所示。

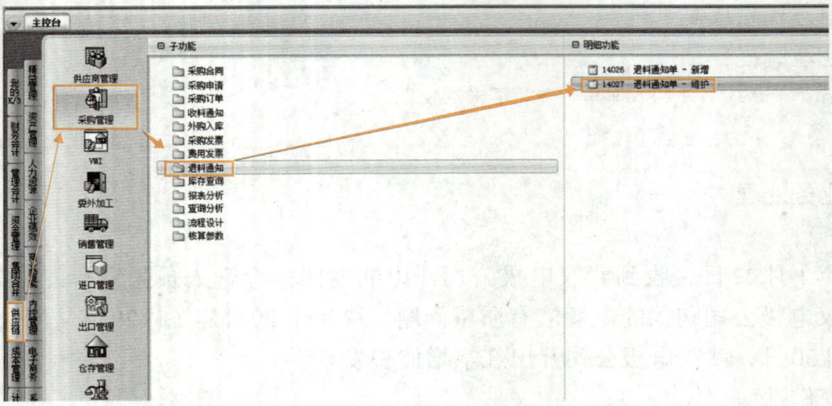

图2-14　选择维护退料通知单

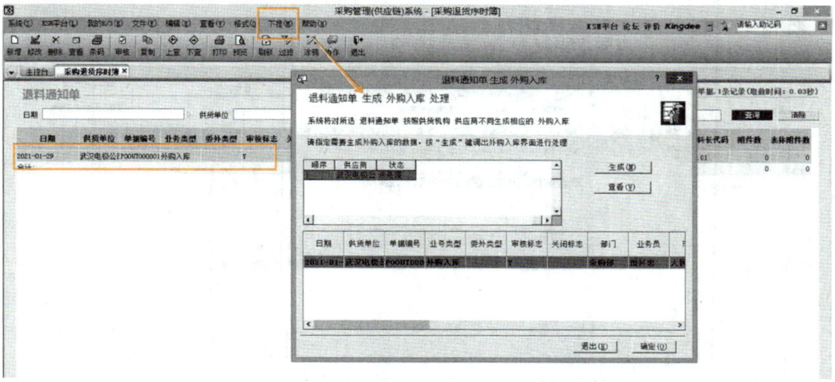

图2-15　下推生成对应外购入库单

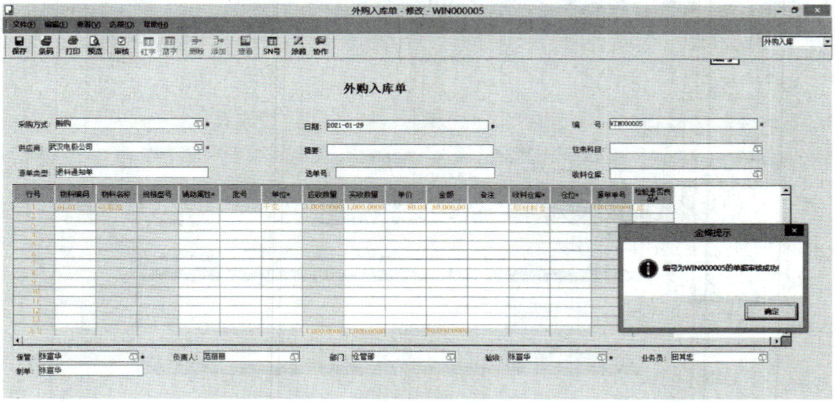

图2-16　完成外购入库单

在退料通知单中选中退料通知单下推生成外购入库单（生成的是红字入库单）。

蓝字的外购入库单表示入仓，红字的外购入库单表示从仓库发出（也就是出库）。

（3）2021年1月30日，收到武汉电极公司开出的蓝字和红字增值税发票，由学生本人录入，如图2-17、图2-18、图2-19所示。

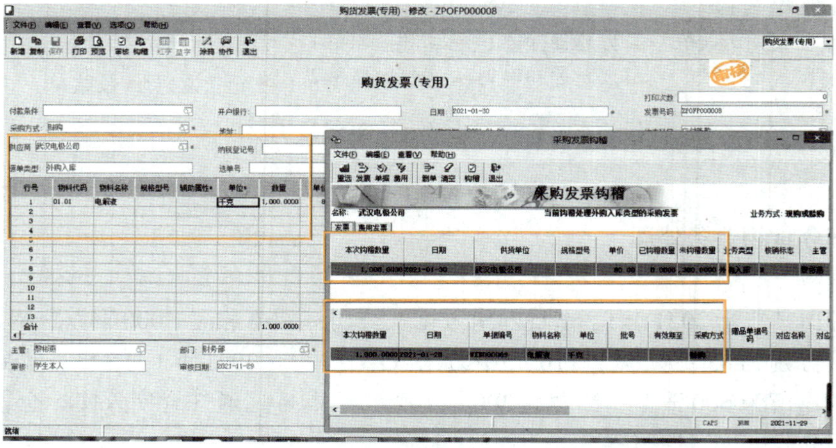

图2-17　完成采购发票（蓝字）的录入与钩稽

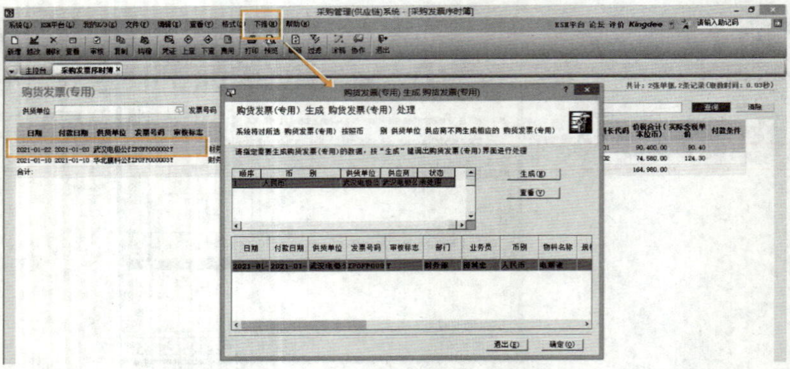

图2-18　完成采购发票（红字）录入

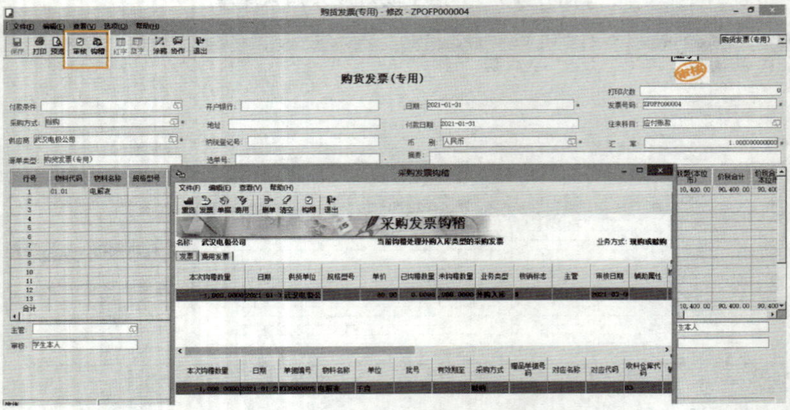

图2-19　完成采购发票（红字）钩稽

最后进行入库单（红字）和发票（红字）的钩稽。

任务6　收到部分货物业务处理

业务处理流程：

采购申请单 → 发货通知单1 → 销售出库单1
　　　　　→ 发货通知单2 → 销售出库单2　→ 销售发票 → 收款单
　　　　　　　⋮　　　　　　　⋮
　　　　　→ 发货通知单n → 销售出库单n

训练营

收到部分货物业务处理

▶ 实训资料

采购部田其忠于2021年1月6日向南方化工公司订购电解液1 000千克、铝塑膜700平方米，单价分别为83元/千克、110元/平方米（不含税）。2021年1月8日，收到南方化工公司发来的电解液600千克、铝塑膜300平方米，采购部门通知仓库入库，仓管人员张宣华、范丽丽验收入库（原材料仓）。

▶ 实训操作过程

（1）2021年1月6日，向南方化工公司订购电解液1 000千克、铝塑膜700平方米做采购订单，如图2-20所示。

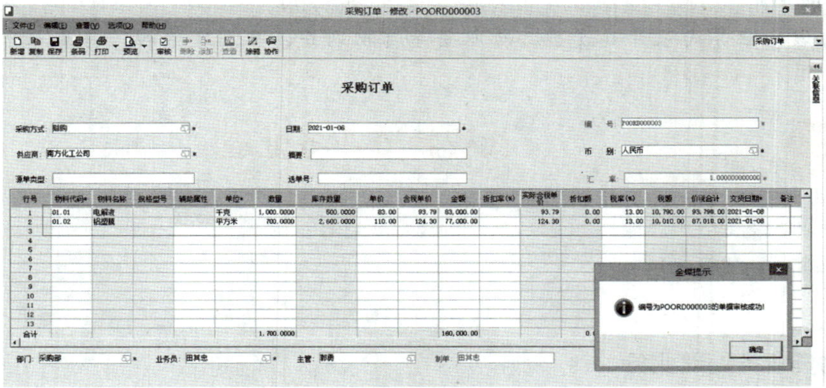

图2-20　向供应商下采购订单

（2）2021年1月8日，收到南方化工公司发来的电解液600千克、铝塑膜300平方米，采购部门通知仓库入库，如图2-21所示。

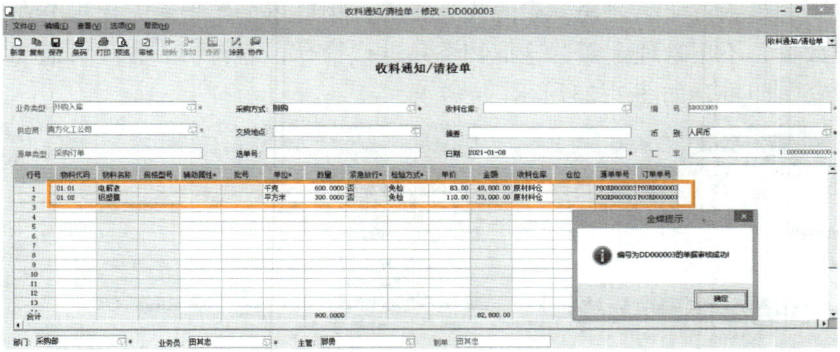

图2-21　部分货物收货通知

特别提示

因为只收到订单的部分数量，所以要注意修改收料数量。

2021年1月8日，仓管人员张宣华、范丽丽验收入库（原材料仓），找到收料通知单，下推生成外购入库单，收料仓库为“原材料仓”，如图2-22所示。

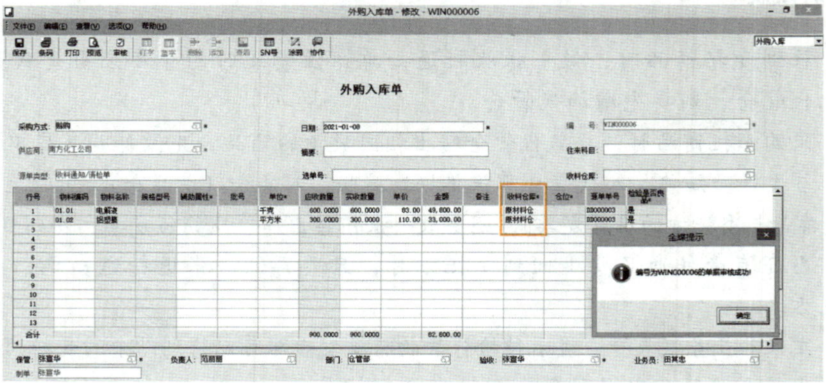

图2-22　完成部分货物验收入库

特别提示

因为该笔业务尚未开具发票，所以要等货物到齐，收到发票后，再录入采购发票。

任务7　代管物资业务处理

业务处理流程：

收料通知单（入代管仓）

训练营

代管物资业务处理业务

▶ 实训资料

2021年1月30日，收到南方化工公司发来的代管物资——电解液2 000千克。

▶ 实训操作过程

因为收到的是南方化工公司发来的代管物资，物料还是属于南方化工公司所有，所以公司只管理数量，不用管理金额，这批物资只进代管仓，需新增一张收料通知单，收料仓库选“代管仓”即可，如图2-23所示。

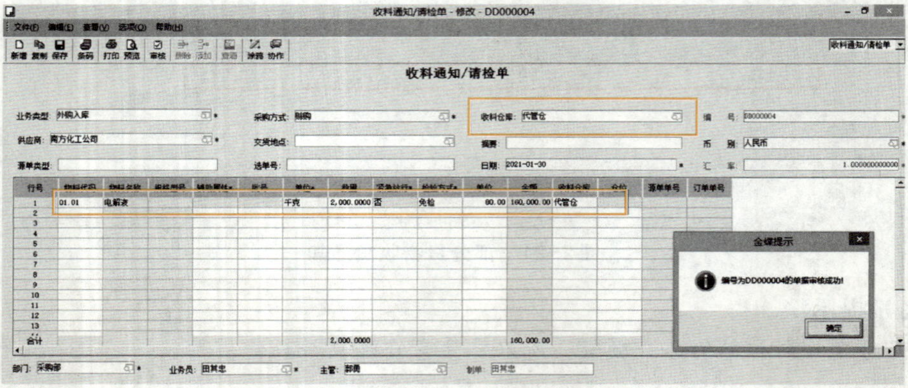

图2-23　代管物资录入代管仓

知识拓展

（1）收到受托商品时，做一张收料通知单，注意此时的仓库应当是代管仓，如没有建立代管仓，则要先增加代管仓。

（2）采购受托商品时，要从代管仓转出相同数量的商品，先做外购入库单，入库单必须选择与收料通知单（入代管仓那张单据）关联，入实仓（成品仓），同时生成采购发票（此发票是与委托方的结算发票），还要做一张销售出库单及销售发票，发到目标客户。

（3）当还有受托商品要退回到受托方时，只要再做一张退料通知单，从代管仓发回委托方。

（4）在采购业务报表中，查看待检代管物料收发台账可以得到结余的受托商品情况。

注：代管仓只进行数量核算，不进行金额核算。

任务 8　受托代销业务处理

业务处理流程：

退料通知单（退回未销售部分）
↓
收料通知单——外购入库单（代销部分）→ 采购发票 → 钩稽
└→ 销售出库单（代销部分）→ 销售发票 → 钩稽

训练营

受托代销业务处理

▶ 实训资料

（1）2021年1月22日，收到受托方武汉电极公司发来的电芯380MAH产品100个，单价185元。

（2）2021年1月28日，销售二部袁双代销电芯380MAH给天音贸易公司80个，单价200元/个（不含税）。

（3）2021年1月30日，将未售完的电芯380MAH 20个退回给受托方。

▶ 实训操作过程

（1）受托代销商品业务的产品属性是受托代管。帮武汉电极公司代管的产品，要入代管仓管理，所以要做收料通知单，收料仓库选择“代管仓”，如图2-24所示。

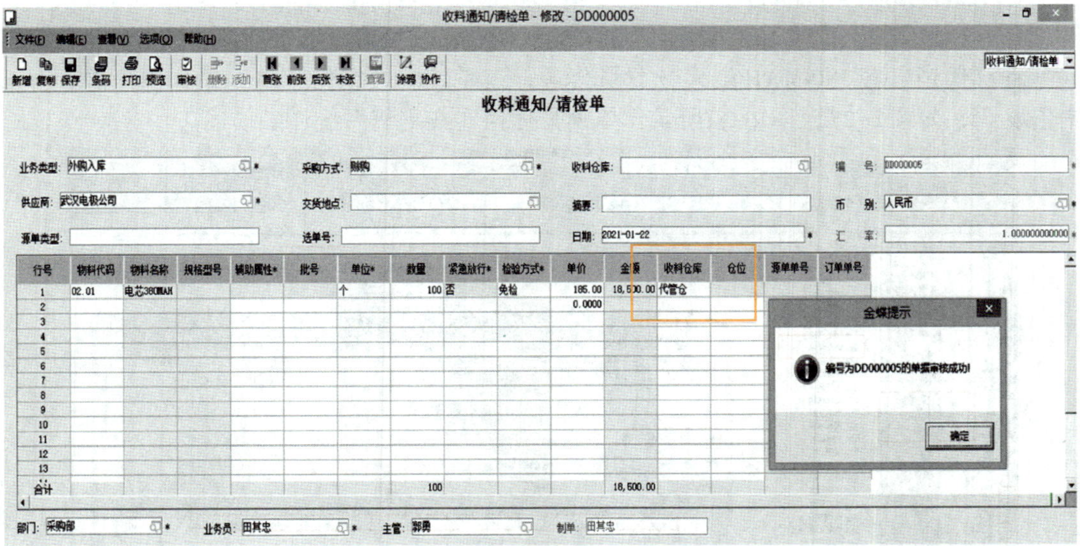

图2-24　受托物资录入代管仓

（2）因为袁双销售的电芯380MAH是代销产品，所以先向武汉电极公司采购80个，再销售出去。新增外购入库单，源单类型为“收料通知单”，在选单号中选中武汉电极公司入代管仓的那张收料通知单，生成外购入库单，注意修改数量为80。如果收到武汉电极公司的发票，要做采购发票。如图2-25、图2-26所示。

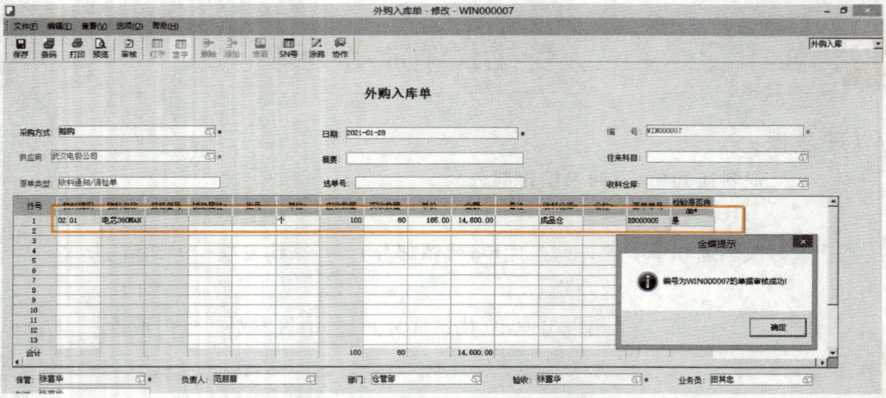

图 2-25　代销部分入成品仓

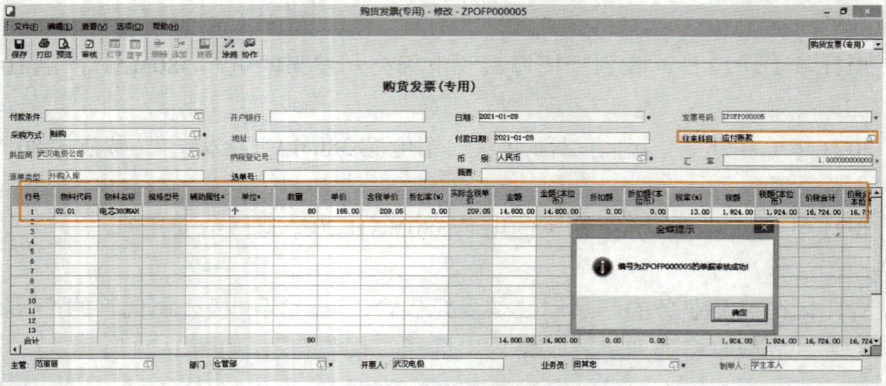

图 2-26　供应商发来代销部分发票

袁双代销电芯 380 MAH 给天音贸易公司，在系统中做销售订单、销售出库单，开具销售发票，如图 2-27 至图 2-30 所示。单据具体操作在销售系统详细描述。

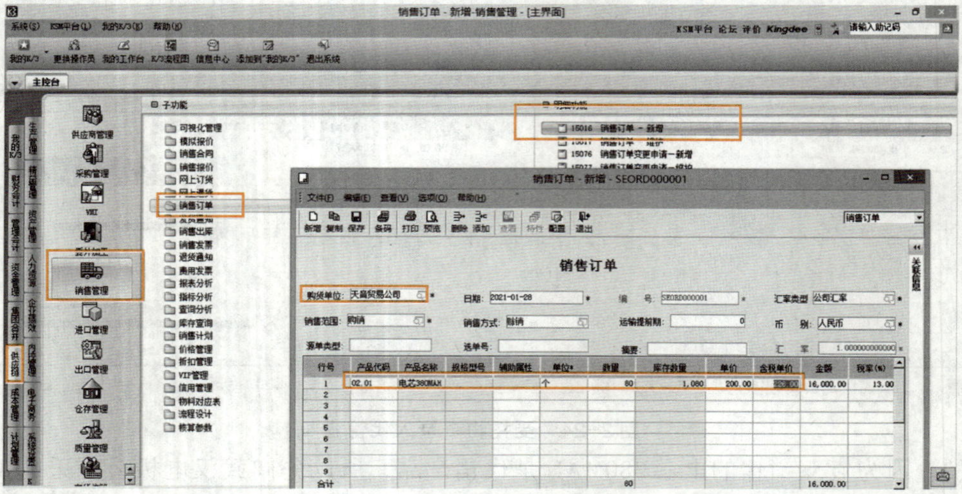

图 2-27　新增销售订单（向客户售出代销部分）

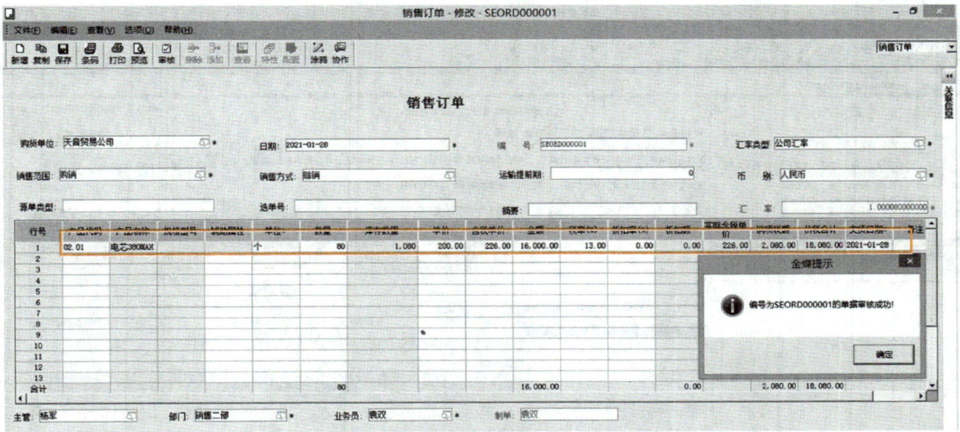

图2-28　保存和审核销售订单

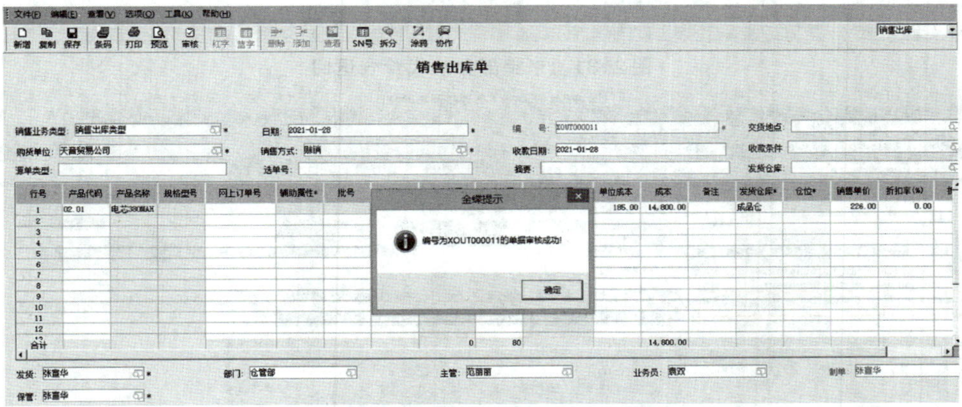

图2-29　代销部分销售出库

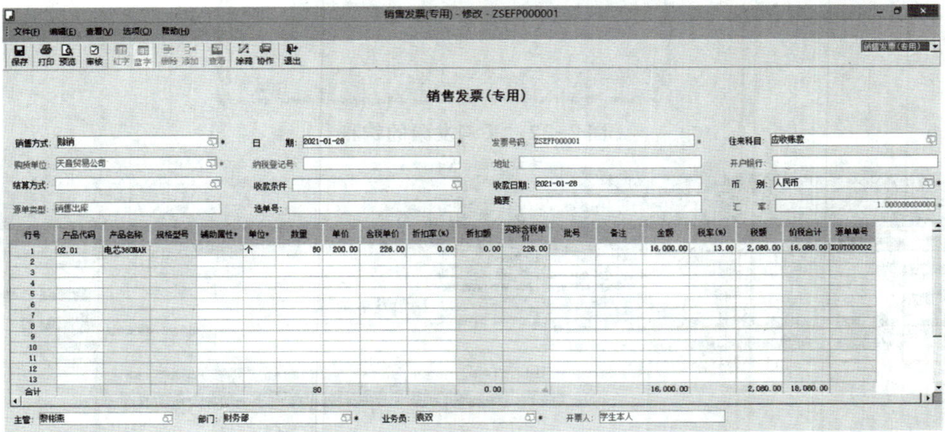

图2-30　向客户开出代销部分销售发票

（3）未销售的代管货物，从代管仓退回给受托方，需做退料通知单，退料仓库选择“代管仓”，如图2-31所示。采购发票钩稽如图2-32所示，销售发票钩稽如图2-33所示。

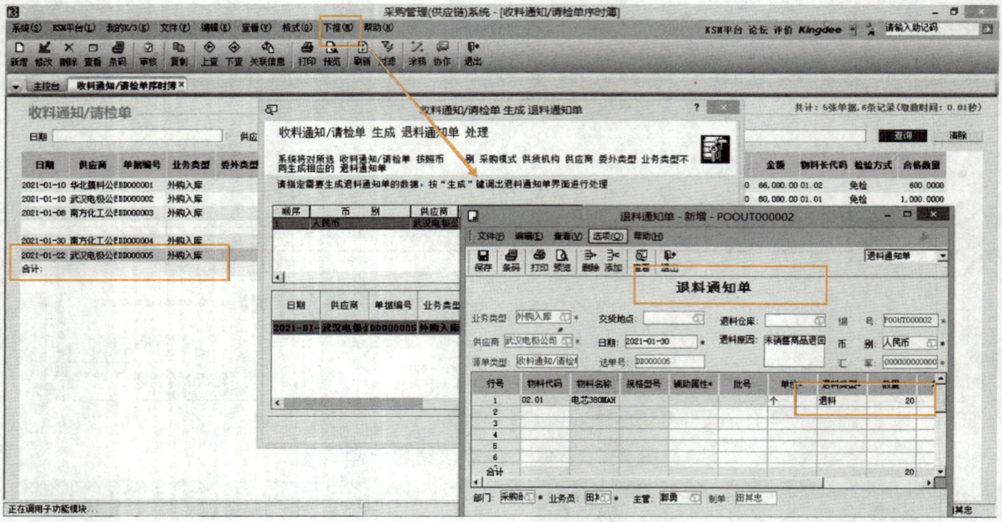

图2-31　未销部分从代管仓退回

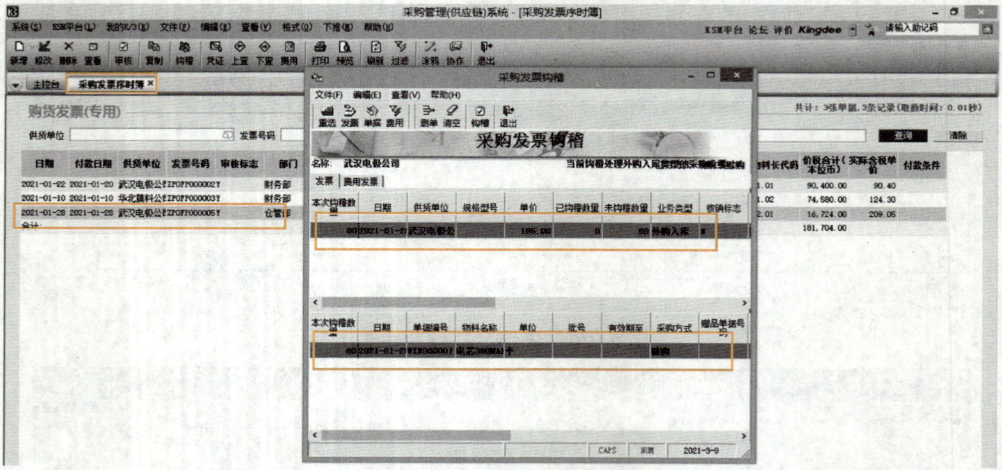

图2-32　采购发票的钩稽

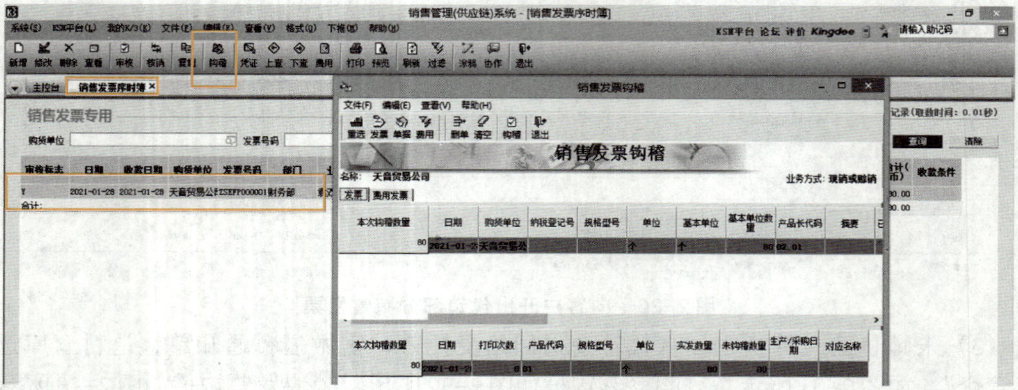

图2-33　销售发票的钩稽

任务9　暂估入库处理

业务处理流程：

采购申请单→采购订单→收料通知单→外购入库单→采购发票（下月做）

特别提示

金蝶K/3系统提供了原工业方式的“单到冲回”“月初冲回”和原商业方式的“单到冲回”“差额调整”等方法。

采用“单到冲回”方式时的操作步骤：

（1）当月将“外购入库单”做估价入账处理，并生成估价入账凭证。

（2）下月收到发票后，在采购系统补填发票并审核、钩稽。

（3）在存货核算系统“生成凭证”中做暂估冲回凭证（红字冲回凭证）。

（4）系统将自动生成“补差额外购入库单”。

（5）在存货核算系统“生成凭证”中生成外购入库凭证。

采用“月初冲回”方式时的操作步骤：

（1）当月将“外购入库单”做估价入账处理，并生成估价入账凭证。

（2）下月初，系统在存货核算系统中自动生成“红字冲回凭证”，冲销估价入账凭证。

（3）如下月仍未收到发票，月末须在存货核算系统中做估价入账凭证。

（4）收到发票后，在采购系统中做发票并审核生成凭证。

（5）系统也会在采购系统中自动生成“补差额外购入库单”。

任务10　报表查询

采购订单全程跟踪报表是针对采购订单明细行显示其详细的入库信息、开票信息、付款信息等的汇总情况。

采购订单全程跟踪报表是采购订单执行情况报表的延续，方便企业采购人员了解订单的进展情况，以保证货物的及时供应，同时也帮助采购人员了解付款情况，以便与供应商维持良好的关系。

在进入业务报表界面之前，首要步骤是进行所有已存在数据的过滤工作。这项工作非常重要，是所需查询的业务结果反映正确的基本条件。只有查询确定的业务数据，所反映的业务信息才会正确和有效。

训练营

查看广州尚质电源有限公司本月采购订单全程跟踪报表

▶ 实训操作过程

选择【供应链】→【采购管理】→【采购订单】→【采购订单全程跟踪报表】，如图2-34、图2-35、图2-36所示。

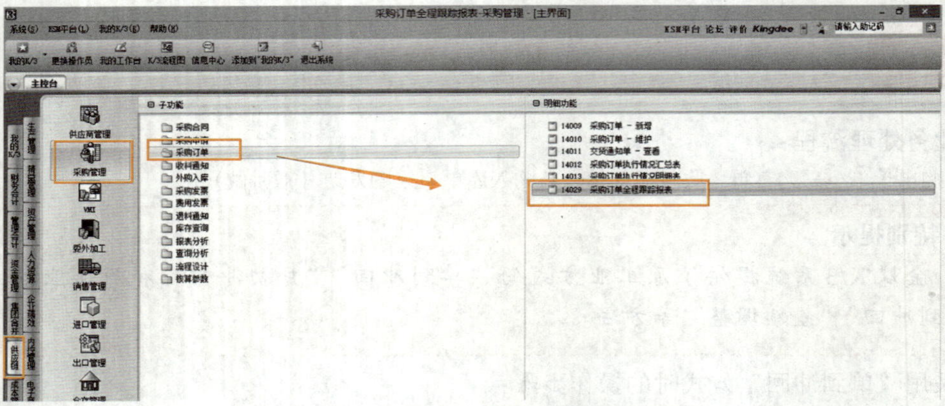

图2-34　选择采购订单全程跟踪报表

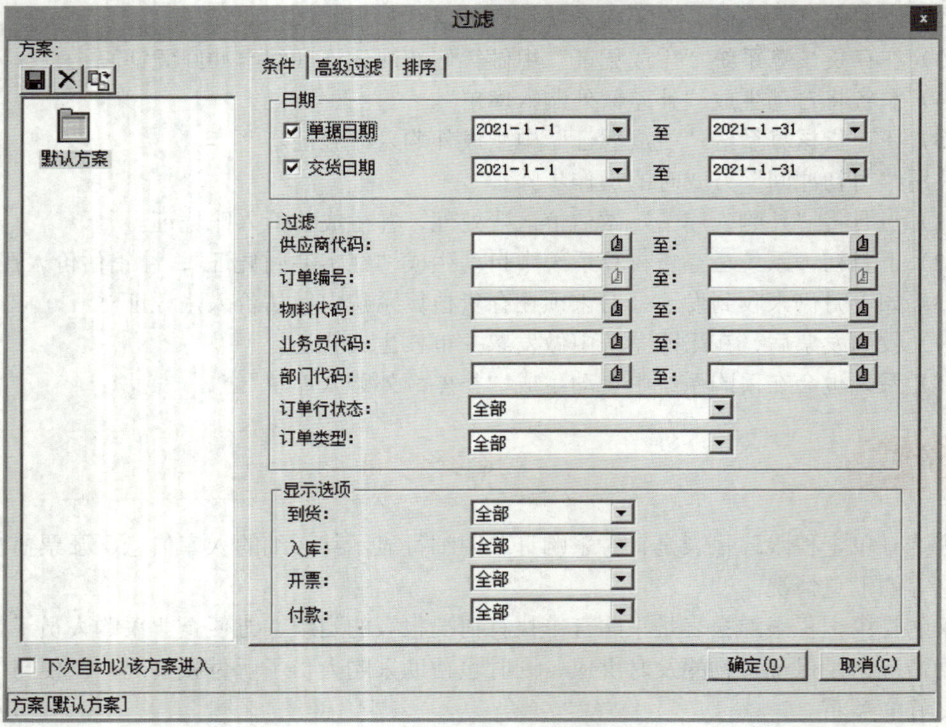

图2-35　设定过滤条件

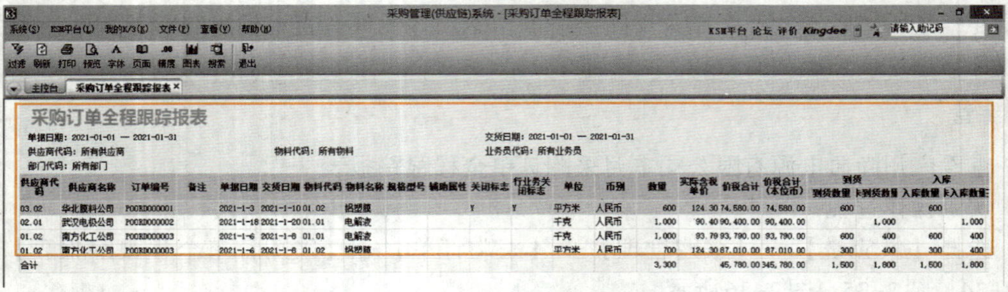

图2-36　查看采购订单全程跟踪报表

项目三

销售岗位

树立正确的价值观，廉洁自律

正确看待人生的目的和意义，树立科学的价值观和人生观，自觉抵制享乐主义、个人主义、拜金主义等错误思想，在工作中做到廉洁自律，不贪，不占，不同流合污。重视世界观的自我改造，严格道德的自我修养，强化职业道德的自律。

销售岗位，负责销售报价、销售订货、仓库发货、销售退货、销售发票处理、客户管理、价格及折扣管理、订单管理、信用管理等工作，对销售全过程进行有效控制和跟踪，实现完善的企业销售管理。销售岗位与采购、仓存、存货核算、会计等岗位协同运作，将能提供更完整、全面的企业物流业务流程管理和财务管理。

销售岗位与其他岗位的关系如图3-1所示。

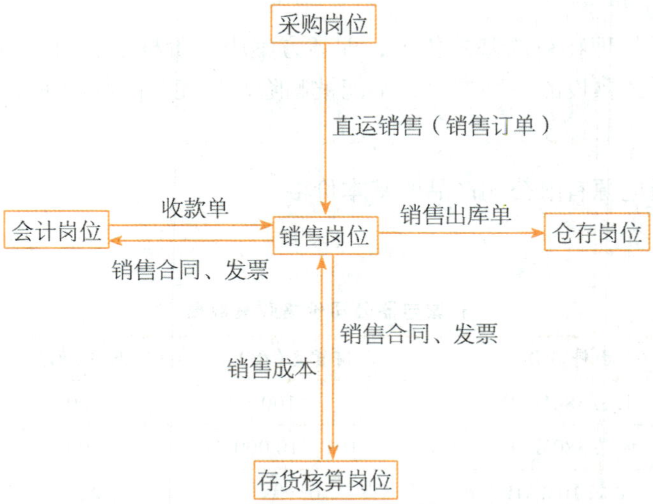

图3-1　销售岗位与其他岗位关系图

销售岗位与采购岗位：二者通过销售订单来连接，销售订单可以作为物料需求计算的数据来源。采购可以根据销售订单生成采购订单从而处理以销定购的业务。生产任务单和委外订单可以根据销售订单生成，可以处理以销定产的业务。

销售岗位与仓存岗位：销售系统的销售出库单是仓存系统中的一种重要库存交易单

据，它会更新相应仓库的即时库存。销售系统中的销售出库单是进行产成品出库核算的原始依据之一。出库核算之后的出库成本将反填到销售出库单的成本字段中，核算完成的销售出库单将根据凭证模板生成相应的凭证；销售系统的销售发票也将作为确认收入的原始依据之一，可以按照凭证模板生成相应的销售收入凭证。

销售岗位与会计岗位：销售系统中的销售发票可以直接传递到应收款管理系统作为确认应收的依据，应收类型的销售费用发票在保存时传递到应收款管理系统转换为其他应收单；应付类型的销售费用发票在保存时传递到应付款管理系统转换为其他应付单；现销的销售费用发票不传递到应收款管理系统。

销售一部业务员是邹怡、销售二部业务员是袁双，经理是杨军。

任务1　销售价格管理

销售价格管理是企业重要的销售政策之一，灵活的价格调整体系可以满足快速多变的市场需求，严密的价格控制手段可以保证企业销售政策的有效执行。金蝶K/3供应链系统的价格管理模块提供了一个有效的工具，具体内容包括：价格政策的维护、价格管理参数的设置、价格折扣的应用。

子任务1.1　价格政策的维护

价格政策是对销售价格进行综合维护的一种方案。系统默认提供两种类型的价格政策：一种是基本价格，这种政策只能定义产品的基本售价。另一种是特价政策，这种政策可以按照客户、业务员、VIP组的不同维度设置不同物料的明细销售单价。折扣政策则侧重于对不同条件下折扣率和折扣额的处理。

1）基本价格维护

基本价格主要处理物料的基本售价，即该方案中的价格是针对各种物料所有客户的。基本价格方案是系统预设的一种方案，不能被删除，只能修改其明细记录。

训练营

维护广州尚质电源有限公司产品的基本价格

▶ 实训资料

详见表3-1。

表3-1　**长城电器公司价格政策数据**

代码	物料名称	销货量（个）	报价（元）	最低限价（元）
02.01	电芯380MAH	1～100	200	180
02.01	电芯380MAH	101～10 000	190	180
02.02	电芯10MAH	0～0	200	

说明：新增价格方案维护的“价格政策编号”为“001”，价格政策名称为“2021年销售价格政策方案”。

选择客户“长城电器公司”，单击【新增】按钮，进入“价格明细维护-新增”页面，录入数据后，单击【保存】。

实训操作过程

在金蝶K/3主控台中，选择【系统设置】→【基础资料】→【销售管理】→【价格政策维护】，如图3-2所示，进入价格方案序时簿。价格方案序时簿可以显示一个或多个价格政策，每一个政策只显示以下字段：价格政策编号、价格政策名称、优先级、周期设置、价格组合。默认状态下价格方案序时簿中会有系统预设的基本价格方案。在价格方案序时簿界面，点击【修改】即可进入基本价格政策方案的维护界面。

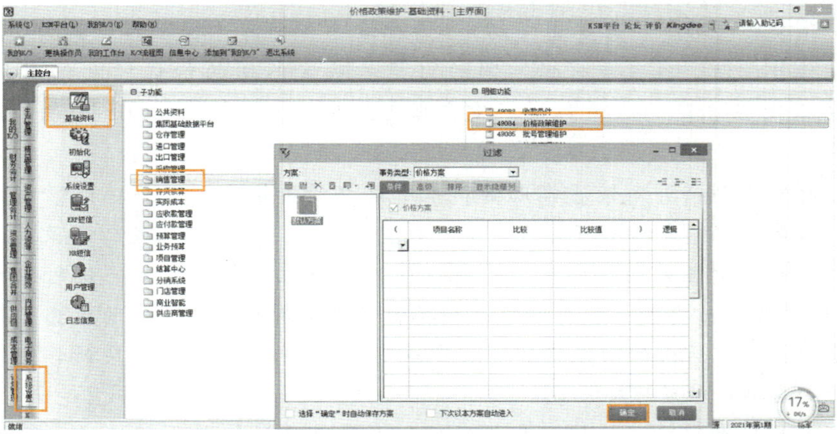

图3-2　打开价格政策维护界面

基本价格方案的界面分为上下两部分，上部分为表头信息，用于维护该价格政策的具体名称和编号及优先级等，字段包括：价格政策编号（默认为Base Price，不可修改）、价格政策名称（默认为Base Price，不可修改）、优先级（默认为999999，不可修改）、价格组合（默认为客户组+物料，不可修改）。

点击【新增】可以弹出价格明细的录入界面（如图3-3所示），可以针对全部客户新增任意物料、任意计量单位、任意辅助属性、任意价格类型的价格信息，如图3-4所示。

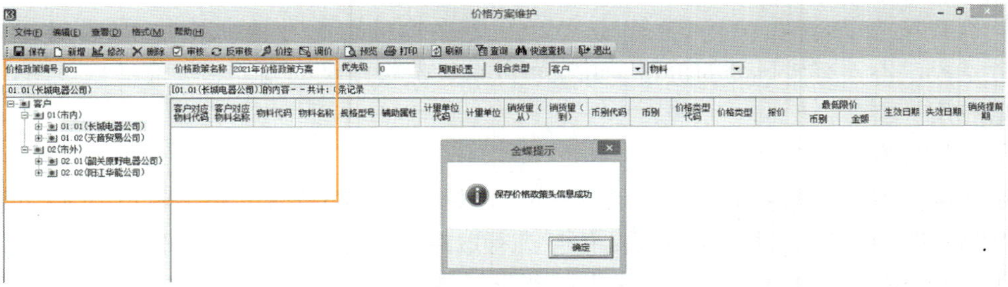

图3-3　新增价格政策方案

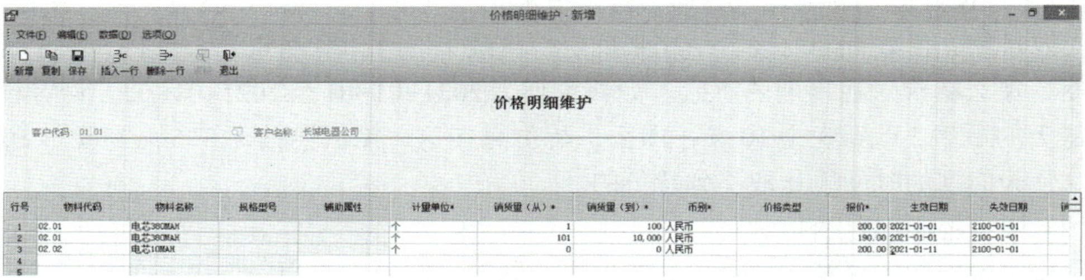

图3-4　各个客户价格明细维护

栏目说明

（1）物料代码：当前物料的代码，支持F7键选择，也支持F7键多选返回，多选返回的物料行依次添加到当前行后。

（2）物料名称：当前物料名称，由系统根据选择的物料代码直接录入，不能再更改。

（3）销货量（从）、销货量（到）：针对该物料向客户提出报价的订货量范围，企业在销售货物时，往往要根据不同的订货量确定不同的价格标准，因此，一定的价格是框定在一定的数量段的。需要据实录入，默认为0。从0到0默认为所有数量段。

（4）价格类型：即对应于辅助资料中所建立的价格类型，下拉框形式，可选项为当前价格类别中包含的所有价格类型，只能选择一个返回，也可以不录入。

（5）报价：对应前面价格类型中所选的价格来录入相应报价。该列也可以通过【批量提取价格】功能，将物料中对应物料的采购单价和销售单价的数据直接提取到当前记录中，详见后面的功能描述。该字段不能为0。注意：该字段的单价精度要和物料中设定的单价精度保持一致。

（6）生效日期：指该价格的生效时间，如果是通过订单更新的话，取订单保存时的系统日期，在单据上携带单价时，将会携带生效日期之后的记录。

（7）失效日期：指该价格的失效时间，如果是通过订单新增的话，则默认取2100-01-01，如果未修改原有记录，则失效日期不能修改，在单据上携带单价时，将会携带生效日期之后且失效日期之前的记录。

（8）销售提前期：属于备注信息，是指客户购买该货物的提前期。

2）特价政策维护

特价政策可以依据客户、业务员、VIP组定义物料的不同辅助属性、不同计量单位、不同数量段、不同有效日期的价格，并且可以定义价格政策的周期，一般适用于比较复杂的价格应用。

（1）特价方案信息维护

在价格方案序时簿界面，点击【新增】或【修改】，即可进入特价政策方案的维护界面。“设置优先级别”，就是特价规则信息进行取数的优先级信息；“优先级”为整数型数据字段，默认为0，具体到取数的优先判断上，数值越小优先级越高。“特价运行周期设置”，单击该按钮进入周期设置界面，可以按天设置周期、按周设置周期、按月设置周期。其和失效日期、生效日期的设置一起来确定价格政策在具体时间点是否执行。如果设置特价周期，那么特价只在周期内有效。如特价期为2021-01-01至2021-01-02，设置特价周期为每天的下午5点到晚上10点，那么，特价只在这一期间内的下午5点到晚上10点有效，这几天的别的时间段是取不到特价的。

（2）限价控制和可销控制

出现限价控制和可销控制设置。在价格明细方案的维护界面中选中一条或多条物料记录，即可调出所选物料的限价、最低限价控制及可销商品的设置界面。在该界面，可以针对当前物料当前类设置最低限价，也可以针对当前物料当前方案所有类别设置最低限价，限价的设置支持多币别可选。

训练营

对长城电器公司进行限价控制

▶ 实训资料

详见表3-1。

▶ 实训操作过程

选择客户“长城电器公司”，单击【价控】按钮，录入数据后【保存】，如图3-5、图3-6所示。

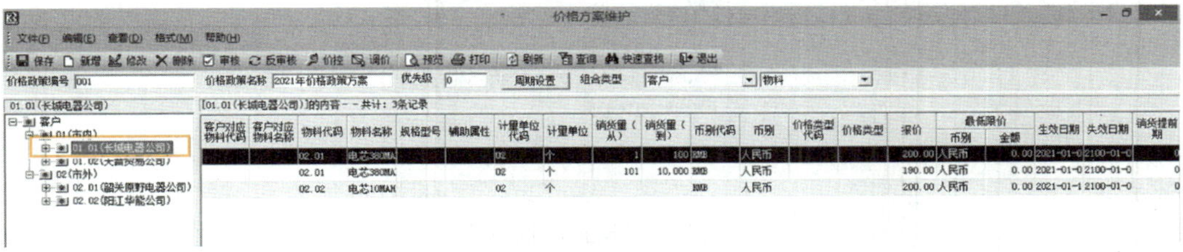

图3-5　选择长城电器公司价格方案

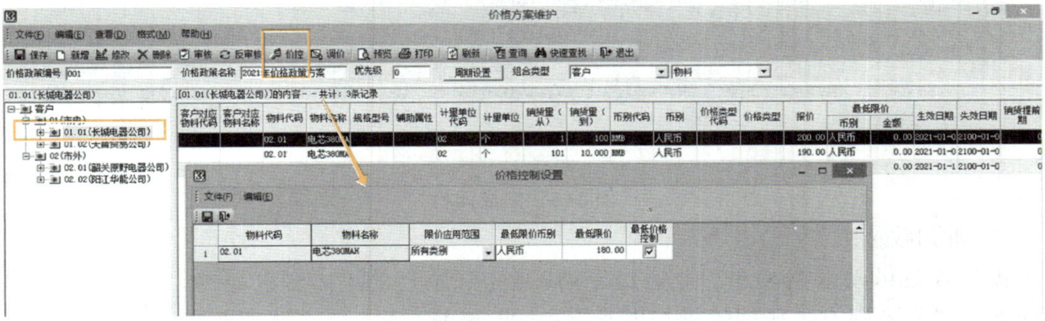

图3-6　对应客户设置产品最低限价

（3）调价

在价格方案的编辑菜单及工具条界面上点击【调价】按钮，即可调出调价的设置界面。在该界面，可以针对当前所选择的明细记录进行调价，也可以针对当前整个方案所有明细记录进行调价。调价基准：调价的基准价，下拉框形式，提供“物料原来报价”“当前录入的报价”两种选择，默认为“物料原来报价”。“物料原来报价”指明细记录中的报价；“当前录入的报价”指自行录入一个报价，选择此方式后，“当前报价”字段变成可以录入状态。调价率，用来录入调价的百分比。其范围从-99.99到99.99，默认为0。如果是按照一定的比率来调价，可以通过设置调价率的方式来调价。注意，如果调价后价格小于0，或者大于最高价限制时，系统也不允许调价。

训练营

设置广州尚质电源有限公司产成品调价政策

将面向长城电器公司的电芯380MAH的售价调增10%。

实训操作过程

在金蝶K/3主控台中，选择【系统设置】→【基础资料】→【销售管理】→【价格资料维护】，在价格方案序时簿中，选择客户及相应物料，选择【调价】，如图3-7、图3-8所示。

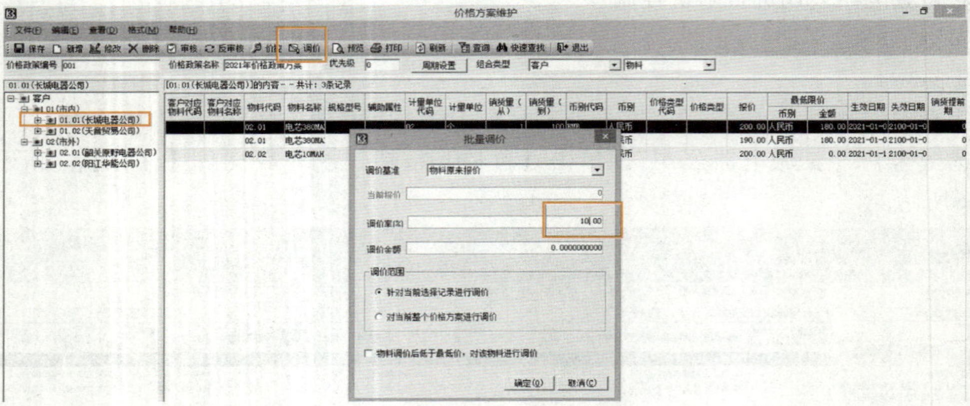

图3-7　设置调价方案

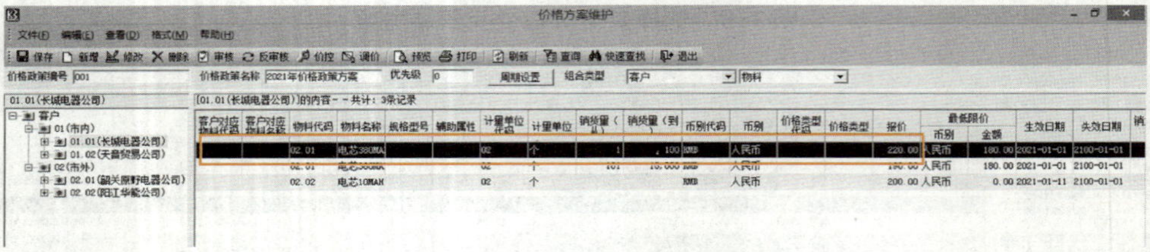

图3-8　完成调价

3）折扣政策维护

折扣政策可以依据客户、业务员、VIP组定义物料的不同辅助属性，不同计量单位、不同数量段、不同有效日期的折扣率或折扣额，并且可以定义折扣政策的周期。

（1）折扣方案信息维护

在金蝶K/3主控台中，选择【系统设置】→【基础资料】→【销售管理】→【折扣方案维护】，进入折扣方案序时簿，如图3-9所示。折扣方案序时簿可以显示一个或多个折扣方案，每一个方案只显示以下字段：折扣政策编号、折扣政策名称、折扣组合、优先级。在折扣方案序时簿界面，点击【新增】或【修改】即可进入折扣方案的维护界面。

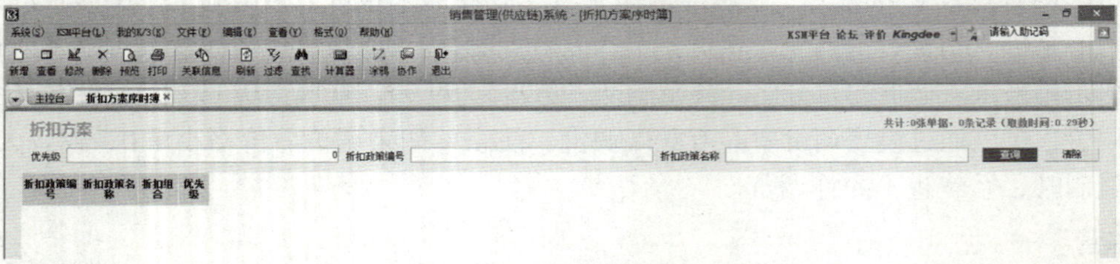

图3-9　新增折扣方案

（2）明细折扣信息维护

折扣方案维护界面又分为左右两个，如图3-10所示。左边为当前折扣组合中基础资料的树型结构，如为“客户+物料”，就显示当前所有客户的树型结构；如为“物料+客户”，则显示当前所有物料的树型结构。右边为所录入明细记录的显示界面，可以查看明细的价格信息。在“折扣方案维护”界面点击【新增】或【修改】时，将弹出如图3-10所示的界面。

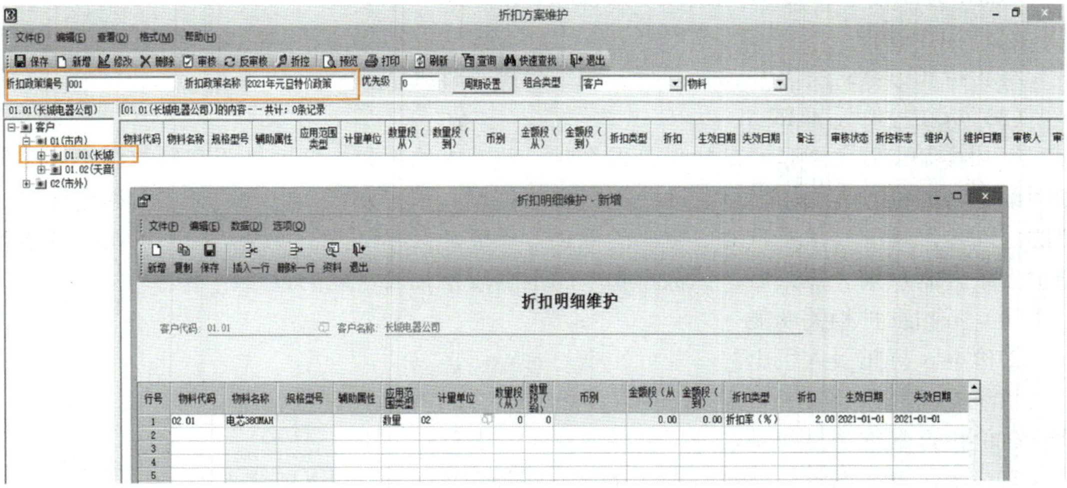

图3-10　折扣明细维护

特别提示

①“数量段（从）”是针对该物料向客户提出报价的订货数量下限，属数量型字段，录入物料后，精度默认取该物料的精度，默认为0，不允许录入负数。“数量段（到）”是针对该物料向客户提出报价的订货数量上限，属数量型字段，录入物料后，精度默认取该物料的精度，默认为0，不允许录入负数。注意上限必须大于等于下限的值。

②“金额段（从）”是针对该物料向客户提出报价的订货金额下限，默认为0，不允许录入负数。“金额段（到）”是针对该物料向客户提出报价的订货金额上限，默认为0，不允许录入负数。

③“折扣”提供“折扣率（%）”和“单位折扣额”两种方式，如果“折扣类型”选择的是“折扣率（%）”，则按百分比表示，精度取4位；如果“折扣类型”选择的是“单位折扣额”，则按数值方式表示，精度取该物料所对应的单价精度，系统默认为本位币单位。

④在一个方案中，对于新增和修改，如果该客户（或业务员、VIP组）的折扣资料中已存在物料、辅助属性、计量单位、应用范围类型、数量段（包括下限和上限）、金额段（包括下限和上限）、生效日期、失效日期与本次提交保存的折扣记录完全一致的记录，则不允许对该客户的折扣信息进行重复追加，保存时提示“××行记录在本方案中已有相同记录，不允许保存”。

⑤由于单据上的“金额”字段表示的含义是不含税的折后金额，所以当在单据上按照“金额”字段匹配折扣记录时，是按照单据上的“数量×含税单价”进行匹配的，而不是按照单据上的“金额”字段进行匹配的。

训练营

设置2021元旦特价政策

电芯380MAH折扣2%，生效日期从2021年1月1日至2021年1月1日。

▶ 实训操作过程

维护折扣方案：分客户，打开折扣明细分别进行维护。

（3）折扣控制设置

折扣控制设置主要是对某物料设置在某一范围内的折扣率区间进行密码控制，只在折扣明细记录的维护界面中显示。在单据（销售订单、销售发票）中应用时将根据此处所设置的区间控制规则要求进行对应密码的确认方能成功保存单据；可以对每一折扣分录信息维护多条控制规则。点开后，提供折扣率的范围段及相应密码的设置。

（4）折扣维护相关功能

①价格、折扣引入引出。

系统支持将价格、折扣信息按照excel、txt、xml等格式进行引出。同时，基本价格、特价在价格方案维护界面可以进行引入处理，引入可分为两步：

第一步，点击引入，出现引入文件选择界面，选择需要引入的文件。

第二步，点击下一步，系统自动对所指定引入文件的正确性进行检测。引入文件中格式顺序应为：物料代码、物料名称、规格型号、辅助属性、计量单位、销货量（从）、销货量（到）、币别、价格类型、报价、最低限价币别、最低限价、生效日期、失效日期、销货提前期、备注、审核标志。

②审核、反审核。

可以用Shift键或Ctrl键选中一条或多条记录，进行审核操作，审核过的记录为锁定状态，不允许再修改、删除。只有已经审核的价格、折扣资料才能应用到单据的价格、折扣取数和价格折扣控制中。

可以选中一条或多条记录，进行反审核操作，反审核之后的记录审核标志为控制，可以被修改或删除。

③批量处理。

系统提供批量处理功能，包括“批量新增”“批量修改”“批量删除”“批量审核”“批量反审”。一般情况下，批量处理菜单为灰色时不可用，只有当光标点在树型结构中客户组（包括根处的“客户”）或物料组（包括根处的“物料”）时，才变成可使用状态。

系统目前只提供在同一个特价政策中按客户组和按物料组的批量处理，业务员、客户类别和VIP组暂不提供。基本价格也暂不提供批量处理的功能。

④查询价格、折扣。

在价格管理的价格方案维护界面中，可以选择【查看】→【查询】，对某一个具体方案中的价格明细进行查询。在价格方案中可以按照物料名称、规格型号、销货量（从）、销货量（到）、报价、最低限价+金额、生效日期、失效日期、销货提前期、备注进行过滤，系统默认采用包含比较符。

在折扣管理的折扣方案维护界面中，可以选择【查看】→【查询】，对某一个具体方案中的折扣明细进行查询。在折扣方案中可以按照物料名称、规格型号、数量段（从）、数量段（到）、金额段（从）、金额段（到）、折扣（指折扣率和折扣额）、生效日期、失效日期、备注进行过滤，系统默认采用包含比较符。

⑤打印和打印预览信息。

如果需要打印或打印预览折扣信息，可以在“折扣资料”界面使用工具栏中的【打印】和【打印预览】按钮，或者选择【文件】→【打印】或【打印预览】，来进行打印的相关操作。

子任务1.2　价格管理参数的设置

单击主界面的【价格参数设置】，调出“价格管理选项”界面。该界面主要包括修改控制、价格取数、折扣取数、限价控制、应用场景和其他六个页签，可以用来控制整个价格折扣管理在单据中的应用情形以及取数逻辑的组合优先设置。

训练营

设置广州尚质电源有限公司产品价格管理参数

（1）价格取数：“客户+物料”

（2）折扣取数：“客户+物料”

（3）限价控制：密码控制，密码为123

（4）应用场景：销售订单

（5）其他：采用系统默认值，不做更改

实训操作过程

（1）修改控制页签

修改控制是指对单据中所取到的价格政策信息是否允许修改以及控制强度等参数的设置。价格的修改包括修改价格字段和折扣字段信息，系统会根据设定的控制强度进行控制，如图3-11所示。

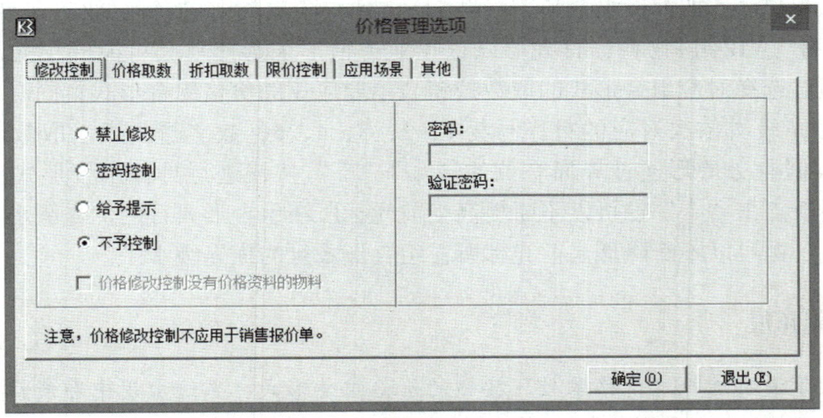

图3-11　价格管理选项修改控制

在“修改控制”标签页，选择“禁止修改”时，说明价格和折扣不允许被修改，系统将在相关控制单据锁定相关字段。当选择“密码控制”时，需要通过密码认证才能成功修改价格和折扣信息并成功保存单据。当选择“给予提示”时，仅在操作中修改价格和折扣后保存单据时给予提示信息，但是仍然可以成功保存单据。当选择“不予控制”时，对价格和折扣的修改不进行任何控制。

知识拓展

①价格修改控制不应用于销售报价单。

②价格修改控制可控制销售出库单、销售发票的价格和折扣字段信息，但只控制销售订单的价格字段信息；可通过功能权限中的“单价修改”来控制销售订单的价格和折扣字段信息。

(2)“价格取数”页签

在“价格取数”标签页中，可以对价格组合形式进行具体组合形式的应用选择以及具体形式下取数优先级的设置。这样可以实现对同一客户或业务员（具有多个不同价格政策设置组合形式）完全由自己定义取数优先规则的灵活应用，如图3-12所示。

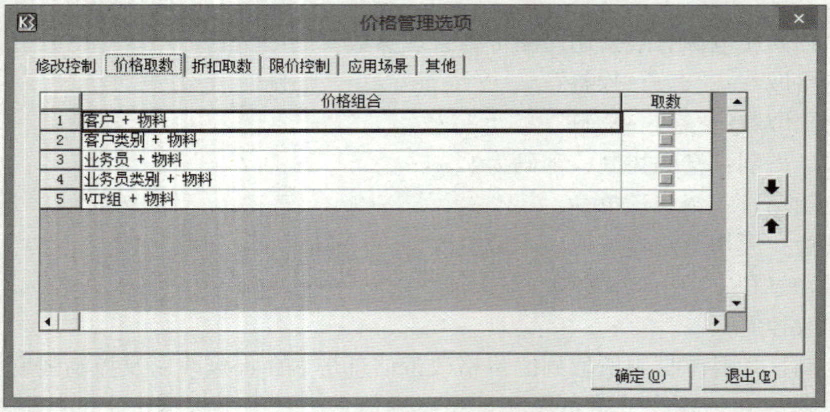

图3-12　设置价格取数

系统共提供了5种价格组合形式：客户+物料、客户类别+物料、业务员+物料、业务员类别+物料、VIP组+物料。首先可以根据业务情形来选择自己可能应用的价格组合形式，可以通过选择对应组合形式的取数按钮表示要应用的价格组合形式；同时系统默认以上组合的优先级次依次对应的行序号为1、2、3、4、5，数字越小表示取数的优先级越高，可以根据业务情形通过界面右侧的“↓”“↑”按钮进行具体组合形式优先级的调整，通过不断点击“↑”键可以不断提高当前光标所在组合形式行的优先级水平，通过不断点击“↓”键可以不断降低当前光标所在组合形式行的优先级水平。

知识拓展

①对于没有选择“价格取数”按钮的价格组合形式，系统应用中即使存在按照该组合形式设置的价格政策规则，在单据应用中系统仍不会按照其价格政策规则取数。

②对于同一客户或业务员针对同一物料设置的不同组合形式的价格政策规则，在选中取数的情况下，在单据应用中系统将只按照优先级高的组合规则取其价格政策信息。

(3)“折扣取数”页签

在“折扣取数”标签页中，可以对10种折扣政策组合形式进行具体组合形式的应用选择以及具体形式下取数优先级的设置，如图3-13所示。

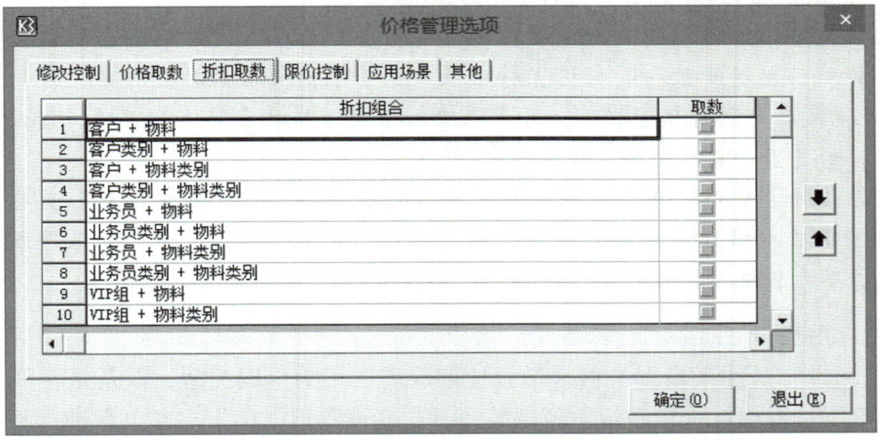

图3-13　设置折扣取数

（4）“限价控制”页签

该选项中的最低限价控制强度包括四个参数值：不予控制、预警提示、密码控制、取消交易，如图3-14所示。

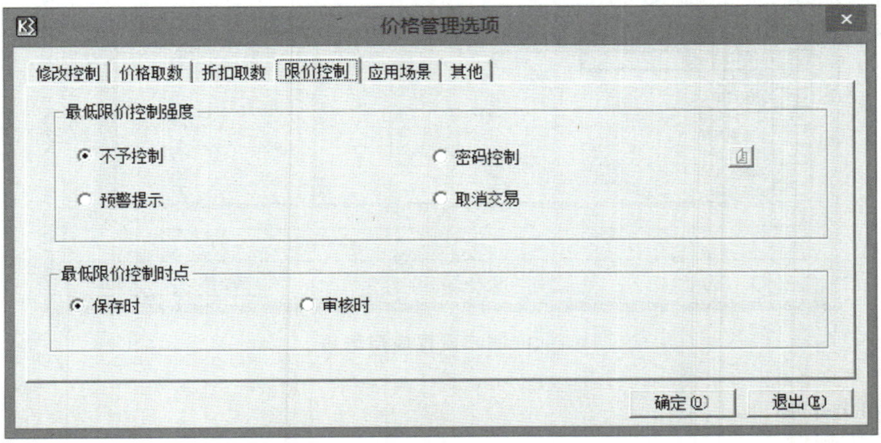

图3-14　设置限价控制

知识拓展

①当选择“不予控制”时，在单据（指在价格参数“应用场景”页签中设定了价格控制的单据）录入和价格资料中录入、保存或审核时都不会判断最低限价。

②当选择“预警提示”时，则在单据（指在价格参数“应用场景”页签中设定了价格控制的单据）录入和价格资料中录入低于限价的价格时，系统会在相应控制时点（保存或审核时）进行预警提示。如果选择是，则允许继续操作；如果选择否，则不允许继续操作。

特别提示：如果限价设置为外币，则该界面的限价需要先转换成单据上的币别单价再与当前单据的单价进行比较。

③当选择“密码控制”时，则在单据（指在价格参数“应用场景”页签中设定了价格控制的单据）录入和价格资料中录入低于限价的价格时，会在相应控制时点（保存或审核时）进行预警提示，并要求输入密码。如果密码输入正确，则该操作可以继续；如选否，则不允许继续操作。

④当选择“取消交易”时，则在单据（指在价格参数“应用场景”页签中设定了价格控制的单据）录入和价格资料中录入低于限价的价格时，会在保存或审核时提示，并不允许继续操作。

（5）“应用场景”页签

“应用场景”是用来设置价格政策管理取数需应用的单据类型，以及是否执行价格控制，关联单据是否根据价格政策重新取数等。这些设置可以根据需求灵活进行。其设置应用的单据种类有销售明细计划、销售报价单、销售订单、发货通知单、退货通知单、销售出库单、销售发票、销售合同等，如图3-15所示。

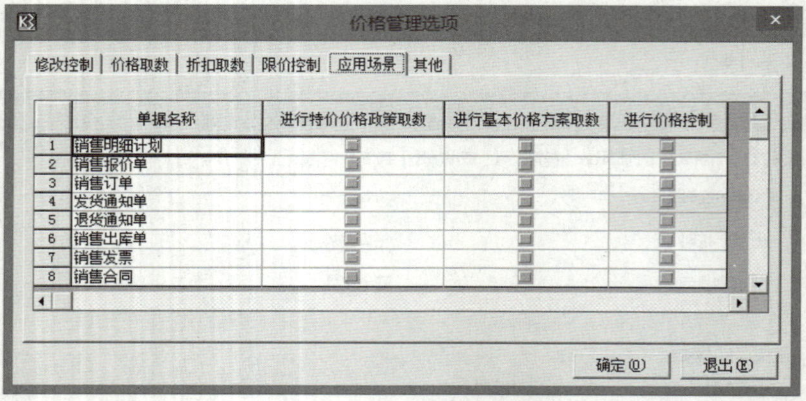

图3-15　设置应用场景

知识拓展

①“进行价格控制”选项。现有系统下对于价格管理的控制主要有：最低价控制、修改控制设置、可销物料控制等。系统允许根据自己的业务所需来确定是否在具体单据上进行相应的控制。如果在某种单据上选择了“进行价格控制”选项，意味着在单据保存时将对最低价控制、修改控制设置、可销物料控制等进行判断处理。如果未选择“价格控制选项”，意味着在单据保存时不再执行最低价控制、修改控制设置、可销物料控制等的判断，直接进行单据信息的成功保存。

②结合“进行特价价格政策取数”选项来讲，如果选择了“进行特价价格政策取数”又选择了“进行价格控制”，表示对其价格政策数据信息执行最低价控制、修改控制设置、可销物料控制等；如果选择了“进行特价价格政策取数”而没有选择“进行价格控制”，表示直接保存，不做上述判断控制；如果没有选择“进行特价价格政策取数”而选择了“进行价格控制”，表示直接保存，不做上述判断控制。

（6）其他页签

“其他”页签中提供了一些参数，如图3-16所示。

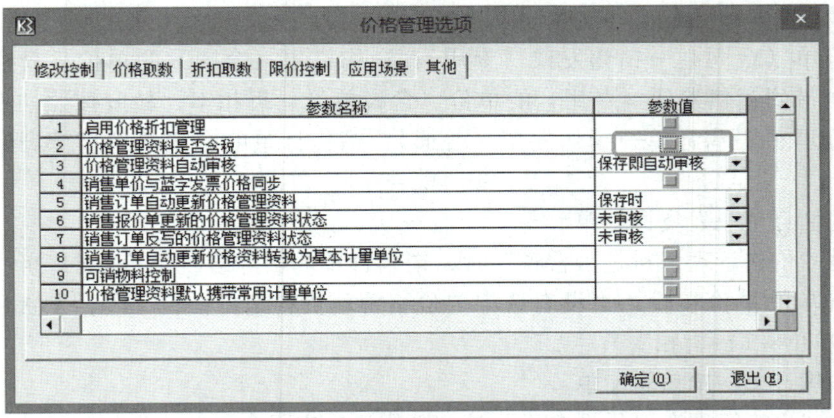

图3-16 价格管理选项-其他设置

栏目说明

①价格管理资料是否含税：如果该选项选中，销售价格管理资料中的报价为含税价，携带时带到订单、发货通知单、出库单、销售（专用）发票的含税价字段；返写时，也是将订单及发票中的含税价写回价格管理资料，即将含税价×（1－折扣率）反写过去。

如果该选项不选中，销售价格管理资料中的报价为不含税价，携带时带到订单、发货通知单、出库单、销售（专用）发票的不含税价字段；返写时，也是将订单及发票中的不含税价写回价格管理资料，即将不含税价×（1－折扣率）反写过去。

普通发票不用换算成不含税价，同样适用上面公式。

②销售单价与蓝字发票价格同步：如果该选项不选中，则蓝字发票保存时，不需要更新物料中的销售单价字段；如果该选项选中，则在蓝字发票保存时更新物料中的销售单价字段。

子任务1.3 关联单据单价和折扣取数

单据直接关联时优先取源单的单价信息，即在发货通知单、退货通知单、销售出库单、发票等单据直接关联源单生成时，如果源单的订单号为空，则取源单的单价。如果源单分录中的销售订单号不为空，则目标单据的单价携带优先取订单的价格。如“销售订单→发货通知单→销售出库单→销售发票”，则销售出库单单价的携带视同“销售订单→销售出库单”进行价格取数。

具体各条关联路线按照以下规则进行取数：

（1）销售合同→销售订单

销售合同的单价携带到销售订单的单价字段，含税单价携带到销售订单的含税单价字段。

（2）销售报价单→销售订单

当选中“价格管理资料是否含税”选项时，销售报价单的单价携带到订单的含税单价，此时单价=含税单价÷（1+税率）；当没有选中“价格管理资料是否含税”时，销售报价单的单价携带到订单的单价，此时含税单价=单价×（1+税率）。

（3）销售订单（合同）→销售发票

销售订单（合同）→销售发票（专用）：销售订单（合同）的单价、含税单价、折扣率对应携带到销售发票（专用）的单价、含税单价、折扣率，精度按照“专用发票精度”进行处理；销售订单→销售发票（普通）：销售订单的含税单价携带到销售发票的单价。

（4）销售订单→发货通知单

当选中“价格管理资料是否含税”时，销售订单的实际含税单价×（1−折扣率）携带到发货通知单的单价字段；当没有选中“价格管理资料是否含税”时，发货通知单的单价=订单的单价×（1−折扣率）。

（5）销售订单→销售出库单

当选中“价格管理资料是否含税”时，销售订单实际含税单价携带到销售出库单的销售单价；当没有选中“价格管理资料是否含税”时，销售出库单的销售单价=销售订单的单价。

（6）发货通知单→销售出库单（退货通知单）

发货通知单的单价直接携带到销售出库单（退货通知单）的销售单价字段。

（7）销售出库单→销售发票

如果销售出库单行中的销售订单号不为空，且销售系统参数“销售发票单价来源”为三方关联，则销售发票上的单价优先取销售订单的单价，取数规则同“销售订单（合同）→销售发票”；如果销售出库单行中没有销售订单号，或销售订单号不为空且销售系统参数“销售发票单价来源”为销售出库，当选中“价格管理资料是否含税”时，销售出库单上的销售单价携带到普通发票的单价、专用发票的含税单价中；当没有选中“价格管理资料是否含税”时，销售出库单的销售单价携带到专用发票的单价中，按照“销售单价×（1+税率）”携带到普通发票的单价字段中。

（8）销售发票→销售出库单（发货通知单）

当选中“价格管理资料是否含税”时，普通发票按照单价、专用发票按照实际含税单价携带到销售出库单上的销售单价字段；当没有选中“价格管理资料是否含税”时，专用发票按照单价、普通发票按照“单价÷（1+税率）”携带到销售出库单（发货通知单）的销售单价中。

折扣率在销售合同、销售报价单、销售订单、销售出库单、销售发票上都有，所以其只存在直接关联的携带，携带的规则是默认取源单的折扣率。即在“销售报价单→销售订单”关联路线中销售订单默认取销售报价单上的折扣率、在“销售订单（合同）→销售发票”关联路线中，销售发票默认取销售订单的折扣率。

子任务1.4 信用管理

目前，赊销已经成为各行业市场中主要的交易方式。作为一种有效的竞争手段和促销手段，赊销能够为企业带来巨大利润。同时，赊销也会产生商业信用风险，因此对信用的管理就变得越来越重要。金蝶K/3供应链系统提供了完善的信用管理功能。

训练营

对广州尚质电源有限公司客户进行信用管理

对长城电器公司进行信用管理，设置其信用级次为AAA，信用期限为90天（30天内折扣2%，60天内折扣1%，90天内折扣为0）。

▶ 实训操作过程

（1）启用应收款管理系统

信用管理主要是进行应收账款的管理，因此在供应链系统中要使用信用管理，应先启用应收款管理系统。当使用信用管理时，系统检测应收款管理系统是否结束初始化，并提示“应收应付系统尚未结束初始化，建议最好在应收应付系统结束初始化后再使用信用管理”。

（2）设置信用管理相关对象属性

信用管理的主要对象包括客户（客户类别）、职员（职员类别）和部门，要对这些对象进行信用管理。以客户为例，选择【基础资料】→【公共资料】→【客户】，对要采用信用管理的客户，选择“是否进行信用管理”属性，然后该客户才能在信用管理维护界面中显示，并可设置信用信息。职员和部门的相关设置类似。

（3）启用信用管理及信用信息设置

在主界面选择【系统设置】→【基础资料】→【销售管理】→【信用管理维护】，进入信用管理维护界面，然后通过【工具】→【启用】，启用信用管理。启用信用管理会将系统中客户和职员的信用余额进行重算，所以启用过程需要一段时间。启用成功之后，【启用】菜单自动变为【禁用】，如果要停止使用信用管理功能，可以点击【禁用】进行停止。当应收款管理系统反初始化时，同时系统自动禁用信用管理。结束初始化后，须手工重新启用信用管理。

根据资料进行设置，如图3-17、图3-18、图3-19所示。

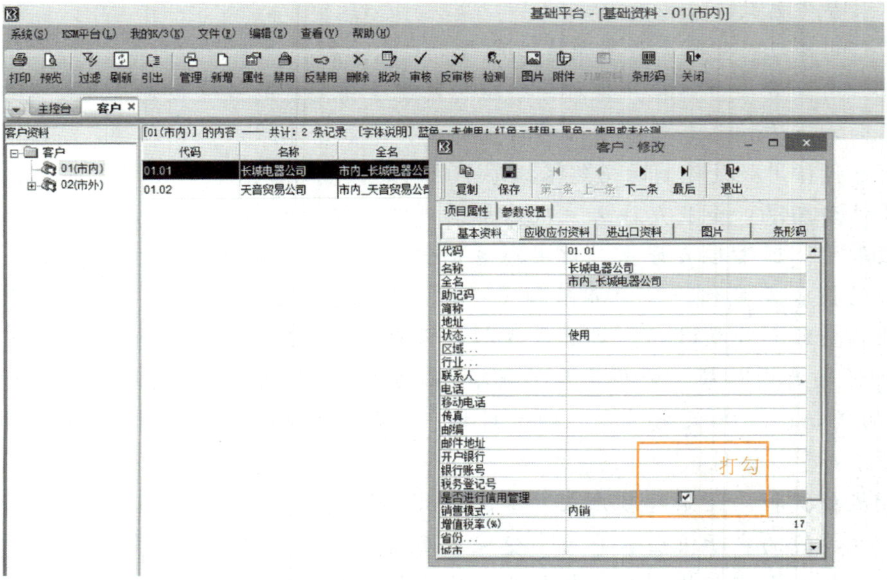

图3-17　对客户启用信用管理

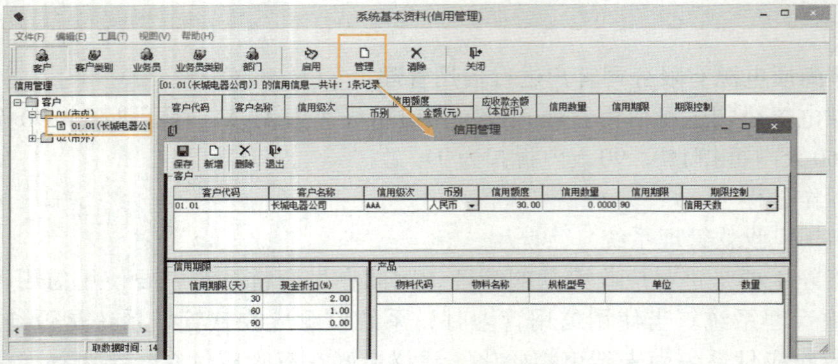

图3-18　设置客户启用信用额度

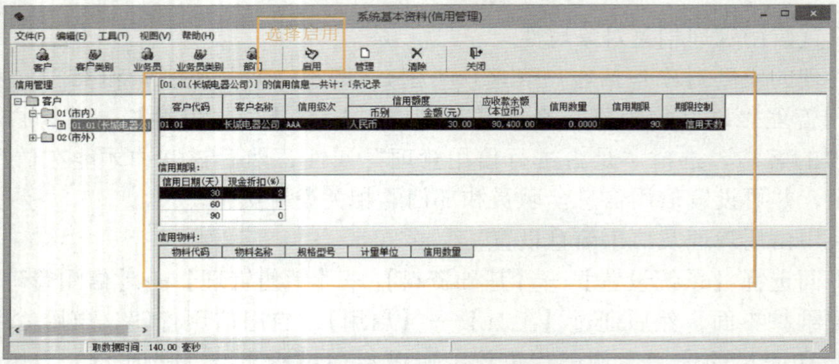

图3-19　对已启用信用管理的客户设置信用信息

知识拓展

①信用级次：可以按国际、国内标准级次录入，但在这里该信息无具体控制要求，仅具参考意义。

②信用额度：能够允许当前客户的最大欠款金额，以当前币别确定。

③信用数量：当前客户针对每个物料所能赊销购进的最大数量，此处是个总数，根据界面右下方按每个物料录入的数量加总，不能手工录入。该总数只有参考意义，实际上进行信用数量控制时仍然根据每个物料的数量计算。

④信用期限：企业允许客户从购货到付款之间的时间，或者说是企业给予客户的付款期间。通常按天计算。信用期限是信用政策的重要内容，在销售系统中，使用所录的最长天数作为信用期限预警；在应收款管理系统，与现金折扣结合使用，确定收款金额和收款时间。对长城电器公司的信用期限和现金折扣的含义是：如果该客户在30天内付款，则给予其付款额2%的折扣；在60天内付款，则给予其付款额1%的折扣；在90天内付款，则无折扣；如果超过90天付款，则为欠款，需要发出预警，并予以催讨。

⑤现金折扣：企业对客户在货物价格上所做的扣减。向客户提供这种价格上的优惠，主要目的在于吸引客户为享受优惠而提前付款，缩短企业的平均收款期。另外，现金折扣也能招揽一些视折扣为减价出售的客户购货，借此扩大销售量。企业

采用什么程度的现金折扣，是与信用期间结合使用的。该指标在供应链中只起提示作用，不参与计算，在应收款管理系统中使用收款单时，会自动根据发票日期计算出客户付款天数，从而决定给其何种现金折扣。

任务2　销售业务流程认知

销售业务流程如图3-20所示。

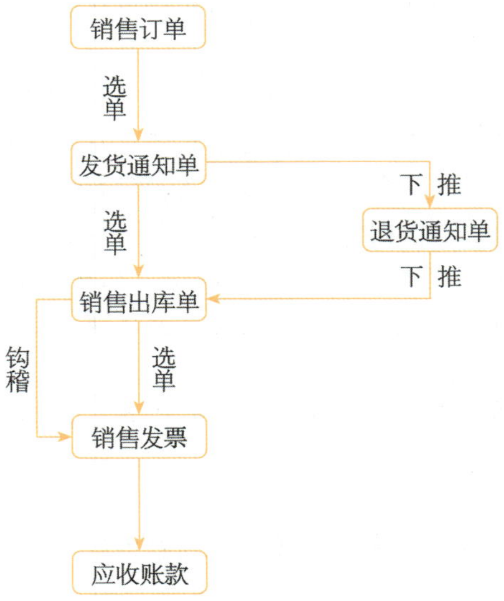

图3-20　销售业务流程图

特别提示

选单是选择上游单据生成本单据；下推是选择本单据下推生成下游单据，所得到的结果一样。所有单据都可以手工录入，手工录入与由单据生成的区别在于能不能查源头单据。一般建议由源头单据生成下游单据。所有单据必须审核后才能被其他单据引用。

1）销售订单

销售订单是购销双方共同签署的、以此确认购销活动的标志。销售订单不仅是销售管理系统的重要单据，而且在金蝶K/3供应链系统中处于核心地位。

销售订单的重要性不仅表现在其所反映的业务资料是企业正式确认的、具有经济合法地位的文件，通过它可以直接向客户销货并可查询销售订单的发货情况和订单执行状况，是销售业务中非常重要的管理方式，从而在销售系统中处于核心地位；同时在整个供应链系统中也处于非常重要的地位。

①销售订单是物资在销售业务中流动的起点，是详细记录企业物资的循环流动轨迹、累积企业管理决策所需要的经营运作信息的关键。无论是销售订单自身的确认，还是其业务顺序流动、被下游单据精确执行，都能反映在销售订单上。通过销售订单，销售业务的

处理过程可以一目了然。

②销售订单不仅是销售业务的起源，更是供应链整体的业务处理源。由于供应链系统可以实现以销定产、以销售定计划、以销定购等多种业务处理，因而在所有业务单据中，销售订单的传递途径最多、涵盖的业务范围最广，不仅针对销售系统，对采购系统、仓存系统、计划系统、生产系统、分销管理系统也都是重要的起源单据和最终目标。

③销售订单是供应链的重要信息中心之一。销售订单涵盖业务的广泛性决定着它不仅能显示销售业务的自身信息，还能通过传递、接收获取来自采购、生产、库存、应收款等多个系统的信息，将供应链整体的信息全面、有机地联系起来，是提高整个系统的综合运作水平和效率的决定性因素。

④销售订单是联系其他系统和销售系统的纽带。企业的经营运作是通过物资在各个业务部门的流动及资金在货币、生产、储备等形态的循环周转的双重作用实现的。销售订单可以连接应收款管理系统的销售合同，又可以将合同信息传递到销售发票。另外，它可以获取集团内部其他机构的采购订单信息，再通过业务流程将销货信息传递给该机构…… 多项功能使销售订单不但将物流和资金流结合起来，而且将不同系统的信息过滤、综合、转换形成内部信息并予以消化、综合处理，显示了销售订单巨大的信息吞吐能力和业务纽带作用。

一般来说，销售订单可以通过手工录入、合同确认、销售报价单关联、购货分支机构的采购订单转换（分销管理业务）等多途径生成。

2）发货通知单

发货通知单是销售部门确定销售订货成立、向仓库部门发出的发货通知，从而方便物料的跟踪与查询。

发货通知单是销售订单的重要执行单据，其不仅要处理与销售订单直接关联的执行情况，还要处理销售出库单与销售订单间接关联的执行情况，起到承上启下的业务管理作用。另外，在涉及集团内部的分销业务处理中，发货通知单和退货通知单是处理集团内部购销业务和集团内部调拨业务的重要单据，并在集团企业账套间相互传递，以完成业务流程，相互沟通业务信息。

3）销售出库单

销售出库单，又称发货单，是确认产品出库的书面证明，是处理包括日常销售、委托代销、分期收款等各种形式的销售出库业务的单据。同采购管理系统的外购入库单一样，销售出库单在金蝶K/3供应链系统中具有非常重要的意义：

①它是体现库存业务的重要单据。供应链系统的最大特色是以独立于企业物流的有形的单据流转代替业务中无形的存货流转轨迹，从而将整个物流业务流程统一为一个有机整体。销售出库单不仅表现了货物转移，同时也是所有权实际转移的重要标志。

②销售出库单是储备资金转为货币资金的标志。销售出库单一方面表现了实物的流出，另一方面则表现为货币资金的流入或债权的产生，销售出库单和销售发票的钩稽联系控制了这一处理过程。

③销售出库单也是财务人员据以记账、核算成本的重要原始凭证。在金蝶K/3供应链系统中，销售出库单确认后，需要继续处理销售发票与销售出库单的核销、销售出库单的

拆单、自动生成记账凭证、出库成本的计算，从而为正确进行成本核算和结账打下基础。销售出库单实际上是库存类单据，但在金蝶K/3供应链系统中，将外购入库单、销售出库单等库存单据归入采购、销售等相应子系统处理。这是因为采购、销售管理等系统作为一个独立的系统，其订单、采购（或销售）、收货（或发货）等阶段是一个紧密联系、不可分割的整体。外购入库单、销售出库单等库存单据与相应的采购、销售管理子系统关系密切，要进行统一处理。系统将采购、销售的入、出库单据，分别归入相应的采购、销售系统处理，以使流程清晰，方便处理，可以在相应的模块直接操作。仓存子系统模块主要集中处理其他的各种入、出库形式，如调拨、盘盈、盘亏等，但仍然保存外购入库、销售出库等单据的处理，以达到业务、库存对极其重要的入、出库单据进行双重处理、共同控制的目的。

一般来说，销售出库单可以通过手工录入、订单确认、销售发票关联，以及采购入库单直接关联生成等多途径生成。

4）销售发票

销售发票是购货单位开给供货单位，据以付款、记账、纳税的依据。

①销售发票是企业收入的确认标志，是实现企业经营目标的基本保障。在市场经济条件下，追求利润最大化已成为企业经营的重要目标之一。而收入是利润的来源，因此，获取收入也是企业日常经营活动中最为重要的工作和实现企业目标的基础。在企业中，收入主要是指营业收入，而金蝶K/3供应链系统实现业务收入的标志就是销售发票，发票的确认代表企业收入的实现和债权的取得。

②发票处理是企业销售业务中最重要也是最终的环节，发票以有形的单据流代替企业生产经营活动中无形的资金流动轨迹，并与反映物流的销售出库单一起相互钩稽，符合收入与费用的配比原则，实现资金流和业务流的双轨并行，从而将整个系统中的物流业务流统一为一个有机整体。

③销售发票是供应链的重要信息中心之一，是联系财务、业务系统的重要桥梁。销售发票在销售系统中联系的单据最多，销售发票与销售订单、发（退）货通知单、销售出库单等业务单据都有联系；同时与应收款管理系统实现发票共享，并与销售合同、收款单、预收单据联系紧密。这种联系既包括单据与单据关联的直接联系，还包括通过直接关联的单据与第三方单据间接关联，在供应链模块中，两种三方关联的模式中发票都是基本的关联因素。这样，业务和财务信息之间紧密结合、平滑连接，形成了一个信息丰富的整体。

④发票是财务管理的重要内容。 发票所标志的营业收入是企业现金流入量的主要来源，是补偿经营活动中成本费用和形成利润的有效保障，因而在企业理财中具有重要地位。另外，发票所记载的应收账款又是企业流动资产的一个重要项目，系统所针对应收款管理的信用管理，很大程度上是通过控制发票来进行信用控制。另外，销售发票包括增值税专用发票、普通发票，其所记载的收入是应交所得税中应纳税所得额的组成部分；增值税专用发票所记载的税额又是抵扣增值税进项税额的法定依据，因而也是税法和税务筹划中的重要管理内容。

⑤发票是财务人员据以记账、核算成本的重要原始凭证。在金蝶K/3供应链系统中，发票与销售出库单钩稽后，需要继续处理出库核算、自动生成记账凭证，从而为正确进行

利润的计算和结账打下基础。

一般来说，销售发票可以通过手工录入、合同确认、销售订单、销售出库单关联等多途径生成。

5）销售费用发票

销售费用发票主要用来处理销售过程中发生的或者代垫的费用，如运输费用等。销售费用发票包括“应付费用发票”和“应收费用发票”两种，其中，应付费用发票用于处理销售时由销售方支付销售费用的情况；应收费用发票用于处理由销售方代垫运费或由销售方提供运输或服务的情况。

发票类型为应付费用发票、采购方式为赊购的销售费用发票保存时，直接传递到应付系统的其他应付单；现购的采购费用发票不传递到应付系统。发票类型为应收费用发票、销售方式为赊销的销售费用发票保存时，直接传递到应收系统的其他应收单；现销的销售费用发票不传递到应收系统。

费用发票分为蓝字发票和红字发票。红字发票是蓝字发票的反向单据，代表费用退回，两者数量相反，但内容一致。

6）退货通知单

退货通知单是处理由于质量不合格、价格不正确等因素，或与销售订单或合同的相关条款不相符等，供货单位将销售货物退回的业务单据，是发货通知单的反向操作单据。退货通知单的反向作用主要表现在：作为发货通知单的反向执行单据，可以作为红字销售出库单的源单据，执行退货操作。另外，由于退货通知单一部分反映了产品质量中的不合格情况，因此对企业的产品质量管理具有重要参考价值。同时，在涉及集团内部的分销业务处理中，它与发货通知单一起作为处理集团内部购销业务和集团内部调拨业务的重要单据，并在集团企业账套间相互传递，以完成业务流程、相互沟通业务信息。

一般来说，退货通知单可以通过手工录入、发货通知单和销售发票关联等方式生成。

任务3 一般销售业务处理

一、开票与发货同时进行业务处理

业务处理流程：

销售订单→发货通知单（可省略）→销售出库单→销售发票

业务处理的一般步骤为：①销售订单的录入与审核。②发货通知单的录入与审核。③销售出库单的录入与审核。④销售发票的录入与审核。⑤销售发票与销售出库单钩稽。

训练营

一般销售业务处理——开票与发货同时进行

▶ 实训资料

1月5日，销售一部邹怡赊销一批电芯10MAH产品给天音贸易公司，数量为100个，含税单价为180元/个，增值税税率为13%；1月5日，由成品仓发出商品，并已开出发票，预计收款日期为1月15日。

视频 销售订单新增

▶ 实训操作过程

（1）1月5日，销售电芯10MAH一批，新增销售订单和发货通知单，如图3-21、图3-22所示。

视频 销售订单审核

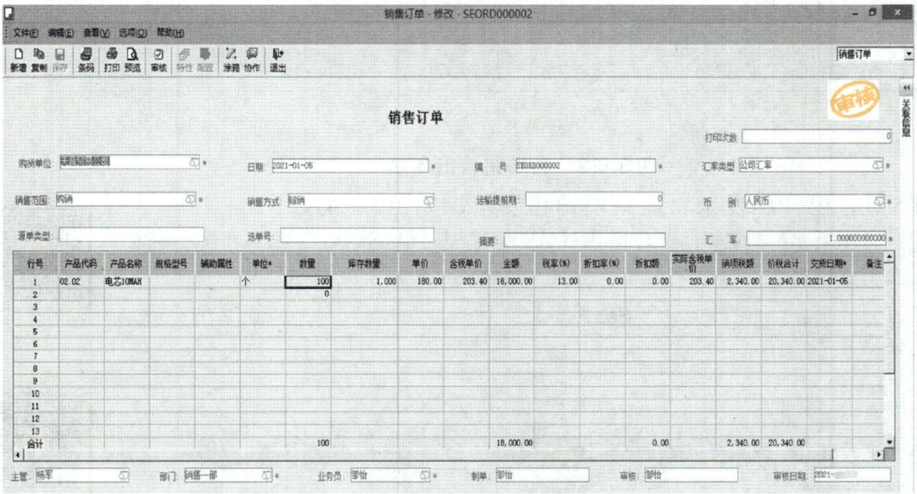

图3-21　新增销售订单

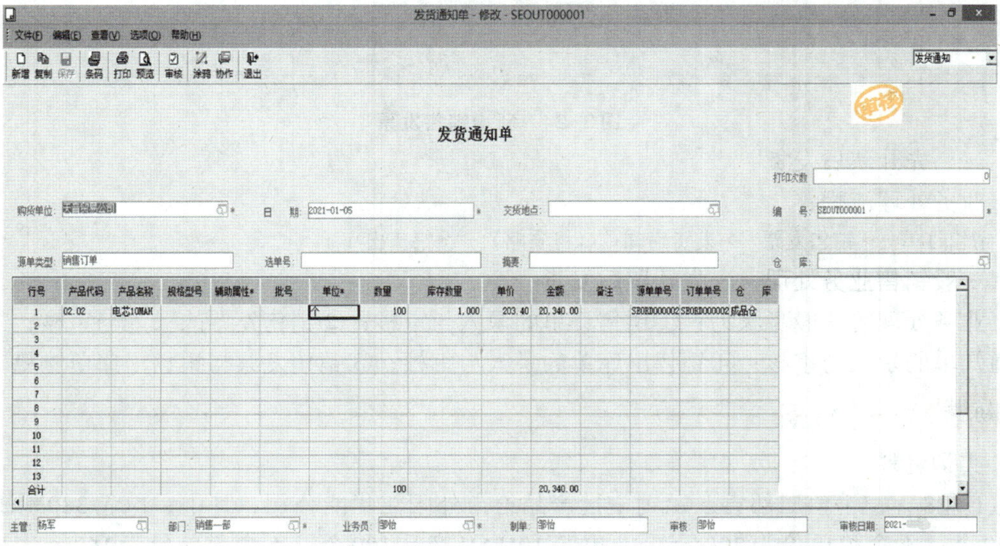

图3-22　新增发货通知单

（2）1月5日，商品已由成品仓发出，新增销售出库单如图3-23所示。

视频 发货通知单新增与审核

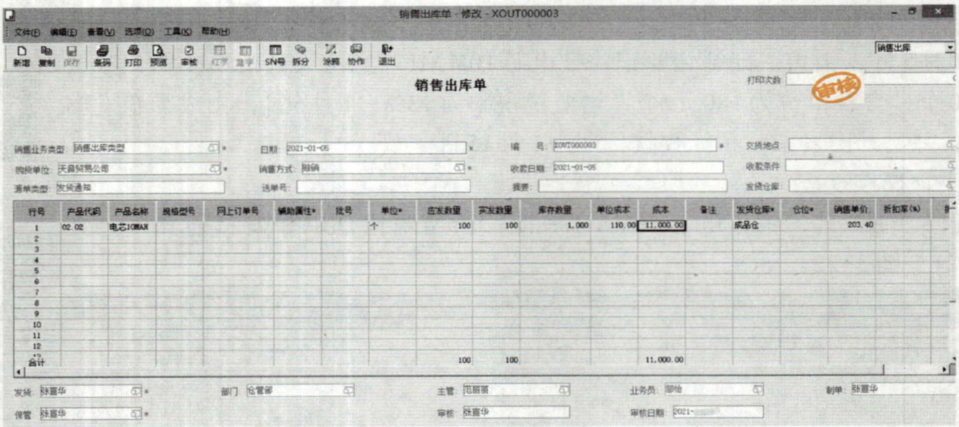

图3-23　新增销售出库单

（3）1月5日，已开出发票，需新增销售发票，如图3-24所示。

视频
销售出库单新增与审核

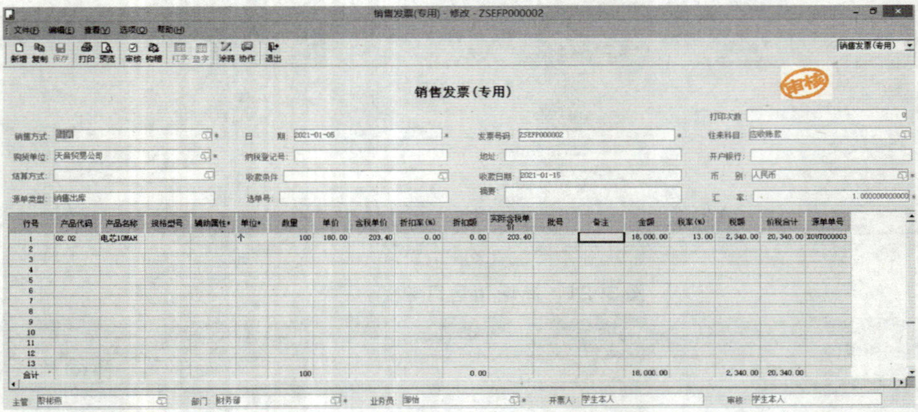

图3-24　新增销售发票

视频
销售发票新增与审核、钩稽

二、先开票后发货

业务处理流程：

销售订单⟶销售发票⟶发货通知单（可省略）⟶销售出库单

一般销售业务处理——先开票后发货

业务处理的一般步骤为：①销售订单的录入与审核；②销售发票的录入与审核；③发货通知单的录入与审核；④销售出库单的录入与审核；⑤销售发票与销售出库单钩稽。

训练营

▶ 实训资料

1月8日，销售二部袁双赊销一批产品给市外阳江华能公司，其中，电芯380MAH产品50个，不含税单价为200元/个，电芯10MAH产品100个，不含税单价为160元，增值税税率为13%，已开出发票，计划1月20日收回货款。商品1月20日由成品仓发货。

▶ 实训操作过程

（1）1月8日，销售产品给阳江华能公司做销售订单，1月8日开具发票做销售发票，如图3-25、图3-26所示。

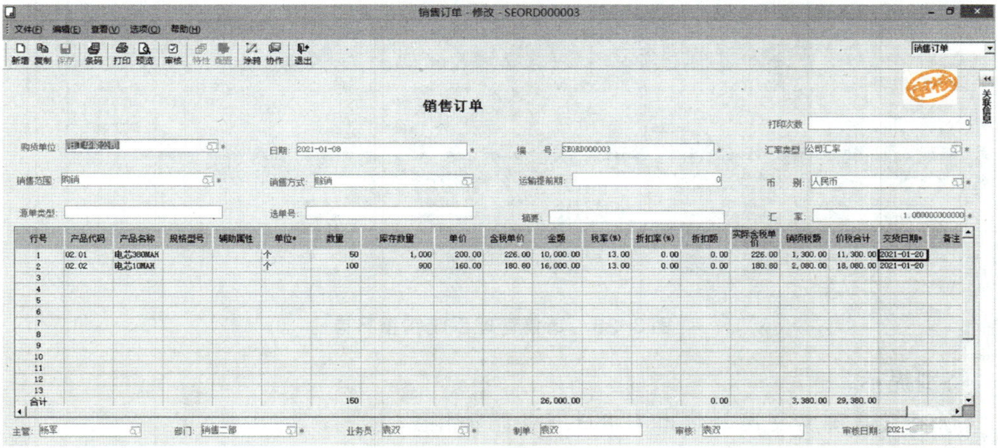

图 3-25　新增销售订单

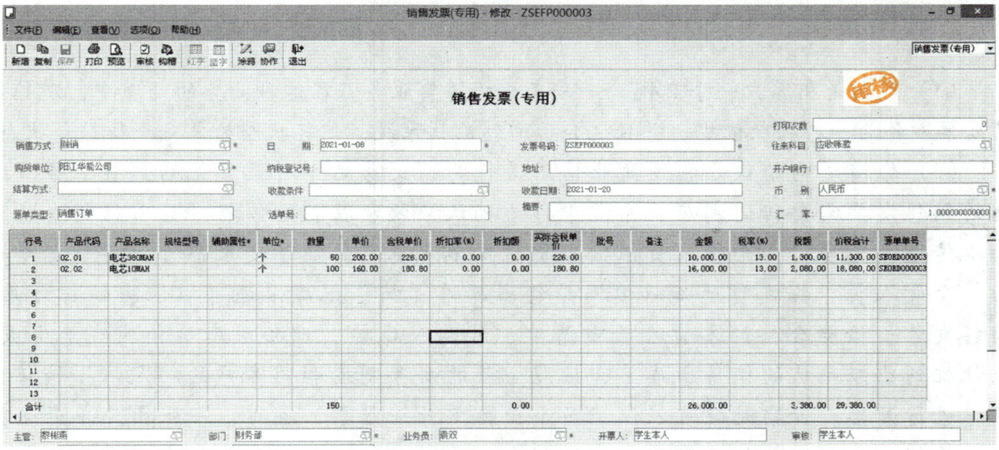

图 3-26　新增销售发票

（2）商品由成品仓发货，做销售出库单并钩稽，如图3-27、图3-28所示。

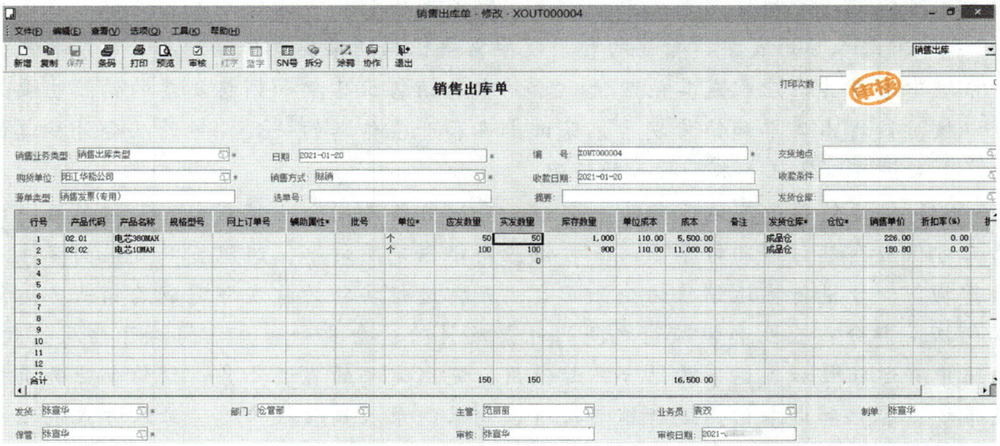

图 3-27　新增销售出库单

图3-28　销售管理系统钩稽日志

特别提示

所有发票都需要同销售出库单进行钩稽操作。

知识拓展

(1) 现销是指客户一手交钱、一手交货的销售业务。在这种业务的处理中，现销销售发票即作为一种收款依据，并且也会传递到应收系统，但其状态为“完全核销”状态。

(2) 赊销是购销双方利用商业信用进行购销交易的一种最常见的销售业务。赊销的销售发票需要传递到应收系统中作为确认应收和收款的依据。已审核的发货通知单传递到仓库，由仓管人员根据发货通知单上货品的数量要求备货。备货完毕之后，仓管人员根据发货通知单填写销售出库单。销售出库单还可以依据销售订单、销售发票、检验合格的发货检验申请单、外购入库单、产品入库单和调拨单生成。会计收到已经确认的销售出库单，按照企业的财务制度和同客户的约定依据销售出库单进行开票。开票时既可以依据多个出库单开一张票，也可以一张出库单开多张票。赊销的发票需要传递到应收系统形成应收账款。当在销售过程中发生了销售费用或者代垫了费用或者由销售方在销售过程中向采购方提供了运输等服务时，发生的费用可以采用费用发票来记录和管理。财务部接到相应的费用发生凭证后在金蝶K/3系统中录入费用发票，赊销的费用发票需要根据发票类型传递到相应的应收或应付系统中形成其他应收或其他应付。赊销中的销售出库单和销售发票的钩稽主要是可以核对销售出库单和销售发票，保证出库和开票信息的一致，另外从会计核算的角度上来讲可以保证成本和收入的匹配。

(3) 直运销售是直运业务的一部分。直运业务是指企业接到客户的订单后，向第三方供应商签订采购订单。第三方供应商根据采购订单，组织货源直接向客户发出货物。对于进行直运销售的企业而言，无需进行实物的收发即完成购销业务。结算包括两部分：企业和供应商之间的开票及付款；企业和客户之间的开票及收款。系统中直运销售和直运采购结合一起使用，完成完整的直运业务。销售部业务员根据市场、客户和成本信息进行销售报价，向系统录入销售报价单。录入方式包括手工录入和根据价格资料自动生成。录入的销售报价单可以由销售主管审批。业务人员将客户提出的产品需求整理后录入金蝶K/3系统，以形成销售订单。销售订单还可依据报价单或销售合同生成。采购人员依据销售订单向第三方供应商签订采购订单。当客户收到第三方供应商发出的货物后，会计根据销售订单向客户开具销售发票。如果我方先向第三方供应商付款，直运销售发票还可以依据直运采购发票生成。第三方供应商开具发票给我方后，我方依据采购订单生成采购发票。如果我方先向客户开票，则直运采购发票也可以依据直运销售发票生成。

（4）委托代销是指商品提供给代理商，代理商可在双方协议规定的期限内销售此商品，并在销售后结算货款。代理商可以在规定的期限内将未销售出去的商品退回，在结算货款前商品的所有权属于委托方。一般情况下，代销商品的品种、数量、期限由双方协商确定，并由专人负责监测代销商品在代理商处的存货品种、数量、期限等。其关键点是：委托代销就是我方委托别人进行销售。在与代理商签订协议之后，代理商或者是负责监测的业务人员根据销售情况和库存情况进行订货，销售业务人员将订货需求整理后在销售订单输入屏幕中录入金蝶K/3系统，以形成委托代销销售订单。已审核的发货通知单传递到仓库，由仓管人员根据发货通知单上货品的数量要求备货。备货完毕之后，仓管人员根据发货通知单填写委托代销销售出库单。销售出库单还可以依据销售订单、检验合格的发货/检验申请单、外购入库单和产品入库单生成。委托代销的销售出库单会扣减出库仓库的即时库存，同时会增加委托代销客户的未结算数量。未结算数量可以通过报表“委托代销清单”进行查询。代理商或者下游企业将产品销售出去后开具结算清单，会计根据结算清单的结算品种、数量以及订单的价格开具委托代销销售发票，其中，开票价格可以在订单的价格基础上手工修改。如果在销售过程中发生了销售费用或者代垫了费用或者由销售方在销售过程中向采购方提供了运输等服务时，发生的费用可以采用费用发票来记录和管理。财务部接到相应的费用发生凭证之后在金蝶K/3系统中录入费用发票。委托代销的钩稽主要处理委托代销业务的结算，即上游机构根据结算清单开具委托代销销售发票，并与委托代销类型的销售出库单进行核对、匹配。委托代销的销售发票和委托代销的销售出库单钩稽成功之后，会减少委托代销客户的未结算数量，增加委托代销客户的结算数量，相应的数量可以通过报表“委托代销清单”进行查询。对于委托代销业务来说，钩稽后才结转成本和确认收入，且无论是本期还是以前期间的发票，钩稽后都作为钩稽当期发票来计算收入。

任务4　销售退货业务处理

业务处理流程：

退货通知单（可省略）→红字销售出库单→红字销售发票（一般先退货，后开发票）

训练营

销售退货业务处理

▶ 实训资料

（1）长城电器公司于2021年1月15日向销售一部销售人员邹怡订购电芯380MAH产

品50个，销售价180元/个（不含税）。2021年1月17日，销售部开具销售发票，2021年1月20日，销售部通知仓库发货，同日仓库发货。

（2）长城电器公司购买的50个电芯380MAH产品，因有质量问题于2021年1月23日退货，同日仓库将退回货物入库。销售部于2021年1月24日开出红字发票。

实训操作过程

（1）2021年1月15日销售给长城电器公司一批产品，做销售订单，如图3-29所示。

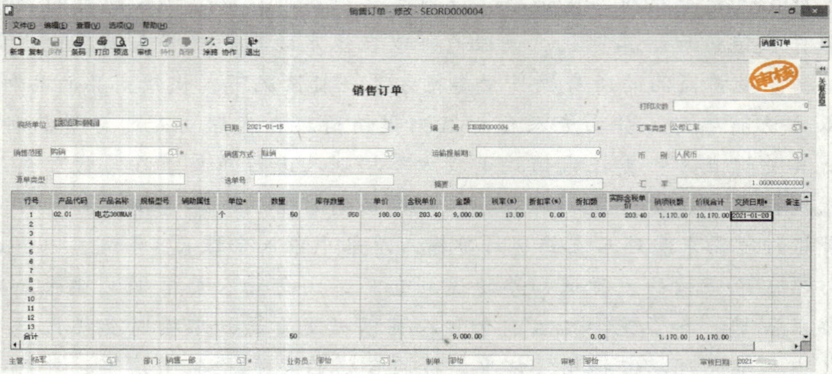

图3-29　新增销售订单

（2）2021年1月17日，销售部开具销售发票，如图3-30所示。

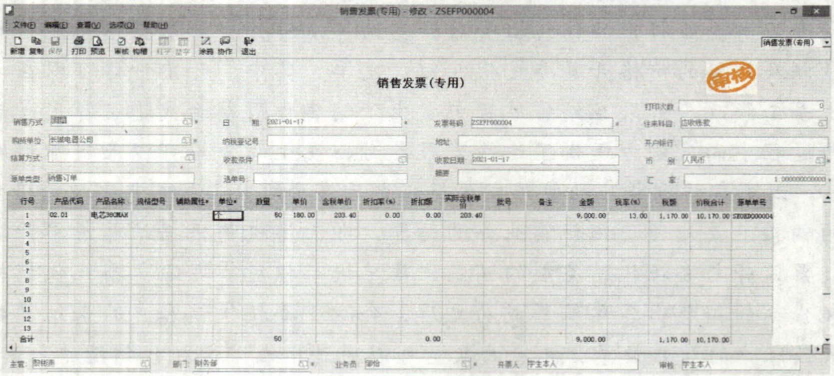

图3-30　新增销售发票

（3）2021年1月20日销售部通知仓库发货，如图3-31所示。

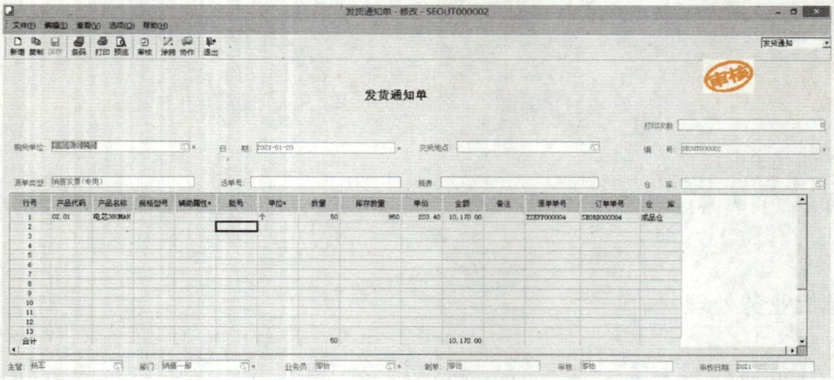

图3-31　新增发货通知单

(4) 2021年1月20日，仓库发货，做销售出库单，如图3-32所示。

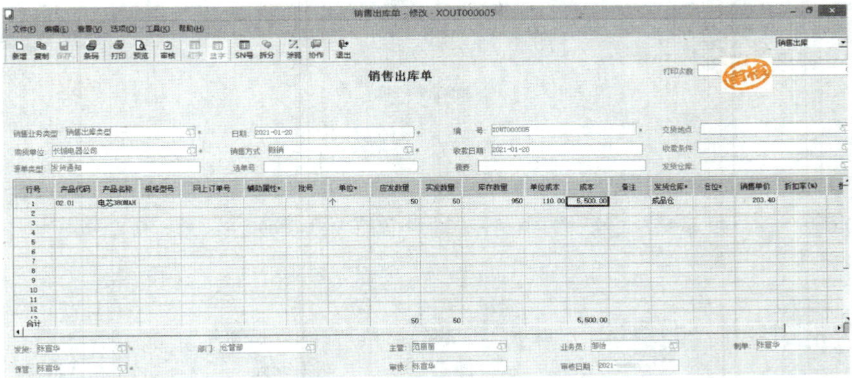

图3-32　新增销售出库单

(5) 长城电器公司因电芯380MAH产品有质量问题于2021年1月23日退货，做红字销售出库单，如图3-33所示。

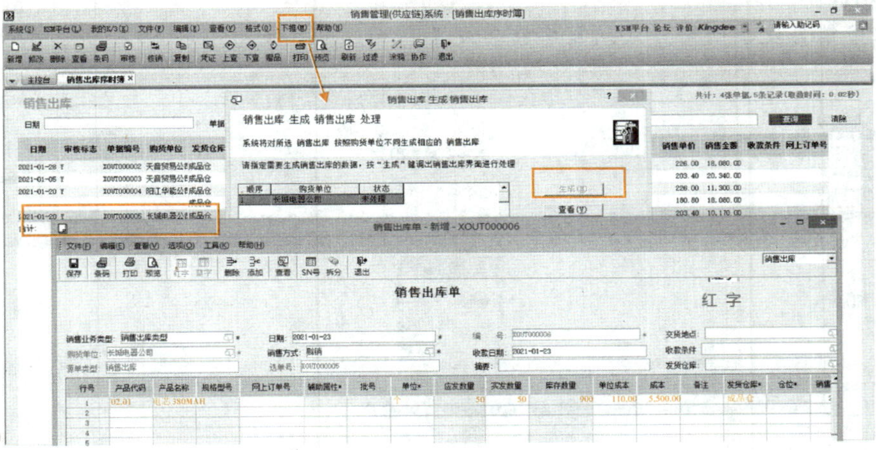

图3-33　下推生成红字销售出库单

(6) 在销售出库单序时簿找到销售给长城电器公司电芯380MAH产品的“销售出库单”，选中下推生成“销售出库单”（蓝字出库单再下推生成出库单时就会成生一张红字的销售出库单）并审核，如图3-34所示。

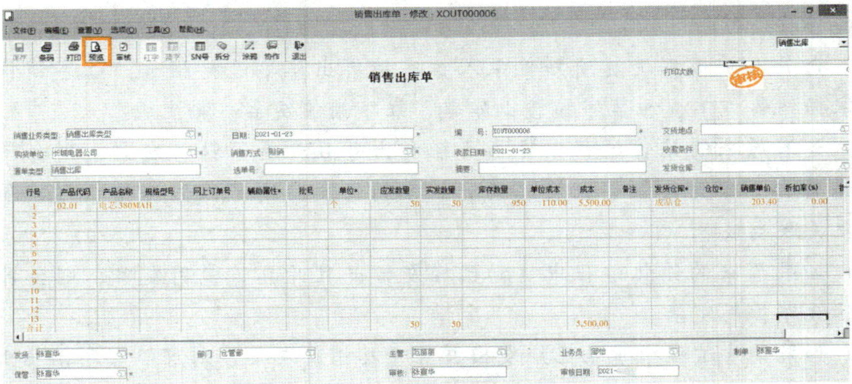

图3-34　审核红字销售出库单

（7）2021年1月24日，开出红字销售发票，并钩稽，如图3-35、图3-36所示。

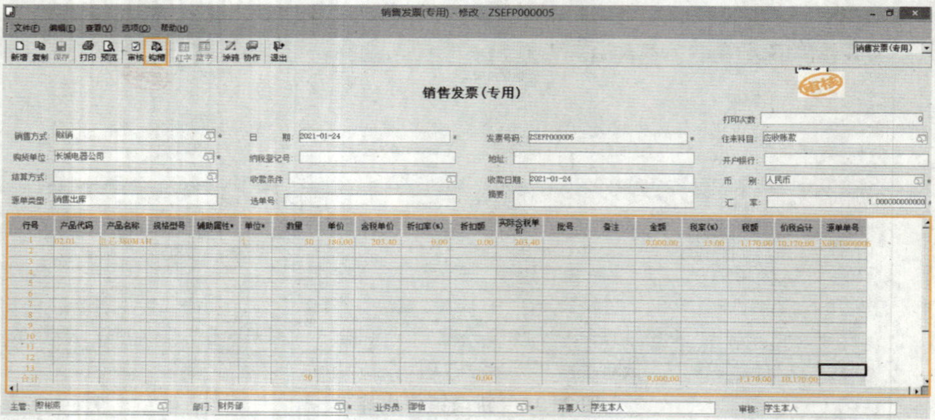

图3-35　新增并审核红字销售发票

特别提示

红字销售发票新增方法同蓝字销售发票一样。

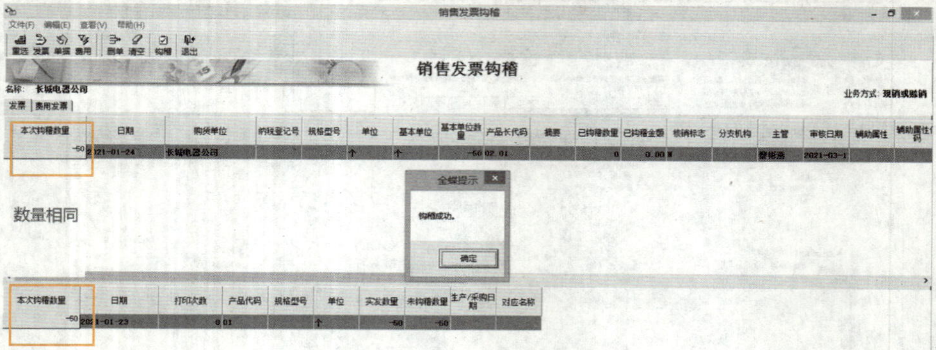

图3-36　钩稽红字销售发票

知识拓展

（1）销售人员根据原来的发货通知单或者红字销售发票录入退货通知单，通知仓库准备接收。

（2）仓管人员根据退货通知单录入红字销售出库单进行收货。红字销售出库单还可以依据销售订单、原蓝字销售出库单、红字销售发票关联生成。

（3）如果原来的销售过程中货物已经发出并且开具了销售发票，则会计需要根据红字销售出库单开具红字销售发票。红字销售发票还可以依据销售订单和原蓝字销售发票关联生成。

（4）如果原来的销售过程中货物已经发出并且开具了费用发票，则会计需要视情况开具红字费用发票。

（5）如果销售过程中货物已经发出并且开具销售发票，则可以红字销售出库单、红字销售发票进行钩稽核对，也可以蓝字销售出库单、蓝字销售发票、红字销售出库单、红字销售发票一起钩稽。如果销售过程中货物已经发出，并且原来只是部分开票，则红字销售出库单、蓝字销售出库单和蓝字销售发票需要进行钩稽核对。如果销售过程中货物已经发出，并且根据蓝字销售发票开具了红字销售发票，则蓝字销售出库单、蓝字销售发票、红字销售发票进行钩稽核对。如果有费用发票，则费用发票也需要参与上述钩稽。

任务5　销售分次发货业务处理

业务处理流程：

销售订单 → 发货通知单1 → 销售出库单1
　　　　 → 发货通知单2 → 销售出库单2　→ 销售发票 → 收款单
　　　　 　⋮　　　　　　 ⋮
　　　　 → 发货通知单n → 销售出库单n

业务处理的一般步骤为：①销售订单的录入与审核；②按实际发货时间分批录入与审核发货通知单；③按实际出库时间分批录入与审核销售出库单；④销售发票的录入与审核；⑤销售发票与销售出库单钩稽。

训练营

销售分次发货业务处理

▶ 实训资料

2021年1月27日，销售员袁双销售给长城电器公司电芯10MAH产品50个，售价200元/个（含税）。货物分别在1月28日发出10个、1月30日发出40个。月末开出销售发票。

▶ 实训操作过程

（1）2021年1月27销售给长城电器公司一批产品，做销售订单，如图3-37所示。

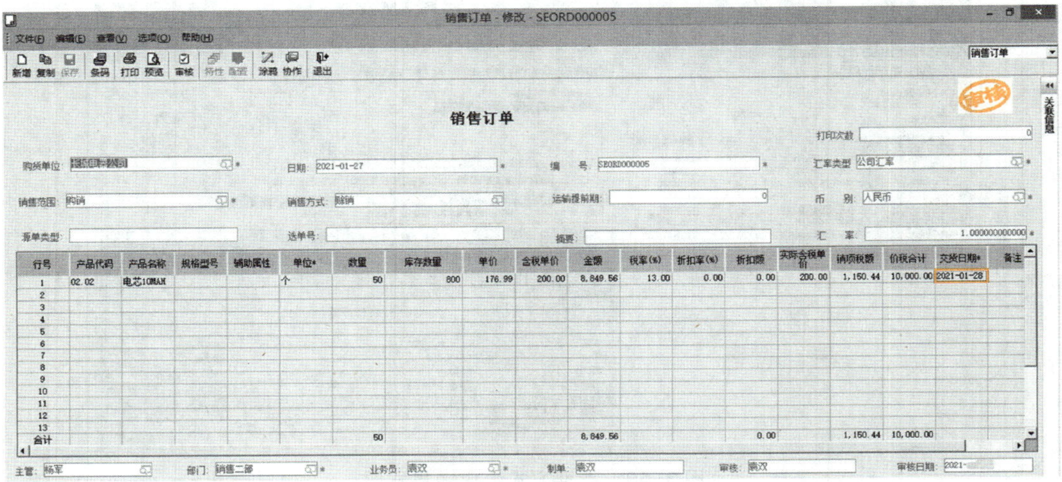

图3-37　新增销售订单

（2）1月28日，先向长城电器公司发出10台，如图3-38所示。

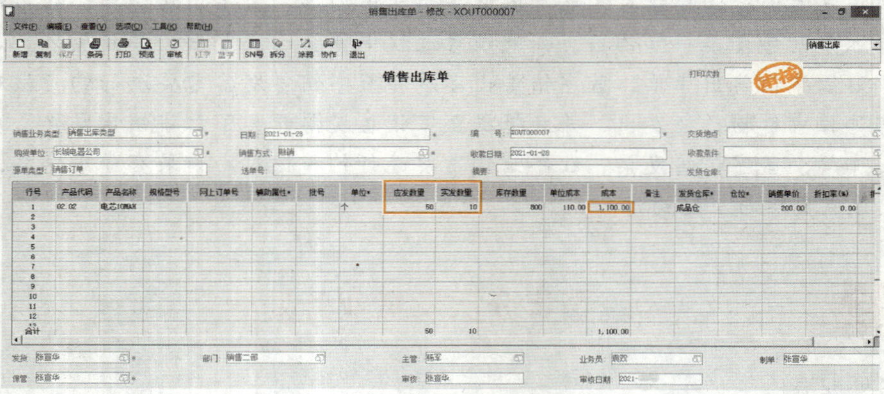

图3-38　分批新增并审核销售出库单

（3）1月30日，再向长城电器公司发出40台，如图3-39所示。

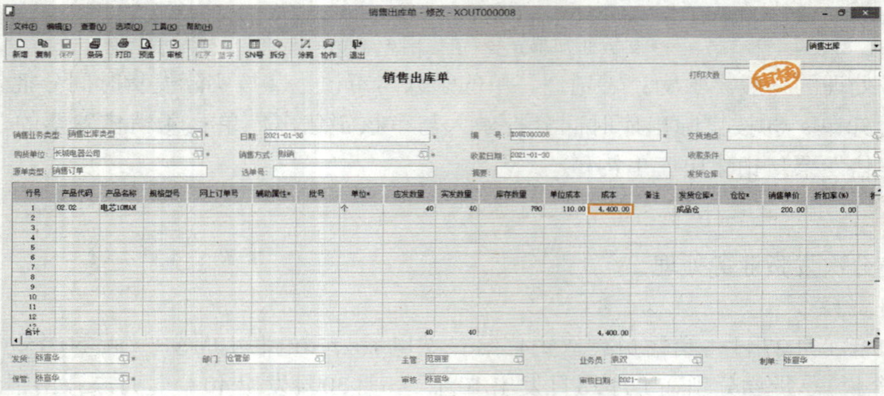

图3-39　新增并审核下一批销售出库单

（4）月末开出销售发票，可选择两张出库单下推生成一张销售发票，并钩稽，如图3-40、图3-41、图3-42所示。

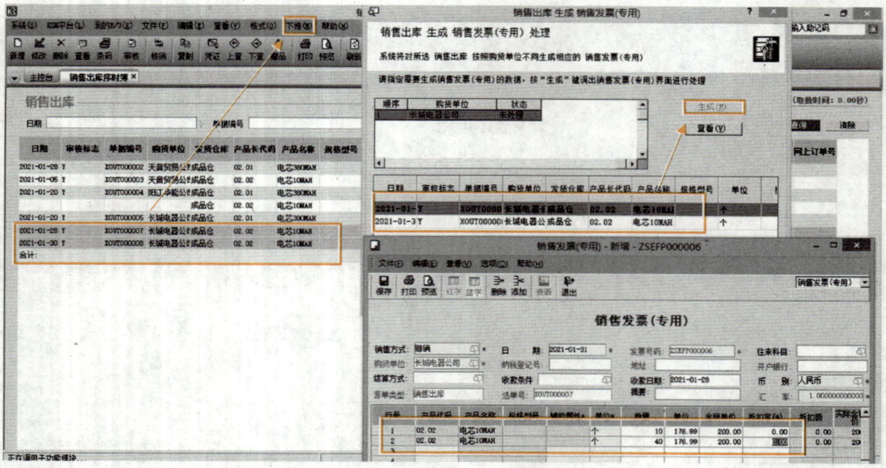

图3-40　下推方式生成销售发票

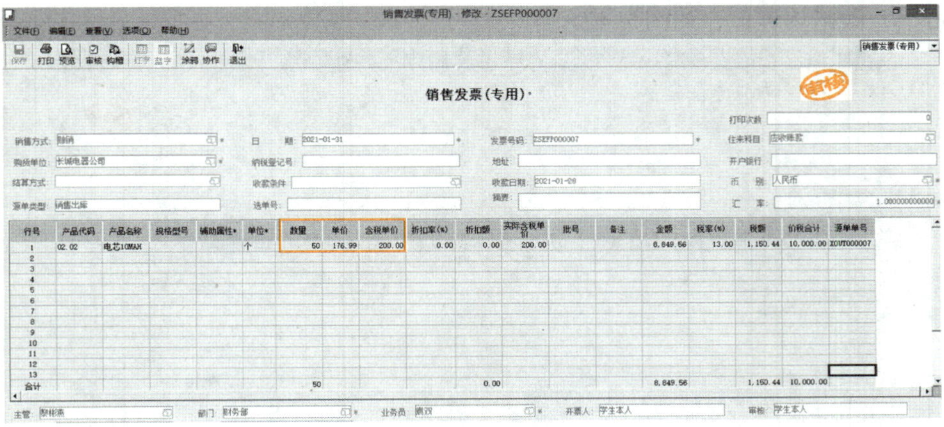

图 3-41 生成销售发票

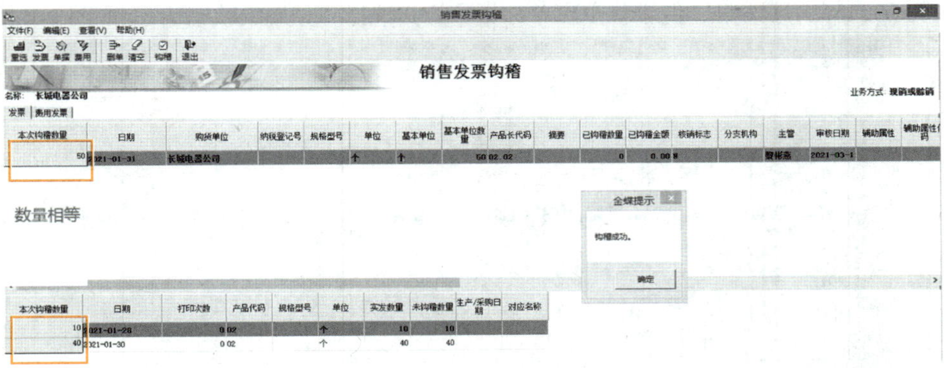

图 3-42 钩稽销售发票

任务 6 分期收款销售业务处理

业务处理流程：

销售订单——→发货通知单（可省略）——→销售出库单——→销售发票（收款时做）

业务处理的一般步骤为：①销售订单的录入与审核；②发货通知单的录入与审核；③销售出库单的录入与审核；④销售发票的录入与审核（分期收款时录入，即第一次收款，录入收款金额发票，第二次、第三次……直到全部收款）；⑤销售出库单与发票的钩稽（销售出库单与多张发票间的钩稽，注意核对物料名称与数量）。

训练营

分期收款销售业务处理

▶ 实训资料

2021 年 1 月 26 日，销售员邹怡以分期收款方式向韶关原野电器公司销售电芯 380MAH 产品 50 个，销售价 180 元/个（不含税）。约定 2021 年 1 月 30 日向韶关原野电器公司收取第一期 10 个电芯 380MAH 产品的货款，并开具相应的销售发票。

▶ 实训操作过程

（1）2021 年 1 月 26 日，邹怡以分期收款方式向韶关原野电器公司销售电芯 380MAH

产品50个，做销售订单，如图3-43所示。

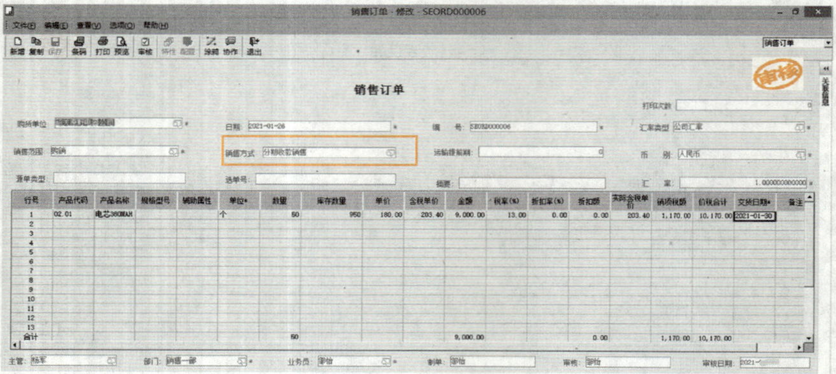

图3-43　新增并审核销售订单

（2）2021年1月26日，做销售出库单，销售方式选择“分期收款销售”，如图3-44所示。

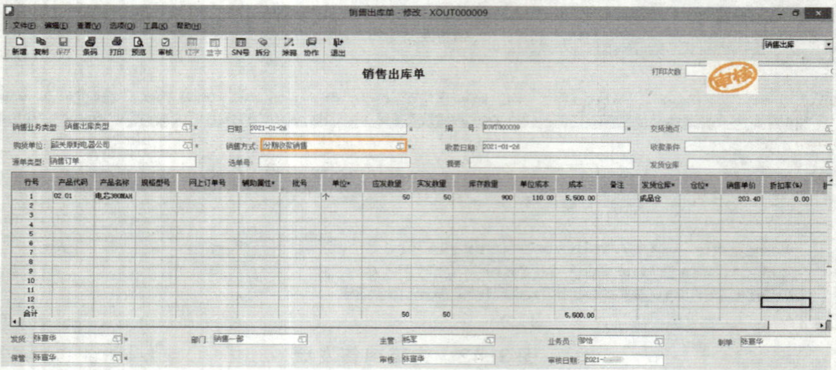

图3-44　分期收款销售出库

（3）2021年1月30日向韶关原野电器公司收取第一期10个电芯380MAH产品的货款，做销售发票，并查看钩稽界面，如图3-45、图3-46所示。

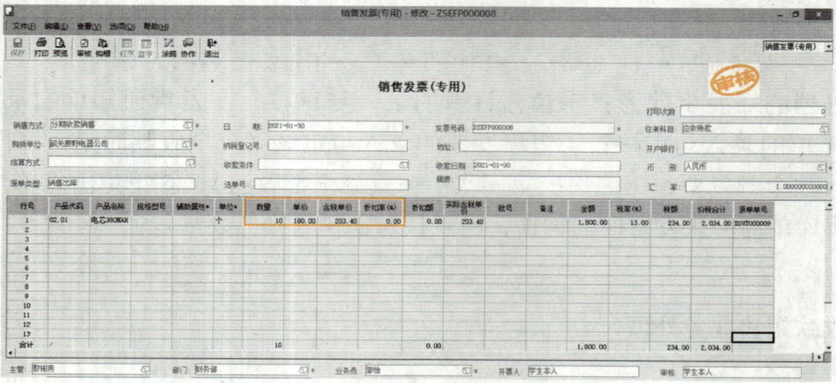

图3-45　生成分期收款销售发票

特别提示

分期收款销售做销售出库单时把库存商品结转到发出商品，开具发票后才确认应收款，确认收入，结转成本。

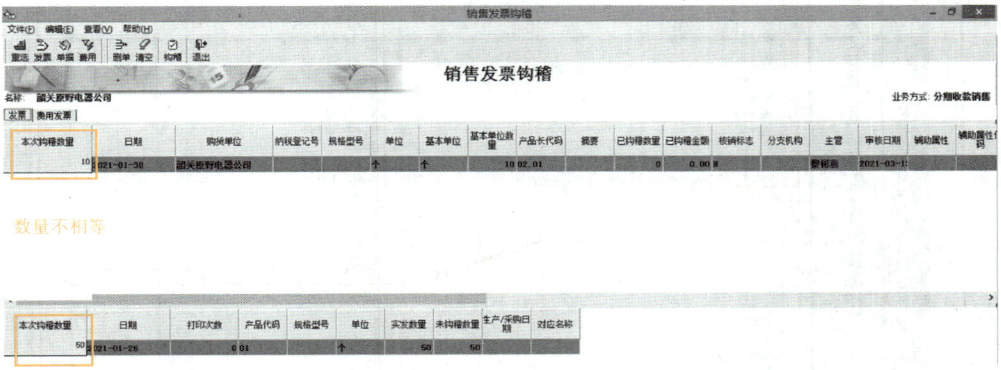

图 3-46　分期收款销售发票（未钩稽）

知识拓展

（1）做分期收款发出商品的销售出库单，销售方式选择分期收款销售。

（2）在核算模块，根据此销售出库单生成凭证（事务类型选择“销售出库–分期收款”），此时借方应为“分期收款发出商品”明细科目，可以自己确定。

（3）当收到货款时，做销售发票，发票类型选择“分期收款”，在审核发票时可能发票数量和出库数量不等，可先把分期收款销售出库单拆分。

（4）在存货核算模块生成收入凭证，同时凭证会结转“分期收款发出商品”为“库存商品”。

任务 7　报表查询

销售订单全程跟踪报表是针对销售订单明细行显示其详细的发货信息、出库信息、开票信息、收款信息等的汇总情况。

销售订单全程跟踪报表是销售订单执行情况报表的延续，方便企业销售人员了解订单的进展情况，以保证及时的货物供应，同时也帮助销售人员了解付款情况，以便和客户维持良好的关系。

在进入业务报表界面之前，首要步骤是进行所有已存在数据的过滤工作。这项工作非常重要，是所需查询的业务结果反映正确的基本条件。

训练营

查看广州尚质电源有限公司本月销售订单全程跟踪报表。

▶ 实训操作过程

选择【供应链】→【销售管理】→【销售订单】→【销售订单全程分析表】，如图3-47、图3-48、图3-49所示。

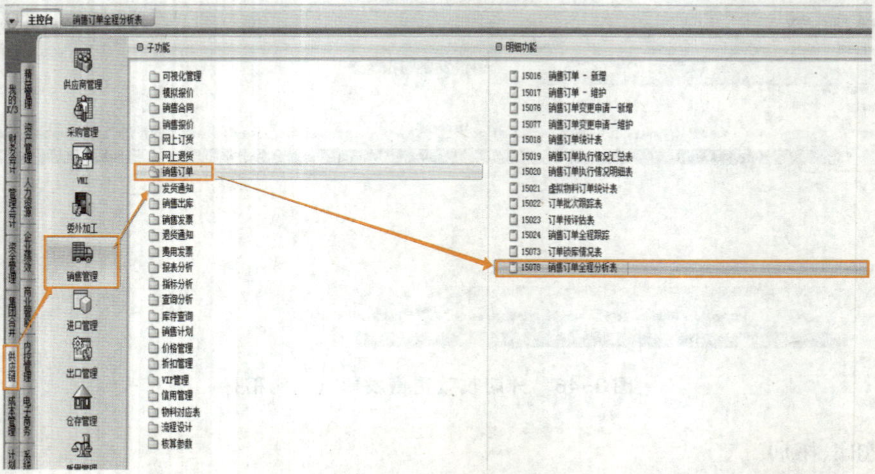

图3-47　选择销售订单全程分析表

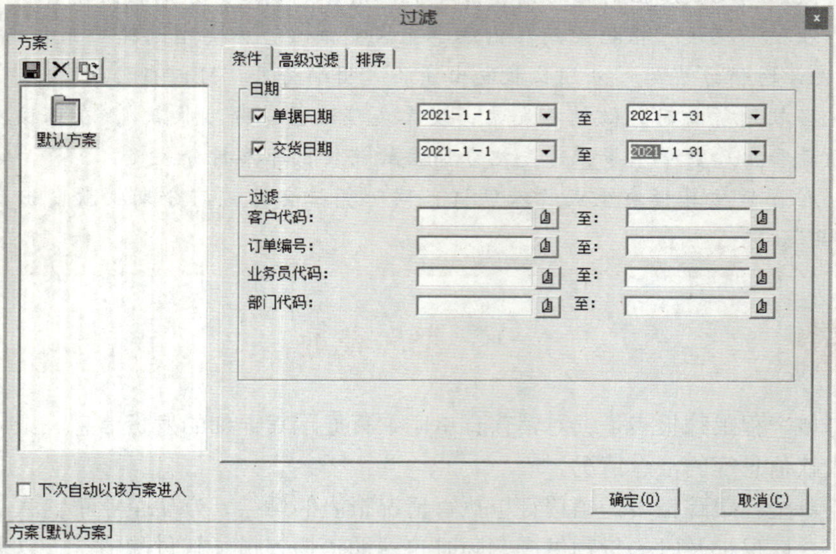

图3-48　设置销售订单全程分析表过滤页面

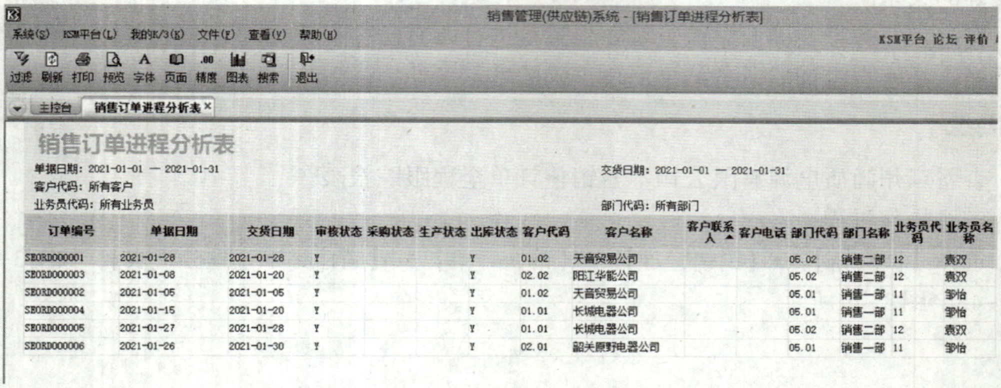

图3-49　查看销售订单全程分析表

项目四

仓存核算岗位

拳不离手，曲不离口，练就过硬本领

积极参加社会实践活动，在实践中反复锤炼。“拳不离手，曲不离口。”熟能生巧。通过实践，反复操练，勤学苦练，不仅可以了解新情况、掌握新知识，而且可以提高综合素质和业务能力。谦虚好学、刻苦钻研、锲而不舍，是练就高超的专业技术和过硬本领的唯一途径，也是衡量财务人员职业道德水准高低的重要标志之一。

仓存岗位，负责入库业务（包括外购入库、产品入库、委外加工入库、其他入库）、出库业务（包括销售出库、生产领料、委外加工出库、其他出库、受托加工领料）、仓存调拨、库存调整（包括盘盈入库、盘亏毁损）、虚仓单据（包括虚仓入库、虚仓出库、虚仓调拨、受托加工产品入库）、库存盘点、即时库存管理等工作，对仓存业务的物流和成本管理全过程进行有效控制和跟踪，实现完善的企业仓储信息管理。该岗位可以独立执行库存操作；与采购、销售、存货核算、成本管理岗位的单据和凭证等结合使用，可以进行更完整、全面的企业物流业务流程管理和财务管理，如图4-4所示。

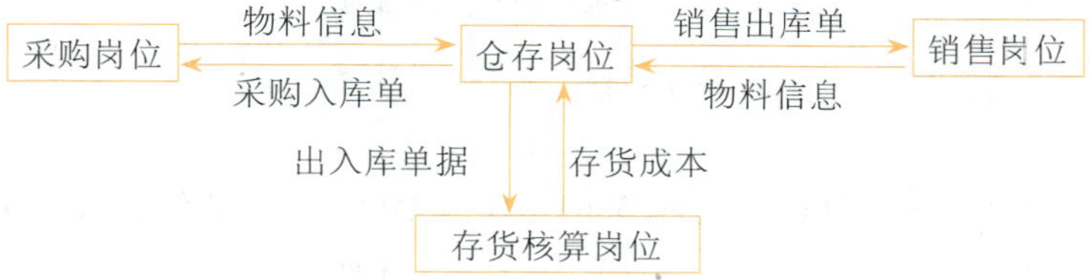

图4-1　仓存岗位关系图

仓存岗位与采购岗位之间，可以根据采购系统的采购订单、采购发票或收料通知单进行外购入库，根据采购系统的采购订单或退料通知单等单据进行外购退库。

仓存岗位与销售岗位之间，可以根据销售系统的销售订单、销售发票或发货通知单进行销售出库，根据销售系统的销售订单或退货通知单等单据进行销售退库。

仓存岗位中的各种普通仓、受托代销仓、其他仓的出入库单是进行存货核算的重要原始依据，存货核算之后的成本将反填到实仓的出入库单的成本中。此外，仓存中的各种普通仓、受托代销仓、其他仓的出入库单是进行成本管理的材料核算的重要原始依据。

存货核算是供应链与财务链相连的一个重要环节，供应链系统中的各种单据都要在存货核算中通过核算与结转来完成成本的确认。通过入库核算和出库核算，为每一张业务进出的单据确定一个正确的成本金额。本书中，存货核算将作为仓存核算岗位中的一个重要内容来讲解。

仓存岗位业务员是张宣华，经理是范丽丽。

任务1　产品入库

产品入库单是处理完工产品入库的单据，也是财务人员据以记账、核算成本的重要原始凭证。产品入库确认后，需要手工填入或引入入库成本，或从成本核算中自动取数。产品入库单可以通过手工录入、订单确认和生产任务单关联等途径生成。

（1）手工录入

手工录入就是整张单据由手工生成，不需要借助其他单据或其他系统信息，比较适用于零星入库。如果同一生产任务单的产品入库单的数量达到完工入库单下限，且满足其他自动结案条件，则自动结案任务单。此时如果反结案此任务单，可以继续生成产品入库单。在保存的当前单据上，才能执行修改功能，修改后，即时保存即可。

（2）关联生成

蓝字产品入库单可以通过关联销售订单、生产任务单、产品检验单、工序流转卡汇报、工序转移单、生产任务单汇报生成，红字产品入库单可以通过关联蓝字产品入库单生成，即将相关单据作为源单据，根据选择的源单据自动生成产品入库单。其中，销售订单、蓝字产品入库单等必须是已审核、尚未关闭的单据；而生产任务单是已下达、尚未关闭的单据。其他操作与手工新增一致。

（3）单据复制

金蝶K/3供应链系统提供了单据复制和批复制功能。在业务处理中，可以通过复制单据来执行新增，其方法类似于基础资料中核算项目的复制增加。

训练营

▶ 实训资料

1月31日，张宣华把500个电芯380MAH产品入库，单位成本110元/个，入成品仓。

▶ 实训操作过程

产品入库业务处理，请参照“项目二　采购岗位”任务3、任务4的内容。选择【供应链】→【仓存管理】→【验收入库】→【产品入库-新增】，如图4-2、图4-3所示。

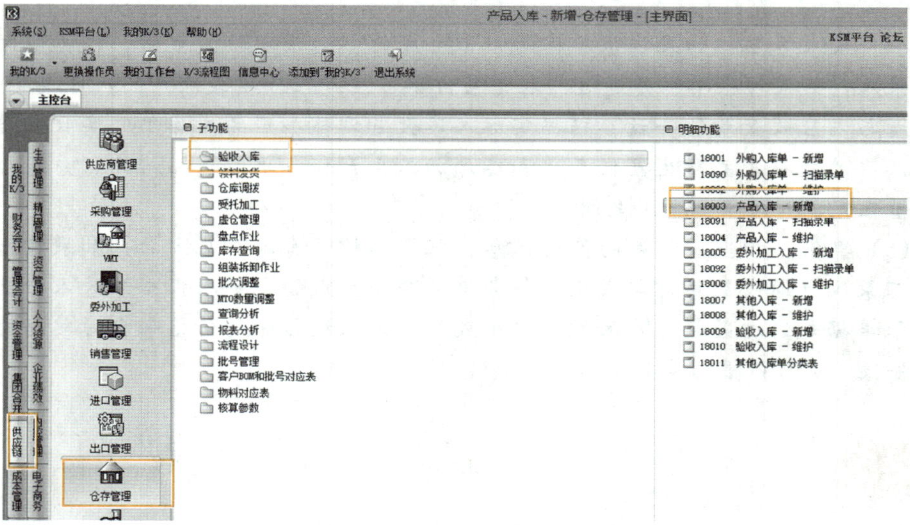

图 4-2　产品入库单选择

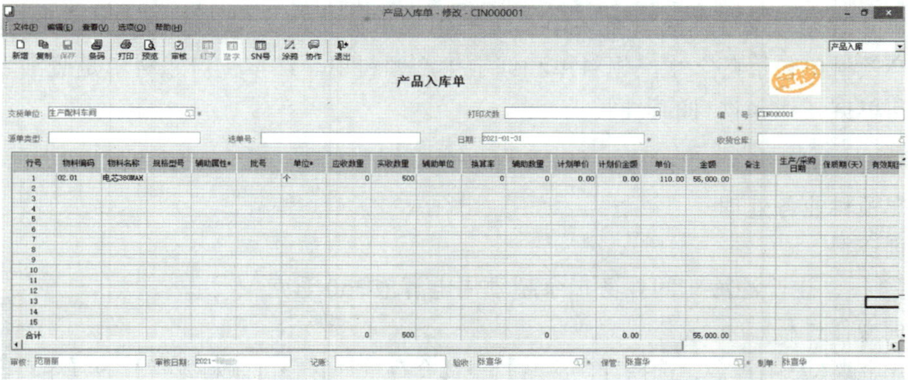

图 4-3　产品入库单录入

知识拓展

（1）产品入库单包括所有入库单的蓝字和红字单据，红字入库单是蓝字入库单的反向单据，代表物料的退库。两者数量相反，但内容一致，因此一并介绍。

（2）金蝶K/3供应链系统的业务单据都包括单据头和单据体两部分。单据头部分用来描述针对该业务处理过程共性的业务信息，如单据编码、单据日期等；单据体部分用来描述不同物料的基本信息和单据信息，如物料数量、单价等。在录入中，应收数量，即当前所关联单据传递过来的、按所选单位计量的数量，不能设置。

（3）取得方法：如果该张单据是通过关联销售订单、生产任务单或原产品入库单生成的，则数量是自动关联订单、生产任务单或原产品入库单上相关物料数量，不能修改。如果该张单据是手工生成的，则该字段为空白。实收数量指实际收到的数量。

（4）录入方法：如果该张单据是手工生成的，则该字段为空白，根据实际入库数量录入。如果该张单据是通过关联销售订单、生产任务单或原产品入库单生成的，则数量与“应收数量”一致，根据实际入库数量调整。产品入库单的实收数量作为更新库存的数据。关联生产任务单和委外加工生产任务单做产品入库，系统控制实收数量在完工入库单上下限之间。

（5）单价：指当前物料的价格信息，取得和控制有以下几方面：如果该张单据是手工录入或通过销售订单或生产任务单关联而生成的，则根据手工录入价格。如果该张单据是通过关联原产品入库单生成的，则系统传递的价格来自源单据的“单价”字段，也可以根据需要手工修改价格。

任务2 生产领料

生产领料单，是确认货物出库的书面证明，也是财务人员据以记账、核算成本的重要原始凭证。在金蝶K/3供应链系统中，生产领料单确认后，需要继续处理出库成本的计算。生产领料单包括蓝字生产领料单和红字生产领料单。红字生产领料单是蓝字生产领料单的反向单据，代表物料的退回。

训练营

生产领料业务处理

▶ 实训资料

1月4日，生产注液车间业务员余超领用电解液350千克。

▶ 实训操作过程

视频

产品入库单的新增与审核

打开金蝶K/3主控台，选择【供应链】→【仓存管理】→【领料发货】→【生产领料-新增】，打开领料单界面，根据资料录入相关信息，如图4-4、图4-5所示。

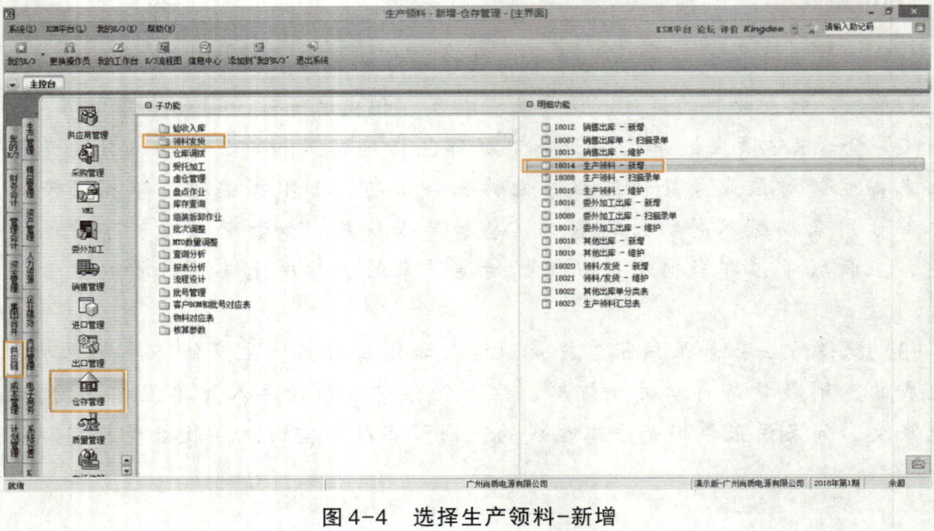

图4-4 选择生产领料-新增

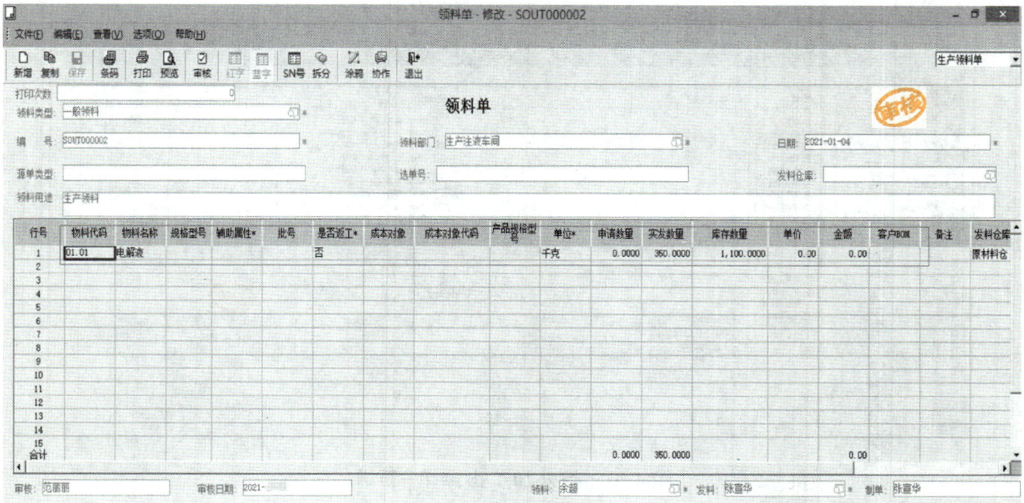

图4-5　领料单

知识拓展

（1）可把多条生产任务单/重复生产任务单合并领料。生产领料单选单时支持同一个车间的多条生产任务单/重复生产任务单合并在一张单据领料，系统把多个任务单的领料按照投料单的子项物料的行号顺序逐行返写到领料单的表体，数量不进行汇总。在单据打印时可以把相同物料的数量汇总。

（2）生产领料单可通过扫描录单，也就是直接通过扫描设备扫描源单单号条码或物料条码实现快速录单的一种形式，并可快速确认物料信息。

任务3　委外加工

委外加工出库单是确认货物出库的书面证明，用于处理委外加工原材料的出库。委外加工出库单确认后，也需要继续处理出库成本的计算，从而为正确进行成本核算和结账打下基础。

训练营

委托加工业务处理

▶ 实训资料

1月20日，向恒星电子公司发出委外加工材料铝塑膜80平方米。

1月25日，恒星电子公司发回铝塑膜，数量80平方米。

▶ 实训操作过程

（1）1月20日，向恒星电子公司发出委外加工材料铝塑膜80平方米。

打开金蝶K/3主控台，选择【供应链】→【仓存管理】→【领料发货】→【委外加工出库-新增】，如图4-6所示。

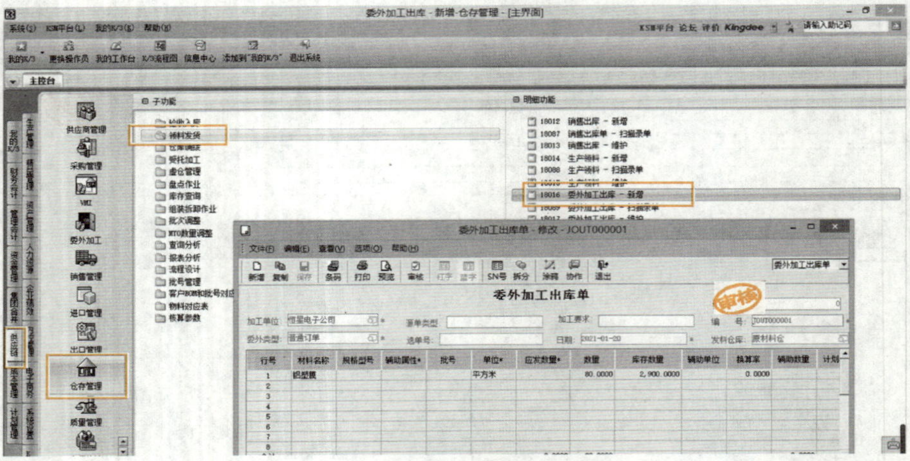

图4-6　委外加工出库单-新增

（2）1月25日，恒星电子公司发回铝塑膜，数量80平方米，如图4-7所示。

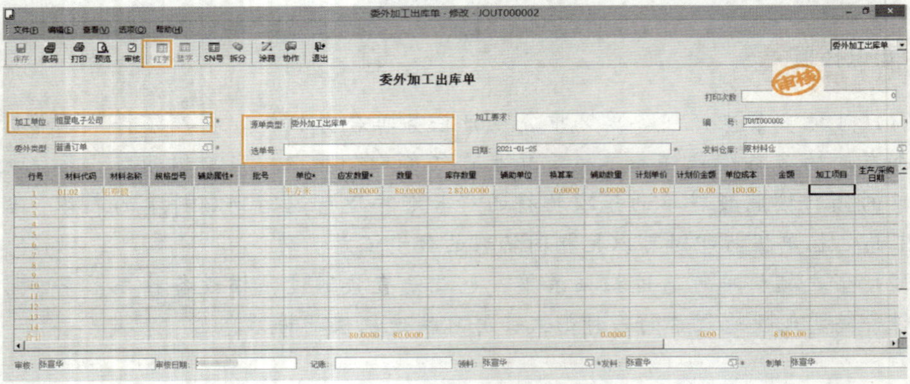

图4-7　委外加工出库单-红字新增

（3）对等核销，如图4-8、图4-9、图4-10所示。

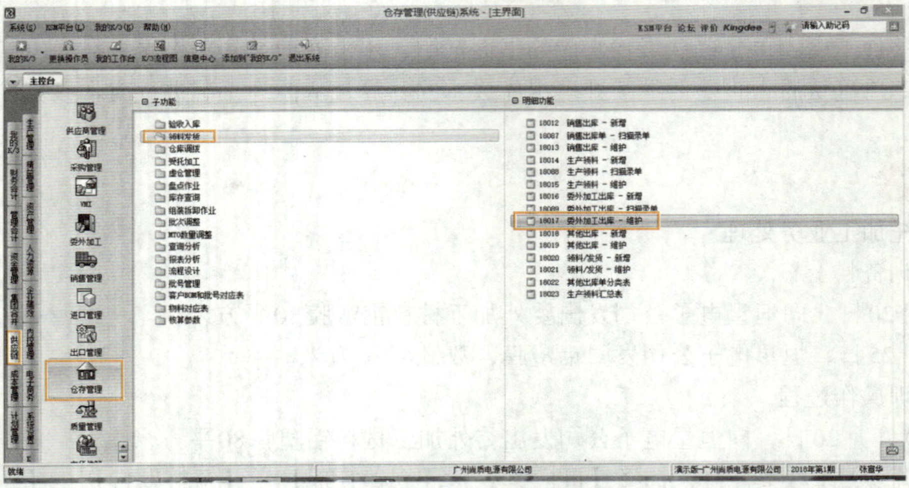

图4-8　打开委外加工出库维护界面

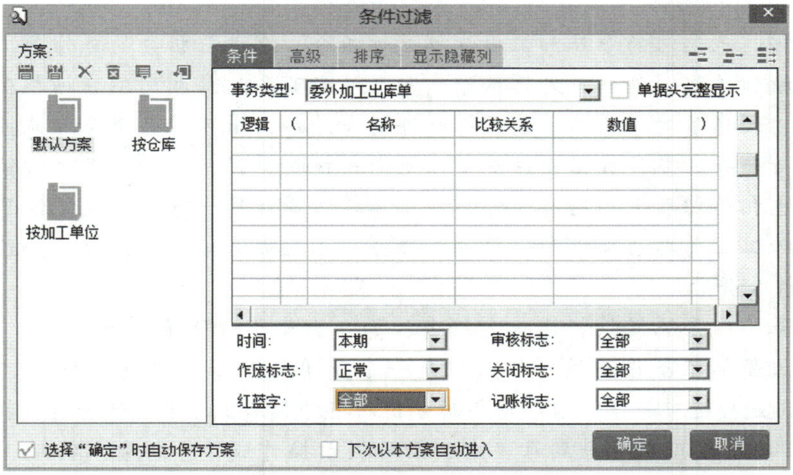

图 4-9　设置委外加工出库单过滤条件

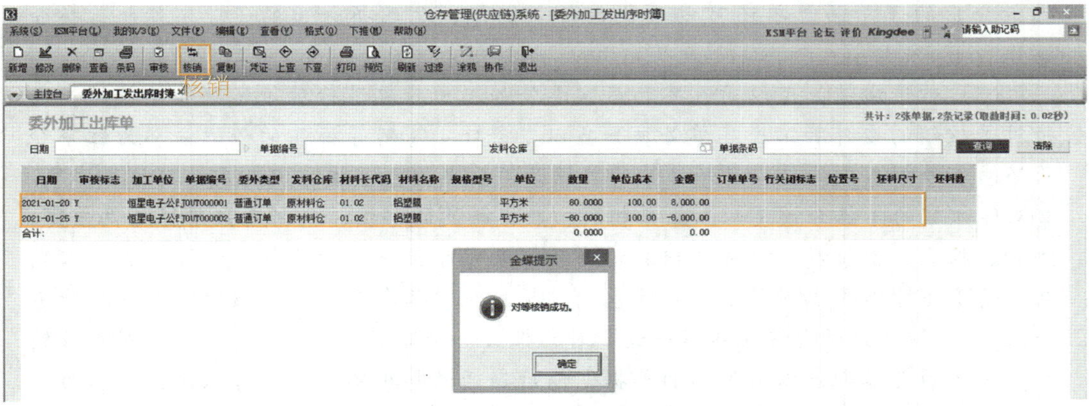

图 4-10　委外加工出库单对等核销

知识拓展

（1）出库单包括蓝字出库单和红字出库单。红字出库单是蓝字出库单的反向单据，代表物料的退回。两者数量方向相反，但内容一致，因此一并介绍。系统中支持多条委外订单合并领料。委外加工出库单选单时支持将同一个加工单位的多条委外订单合并在一张委外加工出库单，系统把多个任务单的领料，按照投料单的子项物料的行号逐行返写到委外加工出库单的表体，数量不进行汇总。在单据打印时可以把相同物料的数量汇总。

（2）委外加工出库单的管理功能涵盖多个方面，主要包括下推式关联、单据关联、连续查询等。

（3）拆分：系统提供将一张委外加工出库单拆分为两张委外加工出库单的功能。出库单拆分便于将需要在本期钩稽的部分拆分出来，从而解决了一张前期暂估出库单部分到货后不能及时钩稽，或者一张当期单据需要部分计入成本等问题。进行拆单操作的委外加工出库单必须满足以下条件：①进行拆分的委外加工出库单必须是已审核单据，已记账的委外加工出库单允许拆分；②进行拆分的委外加工出库单必须是尚未核销单据，包括与发票核销、与另一张业务信息相同但数据相反的委外加工出库单、入库单对等核销；③进行合并的委外加工出库单必须是以前被拆分的子单；④进行合并的委外加工出库单必须是尚未核销单据，包括与发票核销、与另一张业务信息相同但数据相反的委外加工出库单对等核销；⑤已生成凭证且凭证号一样的委外加工出库单的母单和子单可以合并，已生成凭证且凭证号不一致的母单和子单不允许合并。

（4）合并：系统提供将已拆分的委外加工出库单（子单）合并到母单的功能。拆分后的出库单可合并还原，但只能是一张子单与一张母单逐张合并。在当前界面中，使用鼠标选中一张以前从母单拆分出的委外加工出库单，选择【编辑】→【合并单据】，该张单据即合并到母单中，系统提示操作成功。拆分单据后，对于被拆的母单和拆出的子单有以下影响：①已拆分的委外加工出库单不能反审核；②已拆分出的子单的母单还可以再执行拆分操作；③已拆分出的子单不能执行拆分操作。

（5）对等核销：可以对红字和蓝字委外加工出库单进行对等核销和反核销。进行对等核销的委外加工出库单必须具备以下条件：①对等核销的必须分别为红字和蓝字的委外加工出库单。对等核销的单据必须全部为已审核、但尚未核销的出库单。②对等核销的单据必须是两张业务相同、数据相反的单据，包括两张单据的供应商、物料、批次、条目数、仓库等内容均一致，而每个条目的数量相反（即相加为零），在此情形下才能予以对等核销。注意，选择系统整体参数“对等核销时允许批号不一致”“对等核销时允许仓库不一致”时，批次、仓库不一致也允许核销。对等核销的单据必须是本期或以前期间的单据，以后期间的单据不可以。可以允许单据为已做账单据（即前期或本期暂估单据）。一次只能选择两张单据进行对等核销。但一次只能选择一张单据进行反核销。

核销方法：在委外加工出库单序时簿中使用快捷键Ctrl选中两张符合对等核销条件的委外加工出库单，使用工具条上的【核销】按钮或选择【编辑】→【核销】，系统会检查两张单据是否符合要求，即供应商、物料、批次、条目数、数量（相加为零）、仓库等是否一致，然后予以对等核销；如果出现不符合的条件，系统会给予提示，然后返回序时簿界面。对等核销成功后将委外加工出库单打上钩稽标志。

反核销方法：对于已经执行对等核销的单据，可以执行反核销。反核销只能选中一张单据，对其进行反核销，则另一张与其对等核销的单据也反核销了。允许对已生成凭证的委外加工出库单的对等核销的单据进行反核销；但不能反核销以前期间对等核销的委外加工出库单；同样在委外加工出库单序时簿中选中一张已经执行对等核销的委外加工出库单，选择【编辑】→【反核销】，系统会检查该张单据是否符合要求，然后将二者一起做反核销处理，两张单据同时变为非钩稽状态；如果出现不符合的条件，系统会给予提示，然后返回序时簿界面。

任务 4　仓库调拨

仓库调拨单是确认货物在仓库之间流动的书面证明，是财务人员据以记账、核算成本的重要原始凭证。在金蝶 K/3 供应链系统中，仓库调拨单确认后，需要手工填入调拨成本。

训练营

仓库调拨业务处理

视频

调拨单的新增、审核与反审核

▶ 实训资料

1 月 20 日，发现 10 个 10MAH 电芯有质量问题，需要由成品仓调入原材料仓进行拆分及维修。

▶ 实训操作过程

打开金蝶 K/3 主控台，选择【供应链】→【仓存管理】→【仓库调拨】→【调拨单-新增】，如图 4-11 所示。

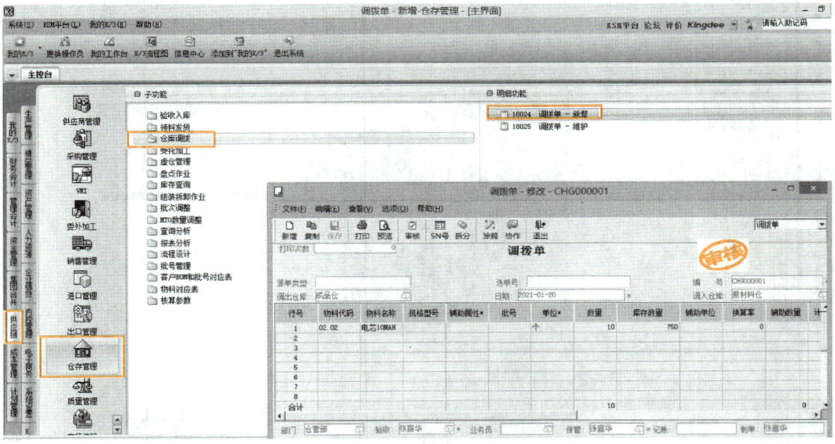

图 4-11　调拨单新增

视频

调拨单的修改与审核

任务 5　库存盘点以及盘盈盘亏处理

库存盘点是处理与库存数据相关的日常操作和信息管理的综合功能模块，主要包括备份盘点数据、打印盘点表、输入盘点数据、编制盘点报告表等处理功能，实现对盘点数据的备份、打印、输出、录入、生成盘盈盘亏单据等，它是对账存数据和实际库存数据进行核对的重要工具，是保证企业账实相符的重要手段。

盘点作业流程：

（1）进入盘点方案界面，新建一个盘点方案（即盘点工作任务），确定盘点范围，进行盘点账存数据备份。

（2）打印盘点表，或者引出需盘点的数据（引出在录入盘点数据界面），提供给仓存人员进行盘点。

（3）将盘点结果数据录入，或者把Excel格式的盘点结果数据引入。

（4）编制盘点报告单：系统进行账存数据与实存数据差异比较，再生成盘盈单或盘亏单。

训练营

库存盘点及盘盈盘亏业务处理

▶ 实训资料

企业于1月31日对原材料仓和成品仓进行仓库盘点，发现实际库存10MAH电芯比账面多20个，380MAH电芯比账面少5个。

▶ 实训操作过程

（1）打开“盘点方案”界面

在金蝶K/3主控台中，选择【供应链】→【仓存管理】→【盘点作业】→【盘点方案-新建】，进入“盘点进程”界面，如图4-12、图4-13所示，建立盘点方案，对历史已经建立的盘点方案进行查看、删除等处理。

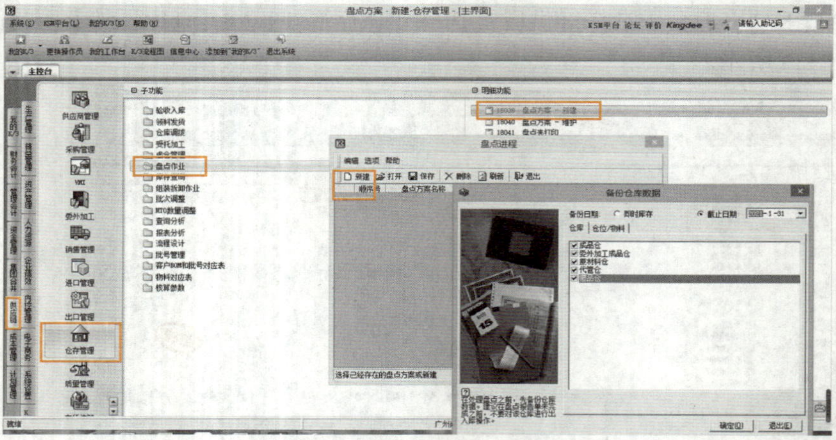

图4-12　打开新建盘点方案界面

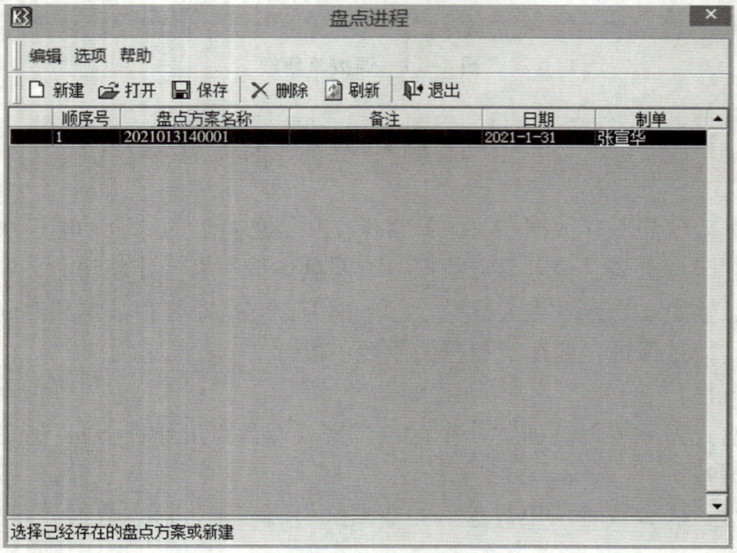

图4-13　新建盘点方案

知识拓展

盘点方案就是盘点的历史记录，每一次盘点都会新增一条记录，从而序时地记录每次盘点的时间、仓库等信息，系统按盘点方案建立的时间及所选取的仓库、物料确定盘点范围，对相应的库存数据进行备份，并可以将盘点数据引出。盘点方案前的选择框不能进行手工选择，由系统自动根据盘点方案生成的盘盈单、盘亏单是否审核做出相应的标志，审核后，系统自动打上红“√”，表示该盘点方案生成的盘盈单、盘亏单已经审核，如要删除该盘点方案，必须先反审核相应的盘盈单、盘亏单。

（2）新建盘点方案

视频 库存盘点

新建是指盘点方案的新建。在“盘点方案”界面单击工具框中的【新建】，如果是启用周期盘点，选择启用周期盘点选项，点击【新建】即可生成盘点方案。如果不启用周期盘点，进入“盘点账存备份”界面，单击【确定】后系统将选中的仓库及截止日期的库存余额进行备份，同时生成一个盘点方案，并返回“盘点方案”界面。

在返回的“盘点方案”界面，如果选择截止日期进行数据备份，新建的盘点方案系统根据截止日期自动填充“日期”，不允许手工修改；如果选择即时库存进行数据备份，新建的盘点进程系统根据系统当天日期自动填充“日期”，不允许手工修改。注意：生成的盘点方案不允许修改，只能删除后重新生成。

操作步骤：首先要确定盘点方式，系统提供不启用周期盘点、启用周期盘点（分为分仓库周期盘点、不分仓库周期盘点）两种盘点方式，可通过过滤界面选择仓库、物料仓位进行过滤。在仓库页签下会出现所有实仓，可通过点击仓库复选框内的“√”，选择一个或多个仓库为盘点范围。确定盘点范围后，单击【确定】，系统将选中的仓库及截止日期的库存余额进行备份，同时生成一个盘点方案，并返回盘点方案界面。此时不管是审核后更新库存还是保存后更新库存，如果该仓库或仓位还有未审核的与出入库单相关的单据，系统提示“××仓还有未审核的与出入库单相关的单据，请审核这些单据用作备份。”

（3）录入盘点数据

视频 盘点数据录入及审核

库存盘点完成后，使用者可以据盘点人提供的盘点资料按仓库录入或者引入盘点数据。

在金蝶K/3主控台中，选择【供应链】→【仓存管理】→【盘点作业】→【录入盘点数据】，在不选中仓存系统选项“打印及录入盘点数据先调用过滤界面”时，弹出“物料盘点表”页面；选中则系统先弹出过滤条件窗口，在该窗口录入查询条件，单击【确定】，再弹出“物料盘点表”页面。

特别提示

这里的账存数量是指盘点日最近的账面截止日（即盘点备份日）的仓存计量单位库存余额，不允许修改，可以通过权限设置控制是否显示该列。实存数量是固定的，等于盘点数量加上选单数量（执行选单操作时选择单据的数量），不允许修改。

> 盘点数量是由手工录入实际盘点时库存的仓存计量单位实存余额。调整账存数量，即对账存数量进行调整。调整数量录入后会影响盘点报告单中的账存数量（在录入盘点数量界面，账存数量不会有变化），从而会影响盘盈、盘亏数量。盘点报告单界面账存数量=录入盘点界面账存数量+调整数量。在录入数据时，此栏数据慎重录入。

（4）编制物料盘点报告单

在金蝶K/3主控台中，选择【供应链】→【仓存管理】→【盘点作业】→【编制盘点报告】，在不选中仓存系统选项“打印及录入盘点数据先调用过滤界面”时，弹出物料盘点表页面；选中则系统先弹出过滤条件窗口，在该窗口录入查询条件，单击【确定】，再弹出物料盘点表页面，如图4-14所示。系统会根据录入的盘点数据和账存数进行对比，分仓库自动生成物料盘点报告单，如图4-15所示，并可以自动生成物料的盘盈盘亏单。

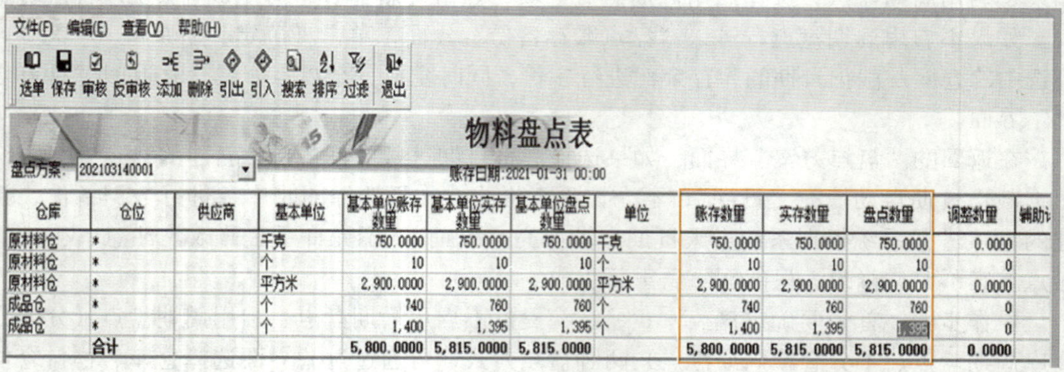

仓库	仓位	供应商	基本单位	基本单位账存数量	基本单位实存数量	基本单位盘点数量	单位	账存数量	实存数量	盘点数量	调整数量	辅助计
原材料仓	*		千克	750.0000	750.0000	750.0000	千克	750.0000	750.0000	750.0000	0.0000	
原材料仓	*		个	10	10	10	个	10	10	10	0	
原材料仓	*		平方米	2,900.0000	2,900.0000	2,900.0000	平方米	2,900.0000	2,900.0000	2,900.0000	0.0000	
成品仓	*		个	740	760	760	个	740	760	760	0	
成品仓	*		个	1,400	1,395	1,395	个	1,400	1,395	1,395	0	
	合计			5,800.0000	5,815.0000	5,815.0000		5,800.0000	5,815.0000	5,815.0000	0.0000	

图4-14　录入物料盘点数据

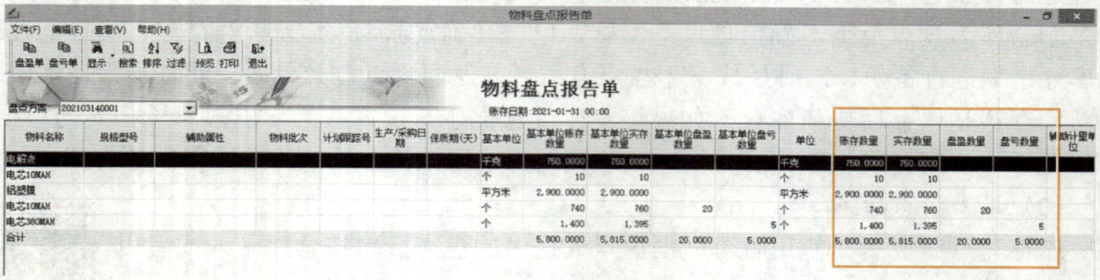

物料名称	规格型号	辅助属性	物料批次	计划跟踪号	生产/采购日期	保质期(天)	基本单位	基本单位账存数量	基本单位实存数量	基本单位盘盈数量	基本单位盘亏数量	单位	账存数量	实存数量	盘盈数量	盘亏数量	辅助计量单位
电解液							千克	750.0000	750.0000			千克	750.0000	750.0000			
电芯10MAH							个	10	10			个	10	10			
铝塑膜							平方米	2,900.0000	2,900.0000			平方米	2,900.0000	2,900.0000			
电芯10MAH							个	740	760	20		个	740	760	20		
电芯380MAH							个	1,400	1,395		5	个	1,400	1,395		5	
合计								5,800.0000	5,815.0000	20.0000	5.0000		5,800.0000	5,815.0000	20.0000	5.0000	

图4-15　生成物料盘点报告单

（5）生成盘盈单或盘亏单

视频

盘盈单和盘亏单的生成与审核

物料盘点报告单对账存数量和实存数量进行对比，计算出盈亏数量。系统可以根据盘盈、盘亏数量，通过【盘盈单】/【盘亏单】，或选择【文件】→【输出盘亏数据】/【输出盘盈数据】，自动生成物料的盘盈单或盘亏单。单击【盘盈单】/【盘亏单】后，系统根据盘盈或盘亏数量，自动生成物料的盘盈单或盘亏单；生成成功后，会给予生成成功的提示，并列出单据号。生成的盘盈单、盘亏单把供应商、仓库、仓位、物料代码、名称、批号、生产采购日期、保质期，账存、实存数量，盘盈、盘亏数量，备注、出单人等带到单据上，但这并不是完整的单据，剩下的必录项还需打开单据手工补充。出单生成的单据不会自动更新库存，必须重新保存或审核后才能更新库存。如果某个仓库已经出过盘盈单或盘亏单，重新生成的话，需将该仓库已生成过的单据删除才可重新出单。

选择【文件】→【按仓库生成盘盈盘亏】，可按仓库生成盘盈单、盘亏单，如图4-16、图4-17所示。

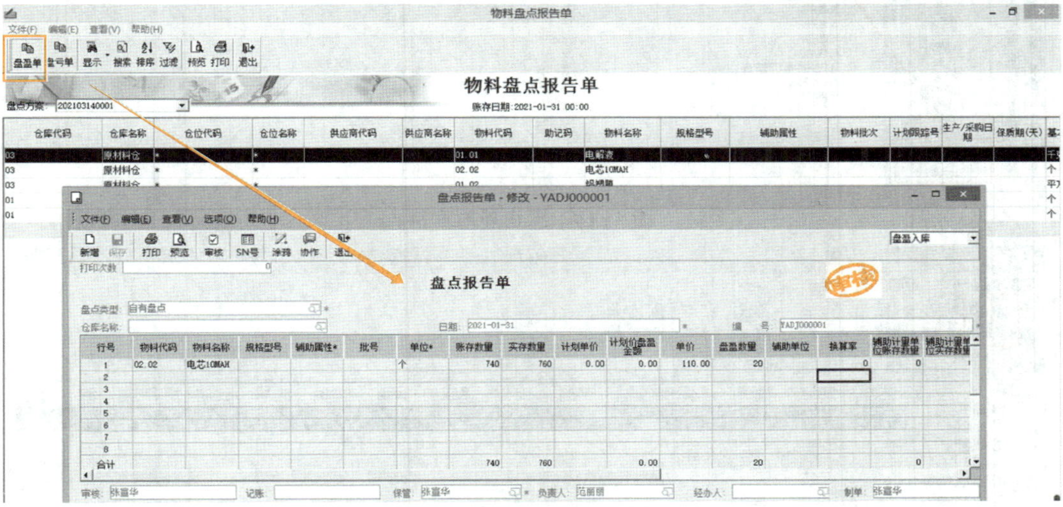

图4-16　按仓库生成盘盈单

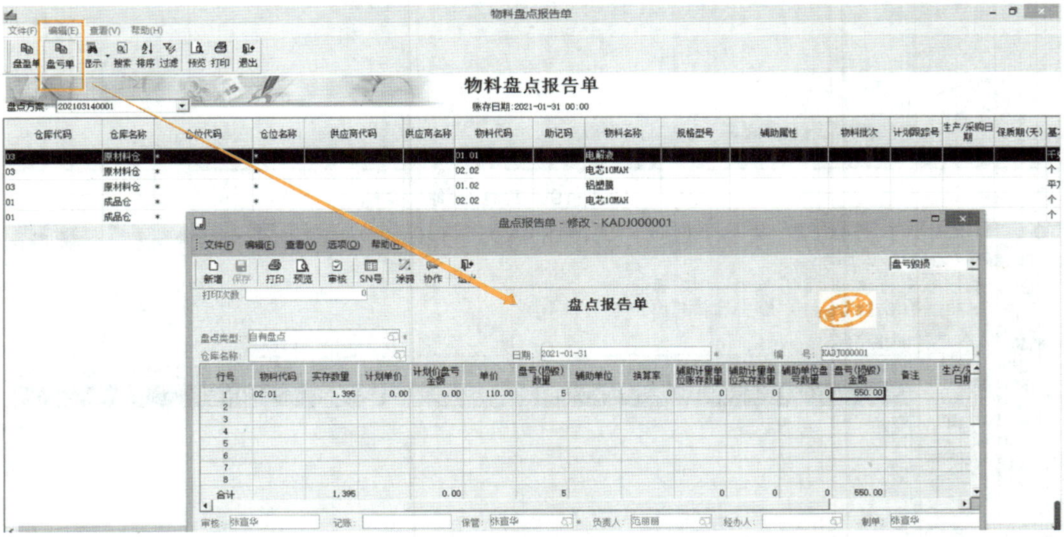

图4-17　按仓库生成盘亏单

(6) 即时库存查询

在即时库存查询中，使用者可对某个所关心的物料进行查询，可查看全部物料全部仓库的现有库存情况，也可查看某个仓库中存在物料的种类、每种物料的数量等，选择【供应链】→【仓存管理】→【库存查询】→【即时库存查询】，如图4-18至图4-20所示。

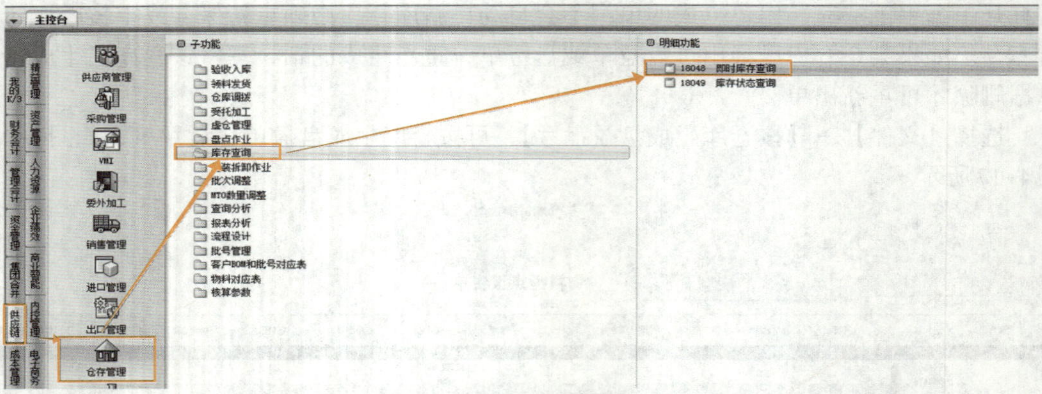

图 4-18　查询即时库存

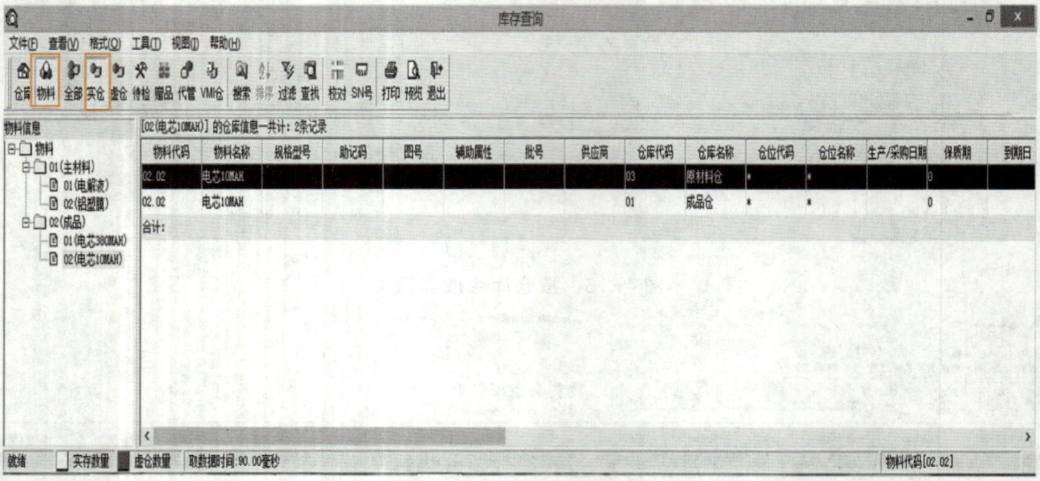

图 4-19　实仓查询

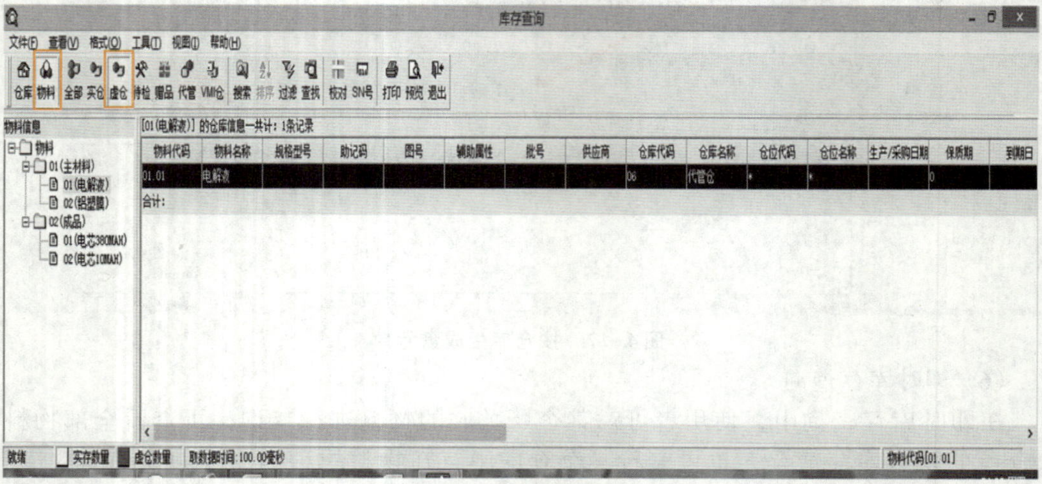

图 4-20　代管仓物料查询

（7）物料收发明细

打开金蝶 K/3 主控台，选择【供应链】→【仓存管理】→【报表分析】→【物料收发明细表】，如图4-21、图4-22所示。

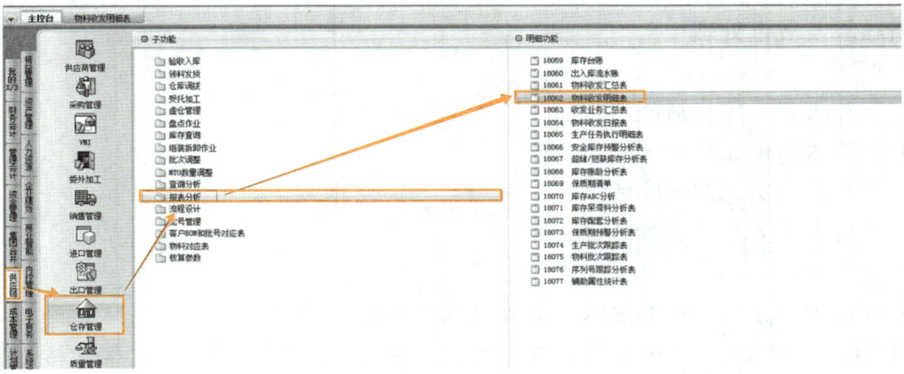

图4-21　选择物料收发明细表

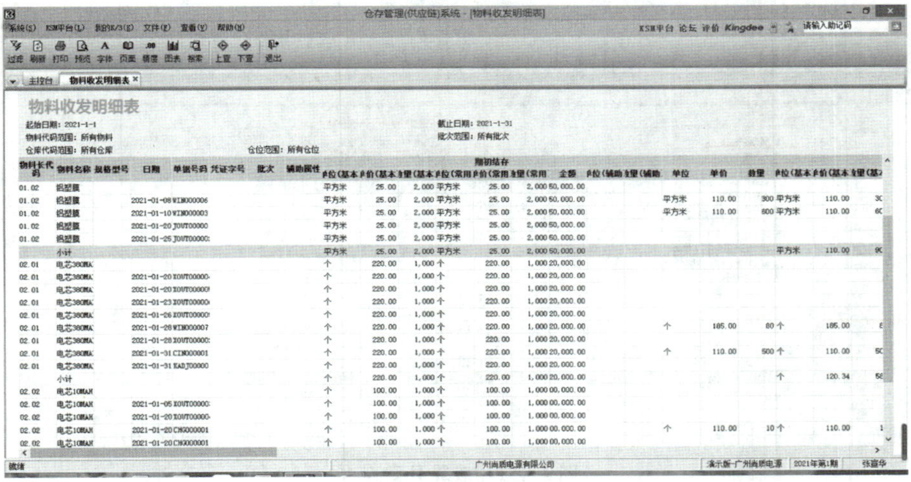

图4-22　查看物料收发明细表

特别提示

物料收发明细表，是统计各仓库存货的明细收发存情况的报表，也就是经常说的进销存。

任务6　存货核算及凭证处理

存货核算模块提供的入库核算功能，主要用来核算各种类型的存货入库的实际成本，不同类型的入库，其核算的特点不同，如外购入库的成本需依据相钩稽的采购发票和应计入成本的采购费用来确定，委外加工入库的成本由材料费和加工费组成等。本模块根据单据类型将入库核算分为外购入库核算、存货估价入账、自制入库核算、其他入库核算和委外加工入库核算五种。对本月采购的材料进行入库核算（包括有发票的入库及没有发票的估价入库），所有实仓的入库单必须要有入库成本。由学生本人登录，进行操作。

训练营

存货核算及凭证处理

▶ 实训要求

（1）计算本月入库材料的成本。

（2）计算本月出库材料的成本。

（3）计算本月出库产品的成本。

（4）生成本期发生业务的凭证。

▶ 实训操作过程

（1）计算本月入库材料的成本（即外购入库核算）。

视频

入库材料和出库产品成本的核算

①外购入库核算：打开金蝶K/3主控台，选择【供应链】→【存货核算】→【入库核算】→【外购入库核算】，如图4-23、图4-24所示。

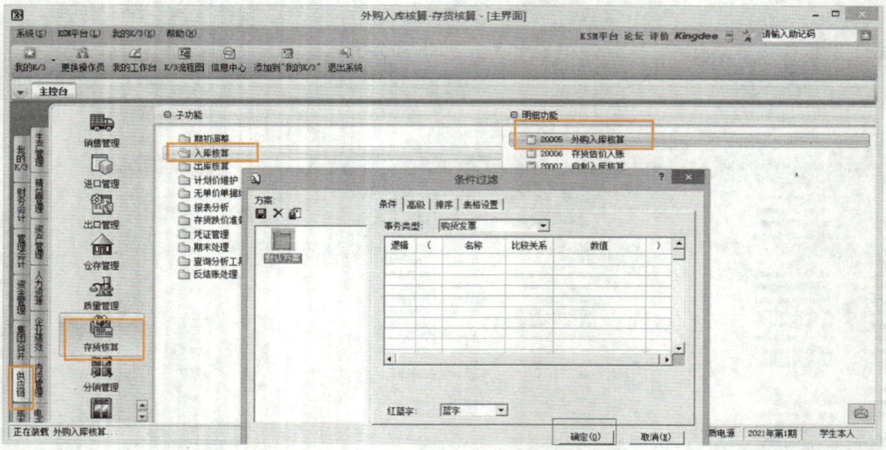

图4-23　核算外购存货

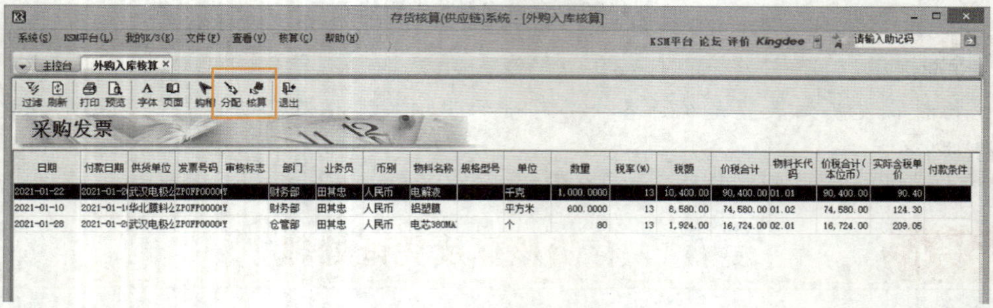

图4-24　外购入库核算

知识拓展

（1）核算成功是正确生成外购入库凭证的前提，因为只有经过核算才能保证外购入库单成本的准确性。

（2）在外购入库核算界面过滤出发票的条件是已钩稽、未记账，且钩稽期间在本期。

（3）外购入库核算，主要针对企业对外采购并已收到发票的入库材料进行核算。它的核算以采购发票上的不含税金额和对应的入库单中的数量为准，保证核算的准确性。所以在外购入库核算中显示的是采购发票，没有发票的入库单是暂估入库，不属于外购入库核算的范围。

②存货估价入账：进入金蝶K/3主控台，选择【供应链】→【存货核算】→【入库核算】→【存货估价入账】，弹出“条件过滤”对话框，选择“暂估入库”，单击【确定】，进入“暂估入库单序时簿”窗口，窗口中显示出所有本期已审核、未钩稽的红蓝字外购入库单，如图4-25、图4-26所示。

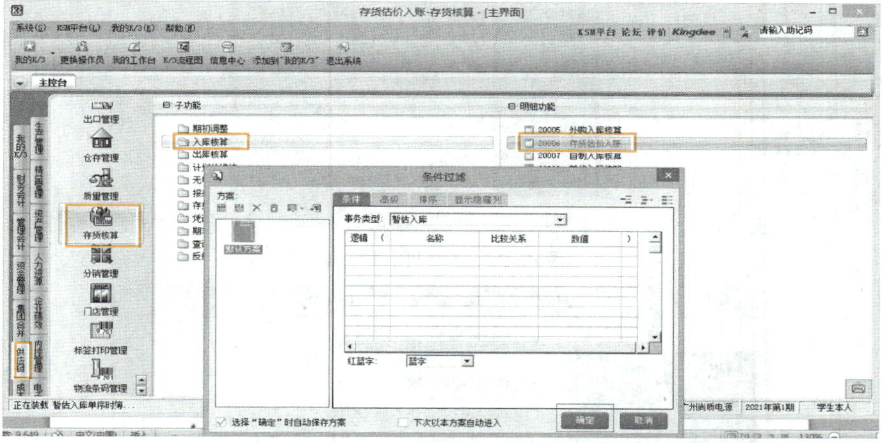

图4-25　选择存货估价入账事务类型

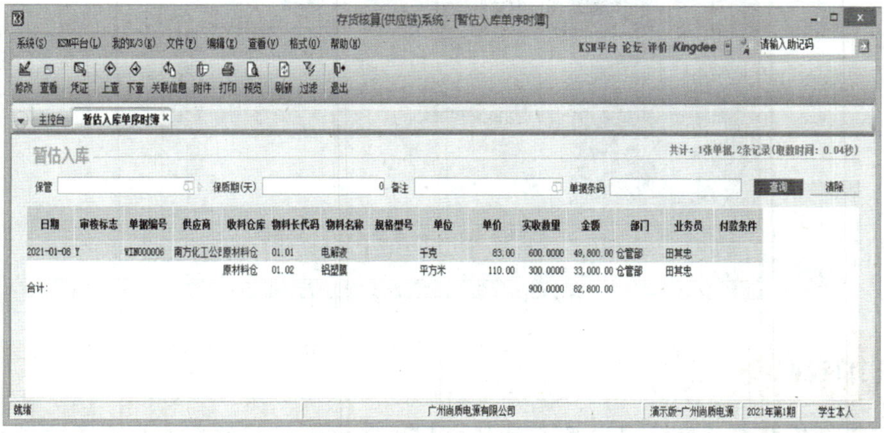

图4-26　录入暂估单价

知识拓展

（1）存货估价入账是针对本期发票未到的外购入库单进行的估价。

（2）暂估核算方式：一种方式是手工在单据上录入；另一种方式是在“无单价单据维护”中进行单价更新。

(2) 计算本月出库材料的成本（材料出库核算）。

材料出库核算：打开金蝶K/3主控台，选择【供应链】→【存货核算】→【出库核算】→【红字出库核算】及【材料出库核算】（如果存在红字出库单必须先做红字出库核算，再做材料出库核算），如图4-27至图4-32所示。

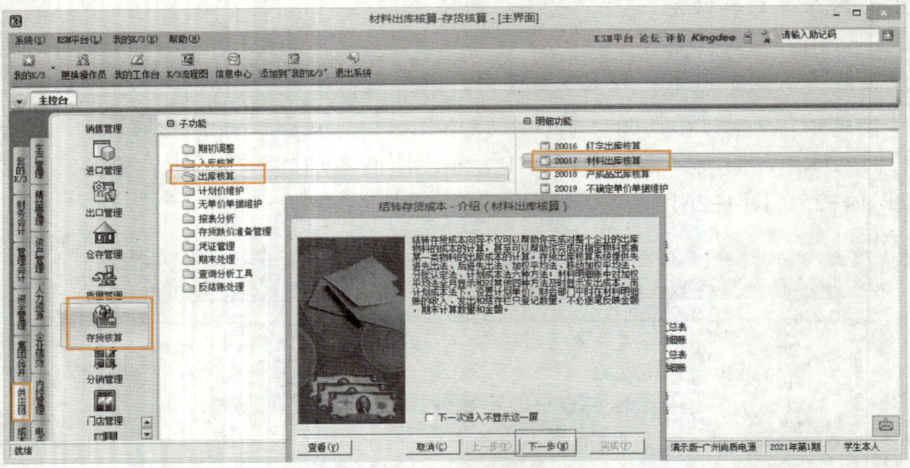

图4-27　材料出库核算

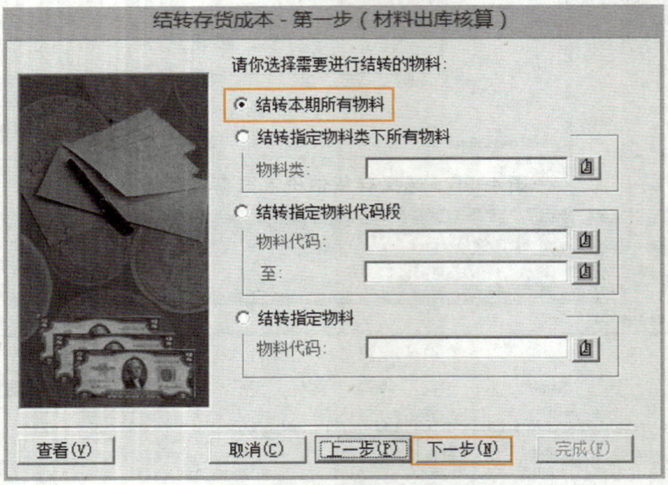

图4-28　结转本期所有物料

栏目说明

①"结转本期所有物料"是指结转本期已审核未记账所有发生业务的外购类物料出库单的成本。

②"结转指定物料类下所有物料"是指结转本期已审核未记账发生业务的某一类外购类物料出库单的成本。

③"结转指定物料代码段"是指结转本期已审核未记账发生业务的指定代码段范围的外购类物料出库单的成本。

④"结转指定物料"是针对本期已审核未记账的个别物料的出库单进行的成本结转。

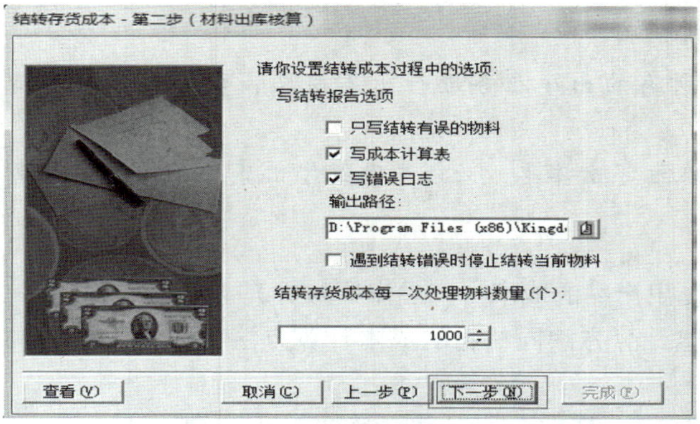

图 4-29　设置结转成本过程选项

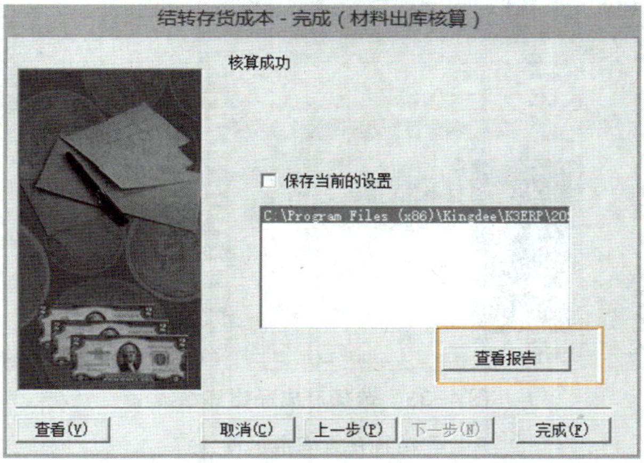

图 4-30　查看报告

会计期间:2021年 第1期
结转物料数：2

物料名称	仓库（组）	状态	附件
电解液(01.01)	总仓	结转成功	成本计算表
铝塑膜(01.02)	总仓	结转成功	成本计算表

开始时间：15:19:35　结束时间：15:19:36　耗费时间：0.734秒
描述：

图 4-31　结转存货成本报告

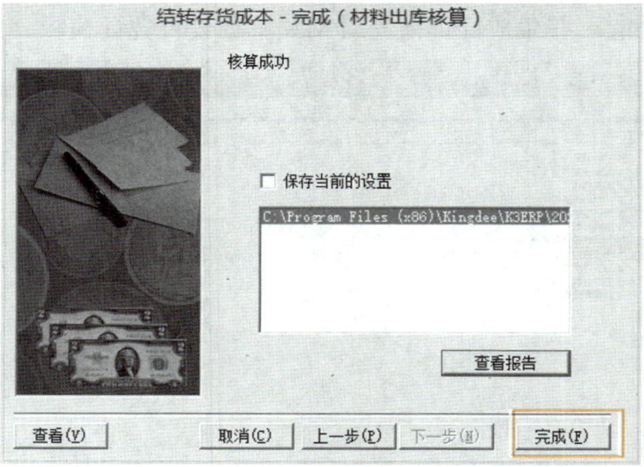

图 4-32　完成存货成本结转

特别提示

（1）对本期所有的出库业务进行出库核算，计算出本期所有出库材料的出库成本。

（2）如果存在红字出库单，必须先做红字出库核算（红字出库表示入库），再做材料出库核算。

（3）计算本月发出产品的成本（产品出库核算）。

发出产品的成本计算方法同材料的成本计算方法一样，如图4-33、图4-34所示，这里不再赘述。

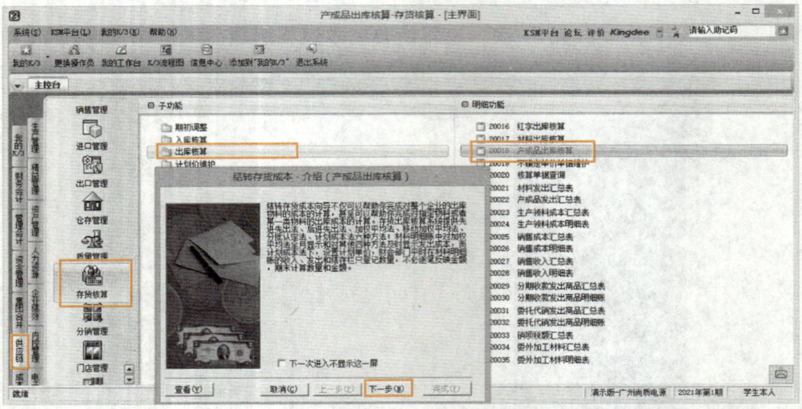

图4-33　选择产成品出库核算

结转存货成本报告

会计期间:2021年 第1期
结转物料数：2

物料名称	仓库（组）	状态	附件
电芯380MAH(02.01)	总仓	结转成功	成本计算表
电芯10MAH(02.02)	总仓	结转成功	成本计算表

开始时间：15:23:40　　结束时间：15:23:40　　耗费时间：0.447秒
描述：

图4-34　结转存货成本报告

（4）生成本期发生业务的凭证（记账凭证管理）。

在供应链中做完出入库核算后，就可以做记账凭证了，供应链存货核算系统中提供了记账凭证批量生成功能。在生成凭证前先对相关单据设置凭证模板，如图4-35所示。

视频
外购入库凭证模板的生成

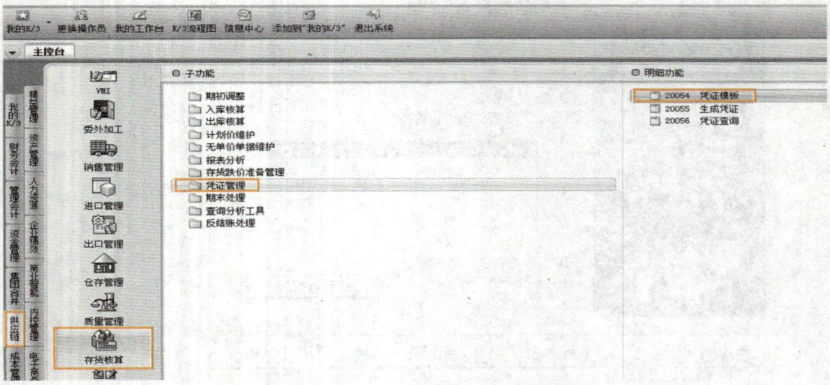

图4-35　打开凭证管理——凭证模板

第一种类型：外购材料（如图4-36所示）

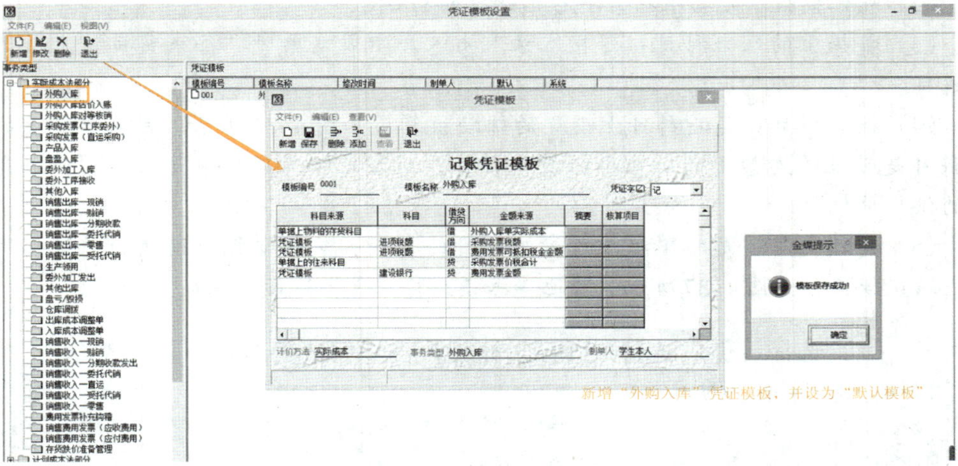

图4-36　设置外购材料凭证模板并设为默认模板

栏目说明

（1）单据上物料的存货科目：是指在新增物料时所选择的存货科目代码，如图4-37所示。

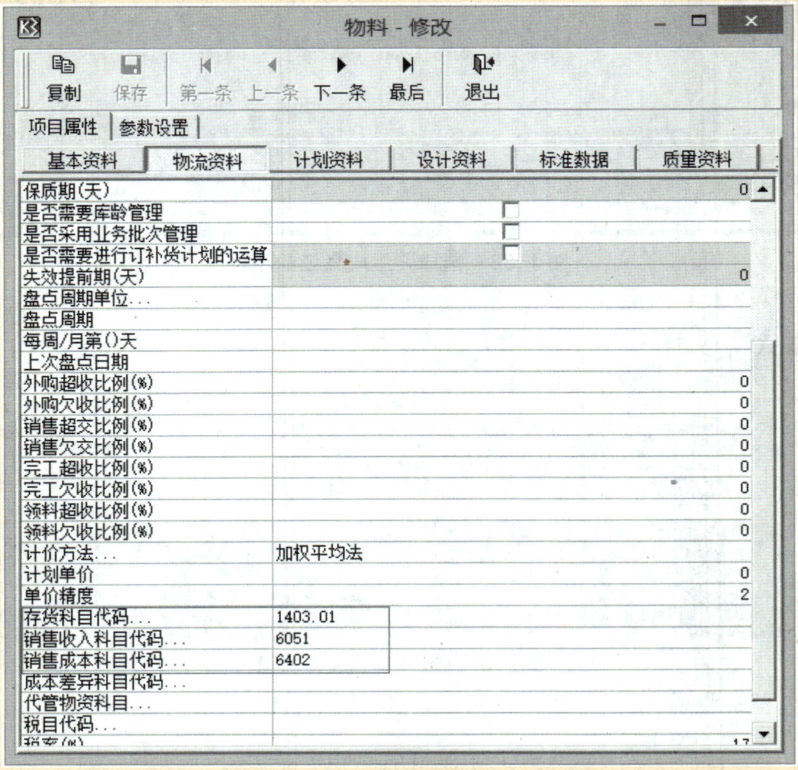

图4-37　存货科目代码设置

（2）凭证模板：是指根据需要自己选择的科目。

（3）单据上的往来科目：是指在录入出入库单或发票时“往来科目”上所选择的科目。

（4）核算项目：是指科目上设置的辅助核算，如图4-36所示。因为单据上的往来科目是带采购发票上的“应付账款”科目，所以在核算项目中要选择“供应商对应的供货单位”。

（5）金额来源：是指单据上所对应项目的金额，然后要把新设置的凭证模块设置成默认模板，如图4-37所示。其他单据模板按以上方法设置完成。

生成凭证：选择【供应链】→【存货核算】→【凭证管理】→【生成凭证】，如图4-38、图4-39所示。

视频

利用凭证模板生成凭证

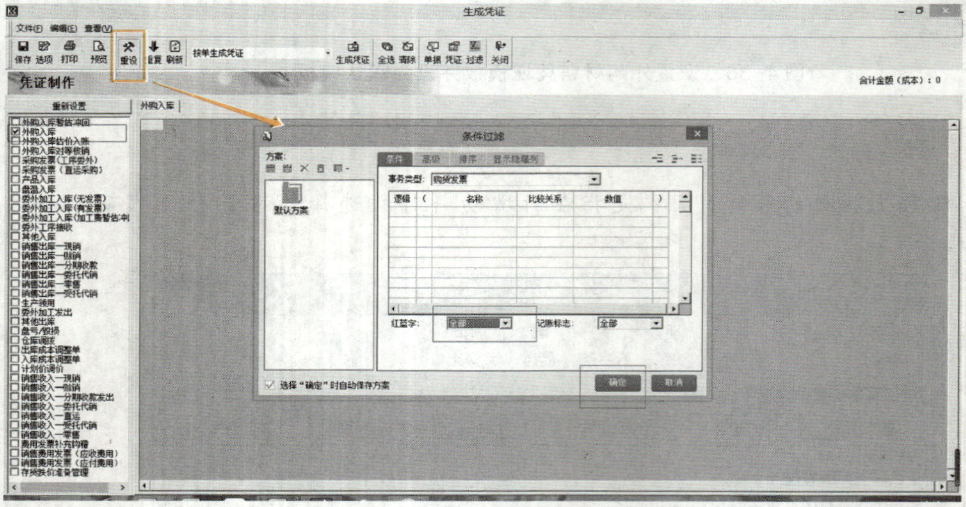

图4-38　选择要生成凭证的单据

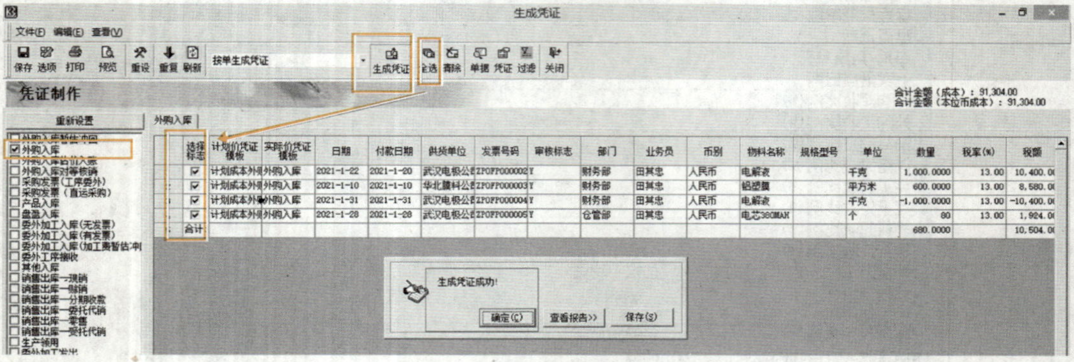

图4-39　选择单据生成凭证

第二种类型：盘盈入库（如图4-40至图4-42所示）

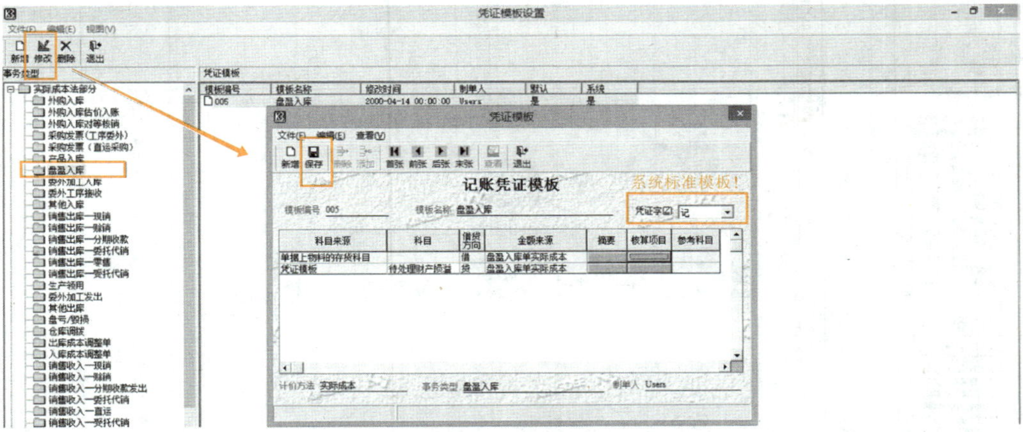

图4-40　修改盘盈入库凭证模板

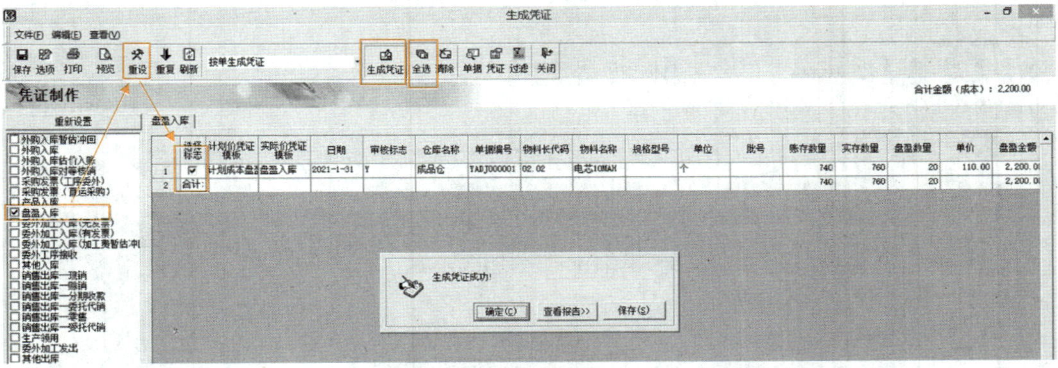

图4-41　过滤盘盈入库单据并选择生成凭证

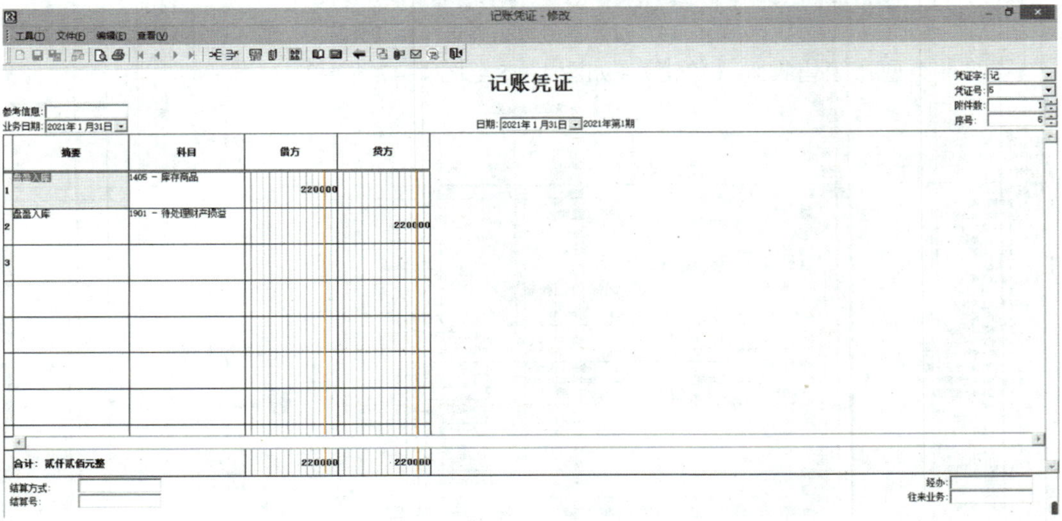

图4-42　查看盘盈入库凭证

第三种类型：盘亏（如图4-43、图4-44所示）

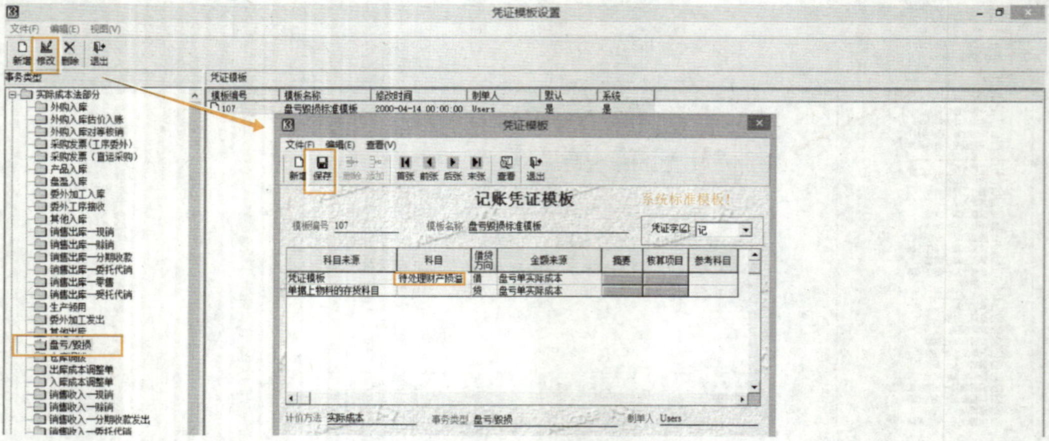

图 4-43　修改盘亏凭证模板

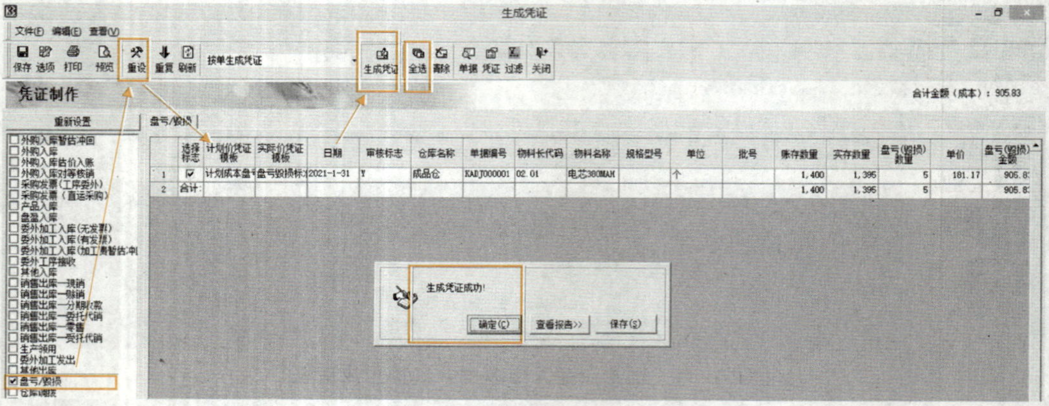

图 4-44　过滤盘亏单据并选择生成凭证

第四种类型：销售收入（赊销）（如图 4-45 至图 4-47 所示）

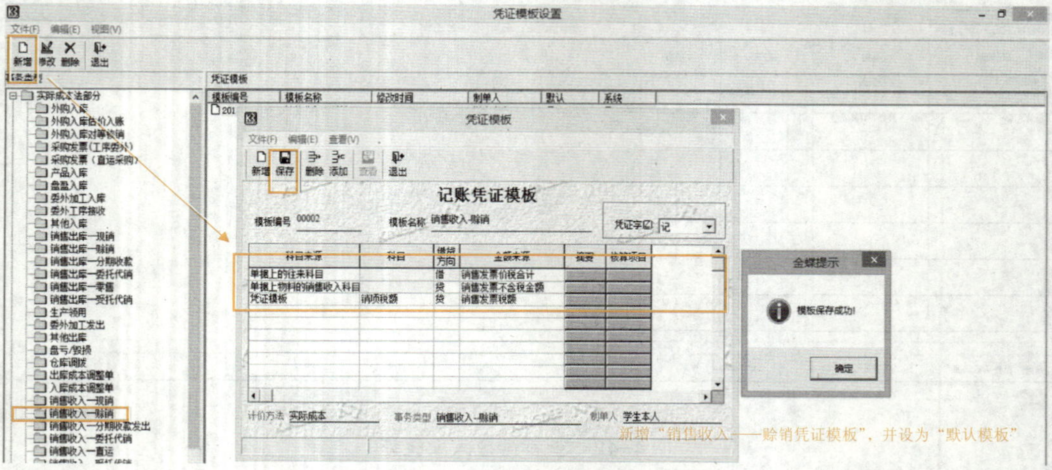

图 4-45　新增销售收入（赊销）凭证模板

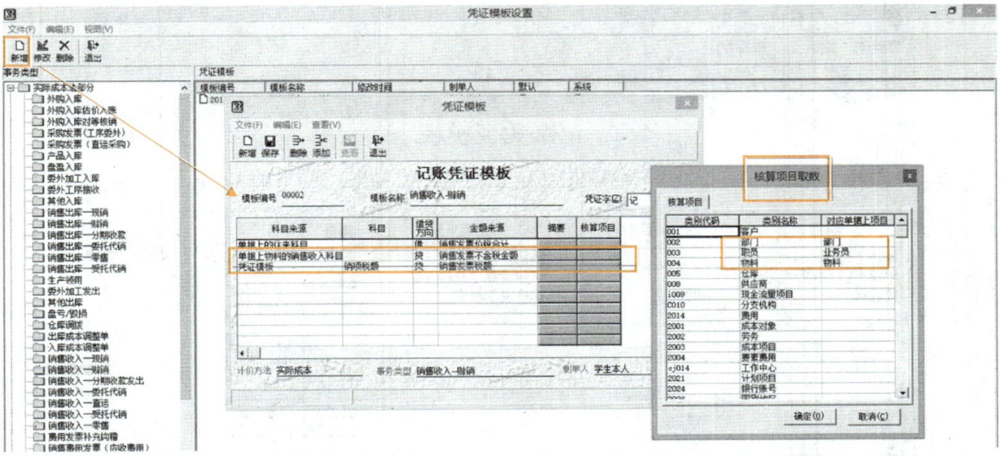

图 4-46　设置销售收入（赊销）凭证科目核算项目

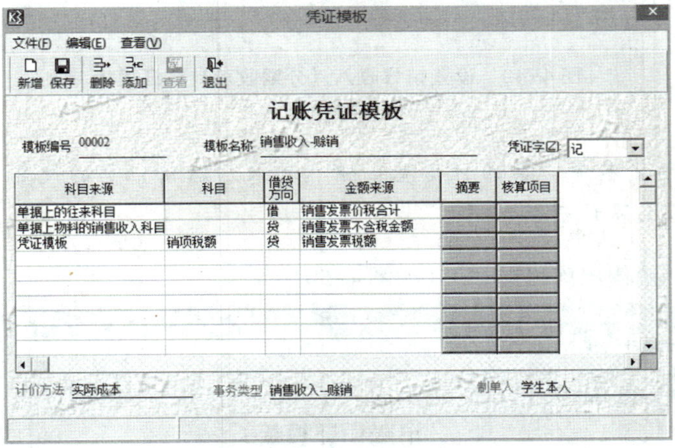

图 4-47　保存销售收入（赊销）凭证模板

特别提示

保存模板后，并将新增模板设为默认模板（如图 4-48 所示）。

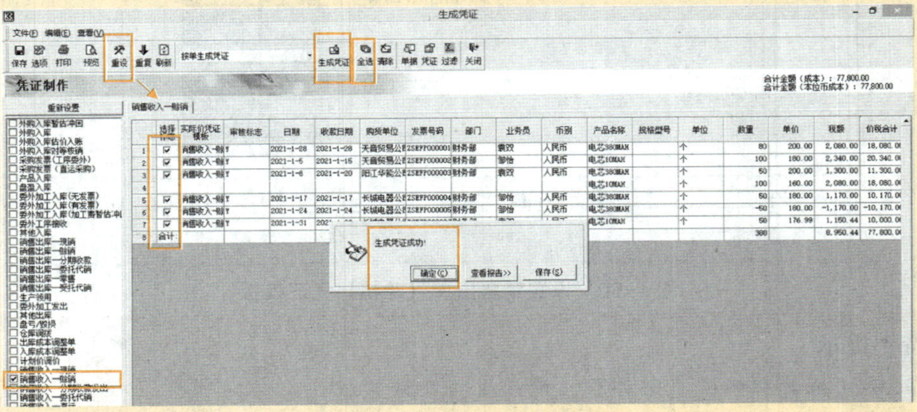

图 4-48　过滤销售发票生成凭证

第五种类型：销售收入（分期收款）（如图 4-49 所示）

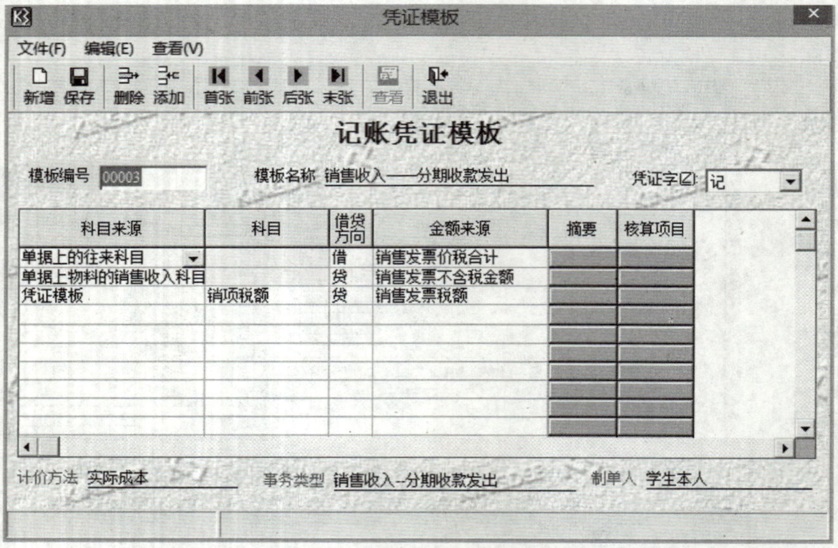

图 4-49　设置销售收入（分期收款）凭证模板

特别提示

核算项目设置参考“第四种类型：销售收入（赊销）”的设置。保存模板后，并将新增模板设为默认模板。

第六种类型：销售出库（赊销）（如图 4-50 所示）

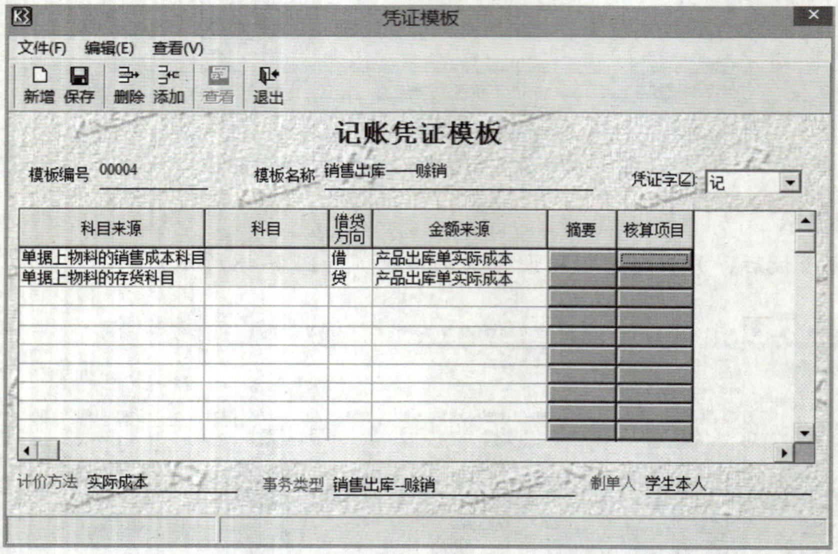

图 4-50　设置销售出库（赊销）凭证模板

特别提示

此模板为新增模板，保存后，请设置为默认模板。

第七种类型：销售出库（分期收款）（如图 4-51 所示）

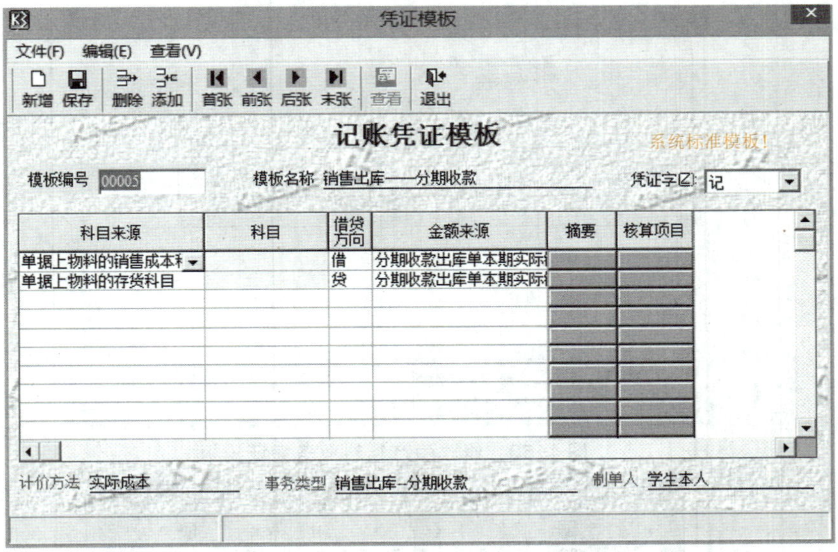

图 4-51 设置销售出库（分期收款）凭证模板

特别提示

无需新增，直接修改系统内设模板即可。

查看销售出库（分期收款）凭证，如图 4-52 所示。

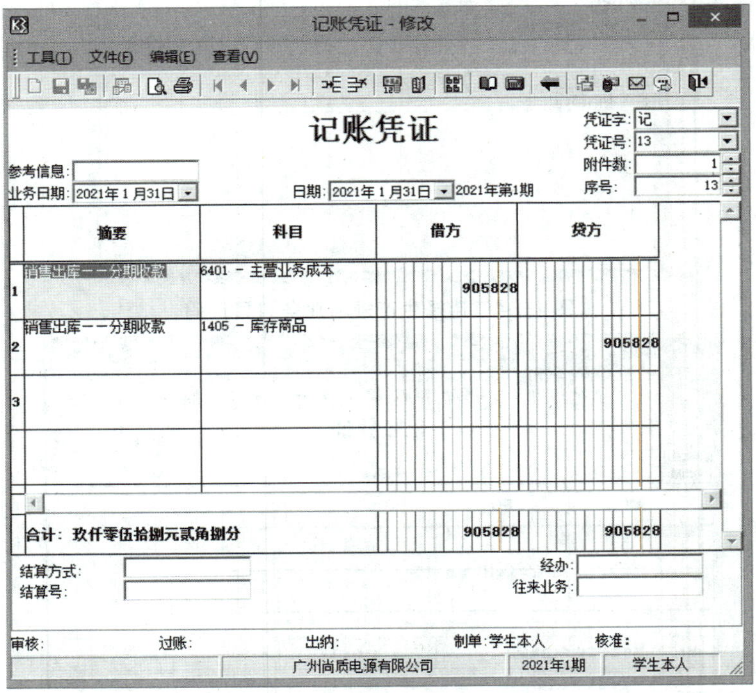

图 4-52 查看销售出库（分期收款）凭证

第八种类型：生产领料（如图 4-53 至图 4-55 所示）

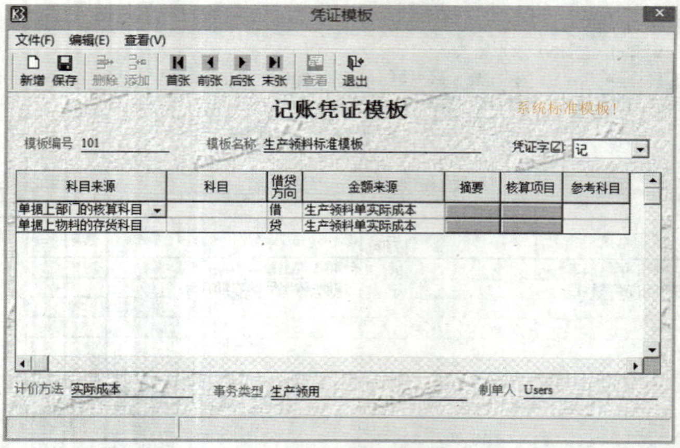

图4-53　修改生产领料业务凭证模板

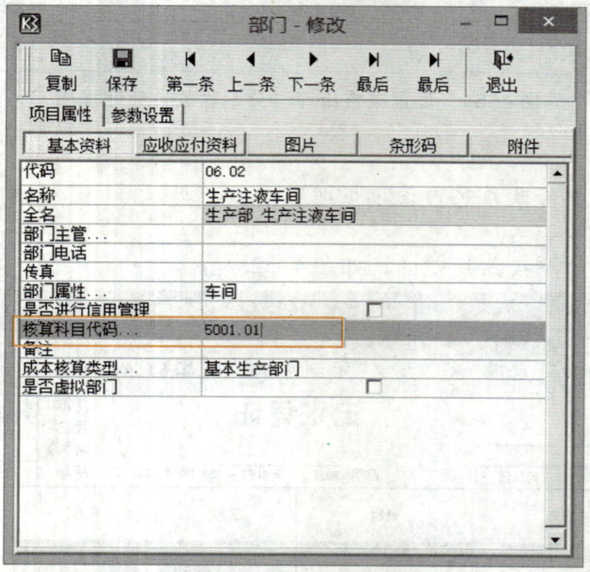

图4-54　选择生产领料业务科目代码

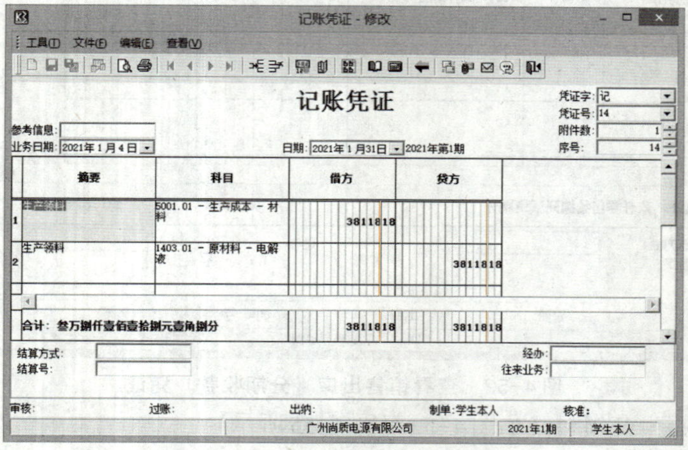

图4-55　生成生产领料业务凭证

特别提示

基础资料的“部门”填入核算科目后，再生成生产领料的凭证。

查询已生成的凭证，如图4-56所示。

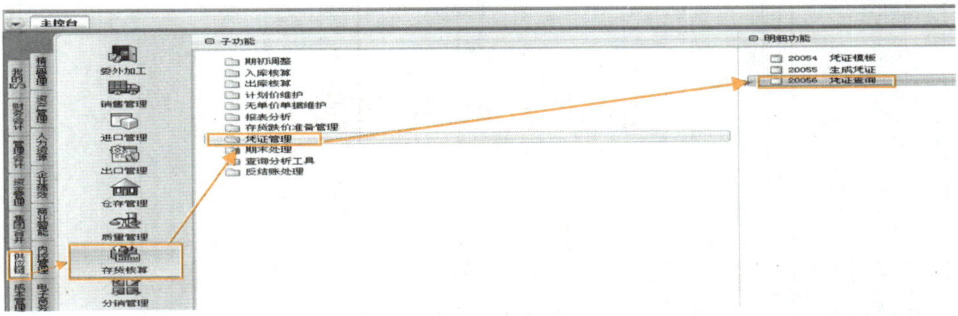

图4-56 查询已生成的凭证

浏览存货核算系统凭证，如图4-57所示。

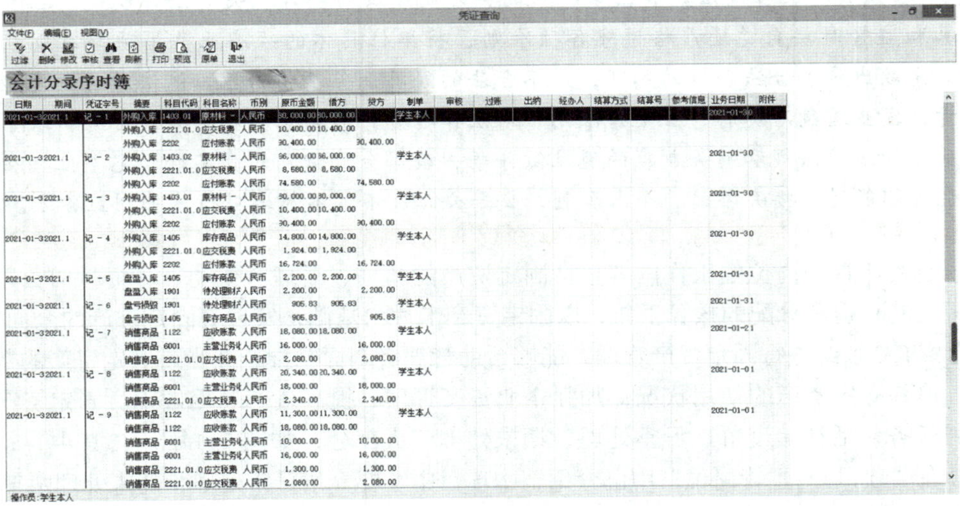

图4-57 浏览存货核算系统凭证

项目五

固定资产管理岗位

坚持准则，客观公正

公司、企业单位管理层和财务人员不仅应当具备诚实的品质，还应当了解和掌握《中华人民共和国会计法》和国家统一的会计制度及与会计相关的法律制度，在会计核算和监督时要自觉地严格遵守各项准则，将单位具体的经济业务事项与准则相对照，先做出是否合法合规的判断，对不合法的经济业务不予受理。依法履行会计监督职责，发生道德冲突时，应坚持准则，对法律负责，对国家和社会公众负责，敢于同违反会计法律法规和财务制度的现象做斗争，确保会计信息的真实性和完整性。在履行会计职能时，摒弃单位、个人私利，公平公正，不偏不倚地对待相关利益各方。

固定资产管理岗位的工作内容包括固定资产的新增、清理、变动、计提折旧，以及与折旧相关的计提和分配的核算工作，以固定资产卡片为基础，实现对固定资产的全面管理。运用金蝶K/3系统进行固定资产管理，能够帮助管理者全面掌握企业当前固定资产的数量与价值，追踪固定资产的使用状况，加强企业资产管理，提高资产利用效率。固定资产管理岗位的任务包括初始设置、日常处理、期末处理三大部分，如图5-1所示。其中，初始设置部分在“项目一 主管岗位”中已介绍，本项目中主要介绍日常处理和期末处理两部分。

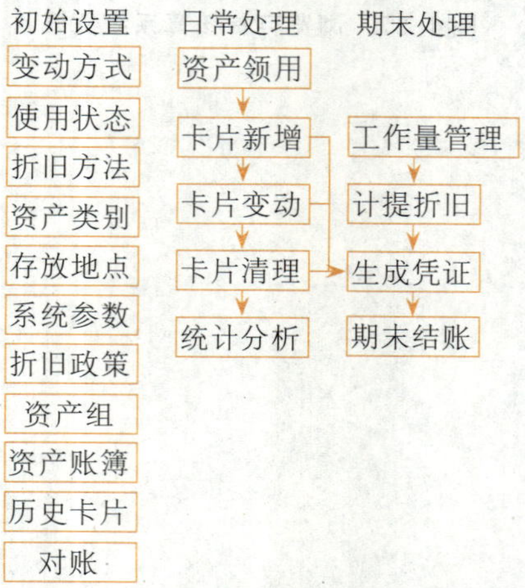

图5-1 固定资产管理岗位总体流程

固定资产管理岗位工作由财务部武继周负责。

任务 1　固定资产新增

训练营

新增一项固定资产

▶ 实训资料

新增固定资产资料详见表5-1。

表 5-1　新增固定资产资料

资产编码	BG-001
资产名称	电脑
资产类别	办公设备
计量单位	台
数量	3
入账日期	2021.1.15
存放地点	办公室
经济用途	经营用
使用状况	正常使用
变动方式	购入
使用部门	财务部
折旧费用科目	管理费用-折旧费
币别	人民币
原币金额	24 000　（注：建行付款）
进项税额	3 120
购进累计折旧	无
开始使用日期	2021.1.20
预计使用期间	60个月
已使用期间	0
累计折旧金额	0
折旧方法	平均年限法(第一种)

▶ 实训操作过程

（1）新增卡片

操作路径：选择【财务会计】→【固定资产管理】→【业务处理】→【新增卡片】，打开新增界面，如图5-2所示。

视频
固定资产新增

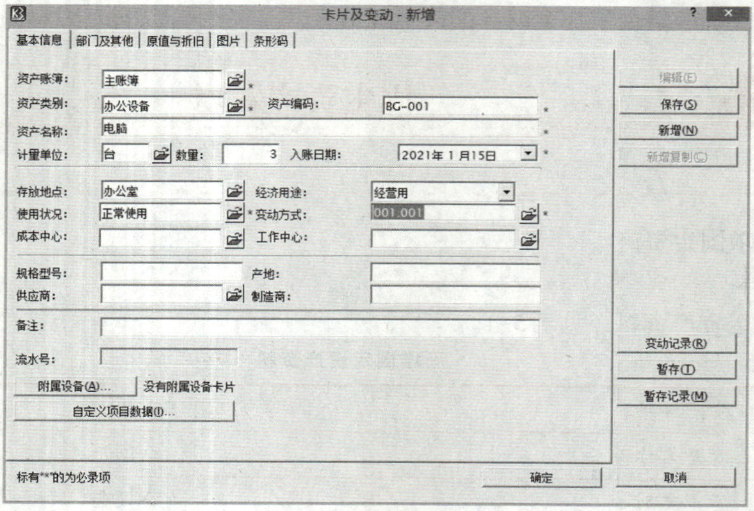

图5-2　新增卡片

根据企业增加固定资产的实际情况输入相关信息，输入方法同初始化卡片录入，但没有初始信息。同时，购入多个同类固定资产，可以使用【新增复制】功能快速新增固定资产卡片。

（2）查询、修改、删除卡片

对于当期新增的固定资产卡片，未审核与账务处理前都可以编辑修改。选择【财务会计】→【固定资产管理】→【业务处理】→【卡片查询】，设置过滤条件，单击【确定】，打开卡片管理界面，如图5-3所示。选中卡片，单击【编辑】，进行对卡片的修改，或选中卡片后单击【删除】，对卡片进行删除处理。

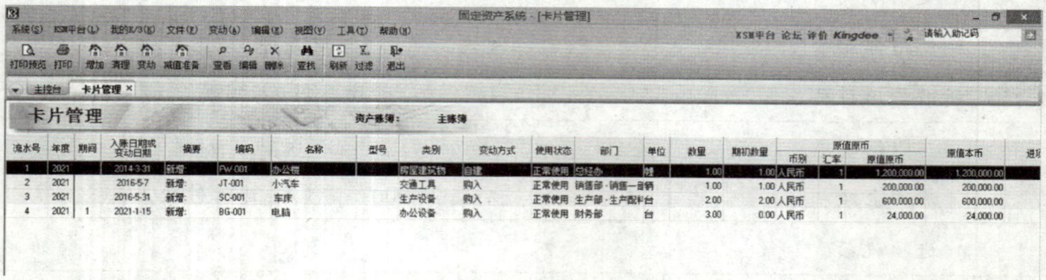

图5-3　卡片管理

知识拓展

（1）卡片新增/引入：固定资产到达既定地点或完成建造或安装，各项资料准备充分后，即可在系统中录入固定资产卡片，如果有固定资产的Excel电子表格资料，也可利用系统提供的引入功能，引入卡片资料。

（2）卡片审核：如果企业要求必须对固定资产卡片进行审核后才能入账，则由资产管理的主管人员对卡片进行审核。

（3）核算处理：固定资产卡片新增并确认后，就可以对固定资产的取得进行核算处理，核算处理可以在系统的“凭证管理”中进行，由系统依据固定资产卡片上的信息自动生成凭证并传递到总账系统中。

任务 2　固定资产变动

固定资产新增后，固定资产的使用部门、类别、减值准备等资料发生变动，需要相应地修改固定资产卡片上的相关信息。固定资产变动指除增加和减少之外的其他变动业务，具体包括：①部门、类别、原值、累计折旧、减值准备、自定义项目等所有卡片项目的变动；②为了细化固定资产的管理，可以通过卡片拆分将原来的成批、成套资产拆分成单个资产进行管理；③根据企业会计准则的规定，对固定资产计提减值准备。

训练营

固定资产变动处理

视频

固定资产清理

实训资料

（1）减少固定资产

将SC-001固定资产卡片中的一台车床报废，详见表5-2。

表5-2　报废车床资料　金额单位：元

清理日期	清理数量（台）	清理费用	残值收入	变动方式
2021.1.20	1	500	4 500	报废

注：清理费用以建行支付；残值收入存入建行。

（2）固定资产其他变动

将JT-001固定资产卡片中小汽车的使用部门由销售部转为财务部，折旧费用科目也由“销售费用-折旧费”转为“管理费用-折旧费”。

实训操作过程

（1）减少固定资产

选择【财务会计】→【固定资产管理】→【业务处理】→【卡片查询】，设置过滤条件，单击【确定】，打开“卡片管理”界面，选择需要减少的固定资产，单击【清理】，打开清理界面，如图5-4所示。

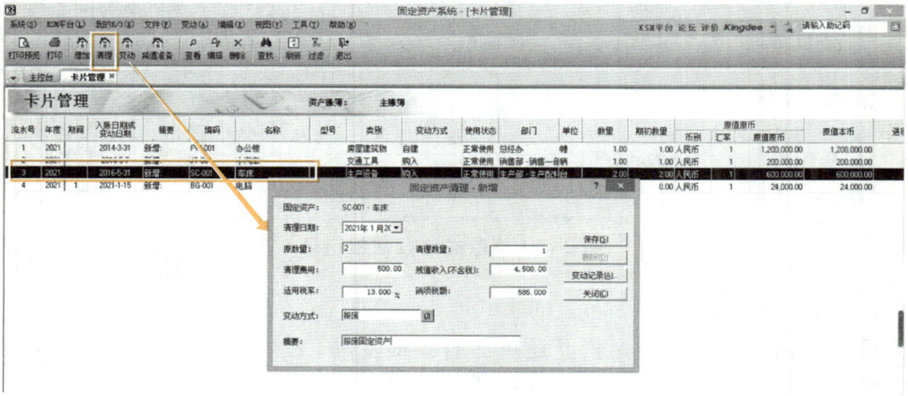

图5-4　清理固定资产

输入清理收入、变动方式等信息，单击【保存】，生成清理变动记录，如图5-5所示。

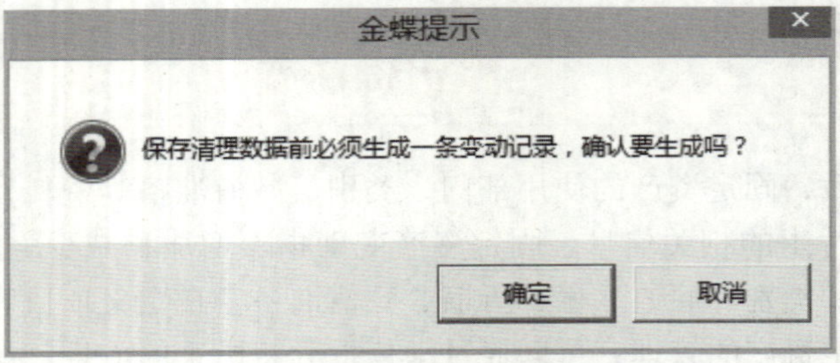

图5-5　确定生成变动记录

选择【确定】退出，再单击【关闭】返回卡片管理界面，如图5-6所示。

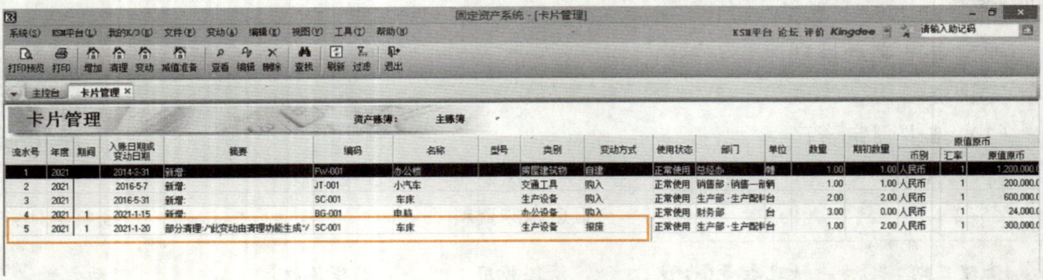

图5-6　返回卡片管理

知识拓展

如果减少固定资产后，需要修改相关选项，可以通过重新清理方式进行更改。在卡片管理界面，选择已减少的固定资产减少记录，再次单击【清理】，进入变动记录编辑界面，如图5-7所示。

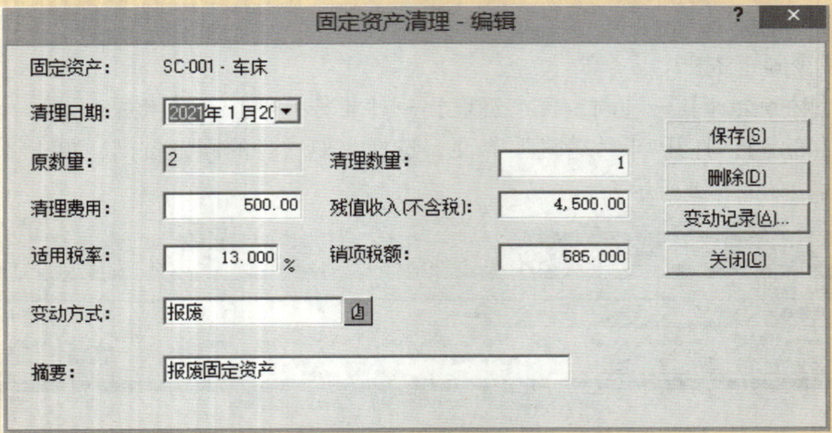

图5-7　删除或修改清理记录

（2）固定资产的其他变动

除了新增与减少之外，固定资产还可能有其他变动，如使用部门变动、折旧方法变更等。这些变动也是在原有卡片基础上进行的。

在卡片管理界面，选择需要变动的记录，单击【变动】，打开卡片变动界面，选择变动方式为其他变动，再输入变动信息，如图5-8所示。

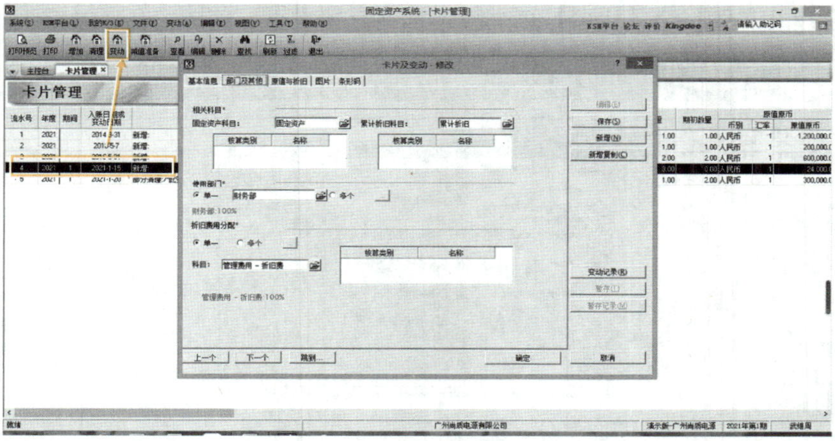

图5-8 卡片信息其他变动

输入变动信息后，单击【保存】，再单击【确定】退出。

计提减值准备时，在卡片管理界面选择对应的固定资产卡片，单击【减值准备】，输入计提减值金额，单击【确定】保存减值变动。

知识拓展

(1) 当需要修改固定资产卡片资料时，可利用系统提供的“卡片管理”的“变动”功能，对卡片上的项目资料进行修改；当需要同时变动多项固定资产时，还可以利用系统提供的“批量变动”功能来进行批量处理，简化操作。

(2) 当需要将一张固定资产卡片拆分为多张时，可利用系统提供的“卡片管理”的“拆分”功能，将卡片按金额或数量比例进行拆分。

(3) 当需要对固定资产计提减值准备时，可利用系统提供的“减值准备”功能，对固定资产计提减值准备。

(4) 卡片审核：如果企业要求必须对固定资产卡片进行审核，则也需要由资产管理的主管人员对卡片变动记录进行审核。

(5) 核算处理：固定资产的价值变动，例如计提固定资产减值准备，还需要进行核算处理，核算处理可以在系统的“凭证管理”中进行，由系统依据固定资产卡片的变动记录自动生成凭证并传递到总账系统中。

任务3 凭证管理

训练营

月末利用“凭证管理”功能制作增加、变动、减少固定资产的记账凭证。

▶ 实训操作过程

(1) 凭证选项方案设置

选择【财务会计】→【固定资产】→【凭证管理】→【卡片凭证管理】，打开凭证管理界面，选择【文件】→【选项】进行凭证选项方案设置，如图5-9所示。

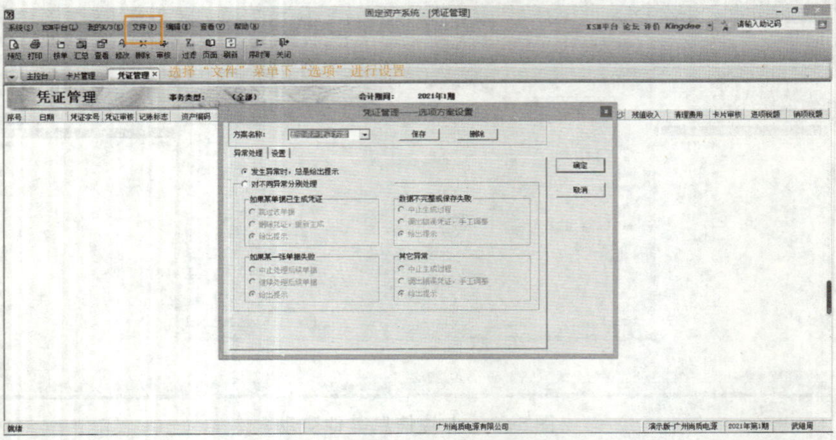

图5-9　凭证方案选项中异常处理设置

在【设置】标签页，对残值收入等对应科目进行设置，输入“方案名称”，单击【保存】，如图5-10所示。

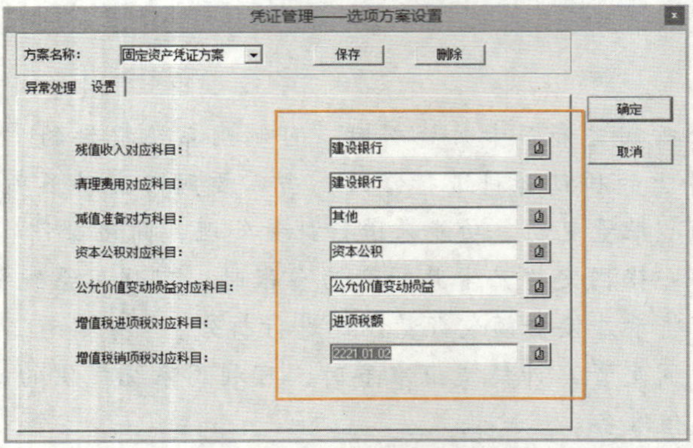

图5-10　凭证选项方案设置-对应科目设置

（2）生成凭证

视频

固定资产模块凭证的生成

选择【财务会计】→【固定资产】→【凭证管理】→【卡片凭证管理】，在“凭证管理”界面选择相应记录，单击【按单】，系统弹出凭证生成向导，如图5-11所示。

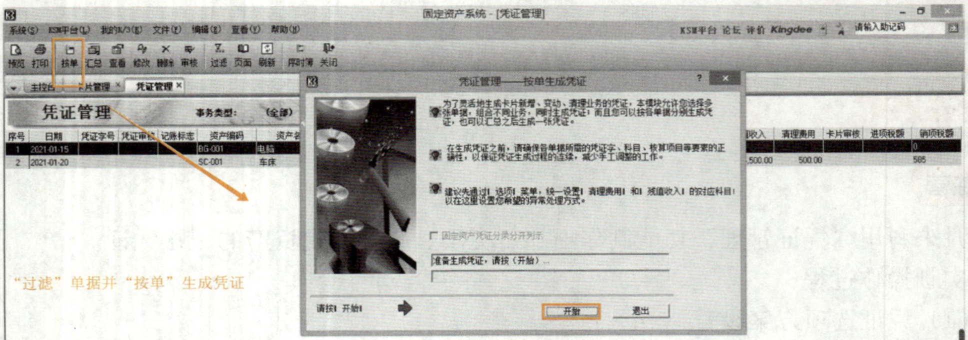

图5-11　按单生成凭证

单击【开始】，系统根据变动方式设置和选项进行凭证生成，如果设置“生成凭证过程中出现错误，则需要手工调整”，同时凭证生成时出现数据错误，则系统提示是否调整，如图5-12所示。

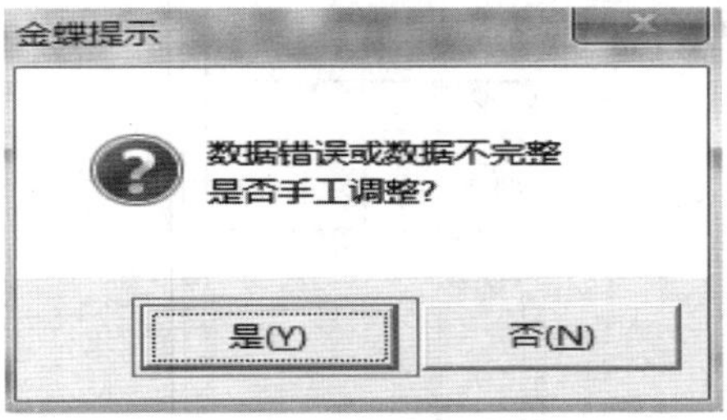

图5-12　凭证保存错误提示

单击【是】，调出凭证界面，根据变动情况完成凭证内容，再保存凭证，如图5-13所示。

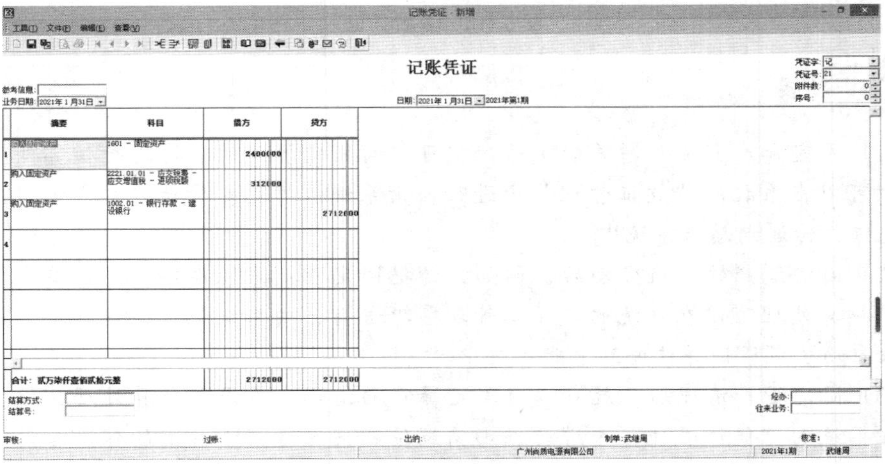

图5-13　调整凭证

退出凭证调整界面，系统提示凭证生成成功，如图5-14所示。查看凭证如图5-15所示。

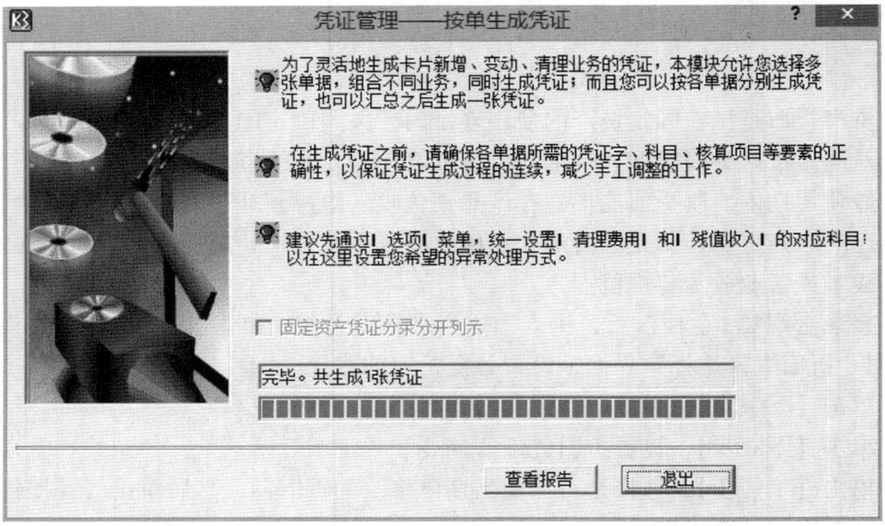

图5-14　凭证生成

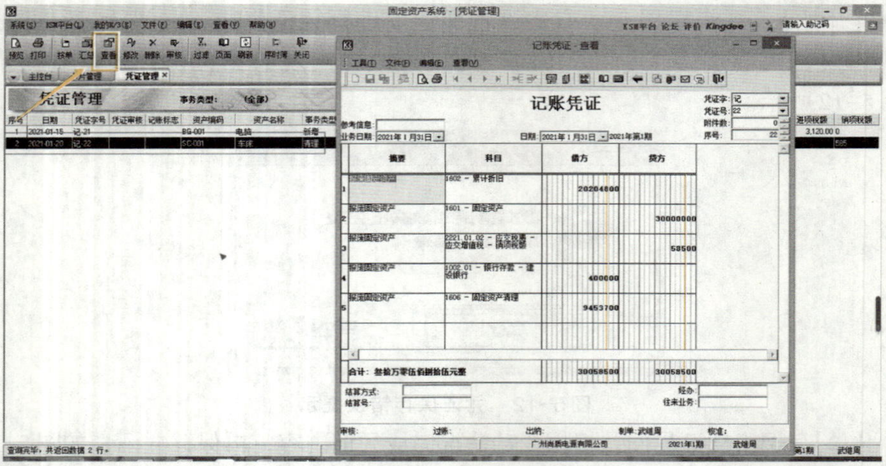

图5-15　查看凭证

知识拓展

（1）固定资产卡片新增并确认后，就可以对固定资产的取得进行核算处理，核算处理可以在系统的“凭证管理”中进行，由系统依据固定资产卡片上的信息自动生成凭证并传递到总账系统中。

（2）固定资产的价值变动后，例如，计提固定资产减值准备，还需要进行核算处理，核算处理可以在系统的“凭证管理”中进行，由系统依据固定资产卡片的变动记录自动生成凭证并传递到总账系统中。

（3）固定资产清理后，就可以对固定资产的清理业务进行核算处理，核算处理可以在系统的“凭证管理”中进行，由系统依据固定资产卡片上的信息自动生成凭证并传递到总账系统中。

任务4　计提折旧

固定资产折旧是指在固定资产的使用寿命内，按照确定的方法对应计折旧额进行的系统分摊。对固定资产计提折旧和分摊，就是要将前期发生的资产投资支出，在资产投入使用后的有效使用期内，以折旧的形式在产品销售收入中得到补偿，这从权责发生制或收入与费用配比的原则上讲，都是必要的。不提折旧或不正确地计提折旧，都将错误地计算企业的产品成本或营业成本与损益。

（1）登录金蝶K/3主控台后，进入固定资产管理系统，单击【期末处理】→【计提折旧】，弹出“折旧账簿选择”界面，设置计提折旧的账簿。

（2）单击【下一步】，弹出“计提折旧”界面。

（3）单击【下一步】，设置折旧凭证的摘要和凭证字。

（4）单击【下一步】，选择是否保留当期已修改的折旧额，然后单击【计提折旧】，系统开始进行折旧的计算工作。

（5）如果本期已经计提过折旧，会提示“是否重新计算折旧?”，选择【是】，系统继续进行折旧的计算工作，完成后将提示生成折旧凭证的凭证字号等信息。

（6）单击【完成】，结束计提折旧操作并退出“计提折旧”界面。在操作中，可以通过【上一步】，回到前一步骤对设置进行修改。

训练营

计提固定资产折旧相关业务处理

▶ 实训资料

本月小汽车工作量为2 000千米。

▶ 实训操作过程

（1）工作量管理

如果企业有固定资产采用工作量法计提折旧，则在期末要输入本期工作量以计算折旧。选择【财务会计】→【固定资产管理】→【期末处理】→【工作量管理】，如图5-16、图5-17所示。

视频
折旧计提和固定资产期末结账

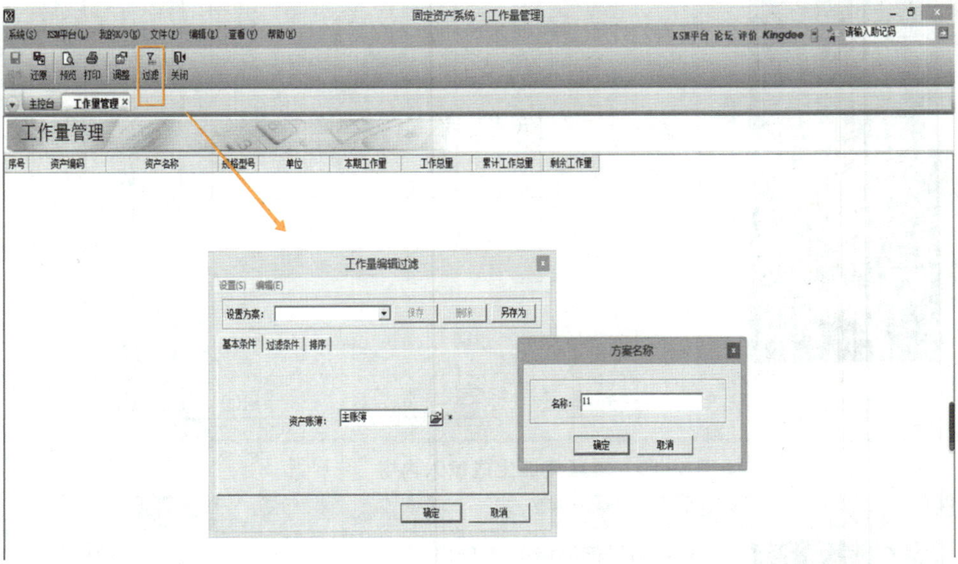

图5-16　设置工作量过滤方案名称

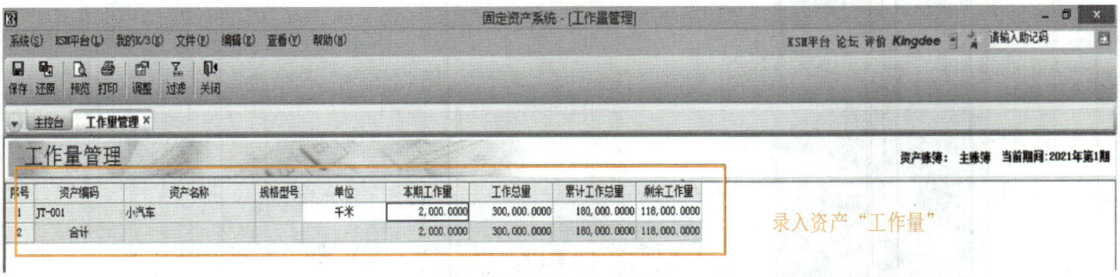

图5-17　录入本期工作量

（2）计提折旧

选择【财务会计】→【固资资产管理】→【期末处理】→【计提折旧】，把【主账簿】移至右边，单击【下一步】生成计提折旧凭证，如图5-18至图5-22所示。

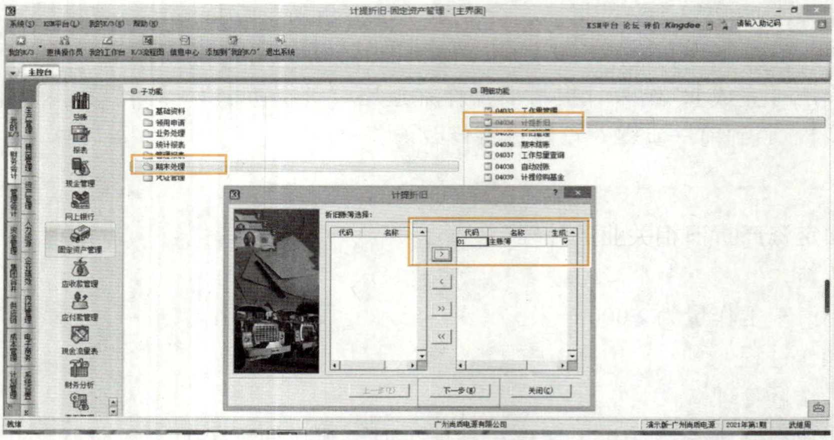

图 5-18　折旧账簿选择

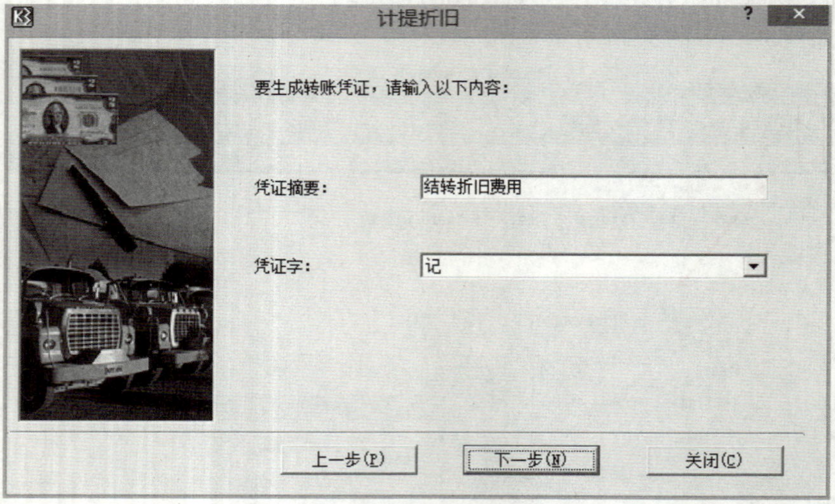

图 5-19　转账凭证生成输入内容

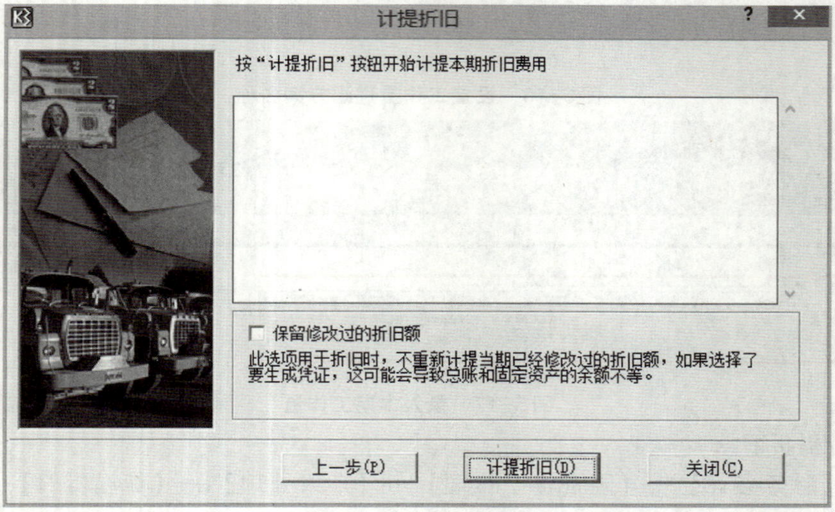

图 5-20　计提折旧

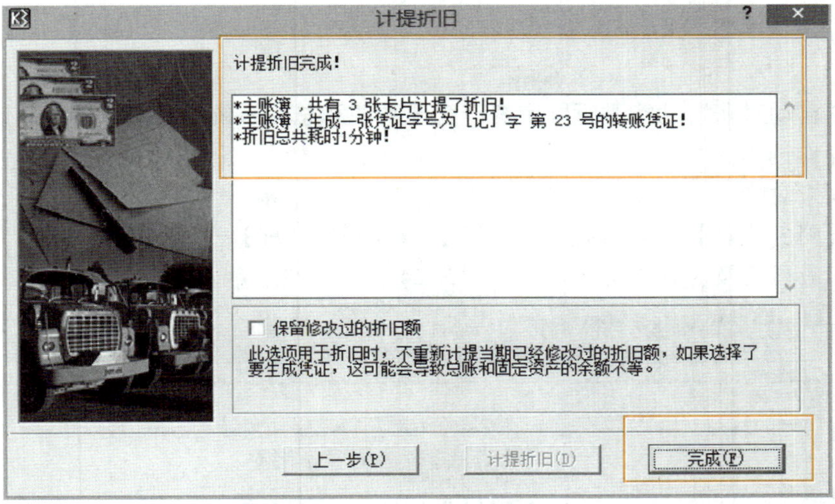

图 5-21　计提折旧完成

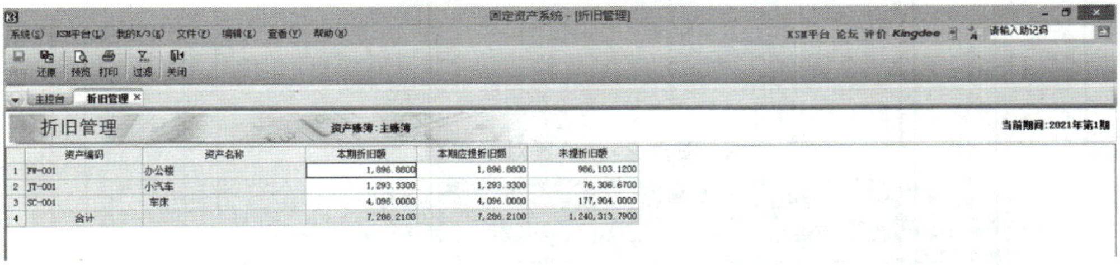

图 5-22　折旧管理

（3）查询固定资产清单等各种账表

在管理报表中可以查询资产清单、价值变动、数量统计等报表。

选择【财务会计】→【固定资产管理】→【管理报表】→【资产清单】，设置过滤条件，单击【确定】，系统将显示查询结果，如图5-23所示。注：其他报表的查询方法与此相同。

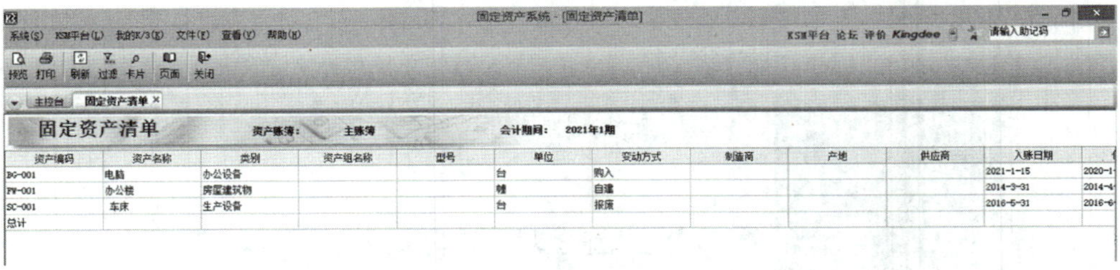

图 5-23　统计报表查询

任务 5　期末结账

为保证固定资产管理系统与总账系统数据的一致性，可以利用系统提供的“自动对账”功能，来检查系统数据是否一致，避免将业务操作的错误带到以后期间。如发现错误，可以回到凭证管理，对折旧数据进行修正，甚至要检查当期的新增、变动等业务处理是否正确。

训练营

利用“自动对账”功能进行固定资产管理系统和总账系统的对账，期末结账

▶ 实训操作过程

（1）期末对账

选择【财务会计】→【固定资产管理】→【期末处理】→【自动对账】，新增对账方案，输入相应科目及对账方案名称，如图5-24、图5-25所示。

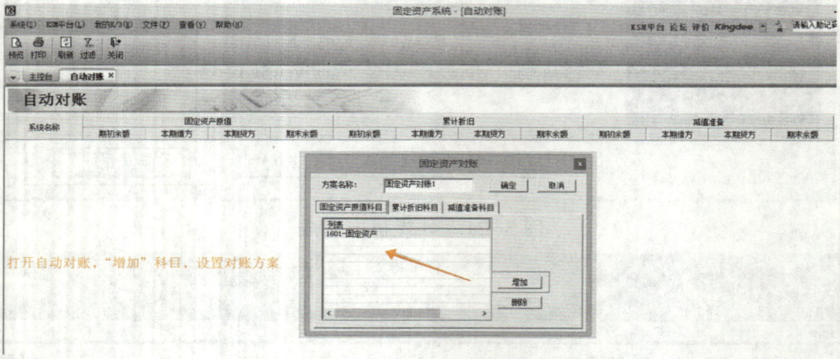

图5-24　设置对账方案

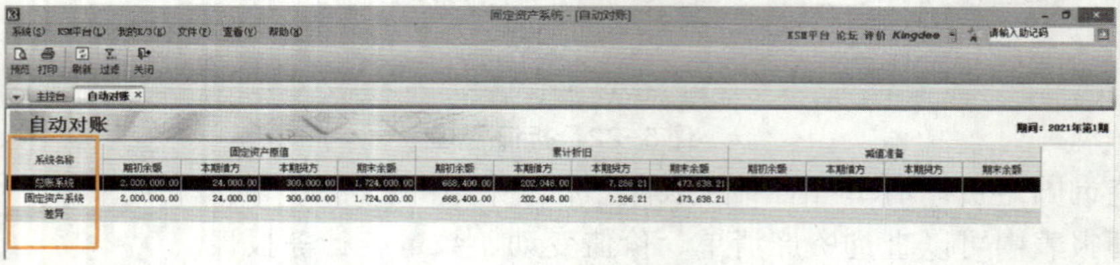

图5-25　与总账对账

（2）期末结账

选择【财务会计】→【固定资产管理】→【期末处理】→【期末结账】，打开结账界面，如图5-26所示。

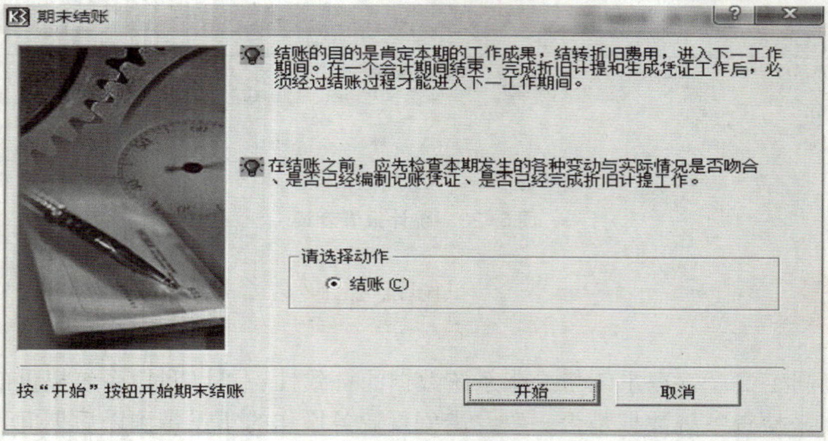

图5-26　期末结账

知识拓展

（1）自动对账

如果进行自动对账后发现数据不平，应及时对两系统数据进行检查，找出错误及时更正，避免将数据错误累积到以后期间，系统将会控制对前期数据的修改。如果对账平衡了，则可以开始进行结账的处理。

（2）期末结账

结账的操作方法如下：在固定资产管理系统的主界面，单击【期末处理】，进入期末处理模块。在此模块中单击【结账】，弹出期末结账界面，如果确认进行结账处理，单击【开始】，系统会先检查系统业务的处理情况，如果存在业务处理不完善的情况，系统将给予提示，用户需根据提示完成这些业务再进行结账处理。如果系统检查一切顺利，则自动完成结账过程，会计期间转入下一期。

如果发现已结账期间的信息有误，可以进行反结账。反结账的操作方法如下：单击【期末处理】，进入期末处理模块，单击【反结账】，弹出“期末结账”界面，单击【开始】，系统自动完成反结账过程，会计期间转回上一期。

特别提示

如果要严格控制固定资产管理系统和总账系统数据的一致性，则可以在“系统参数”中选择“期末结账前先进行自动对账”选项，这样在进行结账处理时，系统会先自动进行对账检查，如果没有设置对账方案或对账不平，则系统会给予提示并不允许结账。

结账或反结账前，要确保没有其他用户在同时使用固定资产管理系统。

项目六 会计岗位

干一行爱一行，爱岗敬业

马克思说过“在科学上没有平坦的大道，只有不畏劳苦沿着陡峭山路攀登的人才有希望达到光辉的顶点。”财务人员要适应时代发展的步伐，就要有危机感、紧迫感，要有不断提高专业技能的愿望和要求。只有具备不断提高会计专业技能的意识和愿望，才能不断进取，才会主动地求职、求学，勤学苦练，精益求精。财务人员要具备高超的职业技能，掌握过硬的本领，就必须谦虚好学，刻苦钻研，熟悉法规。在思想上进取，工作上认真，学习上不满足现状，具有与时俱进的意识和提高专业技能的愿望。

任务1 应收、应付款管理

应收款管理系统，通过销售发票、其他应收单、收款单等单据的录入，对企业的往来账款进行综合管理，及时、准确地提供给客户往来账款余额资料，提供各种分析，如账龄分析、周转分析、欠款分析、坏账分析、回款分析、合同收款情况分析等，通过各种分析，帮助企业合理地进行资金调配，提高资金的利用效率，并能及时有效地进行对账、明细检查，做到账账相符、账实相符。

应付款管理系统，通过采购发票、其他应付单、付款单等单据的录入，对企业的往来账款进行综合管理，及时、准确地提供供应商的往来账款余额资料，提供各种分析，如账龄分析、付款分析、合同付款情况等。通过各种分析，帮助企业合理地进行资金调配，提高资金的利用效率，并能及时有效地进行对账、明细检查，做到账账相符、账实相符。

应收应付系统既可独立运行，又可与供应链系统、总账系统、现金管理系统等结合运用，提供完整的业务处理和财务管理信息。单独使用时能体现模块的独立性，只用通过单一模块数据进行录入与核算就能提供各类相关报表数据，灵活便捷。与总账、现金管理、供应链结合使用时可以实现数据一体化管理，能够将业务、财务数据贯穿一体，既能体现独立数据，又能体现综合一体数据，实现数据关联性和来源性。

广州尚质电源有限公司应收应付系统主要与供应链系统、总账系统结合运用；系统中的发票主要从供应链系统中传入（销售发票、采购发票）；在处理收付款业务时，主要与供应链系统传递过来的发票关联生成收、付款单。

会计为学生本人，出纳为卓臣新，主管为黎彬燕。

子任务1.1　销售发票新增与维护

应收系统发票除了从供应链传递过来外，还可以在应收系统中新增。选择【财务会计】→【应收款管理】→【发票处理】→【销售普通发票-新增】或【销售增值税发票-新增】，如图6-1、图6-2所示。

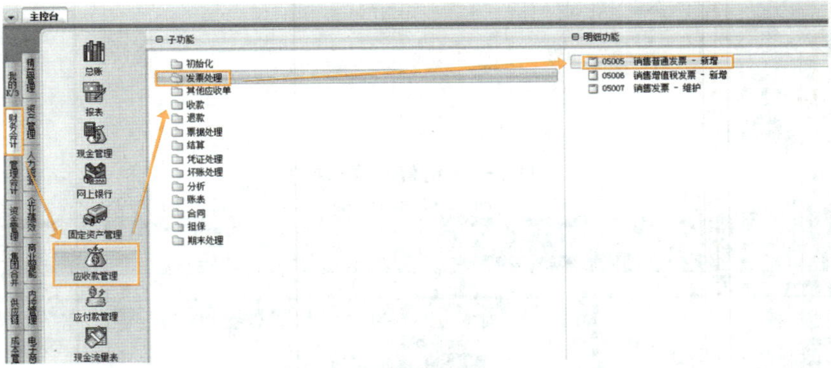

图6-1　选择销售普通发票-新增

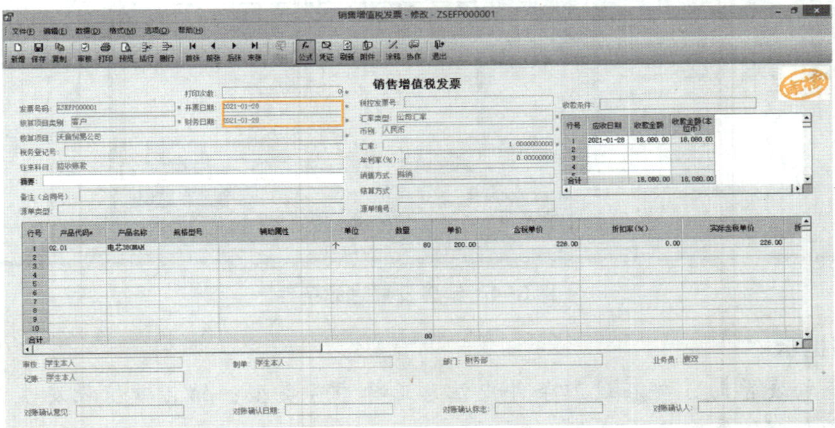

图6-2　新增销售发票

选择核算项目，录入开票日期、财务日期，选择往来科目（生成凭证用），录入产品代码、数量、单价，选择部门及业务员（不是必选项），保存，审核。

知识拓展

在销售发票维护中可以查询到通过供应链传递过来的销售发票及在应收系统中新增的销售发票，但要注意的是，供应链系统传递过来的销售发票，审核、修改、删除工作只可以在销售系统中进行，应收系统无法修改供应链系统传递过来的发票，应收系统只可以修改该系统新增的销售发票。应收系统新增的销售发票是不会传递到供应链系统的。

发票查询：选择【财务会计】→【应收款管理】→【发票处理】→【销售发票-维护】，如图6-3、图6-4、图6-5所示。

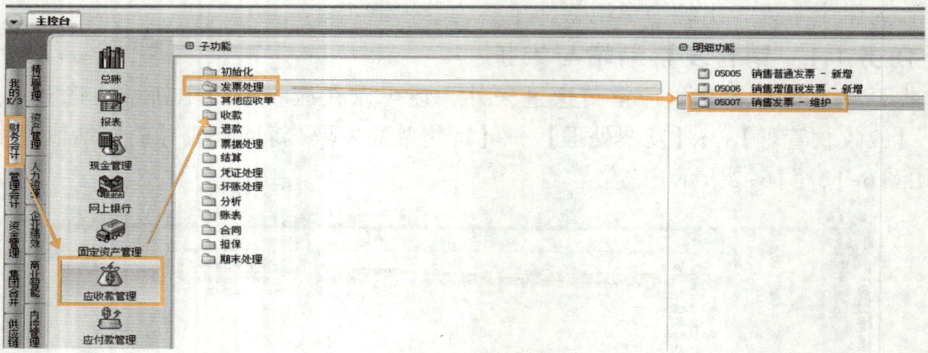

图6-3　销售发票-维护

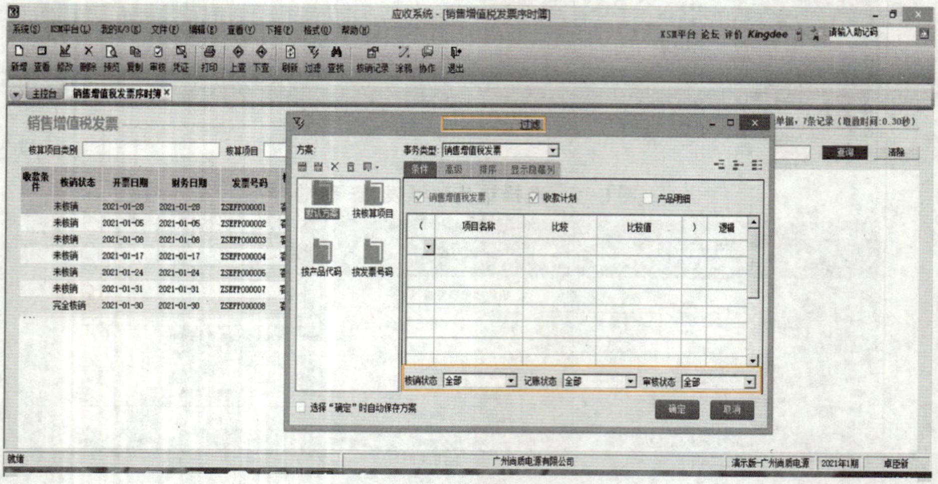

图6-4　销售发票过滤条件

特别提示

在查询发票时，要在过滤条件中注意选择事务类型：销售增值税发票、销售普通发票或全部销售发票。

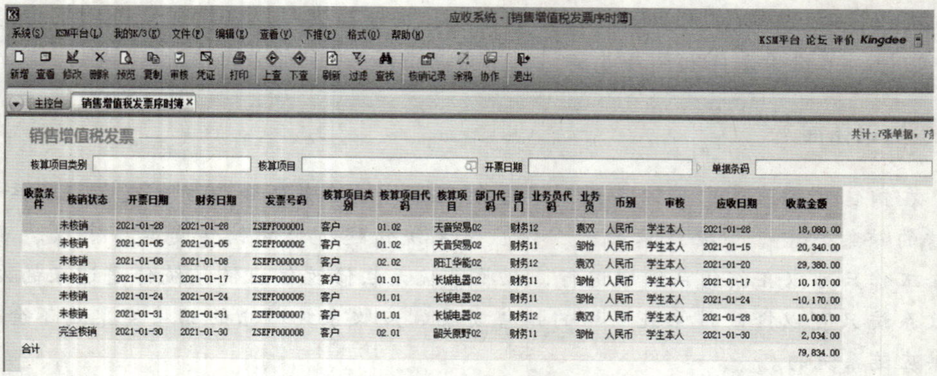

图6-5　销售发票序时簿

子任务1.2　收款单维护

收款业务通过收款单办理，选择【财务会计】→【应收款管理】→【收款】→【收款单-维护】，进入收款单和预收单处理界面。收款单主要是用来对收款单和预收单据进行各种维护，如新增、修改、删除等。

训练营

收款单新增、修改和删除

视频
收款单的生成、审核及记账

▶ 实训资料

2021年1月31日，收到韶关原野电器公司货款2 034元，并办理其他收款。

视频
付款单的生成、审核及记账

▶ 实训操作程序

在应收系统中新增收款单：选择【财务会计】→【应收款管理】→【收款】→【收款单-新增】，如图6-6、图6-7、图6-8所示。

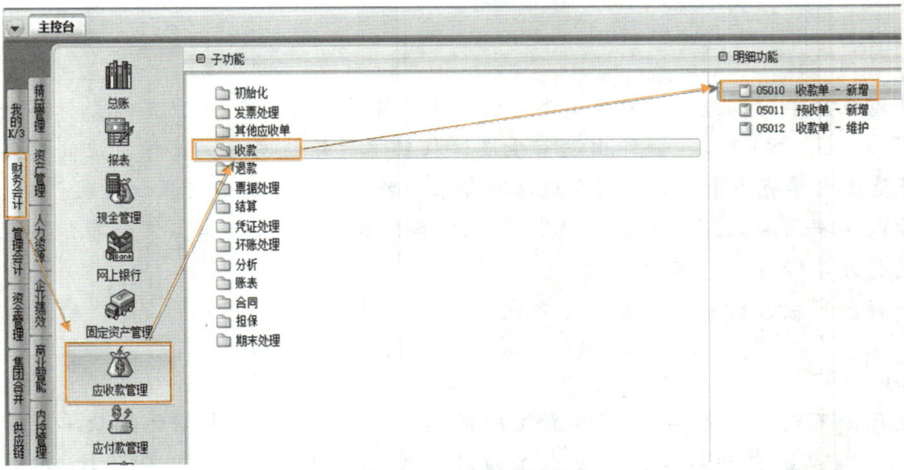

图6-6　选择收款单-新增

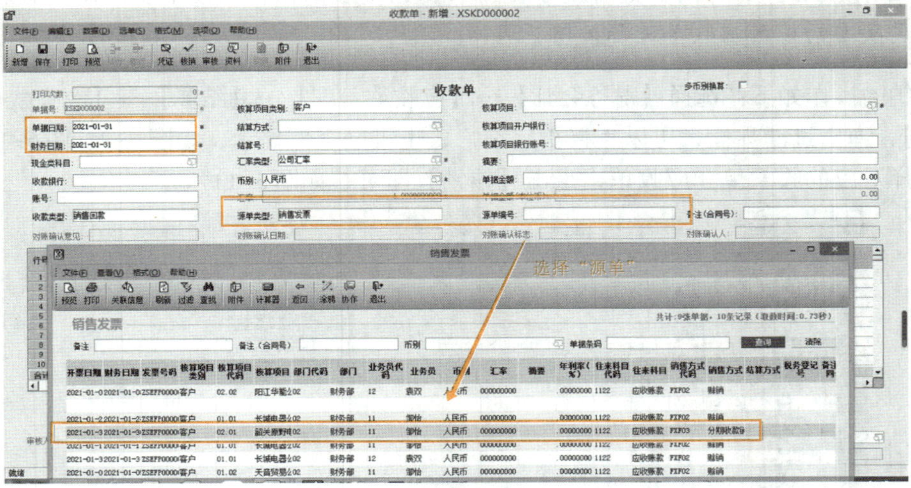

图6-7　选择对应的销售发票作为收款单源单

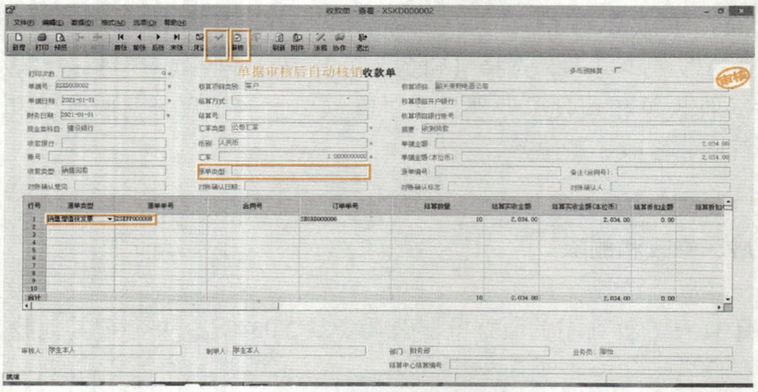

图6-8　完成收款单录入

然后修改单据日期及财务日期，选择“现金类科目”，保存、审核、自动核销。

知识拓展

（1）新增收款单时，先在“源单类型”选项中选择“销售发票”，然后把光标移到“源单编号”选项，按F7键，会弹出没有生成过收款单的销售发票，选择对应的销售发票（如果这张发票有多条分录，需全选所有分录）作为关联单据进行收款处理。

（2）修改单据日期及财务日期，选择“现金类科目”，修正结算实收金额，往来科目根据销售发票带过来，不用修改。

（3）保存、审核、核销。收款业务即完成。

特别提示

系统也可以不选择“源单”，直接新增一张收款单，因为手工新增的收款单没有源单，所以不能系统自动核算，需要人工核算已收款的单据。手工新增收款单时，直接选择“新增”，所有信息都是手工输入，完成后保存、审核即可，收款单审核完成后需要与对应的应收单进行核销。

核销的操作如下：选择【财务会计】→【应收款管理】→【结算】→【应收款核销-到款结算】，弹出过滤界面，可以直接指定客户，也可以全部显示，如图6-9、图6-10所示。然后选择对应的收款单和应收单，点击【核销】即可，如图6-11所示。

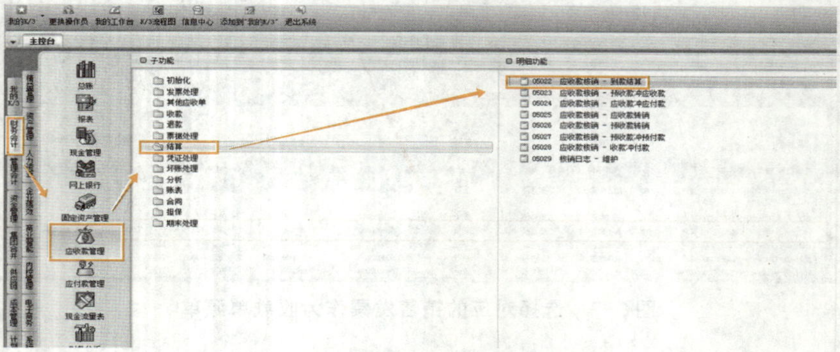

图6-9　选择应收款核销-到款结算

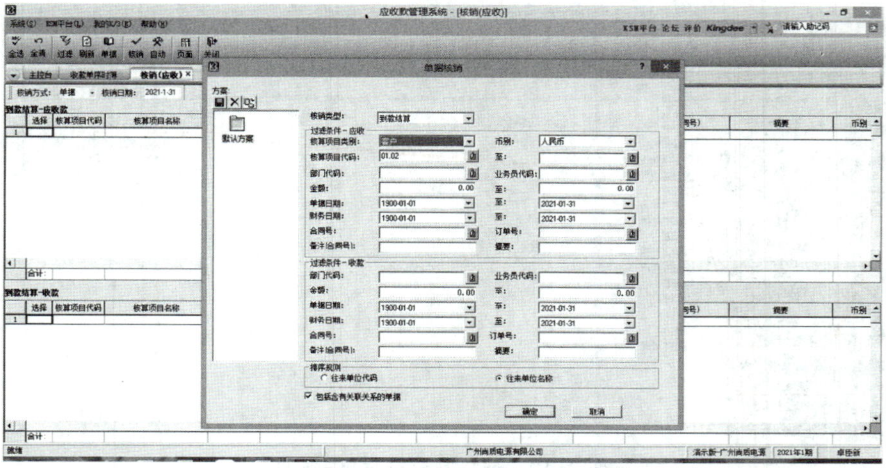

图6-10　录入过滤条件

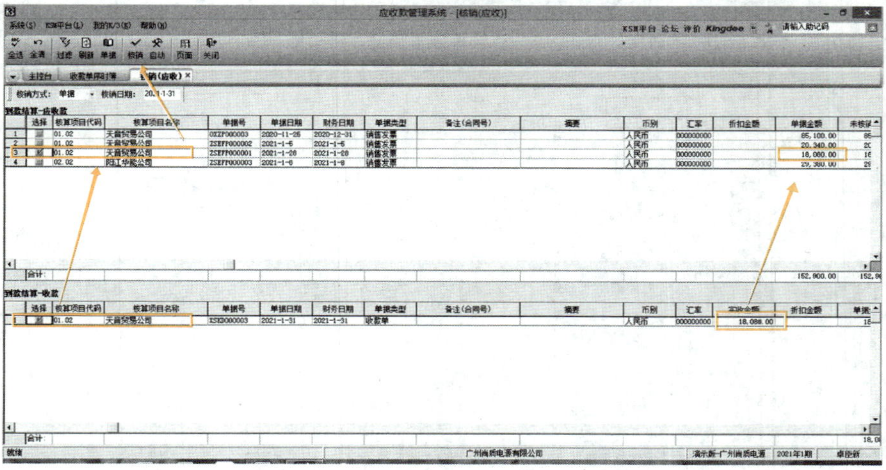

图6-11　办理核销

特别提示

注意应收单及收款单的本次核销金额要填写一致，收款单审核后自动核销。

子任务1.3　其他应收单维护

在应收系统中，其他应收单也是增加客户应收账款的单据，其他应收单主要处理一些不是因为销售而产生的应收账款。

训练营

其他应收单的新增与录入

▶ 实训操作过程

选择【财务会计】→【应收款管理】→【其他应收单】→【其他应收单-新增】，如图6-12、图6-13所示。

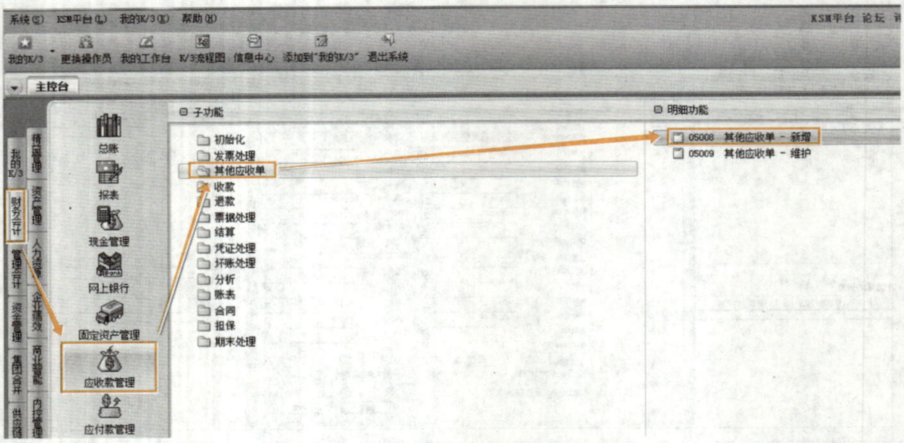

图6-12　选择其他应收单-新增

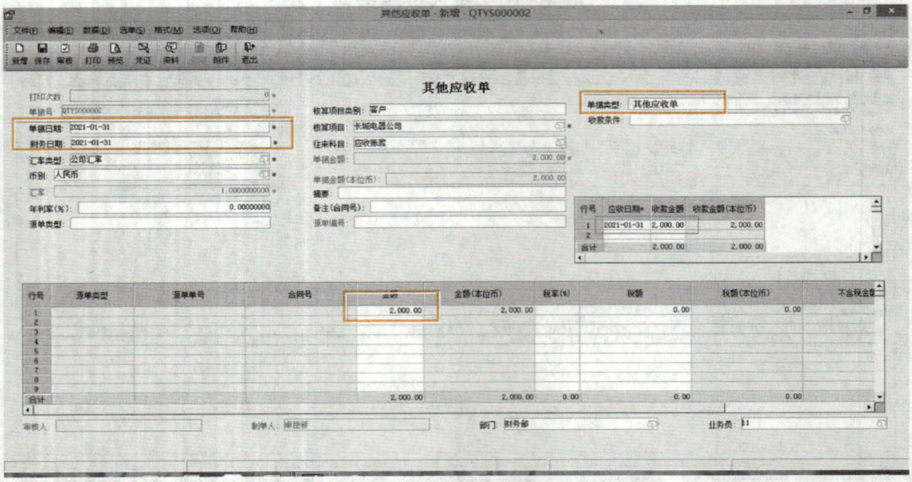

图6-13　录入其他应收单

特别提示

其他应收单的录入同发票差不多，区别在于，其他应收单在单据体只录入金额这个字段即可，而销售发票则还需要录入产品信息。

子任务1.4　预收单维护

预收单是预先收取客户货款，后发货。

训练营

预收单新增及维护，新增阳江华能预收单并核销

▶ 实训操作过程

收到客户货款时，选择【财务会计】→【应收款管理】→【收款】→【预收单-新增】，如图6-14至图6-16所示。

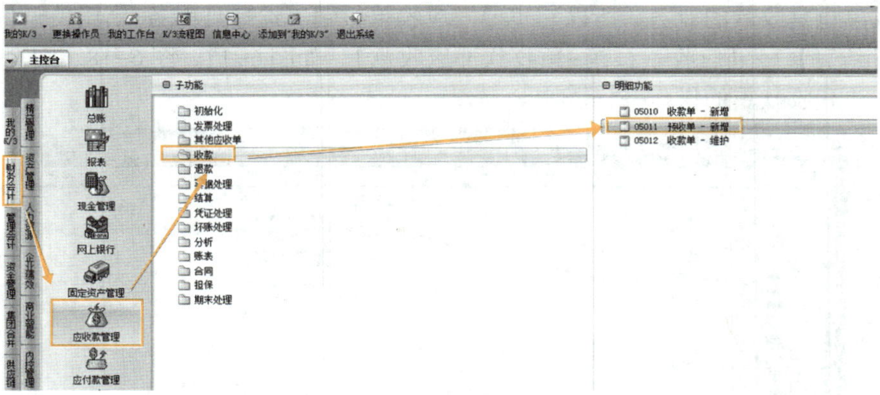

图6-14　选择预收单-新增

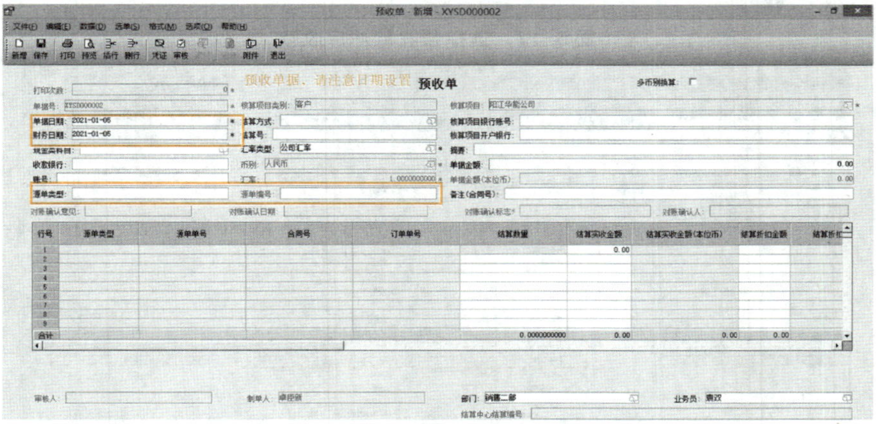

图6-15　录入预收单

特别提示

预收单的新增与供应链系统中的出库单或销售发票的新增方法一样。它们都是由源单生成的，也就是我们要在源单类型中选中相应类型，再在源单编号中选择要预收的单据，按返回即可。

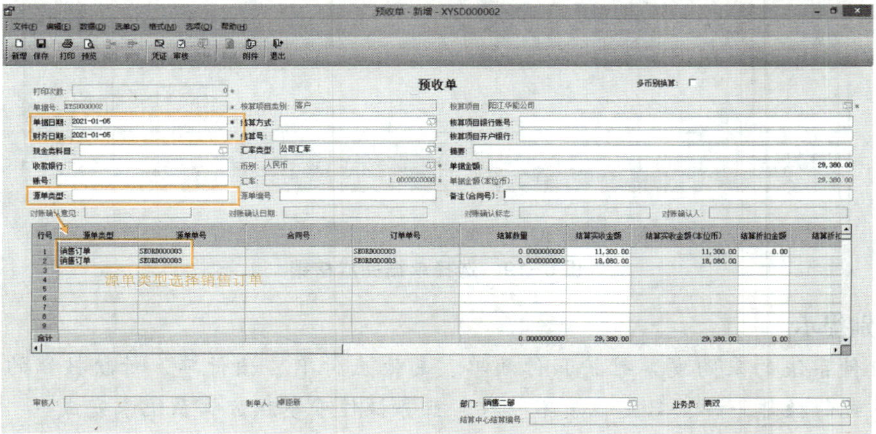

图6-16　完成预收单录入

预收单也是收款的业务，所以它也要同应收单核销。选择【财务会计】→【应收款管理】→【结算】→【应收款核销-预收款冲应收款】，如图6-17、图6-18、图6-19所示，核销的方法和收款单的操作一样。

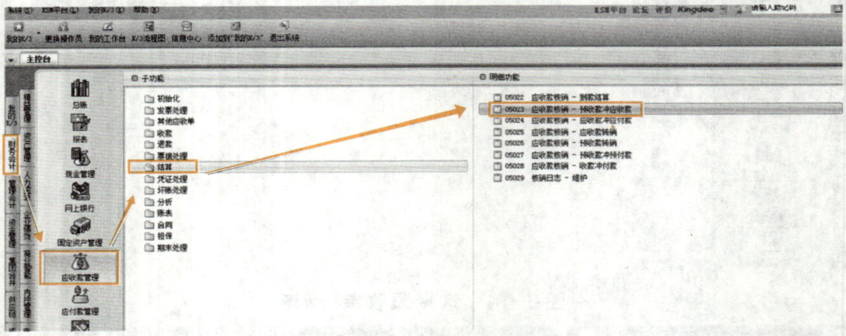

图6-17　选择预收款冲应收款

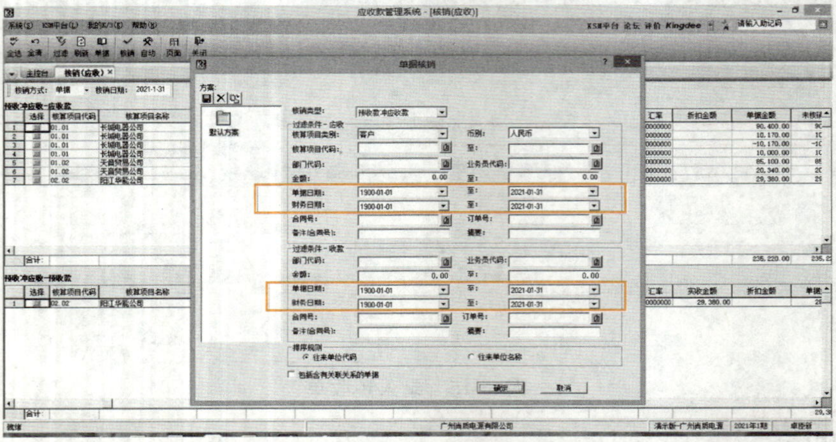

图6-18　设置预收款冲应收款过滤条件

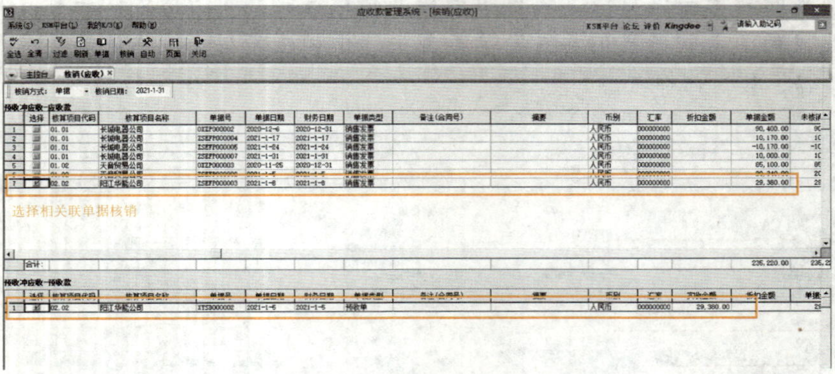

图6-19　选择单据完成核销

特别提示

应付系统的采购发票维护和付款单、其他应付单、预付单、付款核销的操作与应收系统的操作一样，只是性质不一样，业务操作可参照应收系统来完成。

子任务1.5　账龄分析

在应收系统中设置了很多分析报表，包括账龄分析、周转分析、欠款分析、坏账分析、回款分析等，可以直接通过设置过滤条件查询分析报表。

训练营

账龄分析报表查询

▶ 实训操作过程

选择【财务会计】→【应收款管理】→【分析】→【账龄分析】，进入“账龄分析”界面，如图6-20所示。

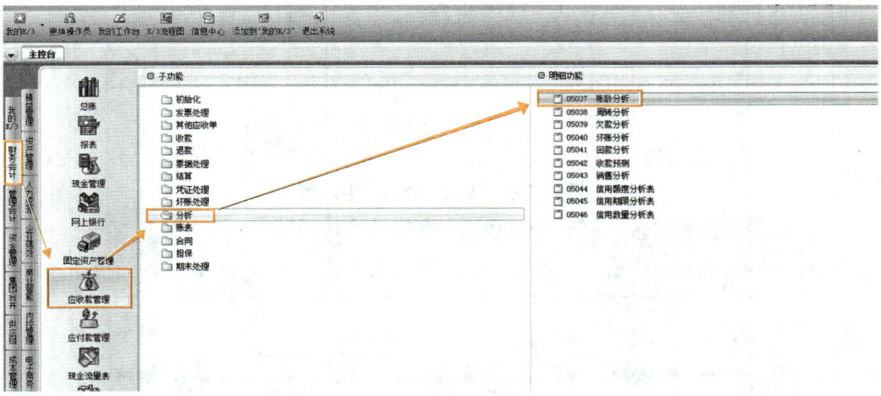

图6-20　选择账龄分析

账龄分析主要用来对未核销的往来账款的余额、账龄进行分析。

进入该处理界面后，系统弹出账龄分析表“过滤条件”界面，在此界面中，可以对账龄分析表输出范围以及账龄分析表的时间段等项目条件进行设置，如图6-21、图6-22、图6-23所示。

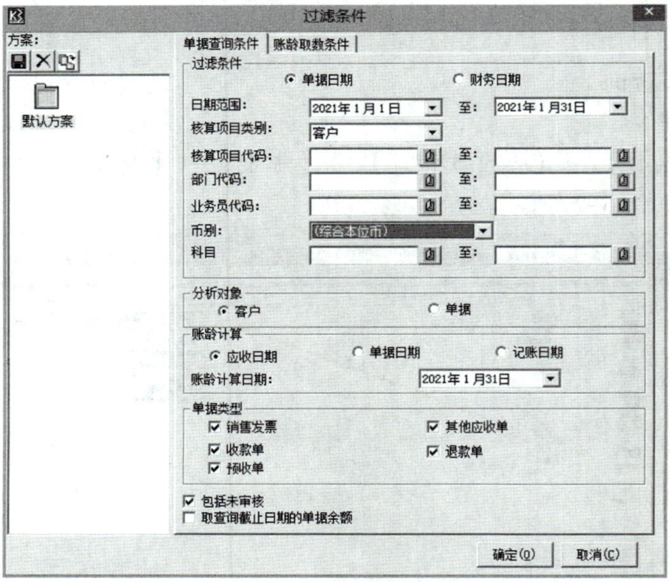

图6-21　单据查询条件设置

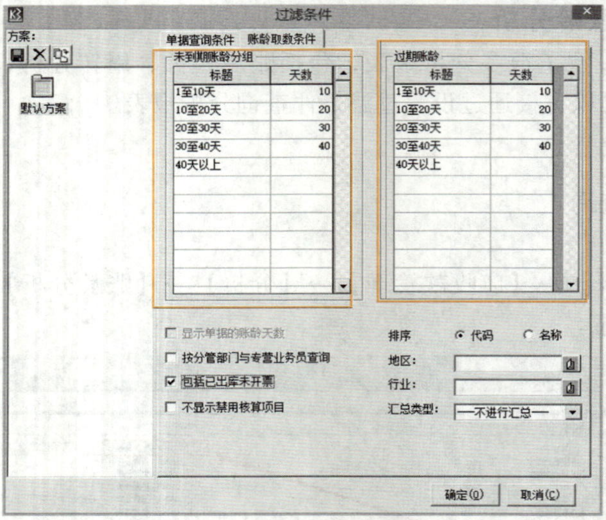

图6-22　账龄取数条件设置

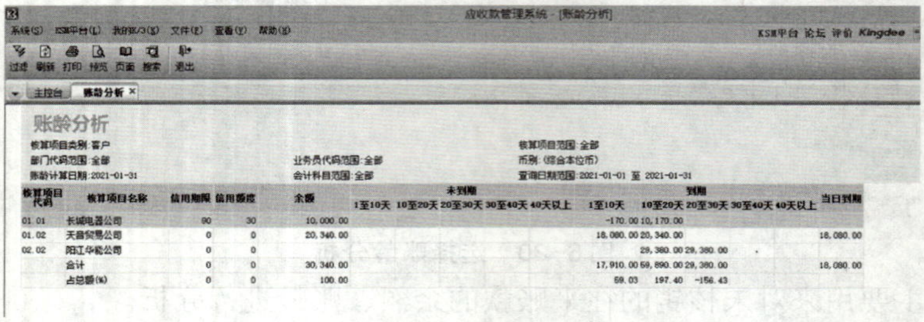

图6-23　账龄分析结果

子任务1.6　账表查询

在应收系统中，可以查询各单位的应收款明细表及应收款汇总表等。

训练营

应收款明细表查询

▶ 实训操作过程

选择【财务会计】→【应收款管理】→【账表】→【应收款明细表】，如图6-24、图6-25、图6-26、图6-27所示。

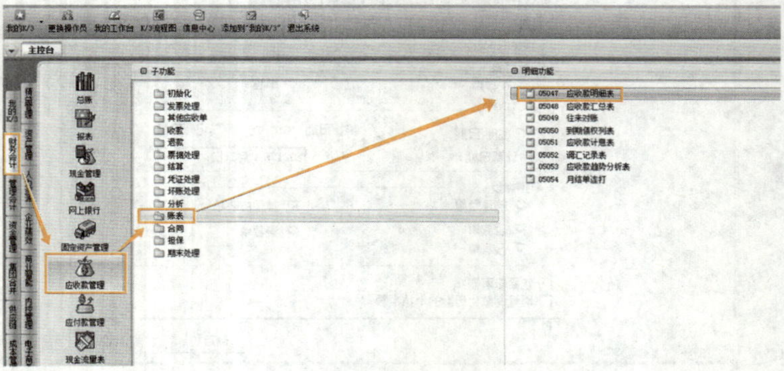

图6-24　选择应收款明细表

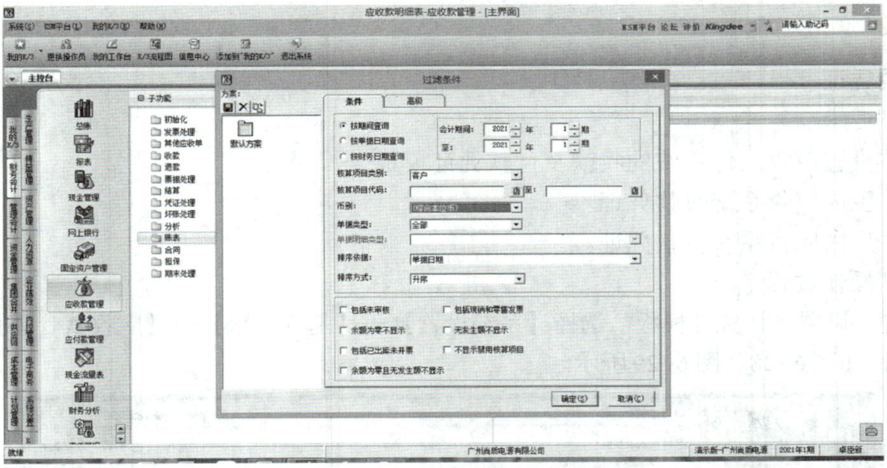

图6-25　设置明细账的过滤条件

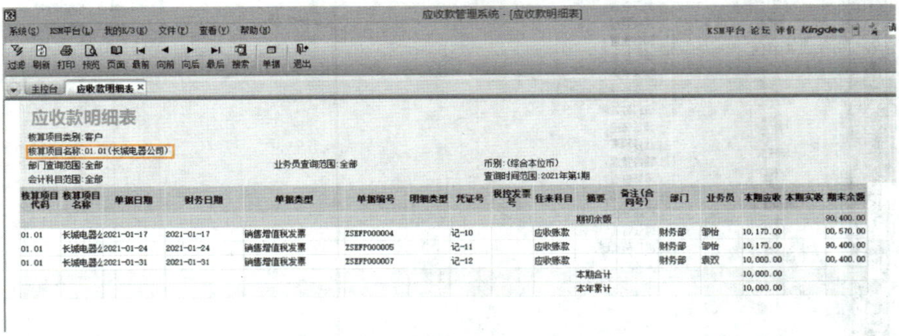

图6-26　应收款明细表列表之一

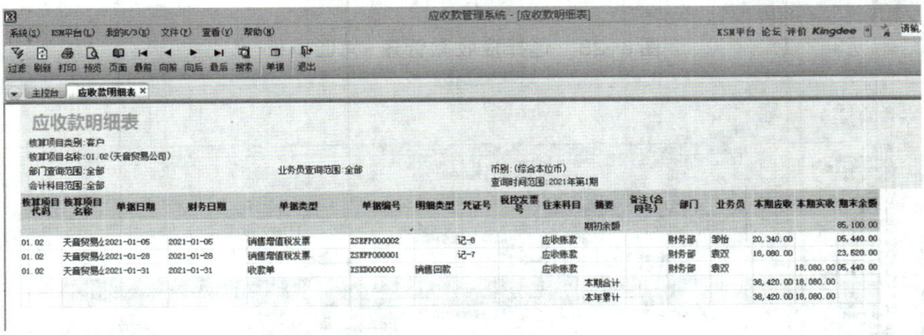

图6-27　应收款明细表列表之二

特别提示

应付系统报表的查询方法同应收系统一样，此处不再赘述。

子任务1.7　凭证生成

为保证应收应付系统与总账系统的数据保持一致，在应收系统与应付系统新增单据之后，必须通过凭证处理把单据生成凭证传入总账系统。在生成凭证前先设置凭证模板。

训练营

生成凭证

▶ 实训要求

（1）设置应收应付系统的收款及付款凭证模板。

（2）生成应收系统收款凭证。

（3）生成应付系统付款凭证。

▶ 实训操作过程

首先，设置默认凭证模板。选择【系统设置】→【基础资料】→【应收款管理】→【凭证模板】，如图6-28、图6-29所示。

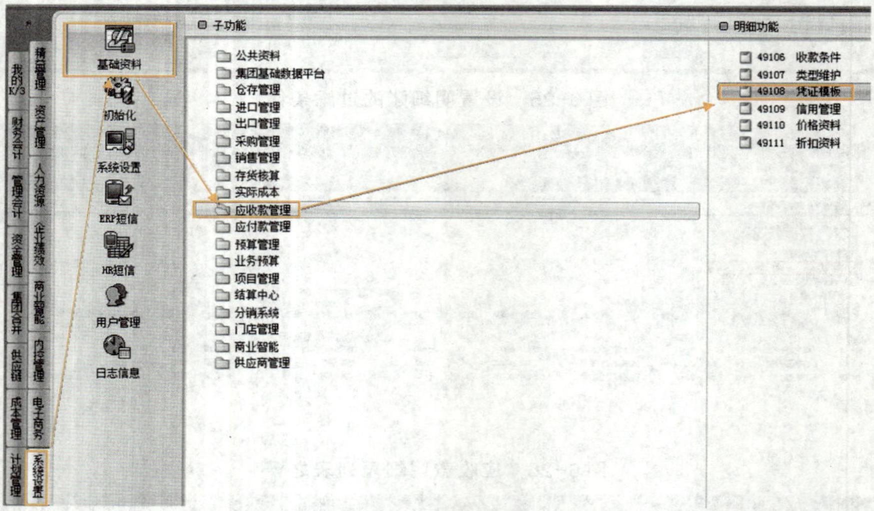

图6-28　选择应收款管理-凭证模板

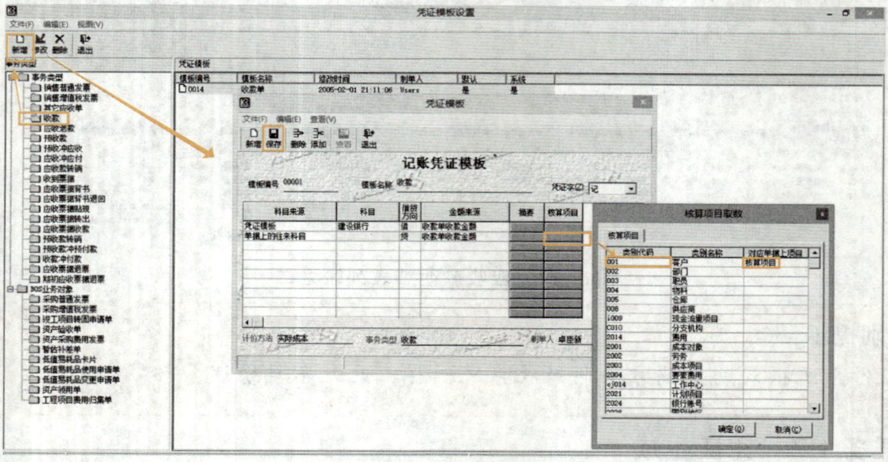

图6-29　新增收款-凭证模板

特别提示

新增模板保存后要设置为默认模板。

接着，生成凭证。选择【财务会计】→【应收款管理】→【凭证处理】→【凭证-生成】→【收款】，如图6-30、图6-31、图6-32所示。

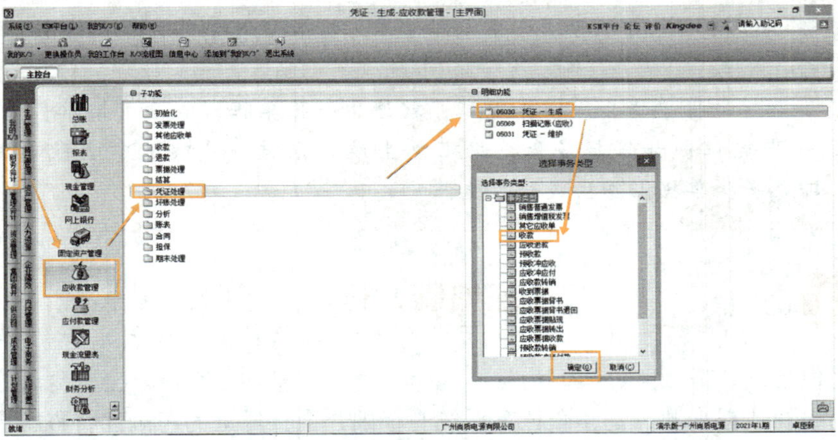

图6-30　选择要生成凭证的事务类型

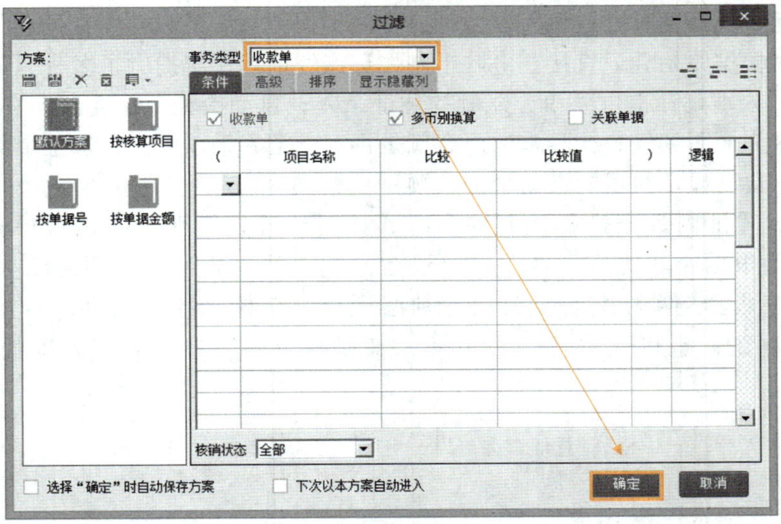

图6-31　设置过滤条件

特别提示

注意选择事务类型。

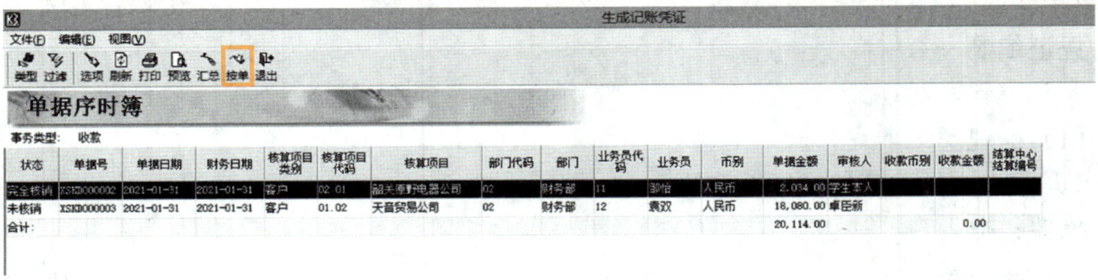

图6-32　依次选择生成凭证

应收应付系统都是一样的操作，应付系统不再举例演示。

知识拓展

（1）在“选项”中可以设置“科目合并”，包括“借方科目相同合并”“贷方科目相同合并”。

（2）如果想每张单据生成一张凭证，就选中一张单据，点击【按单】，即就选中单据生成一张凭证；如果想多张单据汇总生成一张凭证，就选中多张单据，点击【汇总】，即就多张单据汇总生成一张凭证。

任务2　凭证编制、修改及删除

会计岗位是以“证、账、表”为核心的企业财务信息加工系统。会计凭证是整个会计核算系统的主要数据来源，是整个核算系统的基础，会计凭证的正确性将直接影响整个会计信息系统的真实性、可靠性，因此系统必须保证会计凭证录入数据的正确性。凭证分为原始凭证和记账凭证两种。在业务发生时应首先根据原始凭证和其他有关业务资料手工填制凭证，或者根据原始凭证直接在电脑上制作记账凭证。系统提供了多种凭证数据的校核和控制功能，分别是：提供外币分账制的凭证录入；自动检验记账凭证借贷方是否平衡；检验科目是否为最明细级；检验本位币金额是否等于汇率乘以原币；检验金额是否等于数量乘以单价；自动显示科目的最新余额及预算金额。

系统在对凭证内数据进行控制的同时，还对凭证在记账前的审核检验提供控制。这些控制可以根据企业的实际情况进行设定。如果认为凭证不需要经二次审核即可记账，就可以在账套选项中将“凭证过账前必须经过审核”选项去掉，则凭证就可以不经审核直接过账；也可以进行二次审核，来提高审核质量。凭证处理的业务流程如图6-33所示。

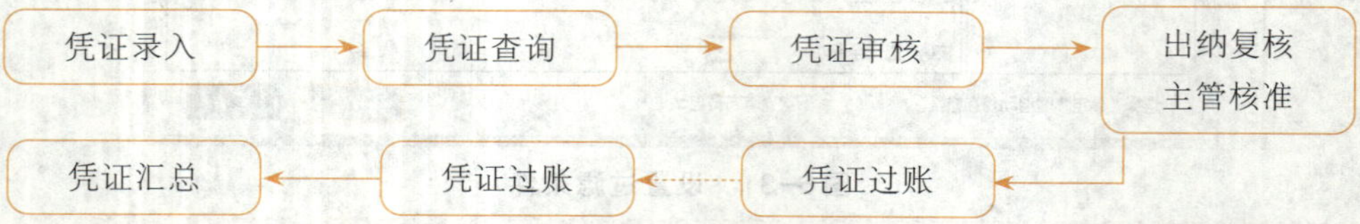

图6-33　凭证处理流程图

子任务2.1　凭证编制

训练营

凭证编制

▶ 实训资料

（1）提现类:

1月5日，提取现金10 000元备用。

摘要：提现

借：库存现金　　10 000

　贷：银行存款——建设银行　　10 000

（2）还款类：

1月8日，收到采购部田其忠还来的借款5 000元。

摘要：还款

借：库存现金　　5 000

　贷：其他应收款——田其忠　　5 000

（3）涉及外币业务类：

1月25日，收到所有者交来的投资款20 000美元，存入中行美元户，当日汇率为6.88。

摘要：收到投资

借：银行存款——中国银行（20 000×6.88）　　137 600

　贷：实收资本　　130 000

　　　资本公积　　7 600

特别提示

在“币别”单元格里选择相应币别，在“汇率”单元格里录入记账汇率“6.88”，在“原币金额”处录入原币“20000”，系统会自动计算本位币数额。

（4）报销类：

1月30日，支付本月通信费。

摘要：报销各部门通信费

借：销售费用——通信费——销售一部（邹怡）　　500

　　　　　　——通信费——销售二部（袁双）　　500

　　管理费用——通信费——采购部（郭勇）　　600

　　　　　　——通信费——财务部（学生本人）　　300

　贷：库存现金　　1 900

特别提示

记得逐一录入部门、职员核算项目信息。

▶ 实训操作过程

登录金蝶K/3主控台，选择【财务会计】→【总账】→【凭证处理】→【凭证录入】，如图6-34所示。

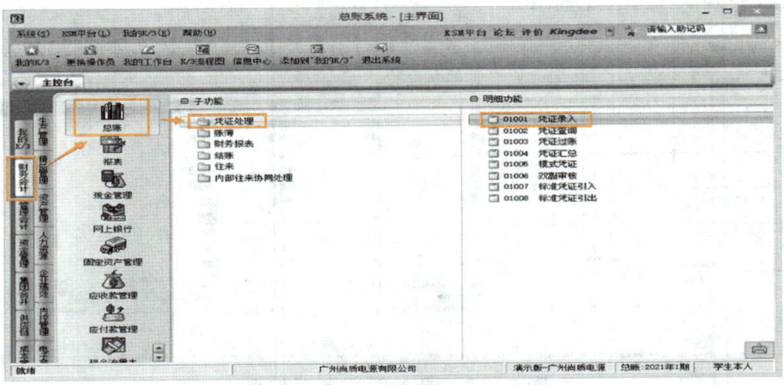

图6-34　选择凭证录入

特别提示

为了提高凭证录入的效率，可以通过设置【查看】→【选项】，勾选“自动显示代码提示窗口”“凭证保存后立即新增”“自动携带上条分录信息：摘要”等项目，如图 6-35 所示。

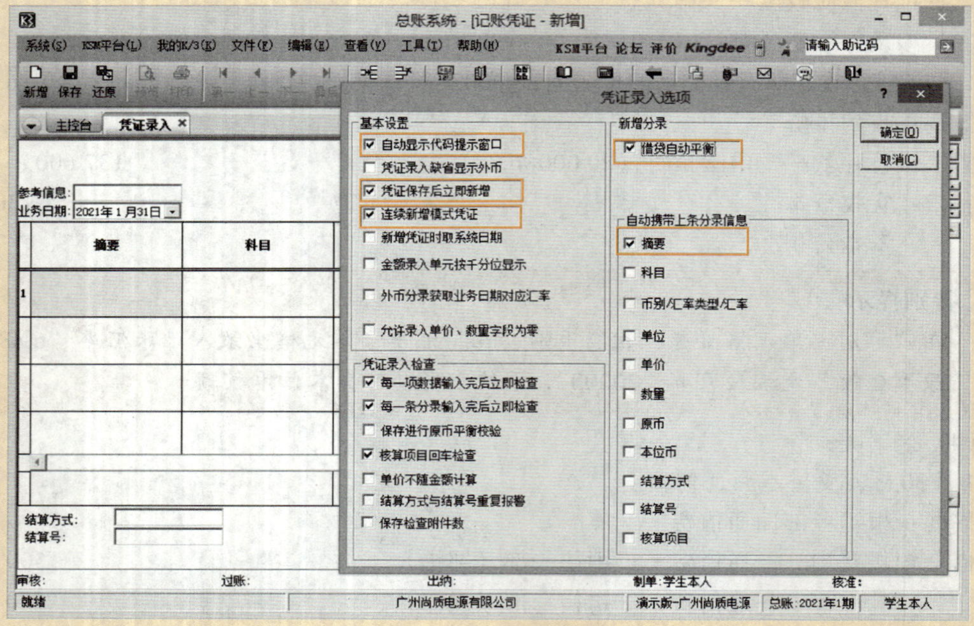

图 6-35　设置凭证录入选项

正式录入凭证的操作步骤：修改日期→录入摘要→录入科目→录入核算项目→录入金额→检查凭证是否正确→保存，如图 6-36 所示。录入外币凭证，如图 6-37 所示。

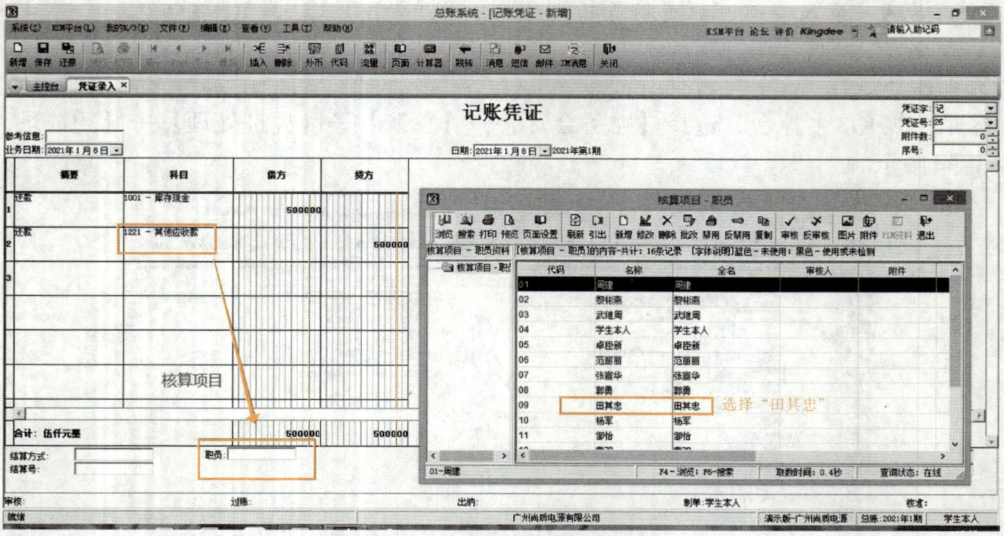

图 6-36　录入凭证各项信息

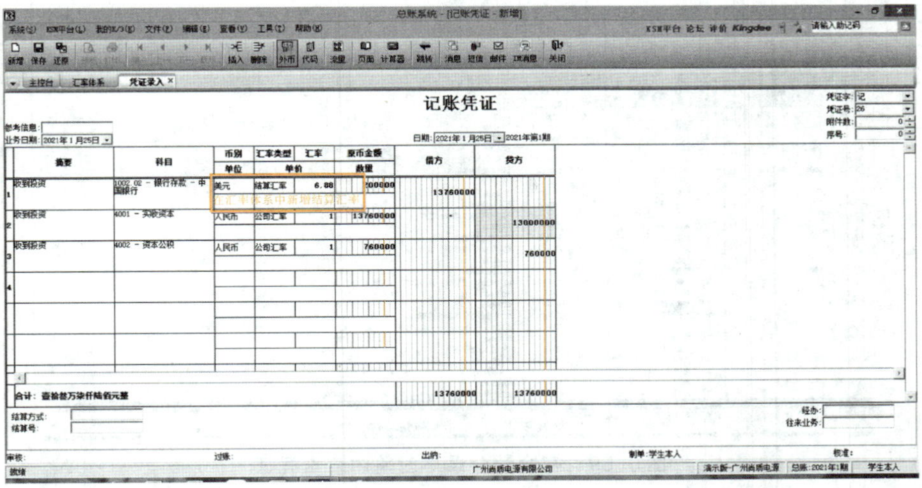

图6-37　录入外币凭证

如果会计科目设置了按核算项目核算，则需将所有核算项目的内容填列完毕后系统才允许保存凭证。

子任务2.2　凭证查询、修改及删除

凭证查询提供了十分丰富的凭证处理功能，包括凭证的修改和删除、凭证的审核和过账、凭证的冲销等。审核方式包括单张审核和成批审核，但审核人与制单人不能为同一人。

训练营

查询、修改当月凭证

▶ 实训操作过程

凭证查询的操作如图6-38、图6-39所示。

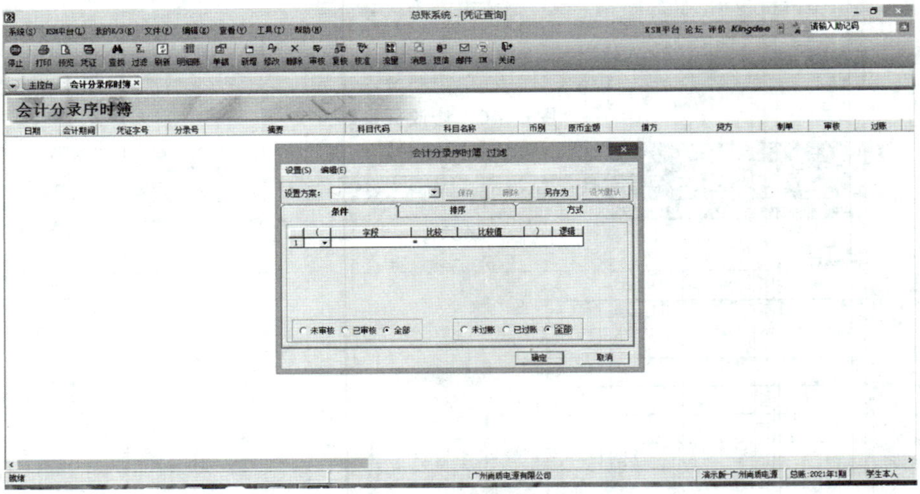

图6-38　设定凭证查询过滤条件

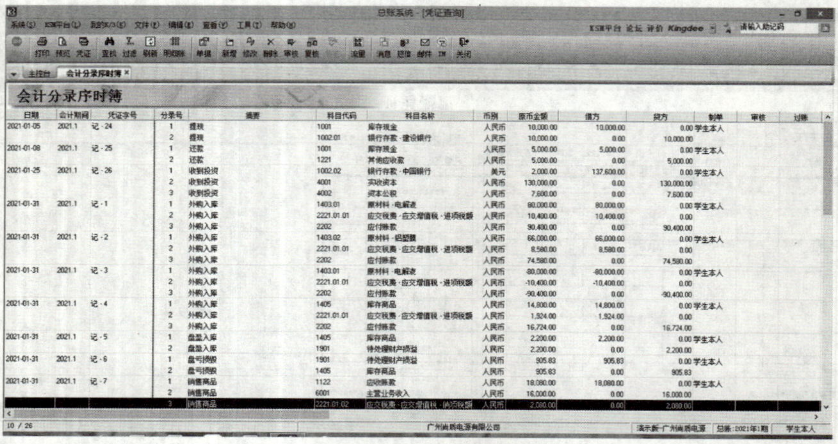

图 6-39　在会计分录序时簿中查看凭证

可以修改已录入的、未过账且未审核和未复核的凭证。将光标定位于要修改的凭证中，选择菜单【文件】→【修改】或单击工具条中的【修改】，如图6-40所示。系统会显示“记账凭证-修改”界面，可以在此界面中对记账凭证进行修改，其操作方法与凭证录入相似，如图6-41所示。

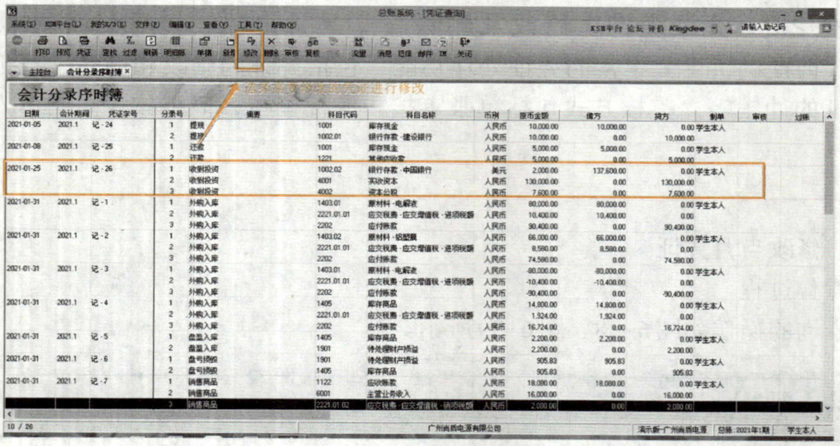

图 6-40　修改凭证

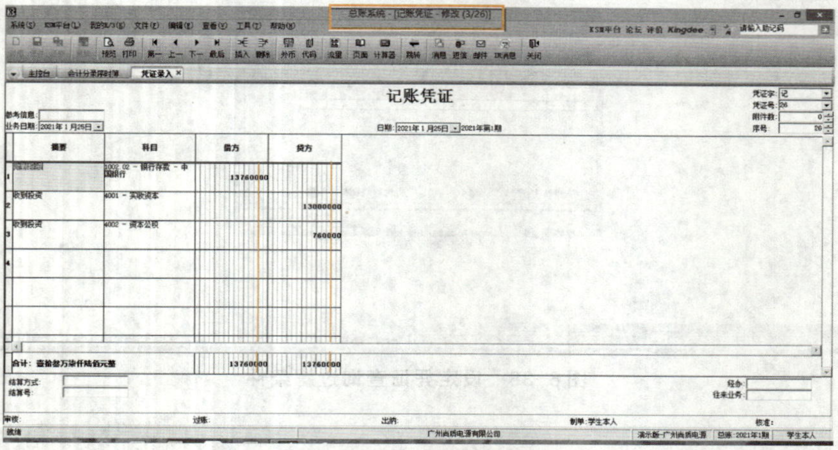

图 6-41　凭证修改界面

对于一些业务中作废的凭证，可以对其进行删除。删除凭证有两种方式：一种是单张删除；另一种是批量删除。

单张删除凭证：光带定位于需要删除的凭证上，单击【删除】或【编辑】→【删除单张凭证】。系统会提示是否确认删除当前凭证，确实要删除时单击【是】，不需删除时单击【否】。如果选择了多张凭证，系统将删除第一张凭证，如图6-42所示。但业务系统生成的凭证不允许在总账中删除，如图6-43所示。

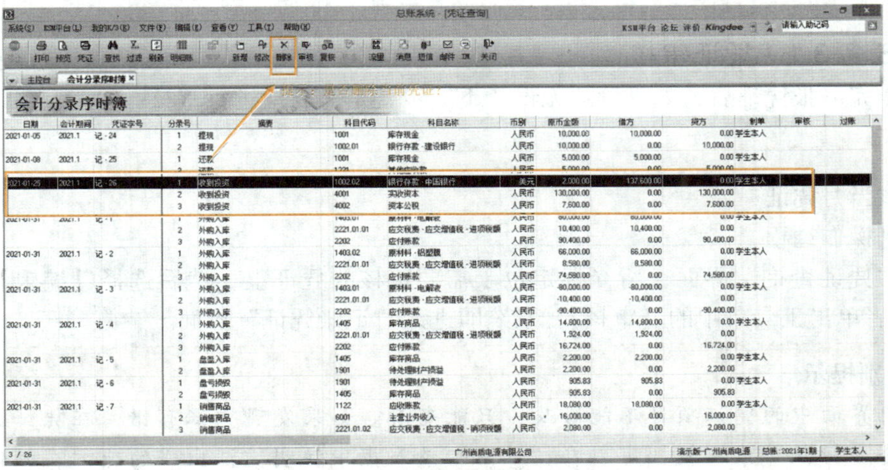

图6-42 删除所选凭证

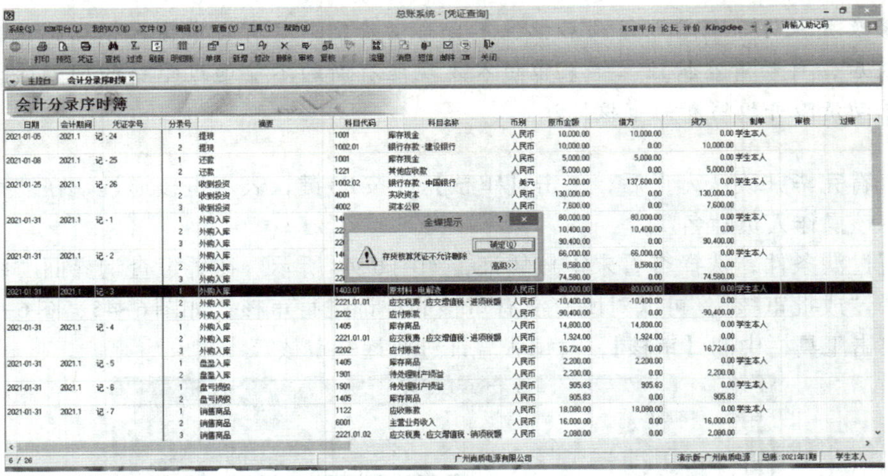

图6-43 业务系统生成的凭证在总账中不允许删除

特别提示

存货核算系统生成的凭证，要返回存货核算系统删除。

成批删除凭证：在页面设置中选择“多行选择”进行批量选择，单击【编辑】→【成批删除】，对选中的凭证进行删除。需注意的是：如果选中的凭证中有不能删除的，系统将自动过滤，对其不做删除操作。

特别提示

只有未过账且未审核、未复核的凭证才能删除。删除后，凭证断号，可进行凭证整理。

任务3　凭证审核、过账

子任务3.1　凭证审核

制作完一张凭证后，如果确认无误，下一步就是对凭证进行审核。

训练营

审核当月凭证

▶ 实训操作过程

在“凭证查询”界面，将光标定位于需要审核的凭证上，然后选择【编辑】→【审核】，或者单击工具条中的【审核】，系统即进入“记账凭证”界面。

特别提示

此界面中的凭证项目不能修改，只能查看。如果发现凭证有错，在凭证上提供了一个“批注”录入框，可以在“批注”录入框中注明凭证出错的地方，以便凭证制单人修改。录入批注后，表明凭证有错，此时不允许审核，除非清空批注或凭证完成修改并保存。制单人修改后批注不会自动清空，只有当审核人根据批注确认凭证无误后，自动清空批注。如果审核人发现还有新的不能通过审核的问题，允许审核人手动清除并填写新的审核批注。

如查看完毕并确认无误后，单击【审核】或按F3键，表示审核通过，在“审核”处签章显示该操作人员姓名。

设置过滤条件，选择查看未审核凭证，如图6-44所示。在凭证查询界面“编辑”菜单下选择“成批审核”，可以对所有没有审核的凭证进行审核，如图6-45、图6-46所示，也可以单击工具栏中的【审核】，对每张凭证进行逐一审核。

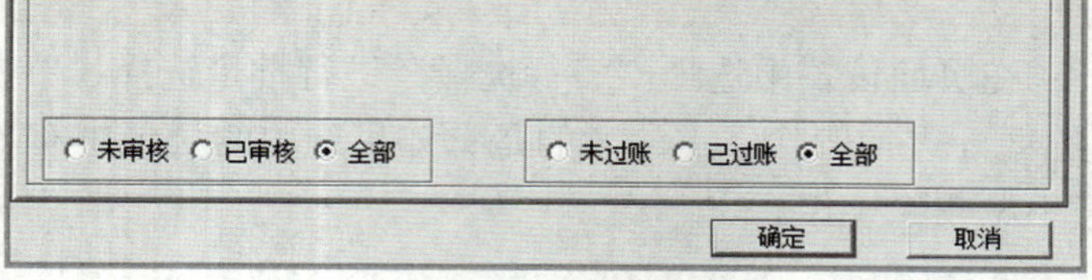

图6-44　打开凭证查询界面

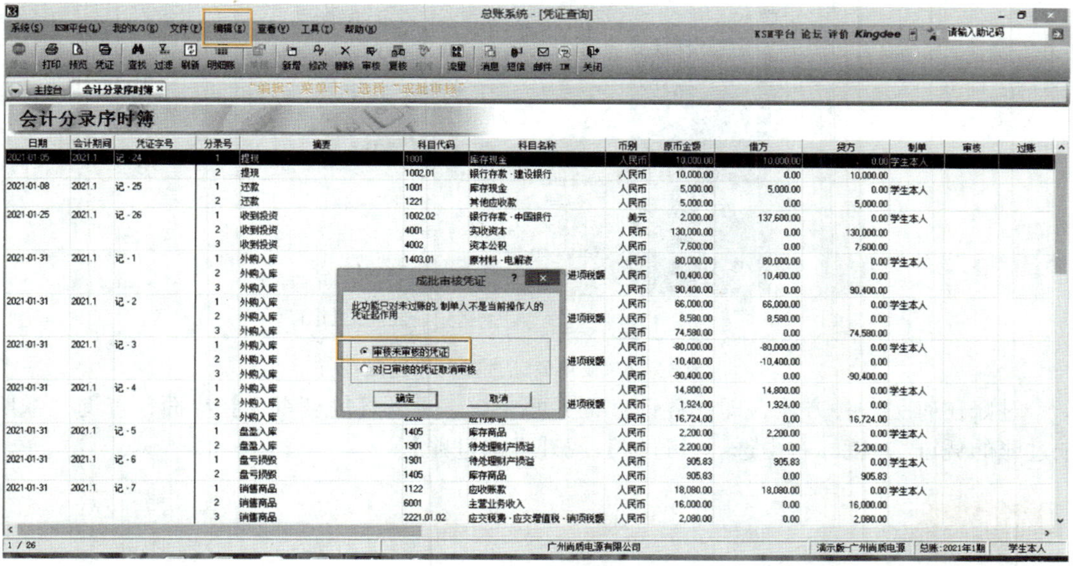

图 6-45　选择成批审核凭证

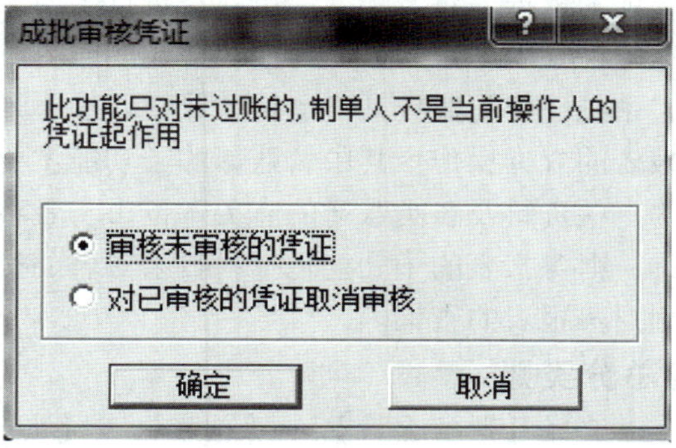

图 6-46　进行成批审核

子任务 3.2　凭证过账

在会计凭证审核完毕之后就可以开始过账了。凭证过账就是系统将已录入的记账凭证根据其会计科目登记到相关的明细账簿中的过程。经过记账的凭证以后将不再允许修改，只能采取补充凭证或红字冲销凭证的方式进行更正。因此，在过账前应对记账凭证的内容仔细审核，系统只能检验记账凭证中的数据关系错误，而无法检查业务逻辑关系。这其中的内容只能由会计人员自己检查。

训练营

将当月凭证过账

实训操作过程

凭证过账是一项十分简单的操作，可以在过账向导的引导下，轻松地完成操作。选择【财务会计】→【总账】→【凭证处理】→【凭证过账】，如图 6-47 所示。

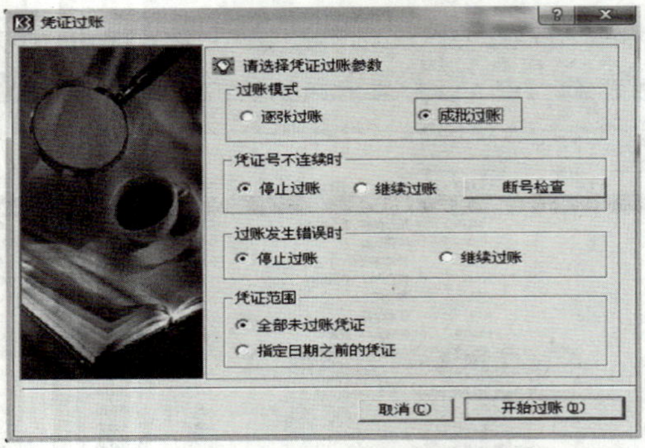

图6-47　使用凭证过账向导过账

过账还有另一种方法，即在凭证查询界面完成。进入【凭证查询】界面，查询“本期未过账的凭证”，鼠标右击选择【过账】或【全部过账】。

任务4　账簿查询及试算平衡

会计账簿是以会计凭证为依据，对全部的经济业务进行全面、系统、连续、分类的记录和核算，并由按照专门的格式以一定的形式链接在一起的账页所组成的簿籍。

在凭证过账处理中，系统已将记账凭证自动记入账簿。接下来就可以通过总账系统的子功能进行账簿和财务报表的查询操作。其中，账簿的子功能主要包括总分类账、明细分类账、多栏账等账簿中的有关资料及各类账簿的有关本位币、各种外币以及综合本位币的发生额和余额数据的查询；财务报表的子功能包括科目余额表、试算平衡表、日报表，以及核算项目汇总表等常用财务报表的查询。

子任务4.1　查询总分类账

打开金蝶K/3主控台，选择【财务会计】→【总账】→【账簿】→【总分类账】，系统首先弹出总账过滤条件输入界面，设置过滤条件，如图6-48所示。过滤条件输入完毕后，单击【确定】，系统即按所设定的条件显示总分类账。在如图6-49所示的界面中可以对总分类账进行引出、打印预览、过滤、页面设置等项操作。

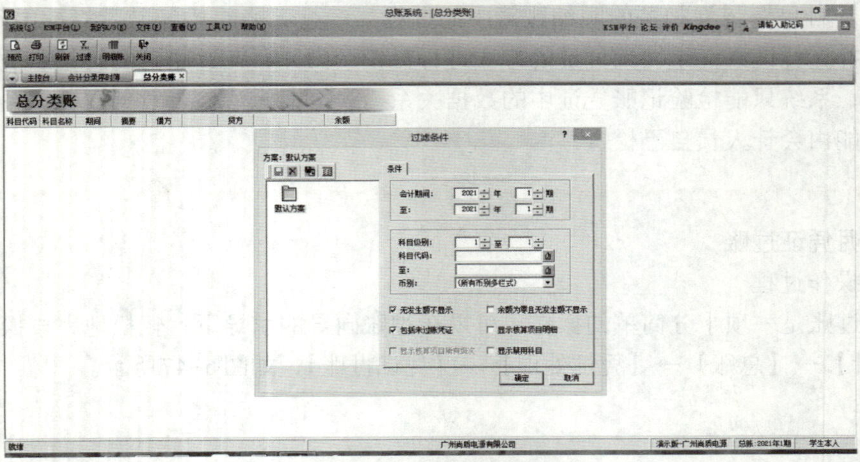

图6-48　设置过滤条件

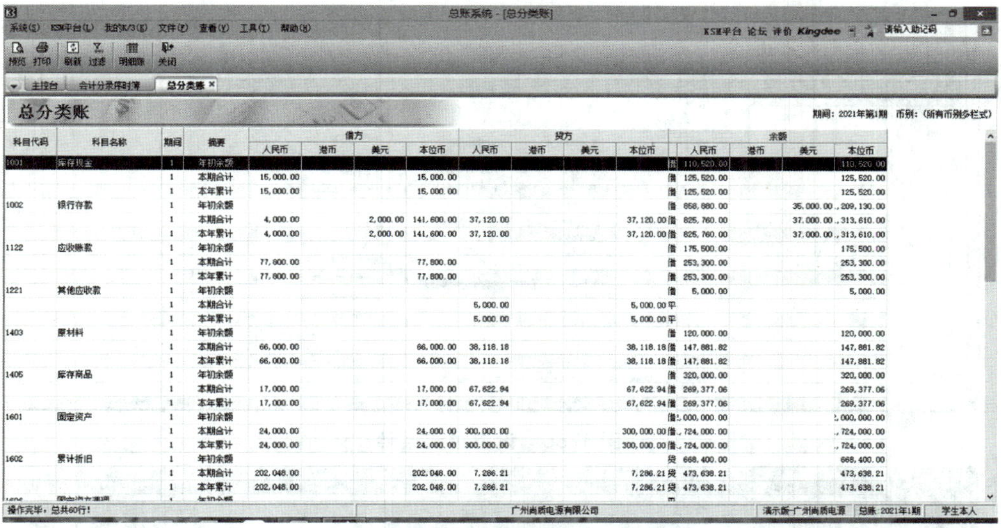

图6-49　查看总分类账

知识拓展

（1）选择“币别”时要注意区别本位币与综合本位币，在这里如果选择“本位币”，则输出的总分类账只是本位币的原币发生额，它不包括外币折算的本位币数额。例如，假设记账本位币为“美元”，如果在“币别”栏中选择了“美元”，则在输出账簿时只输出有关美元的发生额，并不包括其他货币的发生额。而如果选择“综合本位币”，则输出的总分类账是所有币别折算为本位币的合计数。如果出现总账中查询科目的数值与试算平衡表中查询科目的数值不一致，可以检查选择的是否是综合本位币。

（2）本期期末结账时，可以查询本期以后期间的数据，但暂时不提供实时计算期初余额的功能。①包含当期的跨期查询，年初余额为当期的期初数（即上期的期末数），如当期为启用期间，则为初始余额中录入的数据。②未包含当期的跨期查询，期初余额为0。

1）引出

在“总分类账”界面，选择菜单【文件】→【引出】，系统弹出“引出总分类账”向导窗口，可以按照引出向导提示进行引出操作。首先确定引出的数据类型；指定文件名和文件存放位置；确定数据表名称；单击【确定】，完成总分类账的引出。

2）打印

在“总分类账”界面，选择菜单【文件】→【按科目分页打印】，此时将按照科目分页打印，不是将所有的科目连续打印在一起。

子任务4.2　查询明细分类账

选择【财务会计】→【总账】→【账簿】→【明细分类账】，在弹出的窗口中选择需要查询的会计期间和其他条件，然后点击【确定】，如图6-50、图6-51所示。

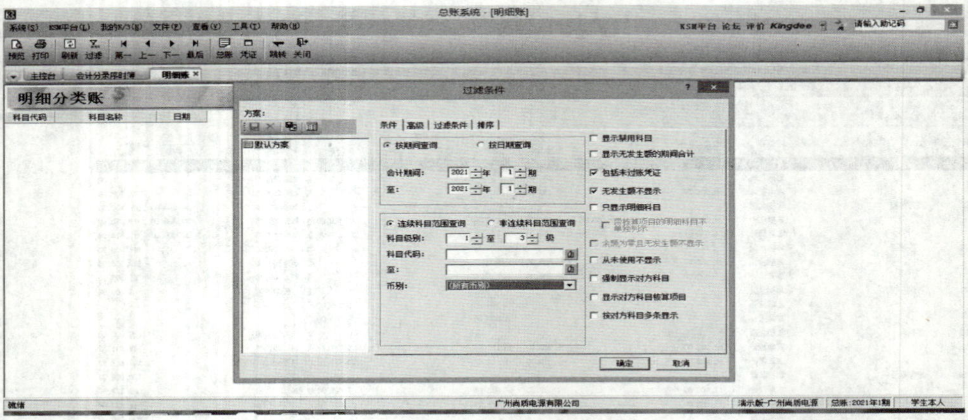

图6-50　设置过滤条件

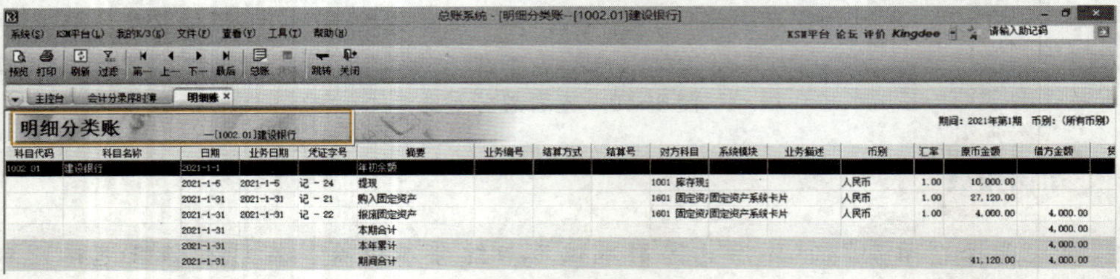

图6-51　查看明细分类账

知识拓展

（1）“币别”选项，即选择输出哪一种币别的明细分类账数据，在这里除可以选择已设定好的各种币别之外，系统还提供了“综合本位币”及“所有币别多栏账”选项。“综合本位币”输出的明细账是将该科目的外币以换算成综合本位币的形式显示出来；“所有币别多栏账”输出的明细账是将该科目以所有币别多栏账的形式显示出来。

（2）关于对方科目的选项，可以选中“强制显示对方科目”，还可以选中“按对方科目多条显示”（若对方科目有多条记录，则多条显示），还可以选中“显示对方科目核算项目”。

（3）关于高级条件的设置，如图6-52所示。

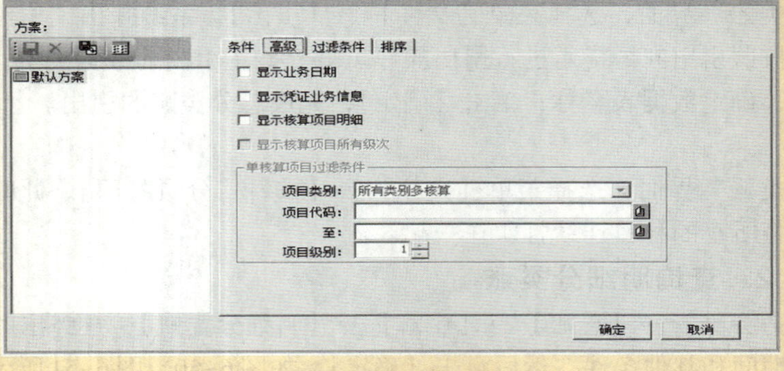

图6-52　高级过滤条件设置

高级过滤条件中选项说明：

①显示业务日期：可以设置显示业务的日期。

②显示凭证业务信息：可以设置显示凭证业务的信息。

③显示核算项目明细：选择该选项，即如果科目下挂核算项目，将显示该科目下核算项目的明细账。

④项目类别："项目类别"中显示的类别为基本设置中设置的科目范围中所挂核算项目的集合。如应收账款下挂客户、部门、职员，应付账款下挂供应商，查询明细账时科目范围选择应收账款-应付账款，则在"项目类别"下拉框中显示：客户、部门、职员、供应商和所有类别多核算。

⑤显示核算项目所有级次：该选项须在选项"显示核算项目明细"选中的基础上才可使用，显示核算项目的所有级次，并进行各级次的汇总，仅支持单核算项目。该选项与基本条件页签的"按明细科目列表显示"互斥。

（4）排序选择以升序或降序的方式来排列各种字段。

子任务4.3　查询数量金额总账和数量金额明细分类账

选择【财务会计】→【总账】→【账簿】→【数量金额总账】/【数量金额明细账】，进入"数量金额总账"或"数量金额明细账"界面，进行查询条件的设置，点击【确定】，进行相应的查询，如图6-53、图6-54所示。

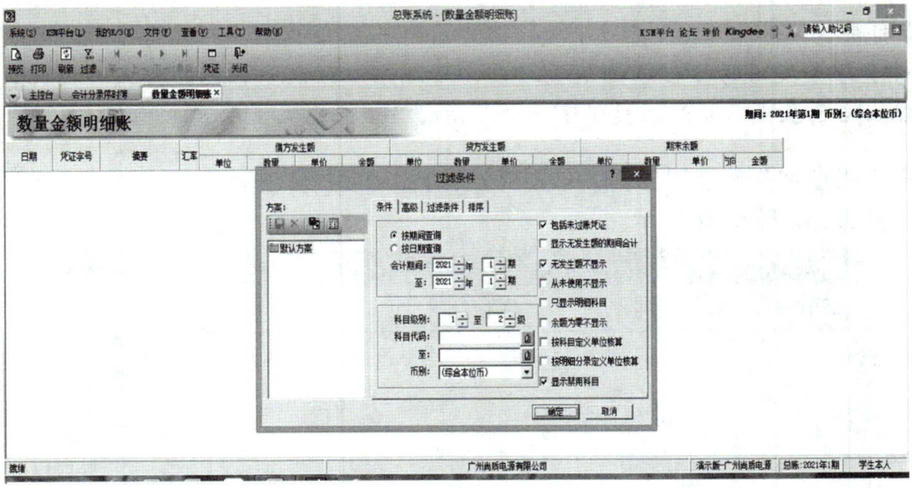

图6-53　数量金额明细账过滤条件设置

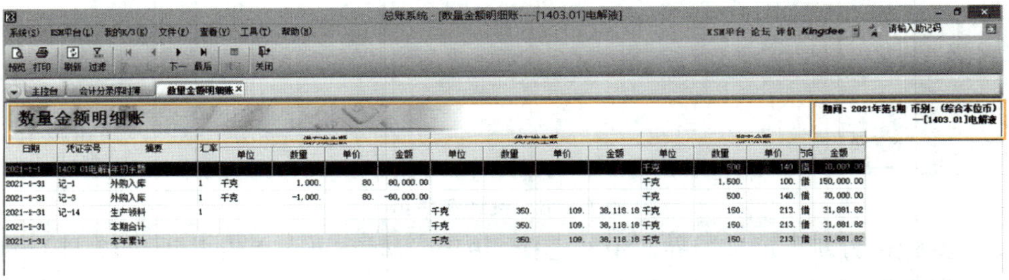

图6-54　查询数量金额明细账

子任务4.4　查询多栏账

选择【财务会计】→【总账】→【账簿】→【多栏账】，进入“多栏账”查询界面，设置多栏账查询条件，如图6-55所示。

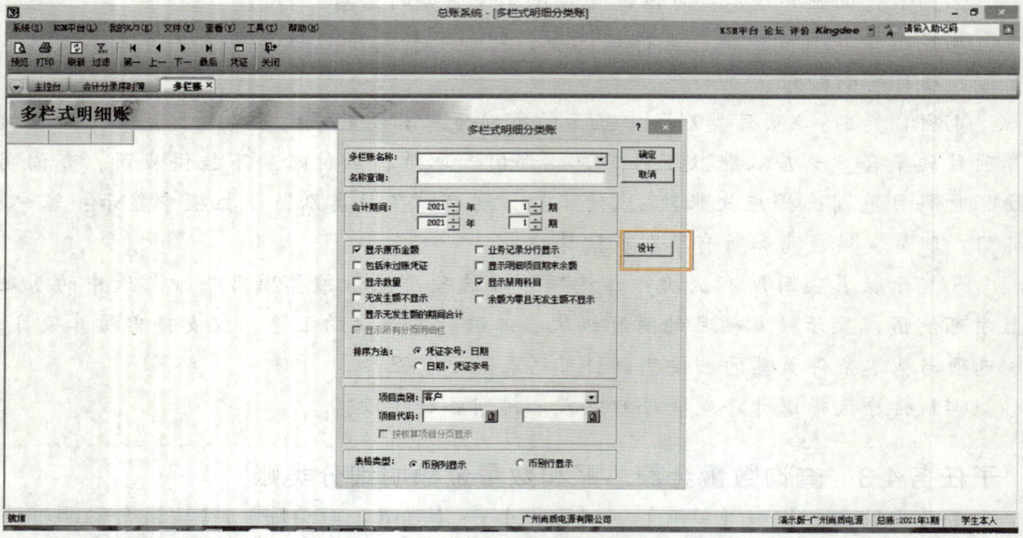

图6-55　多栏账查询条件设置

查询条件设置完成之后，单击【确定】，进入多栏账的查询。

特别提示

由于每个使用的多栏账都不尽一致，系统无法预设多栏账的格式，因此，多栏账只能由自己生成。系统已提供了十分方便的多栏账格式生成器。

在多栏账查询条件设置界面，单击【设计】，对多栏账进行设计，进入“多栏式明细账定义”界面，如图6-56所示。

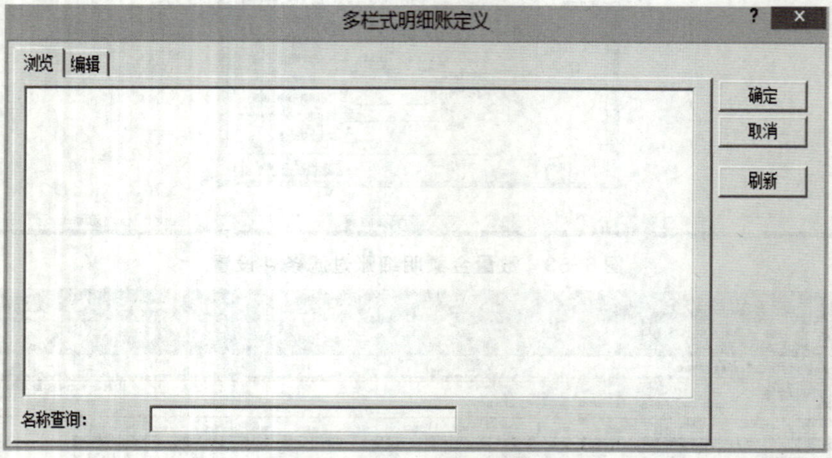

图6-56　设计多栏账

在“多栏式明细账定义”界面中，选择“编辑”标签页，单击【新增】，即可进行多栏式明细账的定义，如图6-57、图6-58所示。

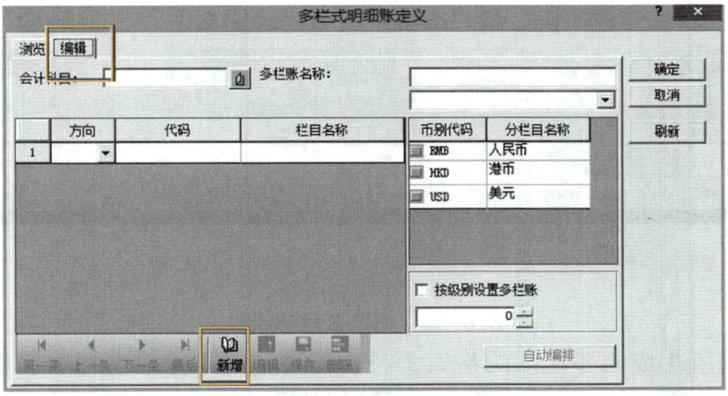

图6-57　设计多栏账账页格式

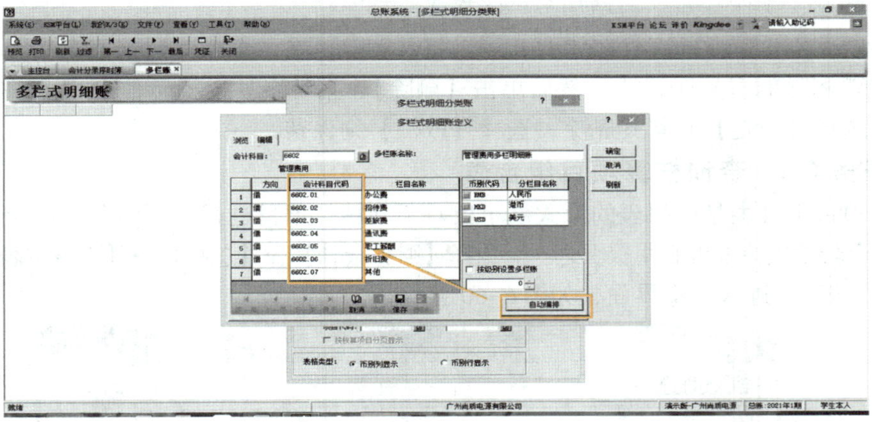

图6-58　“管理费用”多栏账账页格式设计

栏目说明

(1) 会计科目：在此处输入需要设置多栏账格式的会计科目代码，可以手工录入，也可以使用F7键选择录入。注意，此处所输入的会计科目代码必须为上一级科目代码或带核算项目的明细科目代码，如果所输入的科目代码没有下级科目或核算项目，则系统无法生成多栏账格式。

(2) 多栏账名称：如管理费用多栏明细账、销售费用多栏明细账等。选择科目后，系统自动显示多栏账名称为：***多栏明细账。

(3) 会计科目代码：在此处输入“多栏账科目”下属的明细科目代码（或核算项目代码）。可按F7键查询录入。

(4) 栏目名称：在输入会计科目代码后，系统会自动将对应的科目名称显示在栏目名称中，可以对该名称进行修改。

(5) 自动编排：为了提高多栏式明细账格式设定的速度，系统提供了自动编排功能，只需在“多栏账科目”中输入要设置多栏账的科目代码，然后单击【自动编排】，系统即可自动将所选“多栏账科目”的下级明细科目自动按多栏账的格式进行编排，生成多栏账格式。可以对编排好的多栏账格式进行修改、删除等处理。

选项设置完成后，点击【确定】，即可查看多栏式明细账，如图6-59所示。

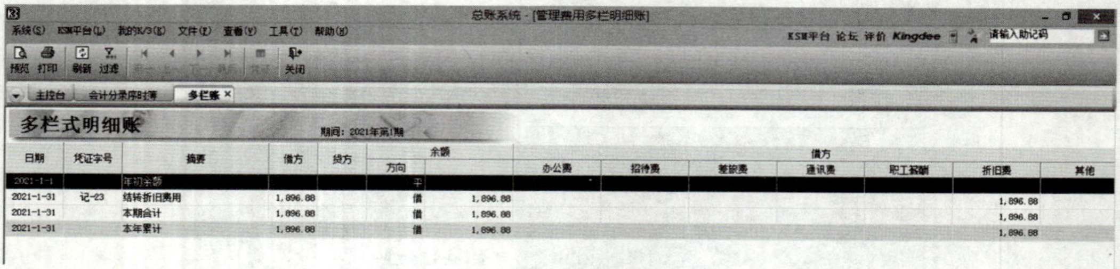

图6-59　浏览多栏明细账

此外，如果所生成的多栏账的格式不符合需要，可以修改多栏账的格式，在“多栏账”编辑界面中选定要修改的多栏账，然后单击【编辑】，在此界面中，可以对多栏账的格式进行修改，操作基本上与增加多栏账格式一样。

对于以后不再需要的多栏账格式，可以将其删除，在“多栏式明细账定义”的编辑界面中选定要删除的多栏账格式，然后单击【删除】，系统会发出提示信息，要求确认是否要删除。选择【确定】则将其删除，选择【取消】则保留。

子任务4.5　查询核算项目组合表

核算项目组合表是以报表的形式展示出对不同核算项目进行的不同角度组合分析。核算项目组合表是决策分析必用报表之一。选择【财务会计】→【总账】→【财务报表】→【核算项目组合表】，进入查询界面，如图6-60所示。

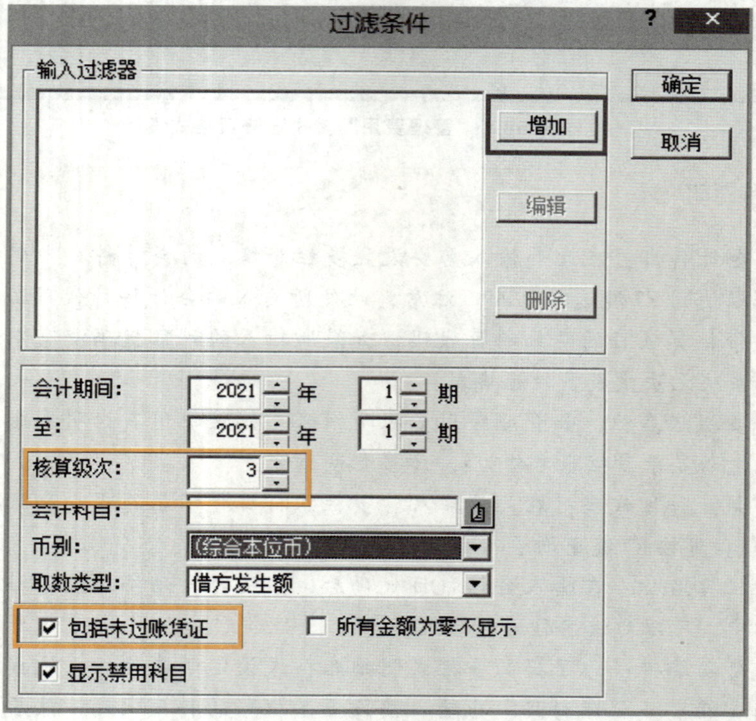

图6-60　设置查询选项

栏目说明

（1）会计期间：选择报表的会计年期。可跨年跨期查询。

（2）会计科目：选择会计科目。

（3）币别：输出哪一种币别的报表。系统提供了“综合本位币”选项，可将不同币别的金额折合为本位币金额汇总显示。

（4）取数类型：系统提供借方发生额、贷方发生额、借贷差额、期初余额、期末余额、期初数量、本期收入数量、本期发出数量、期末数量九种选择。

（5）包括未过账凭证：选此项，金额包括未过账凭证的金额。

在核算项目组合表查询界面，点击【增加】，即弹出核算项目分析界面，选择进行组合的核算项目，并录入过滤名称，如图6-61所示，点击【确定】，查看核算项目组合表。

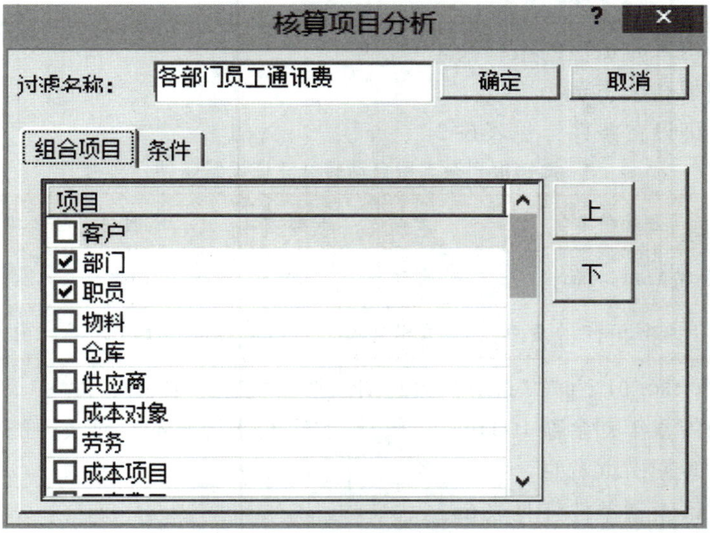

图6-61　选择组合方案

特别提示

组合项目：用于选择在报表中要进行组合的项目，在显示的项目上单击鼠标后，该项目前的方框内出现“√”，表示选中。需要注意的是，每一组合条件只能选定两个组合项目。

任务5　自动转账

为了总结某一会计期间（如月度和年度）的经营活动情况，必须定期进行结账。结账之前，按企业财务管理和成本核算的要求，必须进行制造费用、产品生产成本的结转、期末调汇及损益结转等工作。若为年底结转，还必须结平“本年利润”和“利润分配”科目。金蝶K/3系统提供了能够自动生成可按比例转出指定科目的“发生额”“余额”“最新发生额”“最新余额”等项数值并生成会计凭证的功能，即“自动转账”。

训练营

编制自动转账凭证

▶ 实训资料

（1）结转制造费用。

名称：结转制造费用

自动转账凭证设置条件详见表6-1。

表6-1　　**结转制造费用自动转账凭证设置条件**

转账期间	会计科目	方向	转账方式	比例	包含本期未过账凭证
1-12	生产成本-制造费用	借方	按公式转入	100%	包含
	制造费用-子目（逐项列出）	贷方	按公式转出	100%	包含

（2）摊销应由本月负担的报刊杂志费。

名称：摊销报刊杂志费

自动转账凭证设置条件详见表6-2。

表6-2　　**摊销报刊杂志费自动转账凭证设置条件**

转账期间	会计科目	方向	转账方式	比例	包含本期未过账凭证
1-12	管理费用-其他	自动判定	按公式转入	100%	
	长期待摊费用-开办费用	自动判定	按公式转出	100%	包含

公式：ACCT(“1801.01”,“C”,“”,0,1,1,“”)/12（即长期待摊费用年初余额÷12）

（3）按短期借款年初余额100 000元和3%的年利率计算本月应负担的短期借款利息。

名称：计提短期借款利息

自动转账凭证设置条件详见表6-3。

表6-3　　**计提短期借款利息自动转账凭证设置条件**

转账期间	会计科目	方向	转账方式	比例	包含本期未过账凭证
1-6	财务费用-利息支出	自动判定	按公式转出	100%	
	应付利息	自动判定	按公式转入	100%	包含

公式：ACCT(“2001”,“C”,0,1,1,“”)*0.03/12（即短期借款年初余额×0.03÷12）

▶ 实训操作过程

视频

编制自动转账方案（结转制造费用）

选择【财务会计】→【总账】→【结账】→【自动转账】→【编辑】→【新增】，如图6-62所示。

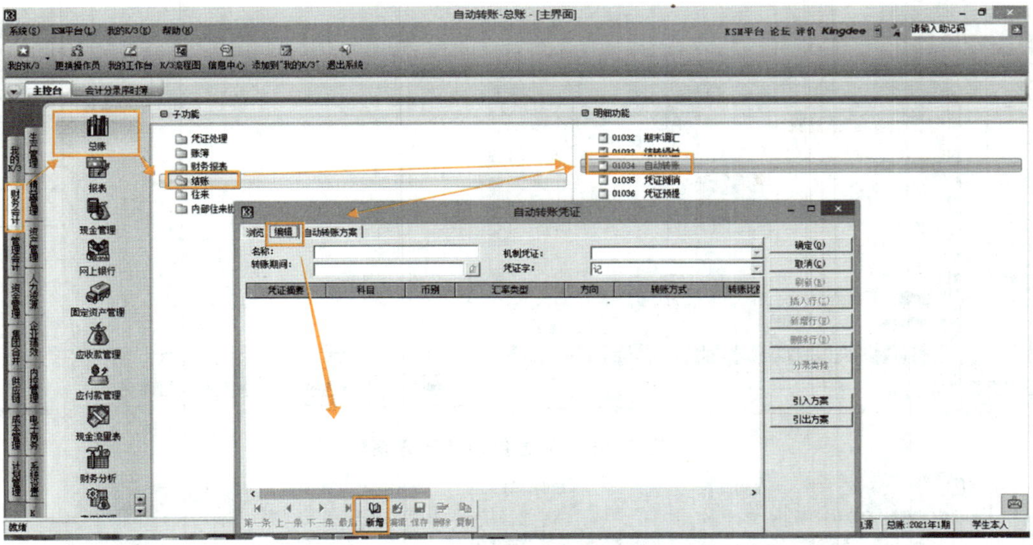

图6-62　自动转账设置

设置“转账期间”，选择“科目”“转账方式”“公式定义”，单击【确定】后，再点击【生成凭证】，核对后点击【保存】，即生成凭证，如图6-63至图6-66所示。

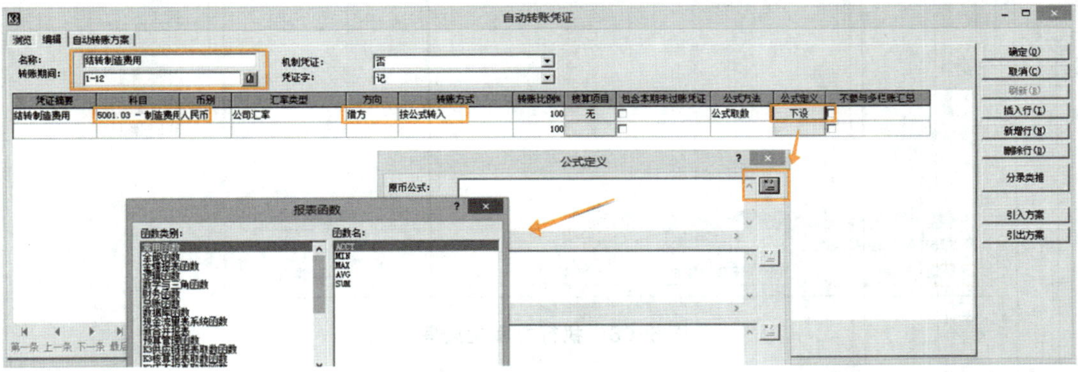

图6-63　编辑方案

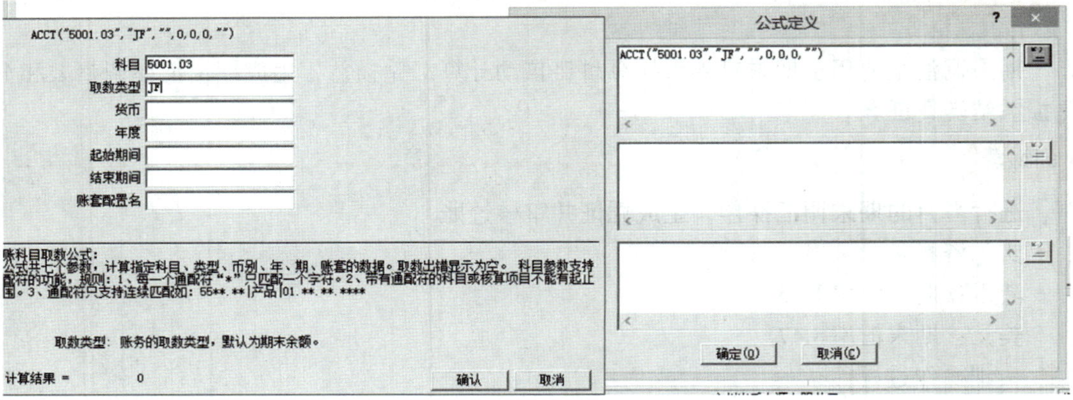

图6-64　定义科目取数公式

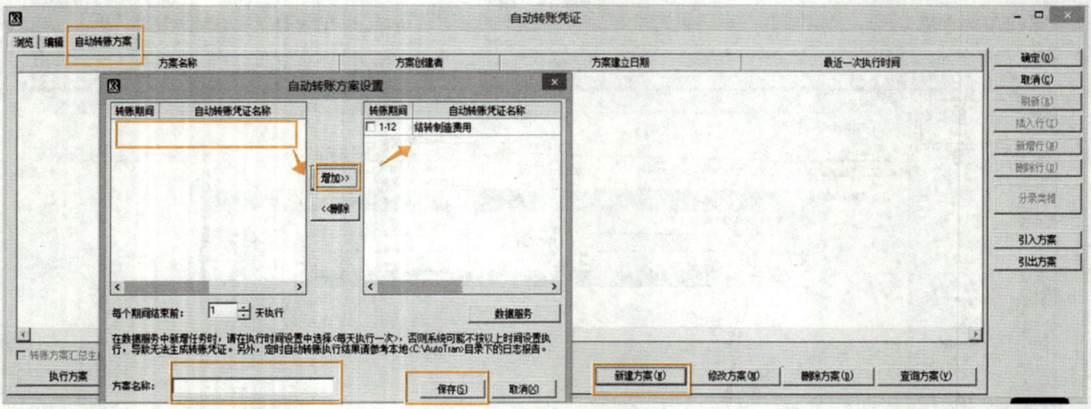

图6-65　新建自动转账方案

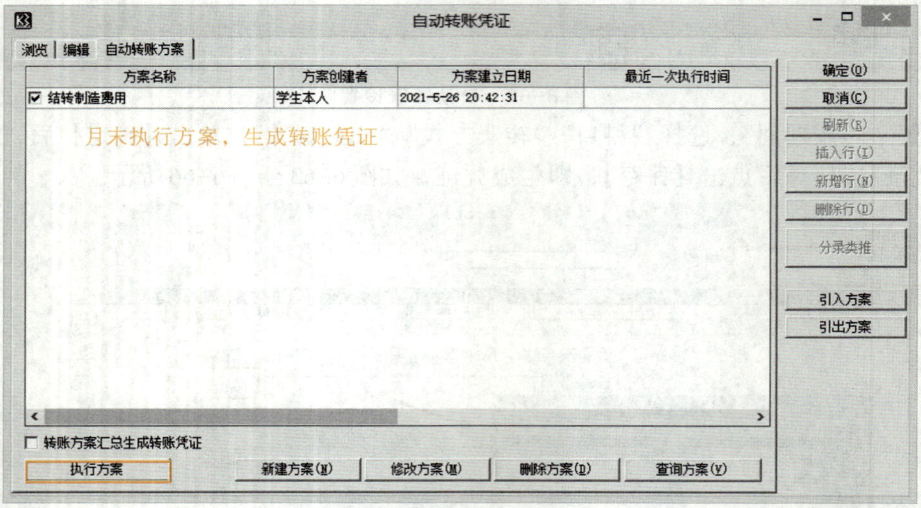

图6-66　执行方案生成凭证

任务6　期末调汇

期末调汇主要用于期末对外币核算科目自动计算汇兑损益，生成期末汇率调整表和汇兑损益结转凭证。

训练营

进行当月的期末调汇操作，生成凭证并审核过账

▶ 实训资料

港币：期末汇率1.06

美元：期末汇率8.47

▶ 实训操作过程

具体分四步进行：①录入期末汇率；②点击【下一步】，选择“财务费用”汇兑损益科目；③生成一张期末调汇凭证；④审核过账。具体如图6-67至图6-69所示。

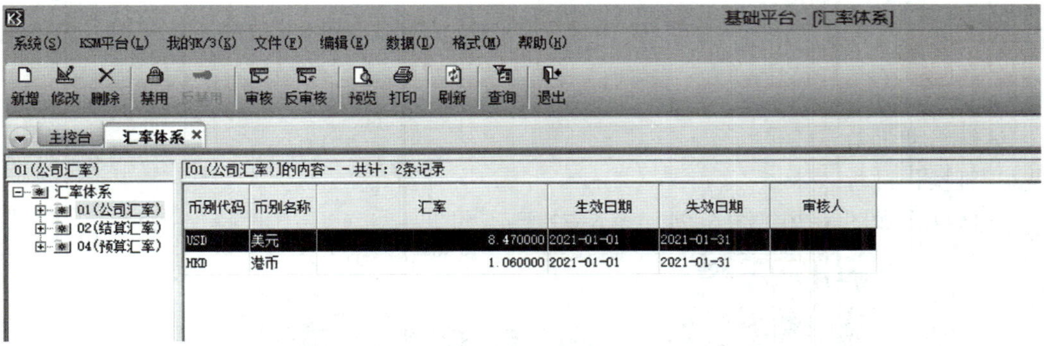

图 6-67　在基础资料汇率体系里调整汇率

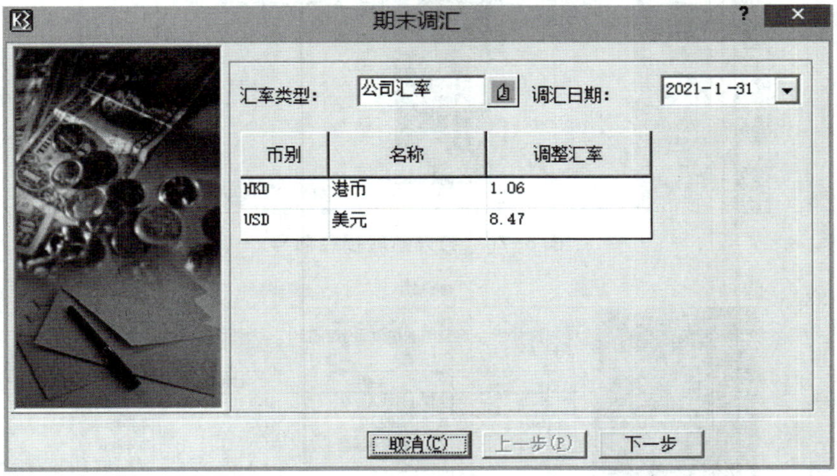

图 6-68　期末调汇

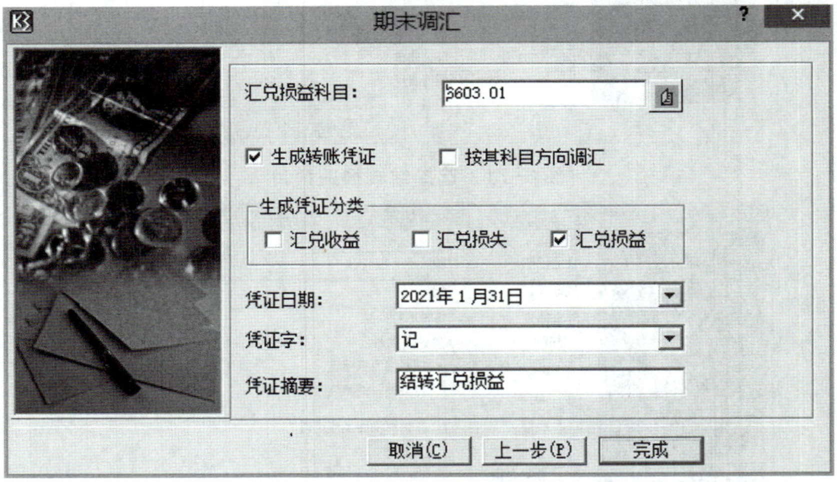

图 6-69　生成汇兑损益结转凭证

特别提示

如果为损益类科目，费用类科目如果发生额在贷方，需修改成借方红字。

任务7　损益结转

结转当期损益

▶ 实训操作过程

具体操作如图6-70、图6-71、图6-72所示。

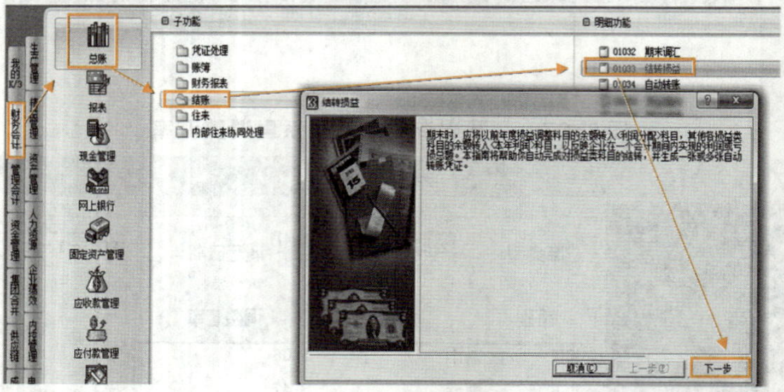

图6-70　打开结转损益向导

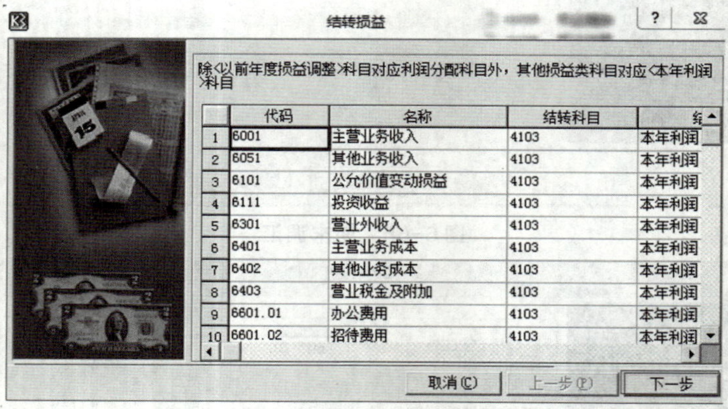

图6-71　选择结转损益科目

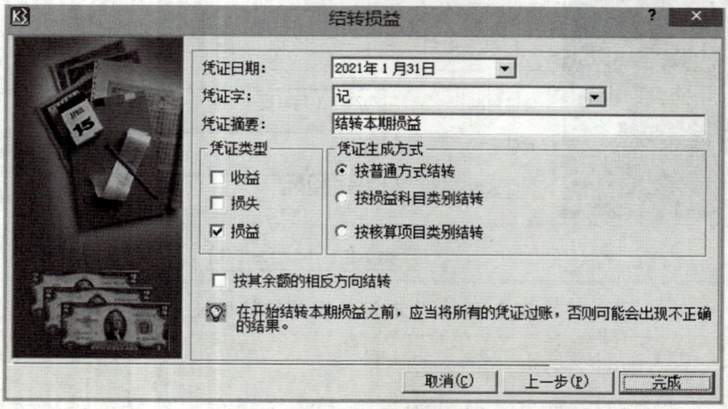

图6-72　设置结转损益凭证的格式

特别提示

（1）结转损益前先将当月未过账凭证全部过账。

（2）期末时，应将各损益类科目的余额转入"本年利润"科目，以反映企业在一个会计期间内实现的利润或亏损总额。金蝶K/3系统提供的结转损益功能就是将所有损益类科目的本期余额全部自动转入"本年利润"科目，并生成一张结转损益记账凭证。其有两个前提条件：①只有在"科目类别"中设定为"损益类"的科目余额才能进行自动结转。②所有的凭证全部录入并审核过账。

任务8 期末结账

金蝶K/3系统是由多个子系统集成的，在结账时一般都是先将子系统结账后再将总账结账。

训练营

将供应链、应收应付、固定资产、总账结账

实训操作过程

供应链对账：选择【供应链】→【存货核算】→【期末处理】→【期末关账】→【对账】，如图6-73所示。

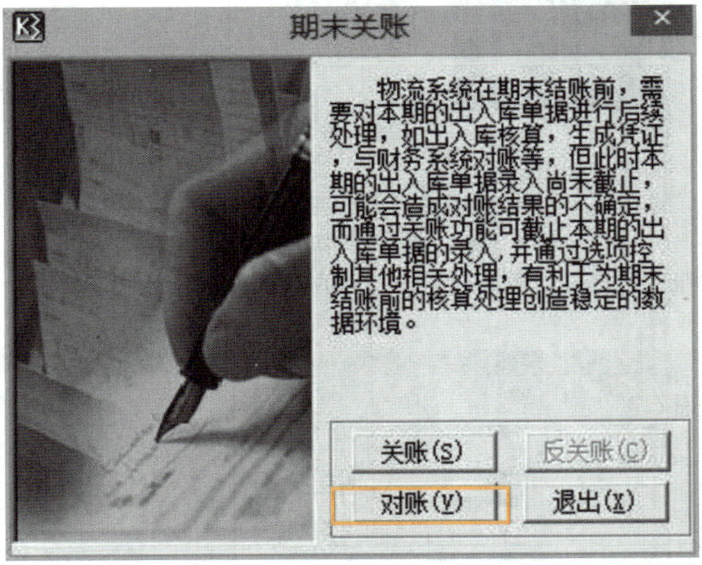

图6-73 仓存与总账对账

供应链结账：选择【供应链】→【存货核算】→【期末处理】→【期末结账】，如图6-74、图6-75所示。

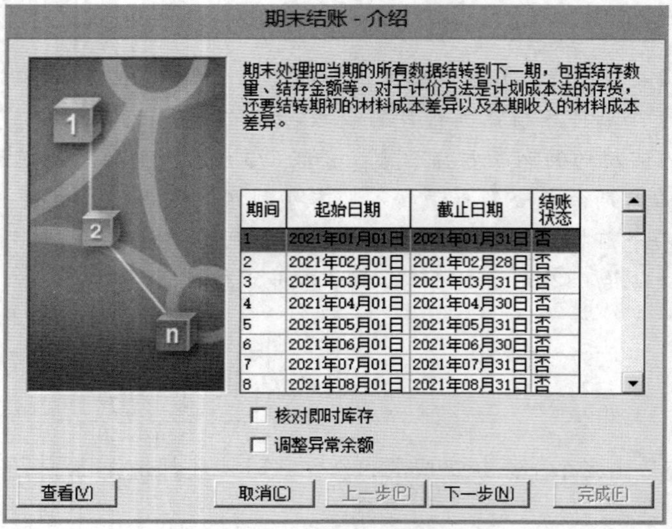

图6-74　供应链期末结账

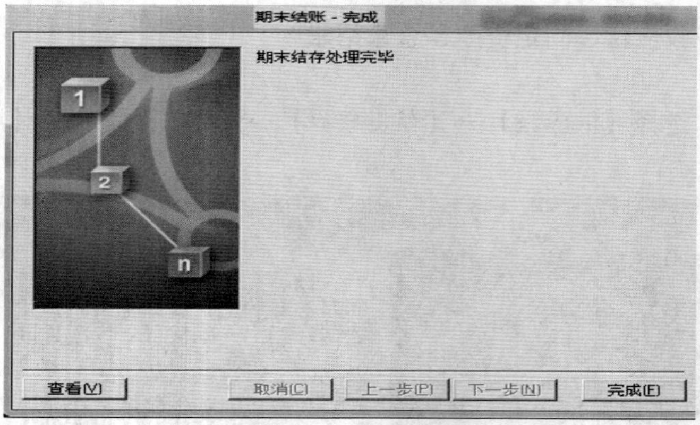

图6-75　供应链结账完成

应收账款对账：选择【财务会计】→【应收款管理】→【期末处理】→【期末总额对账】，如图6-76所示。

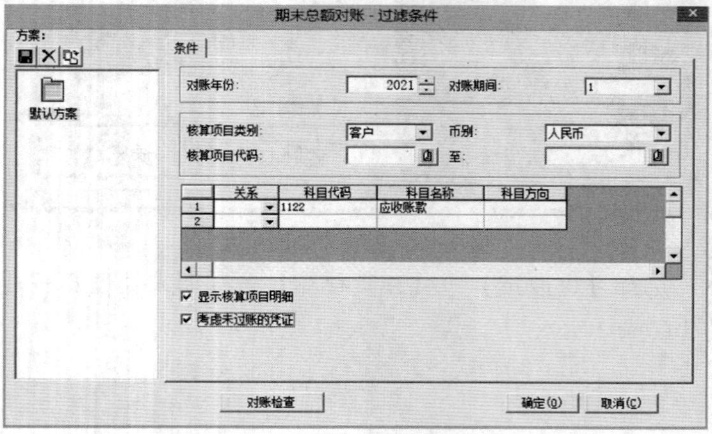

图6-76　应收账款期末对账

应收账款结账：选择【财务会计】→【应收款管理】→【期末处理】→【结账】。

应付账款对账：选择【财务会计】→【应付款管理】→【期末处理】→【期末总额对账】，如图6-77所示。

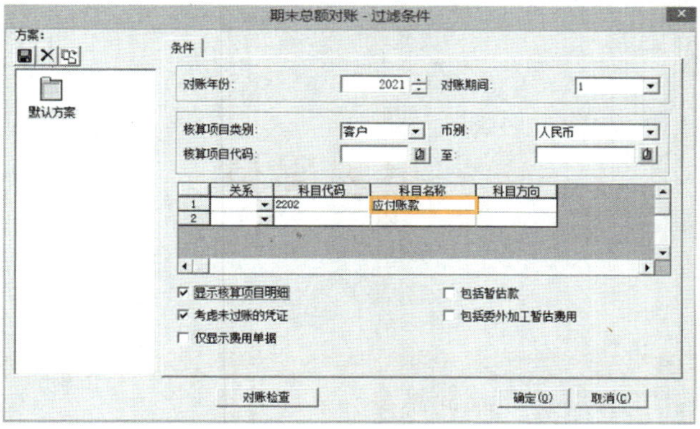

图6-77　应付账款期末对账

应付账款结账：选择【财务会计】→【应付款管理】→【期末处理】→【结账】。

固定资产结账：选择【财务会计】→【固定资产管理】→【期末处理】→【结账】，如图6-78所示。

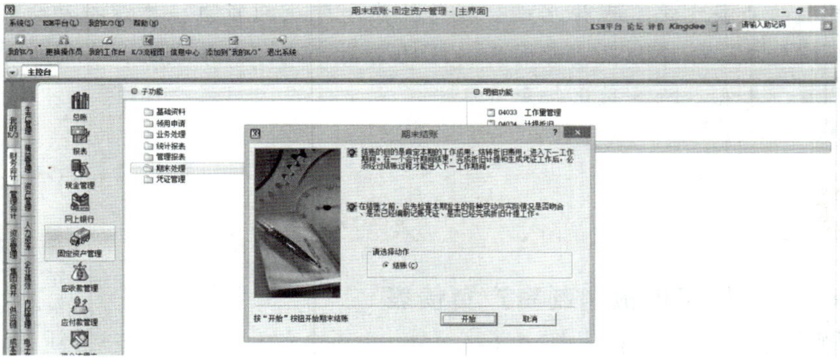

图6-78　固定资产期末结账

总账结账：选择【财务会计】→【总账】→【结账】→【期末结账】，如图6-79所示。

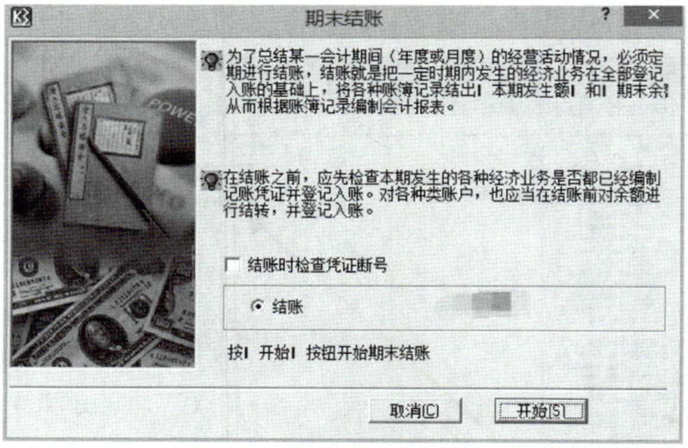

图6-79　总账结账

结账完成后，进入下一个会计期间。

项目七 报表岗位

批判思辨，磨砺自我

专业技能的提高和学习不可能是一劳永逸之事，必须不间断地学习、研究、充实和提高，“活到老学到老”，用科学的理论、高超的操作技术武装自己，以适应会计发展的需要。做一名业务精、技术硬的财务人员，需要付出终身的努力。只有向书本学、向社会学，向实际工作学，并且具有锲而不舍的“勤学”精神，才能不断地提高自己的业务水平、理论水平、操作技能和职业判断力，才能推动会计工作和会计职业的发展，以适应新形势和新情况的需要。只有在学中思，在思中学，不断学习、思考，才能不断提高业务素质水平。

任务1 资产负债表编制

子任务1.1 使用模板编制资产负债表

选择【财务会计】→【报表】→【（行业）-新企业会计准则】→【新会计准则资产负债表】，如图7-1所示。选择“文件”下的“另存为”选项，将模板保存在“报表”子功能中，如图7-2所示。注意：对于系统中的模板一般保留，不做修改，进行“另存为”即用到“（性质）-报表”中使用。

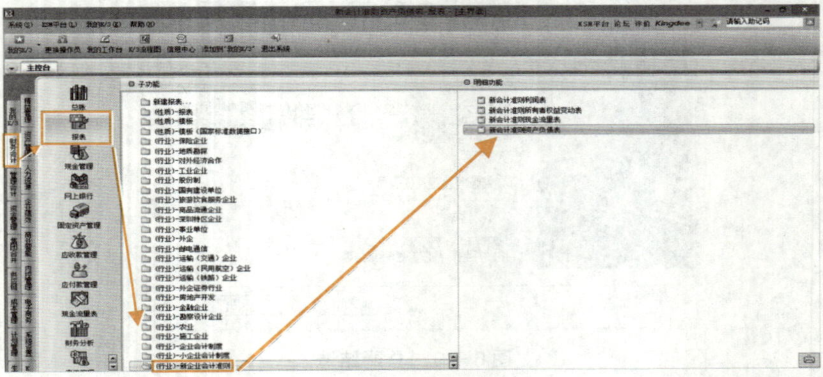

图7-1 选择报表模板

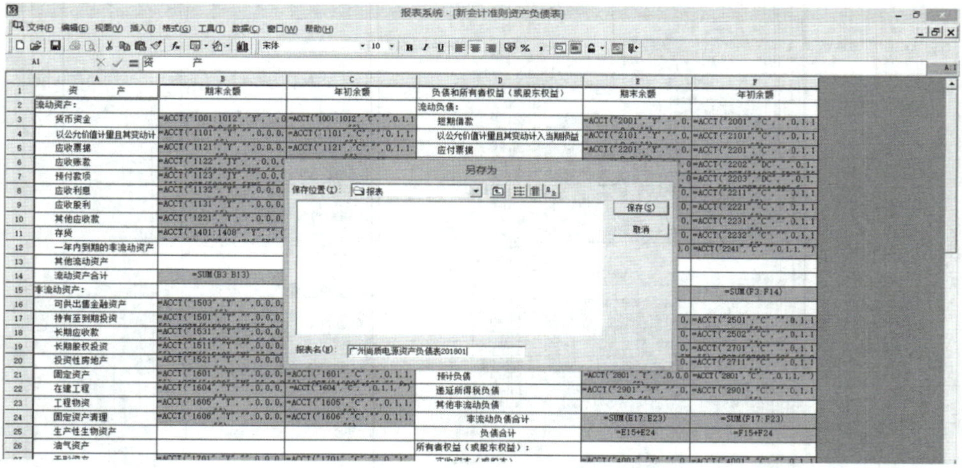

图7-2　另存为广州尚质电源有限公司资产负债表

子任务1.2　修改报表公式

选择【财务会计】→【报表】→【（性质）-报表】，选中刚保存的“资产负债表”，执行报表计算，检查报表公式是否有问题，如存在“公式设置问题”“科目代码问题”等系统提示，或者所取得数据不满足公司取数的要求，则需要修改取数公式以取得所需的报表设置。

选择需要重新设置公式的单元格。首先清除原公式，然后选择【插入】→【函数】，使用“ACCT”等函数重新设置公式，如图7-3所示。

视频
资产负债表的生成

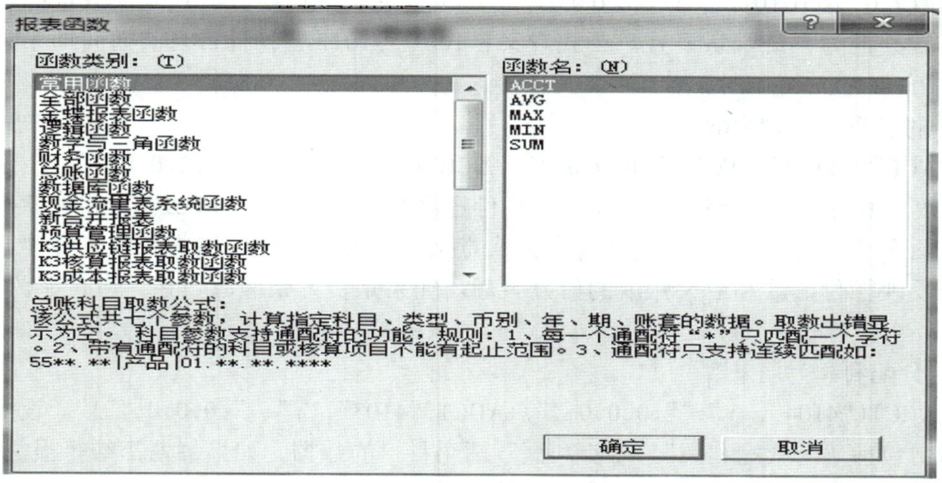

图7-3　选择取数函数

修改公式后，选择【数据】→【报表重算】，重新计算报表数据，选择【视图】→【显示数据】，如图7-4所示，检查平衡情况，并保存。

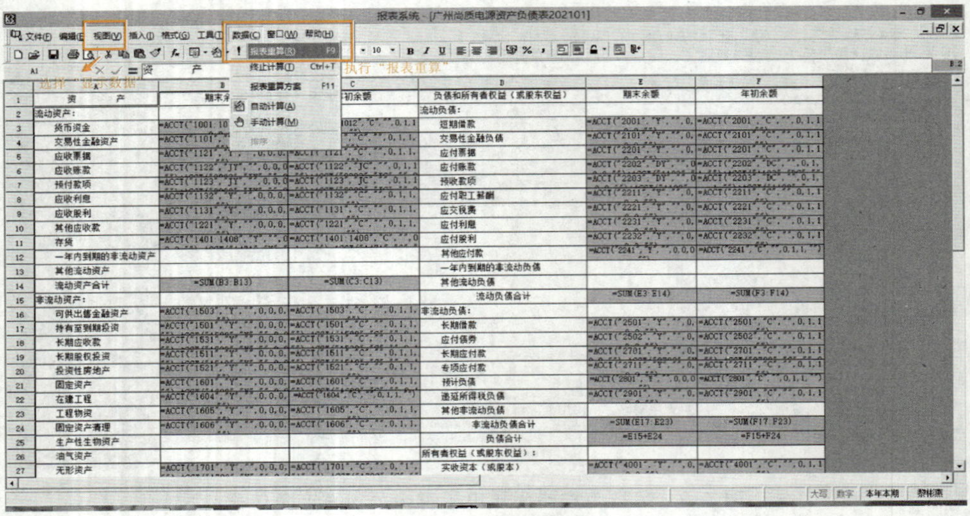

图7-4　浏览报表

下面对资产负债表公式设置举例说明：

(1)"货币资金"年初余额

公式："ACCT("1001:1012","C","",0,1,1,"")"。设置说明：科目选择1001至1012；取数类型为"期初"；起始期间为1；结束期间为1。公式意义：1001至1012会计科目1月份期初余额。

(2)"货币资金"期末余额

公式："ACCT("1001:1012","Y","",0,0,0,"")"。设置说明：在参数设置时，只选择科目范围即可，其他为系统默认设置。公式意义：1001至1012会计科目当前期间期末余额。

(3)"预付款项"期末余额

公式："ACCT("1123","JY","",0,0,0,"")+ACCT("2202","JY","",0,0,0,"")"，设置说明：取数类型为"借方余额"，先取1123预付账款的借方余额，再取2202应付账款的借方余额，两个公式使用"+"连接即可。公式意义：一般财务要求资产负债表的"预付款项"要反映预付账款和应付账款的借方余额。如果是贷方余额应当在"应付账款"中反映。

(4)"未分配利润"期末数

公式："ACCT("4104","Y","",0,0,0,"")+ACCT("4103","Y","",0,0,0,"")"。设置说明：此项中包括"未分配利润""本年利润"两个科目的数据，如果每期都结转损益，即"账结法"，则使用此公式；如果年末才结转损益，即"表结法"，则应修改此公式为"ACCT("4104","Y","",0,0,0,"")+REF F("利润表","B18")"。

子任务1.3　设计报表

设计资产负债表表头和表尾，打开【格式】菜单，选择【表属性】，设计表头、表尾及打印选项，如图7-5至图7-8所示。

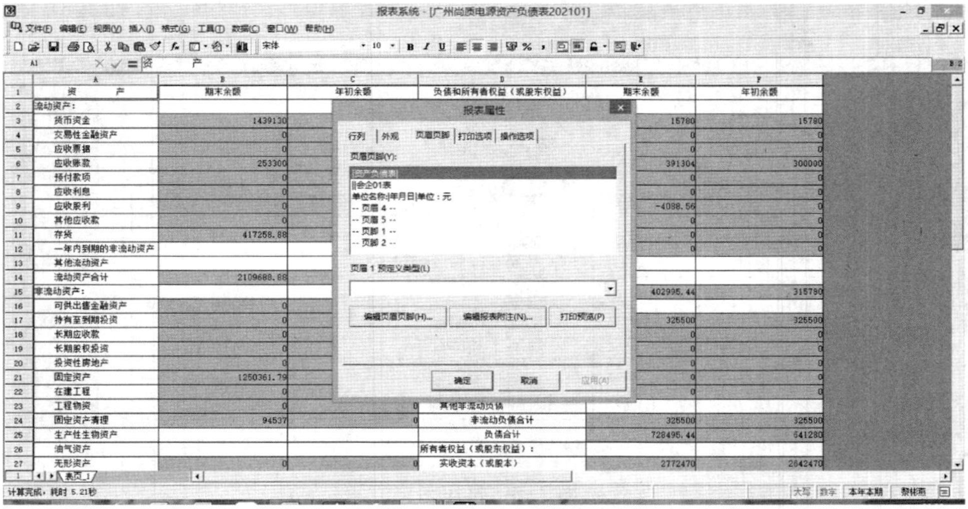

图 7-5　设计报表页眉页脚

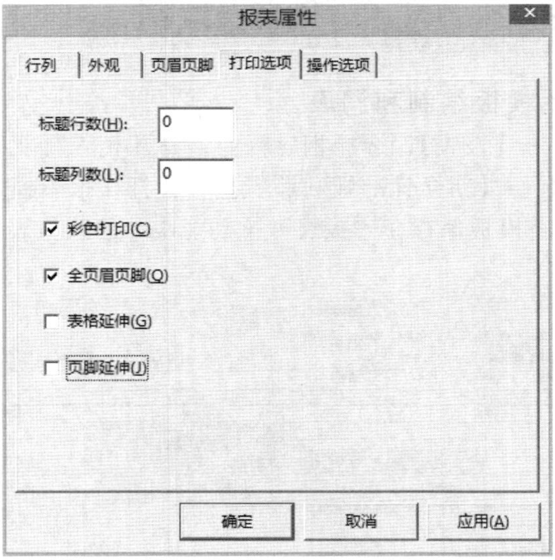

图 7-6　勾选打印选项

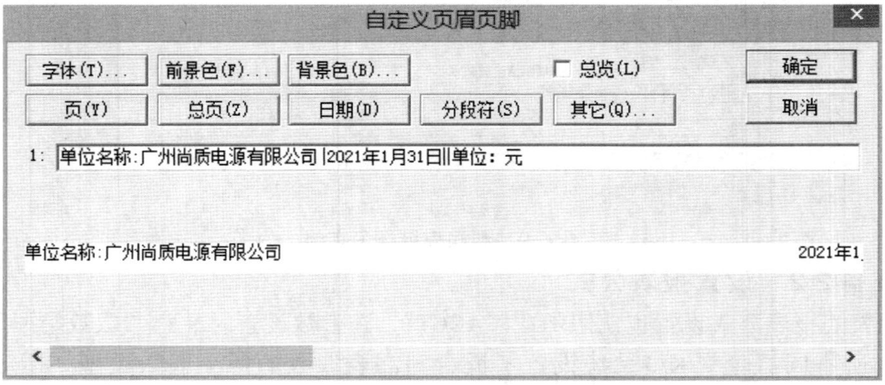

图 7-7　自定义页眉页脚

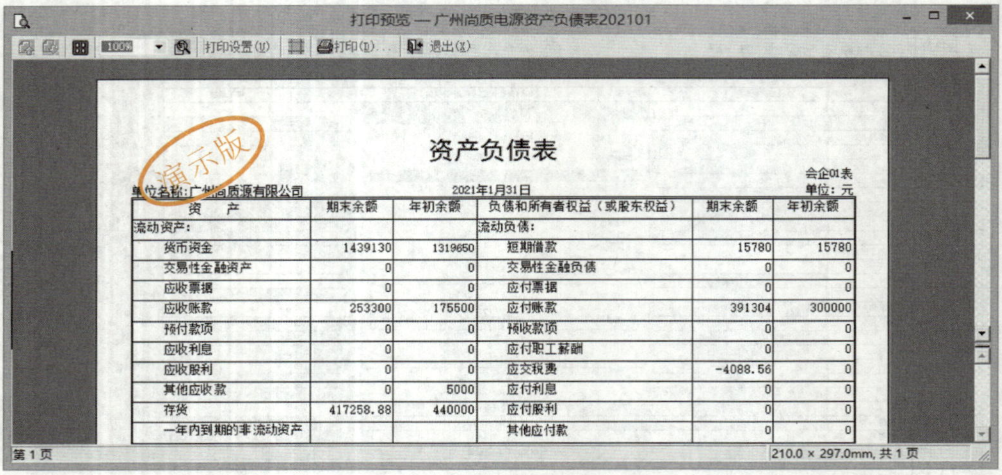

图7-8　打印预览

任务2　利润表编制

子任务2.1　使用模板编制利润表

选择【财务会计】→【报表】，选择相应行业，打开相应行业的报表模板，如【（行业）-新企业会计准则】→【新会计准则利润表】等。打开报表模板，选择“文件”菜单中的“另存为”选项，将模板保存在“报表”子功能中，修改报表名称，点击“保存”即可，如图7-9所示。

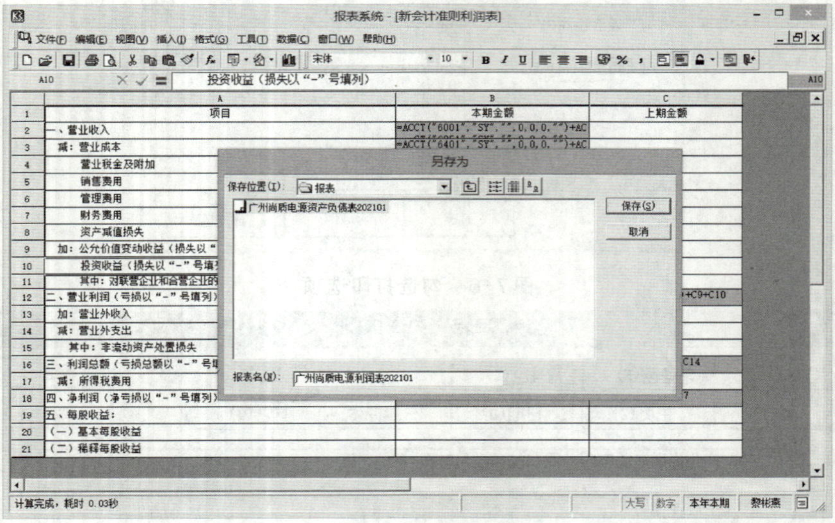

图7-9　利润表模板另存为

子任务2.2　设置报表公式

利润表的报表公式设置也使用函数“ACCT”，在参数设置时注意“取数类型”与资产负债表有所不同。金蝶K/3系统设置了适合利润表取数的两个取数类型，即“SY”和“SL”。“SY”表示“本期实际发生额”，“SL”表示“本年实际发生额”。

子任务2.3　设计报表

设计利润表表头和表尾，打开【格式】菜单，选择【表属性】，设计表头、表尾及打印选项。

任务3　自定义报表

训练营

▶ 实训资料

制作一张公司内部自定义报表，样表见表7-1。

表7-1　**往来情况简表**

单位名称：广州尚质电源有限公司　　2021年1月31日　　单位：元

项目 / 金额	金额	
	期初数	期末数
库存现金		
应收账款-长城电器公司		
应付账款-恒星电子公司		
合计		

单位负责人：　　会计负责人：　　制表人：

▶ 实训操作过程

(1) 新建报表

在新建的报表中可设置行列数、编辑页眉页脚、单元格融合、定义表格斜线等内容。具体操作如下：点击【账务会计】→【报表】→【新建报表】→【新建报表文件】，系统将显示空表界面（类似电子表格），如图7-10所示，并将其另存为“往来情况简表”。

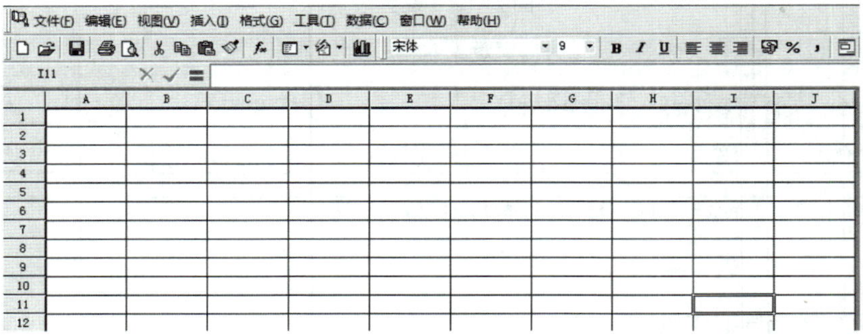

图7-10　新建自定义报表

选择【格式】→【表属性】，在“行列”标签页中直接录入行、列数即可调整新建报表的行列设置；点击“页眉页脚”一栏可以定义表名、表末文字和报表附注内容，如图7-11至图7-14所示。

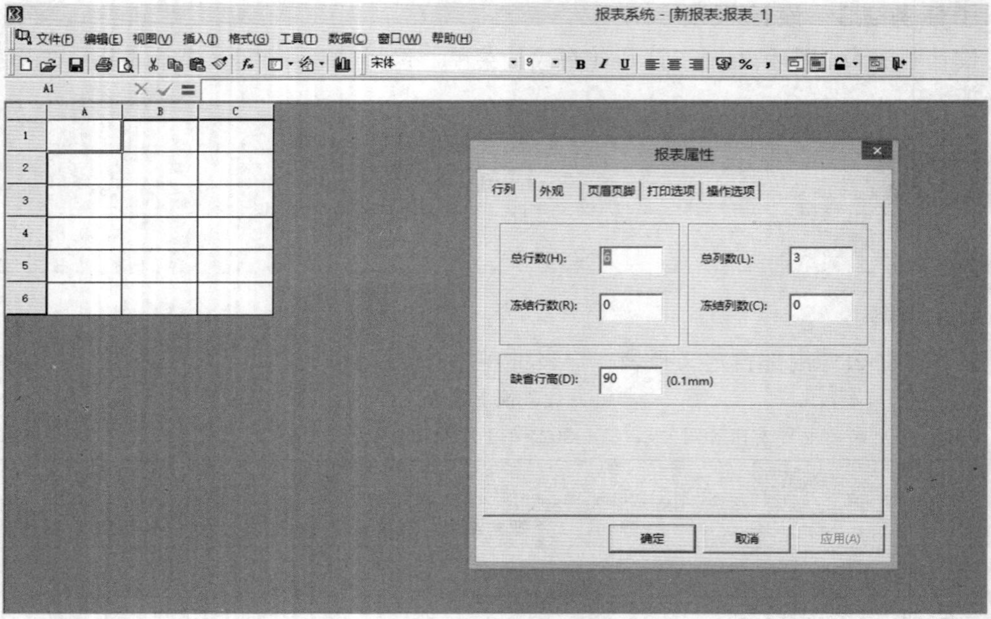

图7-11　设置自定义报表格式

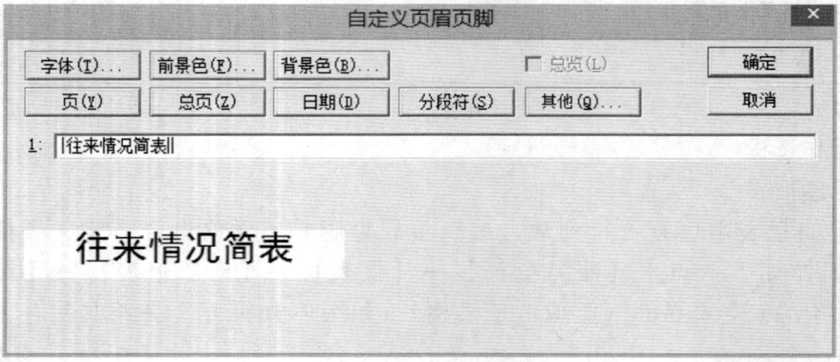

图7-12　设置表名

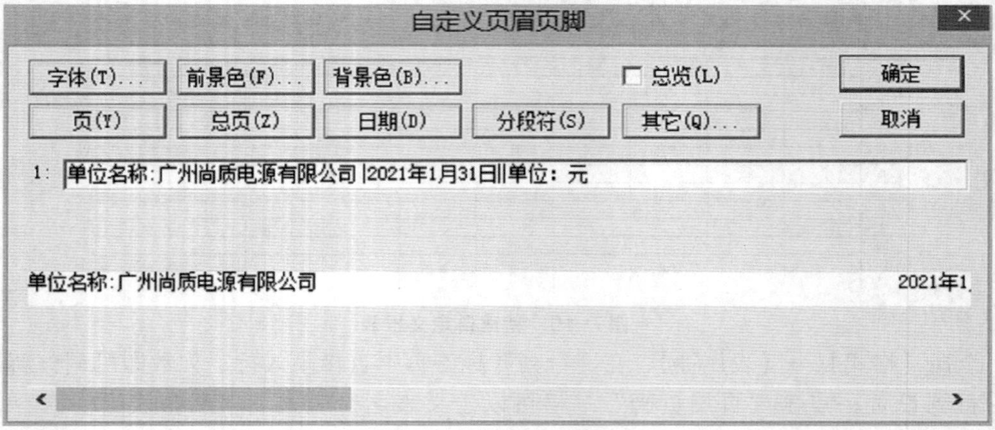

图7-13　自定义页眉页脚

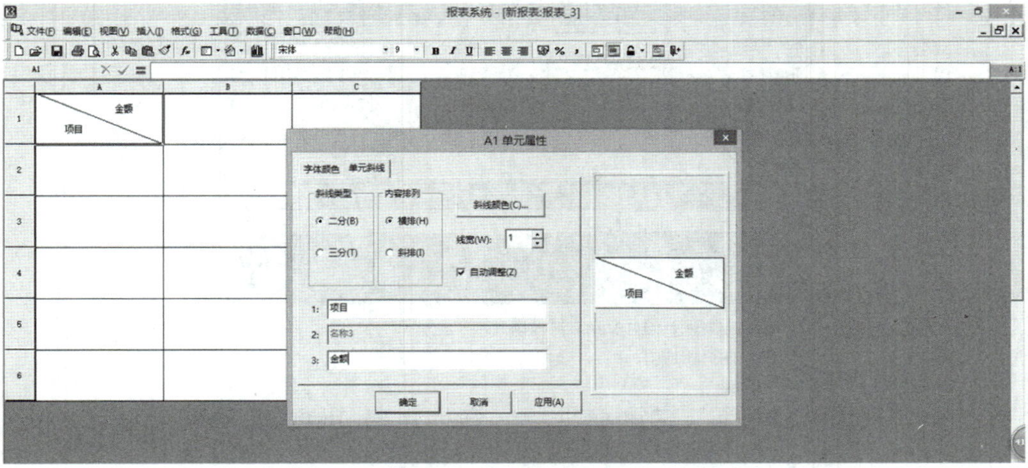

图 7-14　定义单元斜线

> **特别提示**
>
> （1）单元融合：鼠标选定N个单元格，选择【格式】→【单元融合】，可将一块单元区域合并为一个单元格。
>
> （2）录入“往来情况简表”的行列项目名称，在“公式”视图下进行即可，双击单元格，等待光标闪烁时录入文字。
>
> （3）定义表格斜线。

（2）设置自定义报表公式

双击【视图】，选择【显示公式】，对选定的单元格进行公式编辑，如图 7-15 所示。

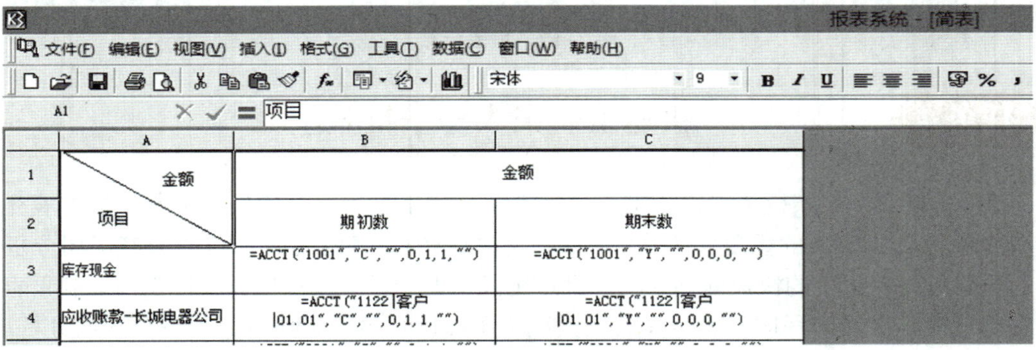

图 7-15　设置报表各项目公式

> **特别提示**
>
> ACCT为总账取数的意思。

双击【视图】，选择【显示数据】→【工具】→【公式取数参数设置】，可设置公式取数参数，如图 7-16 所示。

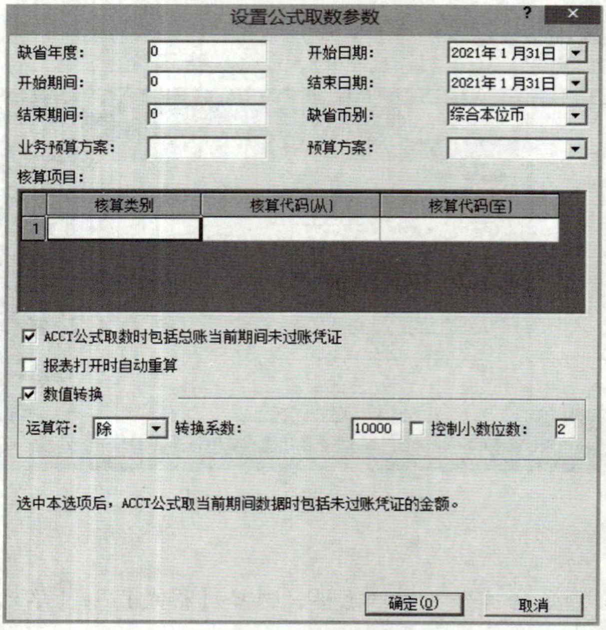

图 7-16　设置公式取数参数

选择【数据】中的【报表重算】，可重算报表数据，如图7-17所示。

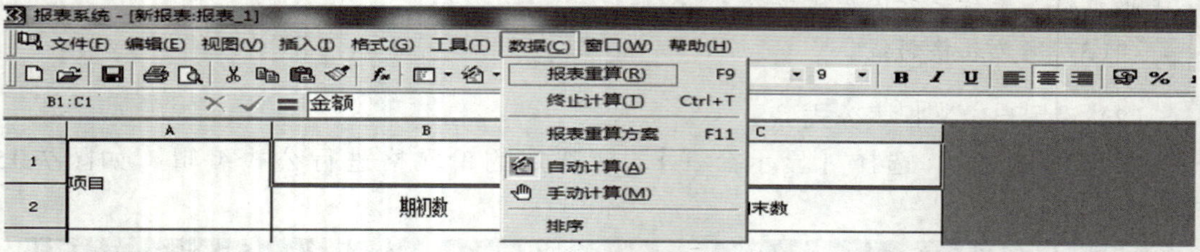

图 7-17　报表重算

任务 4　快速编制报表——批量填充

金蝶K/3系统报表模块提供了批量填充功能，用于进行报表的快速编制。批量填充用于减少单个公式定义的重复性工作，如对于有规律的公式的定义，包括编制部门分析报表、采购日报等报表的快速向导定义。批量定义主要用于编制按核算项目类别编制报表时的自动公式定义或费用明细表定义，大大减少了编制报表的工作量，如编制部门分析表、项目分析表、个人销售业绩报表、管理费用明细表等。

子任务 4.1　批量定义

单击【工具】，选择【批量填充】功能，进入“批量填充”界面，在“批量定义”标签页可以对科目、核算项目等进行各种设置。系统提供了三个取数公式可以进行批量的填充，这三个公式分别为ACCT（账务按期间取数函数）、ACCTEXT（账务按日取数函数）、ACCTGROUP（从集团账套中取数函数）。在下拉列表中可以任意选取一个函数来进行报表设置，不同的函数，设置的界面有时会有细微差别，下面以ACCT函数为例，说明如何利用批量填充快速生成一张报表，对另外两个函数简单地进行说明。

1）ACCT函数批量填充设置

如果是对ACCT函数进行批量填充，其设置的相关内容如图7-18所示。

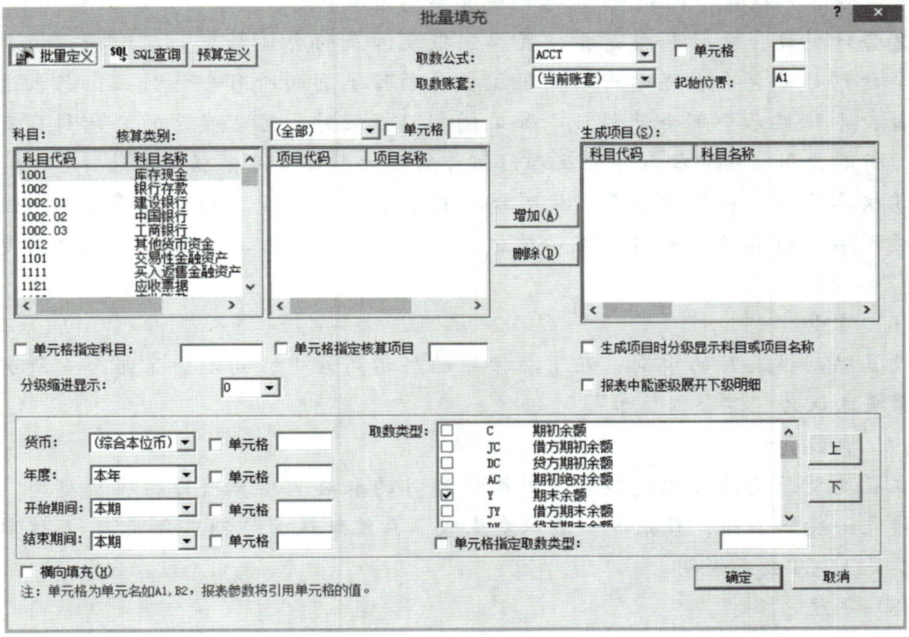

图7-18　设置批量填充取数公式

特别提示

（1）函数选择

在<取数公式>右边的下拉列表框中选择ACCT取数函数。

（2）取数账套设置

设置编制报表的取数账套，账套列表是通过多账套管理注册的账套。系统默认为“当前账套”，其账套值可通过【工具】菜单下的【设置默认取数账套】指定，以满足编制一套公式多账套取数的需要。

（3）起始位置指定

起始位置是指录入填充报表时第一个单元格，系统默认为在进入批量填充时鼠标所在的单元格，可根据需要自由设置。

（4）填充方向设置

填充方向是指设置编制报表的项目值填充方式，系统提供了两种填充方法：横向填充和纵向填充。系统默认为纵向填充。

（5）核算类别、会计科目和核算项目设置

在设置报表项目时，提供了会计科目、核算项目等的设置，在会计科目、核算项目的选择时，提供了代码和名称的显示，分别单击【科目代码】或【科目名称】，可以分别按照科目代码或科目名称进行排序；分别单击【项目代码】或【项目名称】，可以按项目代码或项目名称进行排序。具体的设置如下：

①核算类别：核算类别是指设置编制报表的核算类别，核算类别列表为选中账套的核算项目类别列表。系统默认为“全部”，即按科目取数；如果要按核算类别编制报表（如客户销售情况表），则选择核算类别为客户。

②会计科目：会计科目是指设置编制报表涉及的会计科目。在选择了核算类别后，会计科目处会自动显示出设置了该核算项目类别的所有会计科目；若未选择核算项目，系统显示全部会计科目。如编制部门报表时，可能显示的会计科目有工资费用、折旧费用、销售收入等涉及部门核算的会计科目，可根据需要选择。

③核算项目：核算项目是指设置编制报表核算类别涉及的核算项目。在设置了核算类别后，核算项目处自动显示该核算类别下的所有核算项目，可根据需要进行选择。

（6）货币

设置编制报表时的币别，在下拉按钮的显示列表中，列示出了账套中所有的币别，系统默认为“综合本位币”。

（7）取数类型

取数类型是指设置编制报表时的会计科目的取数。核算项目的取数类型，如资产负债表一般取余额，日报等一般取发生额。系统默认为“期末余额”。具体取数类型请参见ACCT公式说明。

（8）年度

年度是指设置编制报表取数的年度。系统默认的“年度”是指当前账套期间的年度，其值可在【工具】菜单下的【报表时间参数设置】处设置，以适应编制一张报表可按不同年度自动提取数据的需要。

（9）期间

期间的设置包括开始期间和结束期间的设置，可以设置编制报表取数的期间值，系统默认为“本期”，可在【工具】菜单下的【报表时间参数设置】处设置，以适应编制一张报表可按不同期间自动提取数据的需要。

2）ACCTCASH函数批量填充和ACCTGROUP函数批量填充

在函数中选择了ACCTCASH函数，可快速地进行公式的填充，操作同ACCT函数一样，只是在报表项目中只有现金流量项目的选择。

ACCTGROUP函数主要是为集团账套进行取数，具体操作与ACCT函数类似。

子任务4.2　单元格内容指定

可以注意到，在“批量填充”界面中，很多地方都有一个单元格的复选项，单击单元格前的“□”，可以出现一个“√”符号，这时前面的内容将会变灰，单元格后面的编辑框为可编辑状态，这些地方的具体作用是：对于所有可变的项目，都可以通过单元格来进行指定，报表参数将可以直接引用指定单元格中的值，进行相应的公式计算。下面以设置币别来举例说明，操作步骤如下：

第一步，在A1单元格中录入具体的币别代码，如人民币为RMB。

第二步，指定某一个会计科目，如“库存现金”，生成相应的报表项目，指定其他的年度、期间、取数类型（如期末余额）等各个参数。

第三步，单击“货币”后单元格前的可选框，此时，“单元格”的编辑框为可写，指定具体的一个单元格的名称：A1。

第四步，确定后生成一张报表，其A1单元格计算出现金科目的人民币指定期间的余额数据；如果美元的币别代码为USD，在A1中录入USD，则此时生成的报表中A1单元格为计算出的美元的科目余额。

这种通过单元格指定报表参数的方法，可以灵活地实现报表参数的变化，改变一个参数，即可以生成不同的报表，无须逐个单元格去修改计算公式，一套报表的计算公式可以生成多种不同的报表，如果需要保存，直接进行“另存为”即可，大大节约了定义报表公式的时间。

对报表参数以单元格来进行设置的方法除了前面例子中所述的币别的转换，对于集团报表的管理尤其有用，例如，可以将组织机构设置成某一个单元格来制作一张报表（如资产负债表，当然各组织机构的科目代码必须统一），只需设置一次，在组织机构指定的单元格中录入不同的机构代码，则可以生成不同机构的报表。

对于指定单元格中的输入内容，系统提供向导，将这个单元格中的内容替换到公式中去，所替换内容的录入必须符合取数公式中的公式设置规则，如ACCT函数中，币别参数是以代码形式在公式中显示的，在进行单元格内容录入时，则必须录入币别的代码，如果录入的是币别的名称，替换到公式中后，公式将无法进行正常的取数计算。其他单元格的设置原则也是如此。

子任务4.3 分级缩进显示的作用

在“批量填充”界面中，有一个“分级缩进显示”可选项。如果科目有多级，对齐方式是左对齐或是右对齐时，此时无法很直观地看出科目的级次关系，如果通过在“分级缩进”下拉框中选择不同的缩进值进行不同缩进的显示，则很容易看清科目之间的级次关系，使报表更加美观。

在“批量填充”界面中，如果选择“生成项目时分级显示科目或是项目名称”选项，在生成报表时，则会将各个级次的科目名称或是项目名称都显示出来，否则只显示最明细级次的科目或是项目名称。如会计科目“银行存款”下设三级明细科目，二级为具体的银行，三级为币别，会计科目代码为1002.01.01，科目全称为“银行存款-建设银行-人民币”，在批量填充中，如果选择了分级显示科目名称或项目名称这个选项，在生成的报表项目中科目名称会显示为“银行存款-建设银行-人民币”，否则项目名称显示为最明细级次内容“人民币”。

知识拓展

（1）在进行批量填充时，如果对会计科目既选了上级科目又选择了下级明细科目，则可以进行批量填充，生成相应的会计报表。但是如果在总账中增加了下级明细科目，此时在报表中必须重新去增加相应的明细科目，而且有可能在总账中增加了下级明细科目，但制作报表的人并不知道，这样就会造成两边的数据不一致。逐级展开下级明细科目的功能，可以自动对明细级科目进行动态刷新，保证两边的数据一致。

（2）在进行批量填充时，选择了上级会计科目，选择“报表中能逐级展开下级明细科目”选项，在生成的报表中，如果会计科目是非明细的会计科目，则当鼠标指向这个非明细科目的科目代码所在的单元格时，单击右键，在弹出的菜单中有一个“自动展开”的菜单项，执行这个选项的功能，可以将非明细科目按下级明细科目进行展开。

（3）所有的选项都设置好后，单击【增加】，则系统自动生成项目公式。

（4）在报表中进行分级自动展开时，上级科目的数据未进行自动更新，所以，在分级展开后必须进行重新计算才可以得到正确的数据。

任务5　报表处理

子任务5.1　表页管理

报表是根据设置的公式及输入的取数参数计算结果的表页。在电算化系统下，一套公式在输入不同取数参数时可生成多张表页。会计报表每期取数公式基本一致，但计算参数（时间）有所不同，据此电算化系统下通过表页管理功能实现一套公式多种参数计算结果并分别保存于不同表页。表页管理功能不仅可以减少重复编辑公式的工作量，而且可以通过表页数据汇总方便快速地查询所需的综合会计信息。

表页管理通过关键字的设置及取值的输入来确定与区分不同会计期间的表页数据。

1）新增表页

在“显示数据”视图中，单击【格式】→【表页管理】，打开表页管理界面，如图7-19所示。

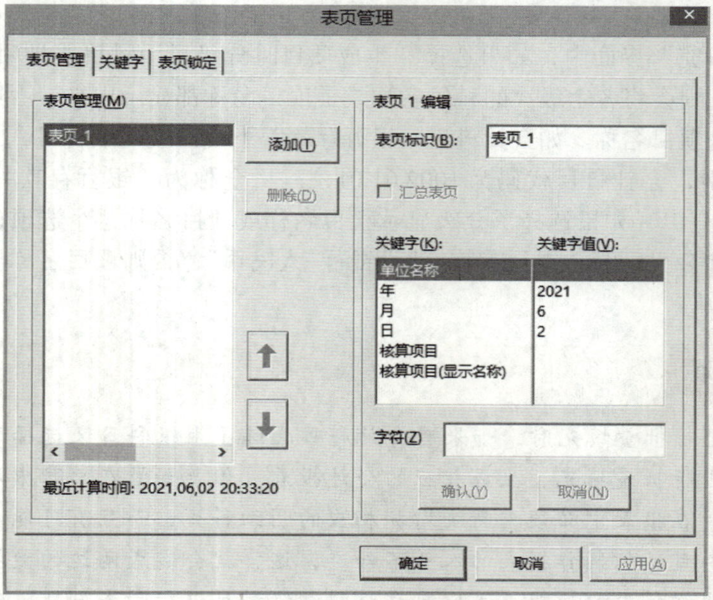

图7-19　表页管理

在【表页管理】标签页中，单击【添加】，系统新增表页，如图7-20所示。

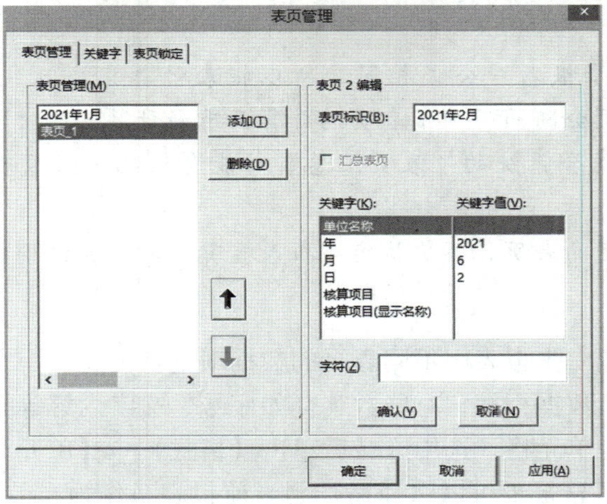

图7-20　添加表页

选中新增的表页，在“表页标识”中输入表页的命名，单击【应用】，保存表页标识名。

特别提示

（1）在“表页标识”中可以修改每张表页的名称。

（2）单击【删除】可以将不用的表页删除。

2）表页计算

在表页管理中增加表页后，在“报表数据”视图下，任务栏会显示所有的表页。选中需要计算的表页，单击【工具】→【公式取数参数设置】，设置计算期间，单击【确定】退出；在“报表编辑”界面单击【数据】→【报表重算】，系统根据设置参数进行报表重算。

3）表页锁定

对于已经计算并审查无误的报表，避免再次重算导致数据出错，可以对表页进行锁定。

打开“表页管理”界面，单击【表页锁定】，选中需要锁定的表页，勾选【锁定】并单击【应用】，对表页进行锁定，如图7-21所示。

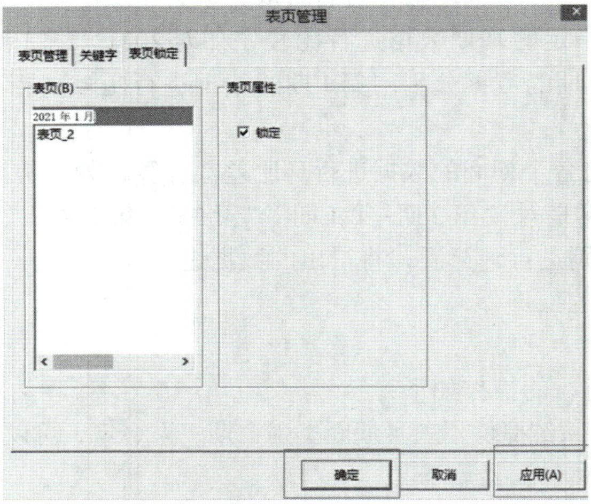

图7-21　表页锁定

知识拓展

（1）由于同一张报表中公式相同，所以报表计算完成后，需要将该表页执行“锁定”，否则该表页会随同下一张表页的计算而重新计算。

（2）可以同时结合系统的“表页汇总”功能自动把一张报表中不同表页的数据项进行汇总。

（3）对于已锁定的表页，再次执行“报表重算”时，系统则提示错误。

4）表页汇总

表页汇总可自动把一张报表中不同表页的数据项进行汇总。

由于表页汇总是把数据相加，有些数字（如序号、文字内容等）是不需要汇总的，对于这些区域，须先锁定单元格（选中区域后单击【格式】→【单元锁定】），再进行汇总。

表页汇总生成的汇总报表可以选择追加到当前报表，作为当前报表的最后一张表页，也可以生成新的报表。

表页汇总后，汇总报表可追加到当前报表，但汇总的表页不支持重算。

子任务5.2　报表分析

1）报表分析的方法

财务分析中报表分析应和报表系统集成在一起，在报表系统中同样应可以进行相应的报表分析，这样才是一个比较完整的报表系统。在报表分析中，可以执行财务分析中的结构分析、比较分析、趋势分析。

（1）结构分析

可选择跨期对报表的结构进行分析，即报表的各个组成部分在不同期间占总体的百分比。

（2）比较分析

当前期间的报表与指定期间的报表进行比较，即计算出比较差值，以及差值的百分比。

（3）趋势分析

选择多个会计期间进行相应的分析，具体有以下几种：

①绝对数分析：将各个期间的数据进行计算列示，不做比较，只是显示其绝对数据。

②定基分析：与指定的基期数据进行比较，如对2021年第1期到第5期的数据进行分析，则第2期到第5期的数据分别同第1期的数据进行比较（相减），将得出的数据进行列示。

③环比分析：即对各个期间的数据进行环比差额计算，如趋势期间为2021年第1期到第5期，则进行的计算是对“第2期-第1期”“第3期-第2期”“第4期-第3期”“第5期-第4期”的差额分别进行计算后，将得出的数据进行列示。

2）各种分析方法的操作

（1）结构分析

结构分析中需要进行的操作如下：

①确定期间类别，系统提供了三种期间类别：期、季、年，可以在这三种中任选一种。

②选定具体期间。

③指定分析总体，具体需要录入一个单元格的名称，如：A4，表示的意义是指以这

个单元格中的数据为分析的总体。

④指定<固定列>，具体需要录入列的名称，如A、B等列的名称的字样，表示这一列不需进行数据分析。

⑤指定<分析列>，具体需要录入列的名称，如A、B等列的名称的字样，表示这一列需要进行数据分析。

指定固定列和分析列的目的是明确对哪些数据进行分析，如一张资产负债表，如果需要进行期末余额结构分析，此时，资产总计的期末值所在的这个单元格就是分析的总体，期末余额所在的这一列是分析的数据列，设置后系统将会以分析列中所有数据除以分析总体，计算出相应的百分比数据。

在结构分析中，对以上的内容设置完成后，单击【确定】，系统就会将分析的结果生成一张新的报表，如果需要保存这个结果，选择【文件】→【保存】，可以将分析的结果保存下来。如果在以后所分析的期间发生了数据变化，可以通过报表重算得出正确的结果。

（2）比较分析和趋势分析

比较分析是实现两个指定期间的比较，具体操作同结构分析类似，只是无须设置分析总体。需要注意的是：若在比较的报表中设置了取数公式，则系统仅对设置"ACCT""ACCTGROUP"两个公式的报表实现正确取数并分析，这是因为报表系统中目前仅有"ACCT""ACCTGROUP"两个公式提供了比较分析功能。

趋势分析是实现多个期间的比较，操作同比较分析类似，在此不再一一说明。

子任务5.3　报表输出

企业报表文件可能需要以其他格式输出并上交有关部门或是输出进行再编辑。在报表编辑界面，单击【文件】→【引出报表】，打开保存路径对话框，如图7-22所示。

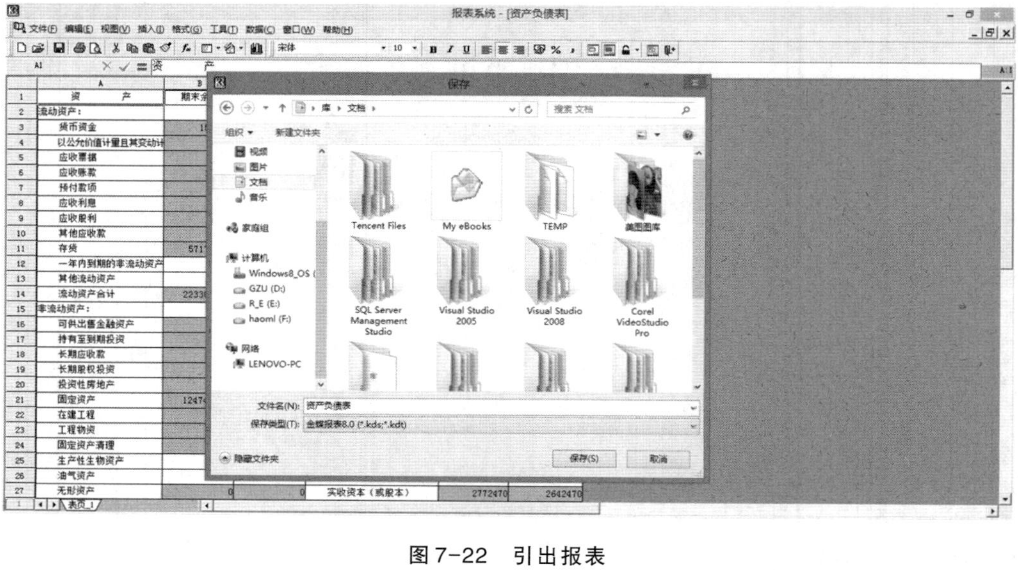

图7-22　引出报表

在界面中选择保存路径，选择保存类型，输入保存文件名称，单击【保存】，系统按设置格式导出报表，并保存于选择路径。

主要参考文献

［1］陈彦，郝美丽，孙伟力.财务软件应用实训教程（金蝶K/3 V11.0）［M］. 北京：中国财政经济出版社，2011.

［2］李湘琳，张文，傅仕伟.财务管理系统实验教程（金蝶ERP K/3 V12.1版）［M］. 北京：清华大学出版社，2010.

附录一　术语表

（1）单据关联（Document Association）

单据关联，即单据之间建立的一种传递业务信息的关系，即在连续的业务处理过程中，将某一流程单据的业务信息传递给下一流程单据，使二者之间保持业务的连续性，包括上拉式和下推式两种关联方式。

（2）源单据（Source Doc）、目标单据（Target Doc）

源单据和目标单据，又分别称为上游单据和下游单据，是指单据关联关系中的一组单据。源单据是将单据上的业务信息传递给其他单据的单据；目标单据是获得其他单据传递的业务信息的单据。

（3）上拉式单据关联（Select and Generate）

上拉式单据关联，即在相关关联的目标单据及目标单据序时簿上，选择源单据号码来生成该目标单据，并在序时簿上筛选查询。

（4）下推式单据关联（Generate）

下推式单据关联，即在相关关联的源单据的序时簿上，显示选中的关联关系所对应的目标单据，直接下推生成关联的目标单据。

（5）锁库（Lock Stock）

锁库，指在按订单生产的企业或按项目管理物料的企业，为保证具有较高优先级的订单及时出库，为这些订单预分配库存。

（6）对等核销（Parity Write-off）

对等核销，特指发票与发票、销售出库单与销售出库单、外购入库单与外购入库单红、蓝字单据之间建立的一种相互抵消的关系。

（7）钩稽（Cross-check）

钩稽有两种含义：一是指单据之间的紧密的关联关系，即在源单据通过上拉式、下推式关联生成目标单据的情形下，除了必要资料的补充外，不进行任何关联数据，如数量、金额等改变的关联，称之为单据钩稽；二是指发票在审核的同时，直接与出库单执行核销的操作，是确定销售成本和销售收入实现的标志。

（8）关闭（Close）

关闭是指某单据所反映的业务已经确认并得到实施，在系统中则表现为单据通过关联、下推等方式，已被下级单据执行完毕。关闭分自动关闭和手工关闭。

(9) 自动关闭 (Auto Close)

自动关闭是指单据上所反映的业务已经被全部完成，即该单据在关联操作过程中被系统自动置于执行完毕状态。自动关闭是在单据关联过程中实现的，因此单据自动关闭后不能再执行反关闭操作。

(10) 手工关闭 (Manual Close)

手工关闭是指单据上所反映的业务被部分完成或尚未完成，但通过手工执行相关操作后，将单据转为执行完毕状态。单据手工关闭后可以执行反关闭操作。

(11) 连属单据 (Connected Document)

连属单据是金蝶K/3供应链系统中引入的一种单据关系定义。当两种单据之间不属于关联关系，也不属于钩稽关系，甚至单据头、单据体都部分或完全不同，但两者之间存在着从属或相关关系，就称之为连属单据。这种单据关系就相当于一个将两种单据夹在一起的活页夹。

(12) 虚拟件 (Phantom)

虚拟件是指由一组具体物料（实件）组成的、以虚拟形式存在的成套件。以虚拟属性存在的物料不是一个具体物料，不进行成本核算。当记载有虚拟件的销售订单关联以生成销售出库单时，虚拟件在销售出库单上展开，以子项的形式出库。

(13) 规划类 (Planning)

规划类是针对一类产品定义的、为预测方便而设的、需要在预测时按类进行计划的物料。规划类物料不是指具体的物料，而只是在产品预测时使用的物料虚拟类别。在BOM中，它可以是父项，也可以是子项，但它只能作为其他规划类物料的子项，而不能作为其他物料属性的子项进行定义。

(14) 配置类 (Configuration)

配置类一般表示子项有配置选项的产品，它是指客户对外形或某个部件有特殊要求的产品，其某部分结构由用户指定，即只有这类物料才能定义产品的配置属性，其他类型物料均不能定义配置属性；另外，“配置类”的物料只能作为规划类物料的子项，而不能作为其他物料属性的子项进行定义。如果某物料被定义为“配置类”物料属性，则将其强制进行业务批次管理，并在销售订单上确定客户的产品配置。

(15) 特征类 (Features)

特征类是客户有特殊要求的产品外形或某种属性的多个选择物料，标识一组必选物料的总称，体现为一种虚项，但又有别于虚项，此类物料不在任何单据上进行业务处理。此外，特征类物料需要定义其下属特征件组及其用量、百分比关系，并只能作为配置类物料的子项进行定义。

(16) 虚仓 (Virtual Warehouse)

金蝶K/3系统的仓库不仅指具有实物形态的场地或建筑物，还包括不具有仓库实体形态，但代行仓库部分功能、代表物料不同管理方式的虚拟状态，即虚仓。系统设置三种虚仓形式：待检仓、代管仓和赠品仓。

(17) 待检仓(Warehouse to Be Inspected)

待检仓表明购进物料处于待检验状态，在此状态中，物料尚未入库，准备进行质量检验，只记录数量，不核算金额。

(18) 代管仓 (Consignment Warehouse)

代管仓表明入库物料不属于企业所有，本企业只是受托代行看管或部分处置（如只计算加工费的受托加工业务），其处置权归其他企业或单位。具有这种性质的购进物料只记录数量，不考虑成本。

(19) 赠品仓 (Gift Warehouse)

赠品仓是核算赠品收发的虚拟仓库。赠品是指在收货或发货时，除议定的货物外，附带无偿收到或赠予对方一定数量的货物，这种货物处理的方式多、范围广、与日常业务的处理界限不清晰，但总体来说是在货物收入或发出时不具有成本，而只具有数量属性。

(20) 仓位 (Bin)

仓位是仓库的附属属性，可以定义为仓库结构的详细描述。仓位之于仓库就如同计量单位之于物料。仓位管理在工业企业中非常普遍，在很多企业中，不仅将仓库管理明细到每间库房的管理；对每一个明细仓库，还要按长、宽、高三维确定仓位，对物料进行严格的仓库方位管理；同时，物料的保质期管理、批次管理都细化到仓位上。

(21) 最低存量 (Min. Stock)

最低存量是指为满足企业正常的生产经营需要，当前物料所能允许的，并以基本计量单位计算的最小库存储备量。最低存量是针对所有仓库而言的，而不只针对单个仓库的储存能力。

(22) 最高存量 (Max. Stock)

最高存量是指为避免库存积压而大量占压储备资金而规定的企业所能承担的、以基本计量单位计算的当前物料的最大库存储备量。最高存量也是针对所有仓库而言的，而不只针对单个仓库的储存能力。

(23) 安全库存 (Safety Stock)

安全库存是指为维持基本生产需要，必须达到的、以基本计量单位计算的库存量。它是针对所有仓库而言的，而不只针对单个仓库的储存能力。安全库存与最大、最小存量作为不同物料的库存衡量标准，可以共同使用，也可以分开使用。

(24) 已分配量 (Allocated Qty)

已分配量是指生产领料单根据生产订单尚未领出的数量，即已审核未关闭生产订单的累计未出库量。其计算方法是：已审核未关闭的生产订单子物料的应领数量减去该生产订单已经关联生产领料单出库的数量，不考虑超过订单应领数量及不与生产订单关联的出库单数量。

(25) 预计入库量 (Scheduled Receipts)

预计入库量，即在途物料，是已经购买、但尚在运输途中还没有到达用户生产经营场所的物料，即已审核未关闭的采购订单未入库数量。其计算方法是：已审核未关闭的采购订单的物料数量减去该采购订单已经关联进货单的数量，不考虑溢出数量（超过订单的数量）以及不与采购订单关联的进货单数量。

(26) BOM (Bill of Material)

BOM是物料清单（在流程型行业中称为配方）的英文缩写，描述了物料（包括成品、半成品）的组成情况，即该物料是由哪些原材料、半成品组成的，每一组成成分的用量是多少及成分之间的层次关系。

（27）多级审核（Multi-level Check）

多级审核是对业务单据处理时采用的多角度、多级别、顺序审核的管理方法，体现工作流管理的思路，属于金蝶K/3系统的用户授权性质的基本管理设置。

（28）物料对应表（Material Mapping）

物料对应表是客户对应物料代码、对应名称表，即本企业库存物料销售到客户时，客户对其命名的代码和名称。

（29）采购最高限价（Purchase Price Upper-limit）

采购最高限价是指在企业进行购货交易时所能允许的最高出价。采购最高限价预警是企业将内部管理和牵制应用到对价格的管理的表现。

（30）销售最低限价（Selling Price Lower-limit）

销售最低限价是指在企业销售货物、制定价格政策时所设置的价格底线，如果低于该价格，则企业将出现亏损，不能保证基本的销售目的。销售最低限价可以看作企业销售的盈亏平衡点，对该指标的分析是企业保证生产经营目标实现的基本手段之一，也是预算管理中成本性态分析的重要内容，体现了金蝶K/3系统作为企业管理工具的作用。

（31）信用额度（Credit Limit）

信用额度即能够允许购货的客户的最大欠款金额，是信用管理的主要管理指标。

（32）信用数量（Credit Qty）

信用数量即当前客户针对每个物料所能赊购的最大数量，是信用管理的主要管理指标。

（33）信用期限（Credit Term）

信用期限是企业允许客户从购货到付款之间的时间，或者说是企业给予客户的付款期，按天数计算，是信用管理的主要管理指标。

（34）三方关联（Three-party Association）

三方关联是指在采购和销售业务处理中，“订单→出、入库单→发票”组成业务系统的核心单据，形成业务流程、传递关联时会综合出、入库单的数量信息和订单的价格信息来完成发票的关联。即当发票关联出、入库单生成时，发票除了取得出、入库单上的数量信息之外，还要从该出、入库单所关联的订单上取得订单价格信息。

（35）物料配套查询（Material Kitting Query）

物料配套查询是一个模拟MRP运算的过程，是指根据用户指定的一个或一组产品的需求，按照BOM结构展开到用户指定的层次，并根据用户的参数设置考虑相应的现有库存、安全库存及预计出入库数量，计算得出构成产品的相关物料的建议计划数量。

（36）单据自定义（Custom Document）

单据自定义是指针对供应链业务单据，用户按照自身的业务需要，在系统给定的单据模板上自定义设置单据表头、表体字段的类型、位置、来源、使用方式和计算方法等的系统功能。

（37）套打（Print Template）

套打是金蝶K/3供应链系统提供给用户、在打印输出单据时按本企业的需要设置单据的打印格式，即将单据形式、数据，与单据相关的业务信息，以及其他资料按用户设计的格式打印的方法。

(38) 查询分析报表（Query Analysis Report）

查询分析报表是一种自定义形式的报表，它不同于系统提供的固定报表，是用户根据业务和管理需要、利用系统提供的工具制作的报表。它包括两种报表：直接查询语句和交叉统计分析表。直接查询语句即直接使用SQL方式进行多种单据取数，可制作较为复杂的关联报表，熟悉SQL SERVER的用户可以用它来制作本企业的特殊报表。交叉统计分析表是利用交叉分析方式制作交叉分析报表，可选择任意一种单据，从可选字段列表中选定行汇总字段和列汇总字段，进行交叉汇总，还可进行多级汇总。

附录二　常用函数说明

常用函数说明见附表1-1。

附表1-1　　常见函数说明

数据项	说　　明
ACCT	总账科目取数公式
AVG	求平均数取数公式
REF	返回指定表页、指定单元格的值
REF_F	返回指定账套、指定报表、指定表页、指定单元格的值
RPTDATE	返回指定格式的当前报表日期
SUM	求和取数公式

1.ACCT取数公式定义

选择【插入】→【函数】，系统将所有的报表取数公式列出，选择“金蝶报表函数”中的ACCT取数公式，双击鼠标左键，系统将弹出定义公式的界面，如附图1-1所示。

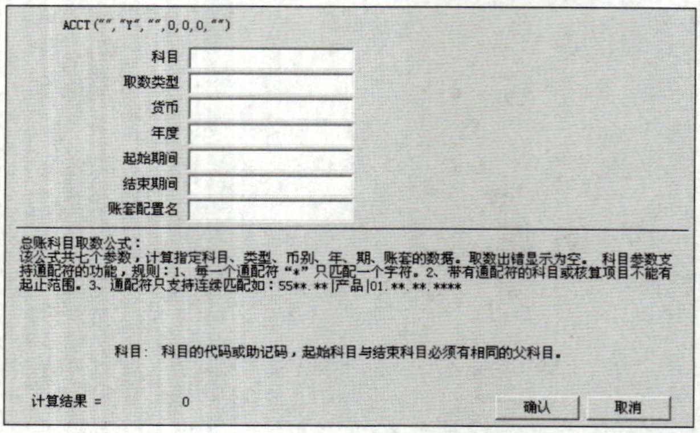

附图1-1　公式定义

在进行ACCT取数公式的定义中需要设置以下参数：

（1）科目

首次使用可采用向导自动生成科目与核算项目参数，在科目录入框内单击F7键，显示如附图1-2所示的界面。

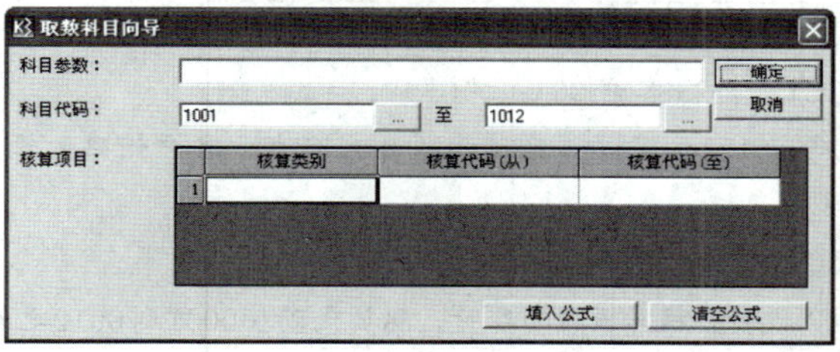

附图1-2　取数科目向导

生成的公式描述如下：

科目公式=“科目代码1:科目代码2|项目类别|项目代码1:项目代码2|项目类别|项目代码1:项目代码2”

下面针对公式中“”内的内容进行说明：

“”中的内容用于存放所选择的科目和核算项目代码。公式中的科目代码、项目类别和项目代码，在字符“|”和“:”的分隔下可以进行20种组合，得到不同范围的科目和核算项目。组合情况见附表1-2。

附表1-2　组合情况表

a	a:	:a	a1:a2
a|b	a:|b	:a|b	a1:a2|b
a|b|c	a:|b|c	:a|b|c	a1:a2|b|c
a|b|c:	a:|b|:c	:a|b|c:	a1:a2|b|c:
a|b|c1:c2	a:|b|c1:c2	:a|b|c1:c2	a1:a2|b|c1:c2

其中：

“a”“a1”“a2”表示科目代码；

“b”表示核算项目类别名称；

“c”“c1”“c2”表示核算项目代码；

“a:”表示代码大于或等于科目a的所有科目；

“:a”表示代码小于或等于科目a的所有科目；

“a1:a2”表示代码大于或等于科目a1并且小于或等于科目a2的所有科目；

“c:”表示代码大于或等于c的所有核算项目；

“:c”表示代码小于或等于c的所有核算项目；

“c1:c2”表示代码大于或等于c1并且小于或等于c2的核算项目。

当核算项目类别b和代码c、c1、c2都缺省时，表示指定科目下设所有的核算项目类别。

当核算项目类别b不省略，而核算项目代码缺省时，表示指定核算项目类别b中的所有核算项目。

举例：

取数公式表达式：ACCT(":123|客户|003:","C")

表示科目代码小于或等于123，下设科目核算项目为客户，客户代码大于或等于003的本位币的期初余额。

取数公式表达式：ACCT("214|职员|0001:0012","Y")

表示科目代码为214，下设科目核算项目为职员，职员代码在0001到0012之间的本位币的期末余额。

为方便操作，提供"*"为科目参数的通配符，每一个通配符只匹配一个字符，可对科目（核算项目也适用）进行模糊取数。

举例：

10**表示取一级科目代码为四位并且起始两个代码为"10"的所有科目。

1131|客户|**表示包括科目代码"1131"下的所有客户。

因为通配符本身就具有范围的概念，因此带有通配符的科目或核算项目不能有起止范围，以免引起取数错误。同时通配符只支持匹配如：55**.**/产品/01.**.**.****，也就是说通配符必须连续匹配，并且从最后一个开始匹配，如果出现10*1、1**1等诸如此类的匹配，系统会给出提示"不符合匹配规则"，要求重新匹配。

（2）取数类型

由客户定义科目取数为科目的期初余额、本期发生额、累计发生额或是别的类型，在取数类型录入框单击F7键，系统将弹出所有的类型的下拉框以供选择，如附图1-3所示。

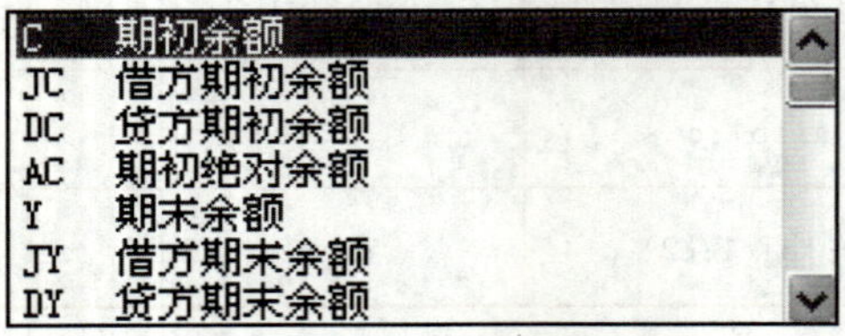

附图1-3 取数类型下拉框

各个代码所代表的含义详见附表1-3。

附表1-3 取数类型代码说明

数据项	说明
C	期初余额
JC	借方期初余额
DC	贷方期初余额
Y	期末余额
JY	借方期末余额
DY	贷方期末余额
JF	借方发生额
DF	贷方发生额
JL	借方本年累计发生额
DL	贷方本年累计发生额

（3）会计期间

可直接指定期间数，分别录入<起始期间>和<结束期间>。若不选择，系统默认为本期。若写入数值，表示的意义如下：0：本期；-1：上一期；-2：上两期，如此类推。

（4）会计年度

可直接指定年度，如2020。若不选择，系统默认为当前年。若写入数值，表示的意义如下：0：本年；-1：前一年；-2：前两年，如此类推。

（5）币别

币别代码，如RMB。若不选择，系统默认为综合本位币。可直接录入币别代码或按F7键选择。

（6）账套名称

账套名称即要取数的账套名称，所取的账套名称为多账套管理所配置的账套名称。

为使数量取数更加精确，在报表系统中小数位数可以通过单元格的小数位数设置进行控制。在总账的凭证录入时，录入的数量是多少位小数，则在报表系统中取出来的数据就是多少位，系统不做截位，如果使用时觉得小数位太长，可以通过单元格的小数位数设置来进行设置。

设置完这些参数后，ACCT取数公式便定义完成。单击【确认】，退出公式定义的操作。还可以在不退出公式定义的状态下，单击ACCT取数公式下拉框中的“其他函数”，系统将列出所有的取数公式，可以设置别的取数公式。

2. REF取数公式定义

REF取数公式是用来对同一张报表的不同表页中数据进行取数的，当然也可以用来对同一张表页中数据进行取数，需要进行定义的参数有：

（1）取数内容

取数内容可为报表的单元格，如A1字样或数值公式，如SUM(B1:B5)。

（2）表页

表页为报表的表页号。如果为空，则系统默认为当前的表页。

为了在不同账套之间进行表间取数，还可用REF_F取数公式，它比表内取数公式REF取数公式增加了“报表名”和“账套名”参数，共四个参数，其他参数的操作与REF取数公式一样，下面对这两个新增参数分别进行说明。

3.REF_F取数公式定义

该函数是用来进行不同账套之间的表间取数的。

（1）账套名

账套名用于指定取数报表所在的账套。在账套名录入界面单击F7键，系统将弹出在“多账套管理”中已设置的账套名列表，可供选择。

（2）报表名

报表名用于指定取数的报表来源，在报表名录入界面单击F7键，系统将弹出选定账套下的所有报表名列表，可供选择。

（3）表页

表页用于指定取数的指定报表的表页来源。在表页名录入界面单击F7键，系统将弹出选定账套、选定报表下的所有表页名列表，可供选择。表页如果为空，则系统默认为选定报表的第一张表页。

其他参数的操作和REF取数公式一样，这里不再赘述，请参见REF取数公式的操作。所有参数设置完毕后，单击【确定】，系统就能取出指定账套、指定报表、指定表页、指定单元格的值。

4. SUM取数公式定义

选择SUM函数，系统将弹出求和取数公式，具体参数设置如下：

（1）参数1

所需定义的参数，该参数可以是一个单元格，也可以是一个单元块以及数值公式。

（2）参数2

同参数1。

举例：

对单元格A8设置公式：SUM(A1+A2)，表示单元格A8的结果等于A1单元格的数据+A2单元格的数据。

若为连续的单元格相加，可用"："分隔。例如，对单元格A8设置从A1加到A7的数据公式为：SUM(A1:A7)。

如果还有别的参数需要进行定义，在定义完参数后单击回车键（Enter键），系统将直接进入下一个参数的定义。

5. RPTDATE取数公式定义

此函数提供了对当前日期按不同格式显示的功能，在显示报表编制日期及进行页眉页脚的编辑时非常有用，如附图1-4所示。

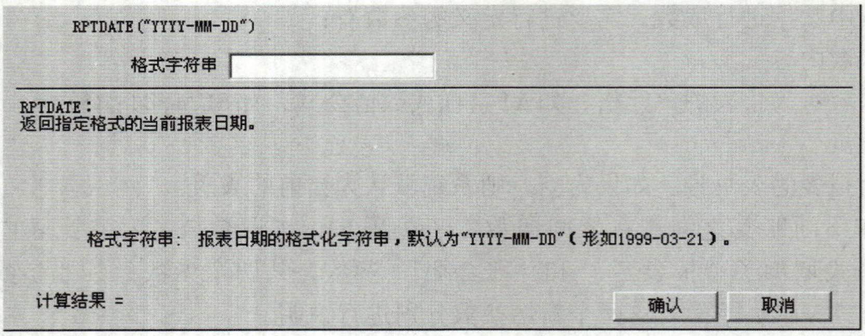

附图1-4　RPTDATE函数公式定义

公式设置：RPTDATE（字符串参数）。如在参数录入框中录入"YYYY-MM"，则自动生成公式为RPTDATE("YYYY-MM")，系统返回当前的年月值。

温馨提示：

公式设置如果提示"语法错误"，请检查是否多输入了双引号""，因为系统已自动加上双引号，不用输入。

系统提供的另一取数公式RPTSHEETDATE用于取出"公式取数参数"中的开始日期和结束日期，取数的格式为"YYYY-MM-DD"至"YYYY-MM-DD"，其中时间的格式可由客户自己定义，参数设置比RPTDATE取数公式多两个参数：日期类型和表页。日期类型用于选择的是开始或结束日期，表页用于选择当前报表下的不同表页。其他操作和

RPTDATE取数公式一致。

温馨提示：

在上述这些取数公式中，只有金蝶报表取数公式ACCT同数据源相联系，必须确定数据源，为数据源配置驱动程序，确定账套数据库和系统数据库，其余的取数公式与数据源不相关联。